数智城市

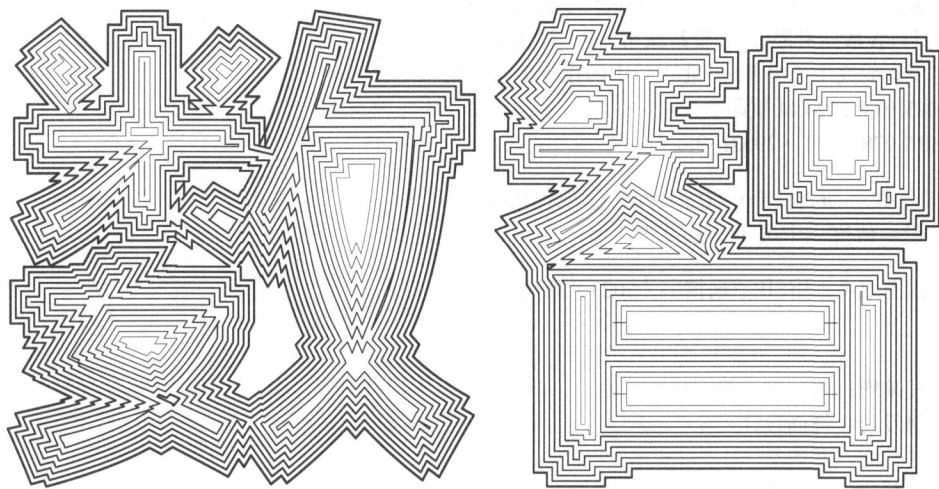

新型智慧城市的
创新设计实践与未来探索

宏景科技股份有限公司
智慧城市云边端协同技术广东省工程研究中心 | 编著

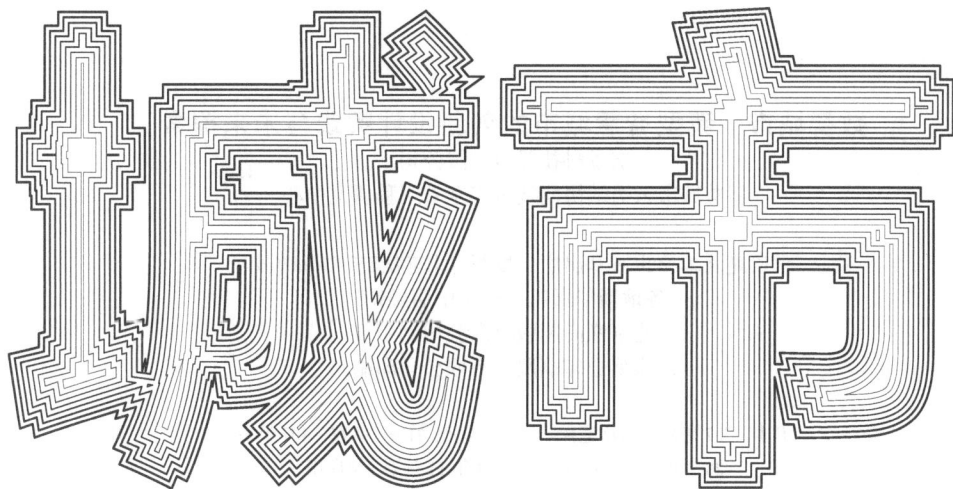

中国建筑工业出版社

图书在版编目（CIP）数据

数智城市：新型智慧城市的创新设计实践与未来探索/宏景科技股份有限公司,智慧城市云边端协同技术广东省工程研究中心编著.—北京：中国建筑工业出版社，2023.10（2024.11重印）
ISBN 978-7-112-29081-9

Ⅰ.①数… Ⅱ.①宏… ②智… Ⅲ.①现代化城市—城市建设—研究—中国 Ⅳ.①F299.2

中国国家版本馆CIP数据核字（2023）第161726号

责任编辑：黄　翊　徐　冉
书籍设计：锋尚设计
责任校对：芦欣甜
校对整理：张惠雯

数智城市　新型智慧城市的创新设计实践与未来探索

宏景科技股份有限公司
智慧城市云边端协同技术广东省工程研究中心　　　编著

*
中国建筑工业出版社出版、发行（北京海淀三里河路9号）
各地新华书店、建筑书店经销
北京锋尚制版有限公司制版
北京盛通印刷股份有限公司印刷
*

开本：787毫米×1092毫米　1/16　印张：21½　字数：407千字
2023年10月第一版　　2024年11月第二次印刷
定价：**78.00**元
ISBN 978-7-112-29081-9
（41806）

随着社会经济发展水平的提高，人们对于城市发展的要求越来越高，智慧城市作为一种新型城市模式，逐渐成为新时代城市的新潮流。智慧城市建设经历了概念普及、试点推广和发展创新三个阶段。从最初的思想创新到逐步落地实施，智慧城市建设在国家战略层面上受到了高度重视。中国的智慧城市建设在国际领域独树一帜，形成了从指标体系到标准规范、从技术应用到示范工程的全面发展。

在此时代背景下，我们作为智慧城市建设的践行者和探路者一起编写了这本书，希望通过探讨智慧城市的发展历程、核心技术、创新理念、实践案例以及未来场景，推动新型智慧城市发展的进程。

如何利用智能化手段和新一代人工智能等信息技术提高城市的运行效率和管理水平，成为摆在我们面前的重大任务。由此，新型智慧城市出现了新形态——数智城市，其不仅意味着城市管理和服务将变得更加有效、精确、体验化，还代表了城市发展的新方向。只有不断推进智慧城市建设，充分利用技术手段，并不断创新与试验，才能让智慧城市真正成为满足人民群众切身需求和城市发展的新动力。

本书正是为应对这一时代特点而生。随着科技的进步，智能感知、智能识别、智能实时交互、智能语音交互、智能视频交互、多模态交互、智能控制等新一代人工智能技术被广泛应用于智慧城市的建设中，这些技术为城市的管理带来更广阔的前景。然而，智慧城市发展仍然面临着一系列复杂的问题和挑战，如隐私保护、信息安全、人机关系等问题。

同时，在实际应用中，智慧城市的成功不仅依赖于技术本身，还需要更好地管理人与机器的关系。例如，新一代人工智能的交互模式和实际应用场景也需要考虑人的情感反应和特殊需求等因素。

《智慧建筑、智慧社区与智慧城市的创新与设计》是我们编写的关于智慧城市的第一本书，重点在于介绍智慧城市的理念、内涵和特征、顶层设计、标准体系和应用运营。本书则是第二本，重点介绍了智慧城市的发展过程以及最新技术（如GPT、AGI）的应用，提出了智慧城市的共性技术与工程应用创新理念，着重分析了智慧城市发展的现状、面临的问题及其解决方案，并探讨了智慧城市具体场景的未来发展趋势。本书是《智慧建筑、智慧社区与智慧城市的创新与设计》的延续，也是对智慧城市理念的持续实践与探索。

本书分为三篇。

第一篇是智慧城市基础篇。首先介绍智慧城市的定义、总体框架、发展历程、建设现状，提出数智城市是智慧城市的新形态，并分析智慧城市建设中存在的问题和未来的发展策略，同时提出智慧城市未来的发展趋势和建设路径。

然后详细阐述了智慧城市建设中应用的八大核心技术，探讨如何基于数智化时代下的八大核心技术构建"设备互联、数据互联、业务互联、产业互联、产城融合"的智慧城市新模式。

最后提出面向智慧城市的云边端协同技术与应用创新理念。多年来，宏景科技在智慧城市多个领域内进行了创新应用研究，形成了基于AIoT的智慧城市基础技术体系。面向智慧城市建设新的需求，基于该体系提出了面向智慧城市的云边端协同技术与应用创新理念，包括四个核心技术体系、一个创新应用框架，为我国城市群经济社会高质量发展提供新的技术支撑。

第二篇是智慧城市应用篇，首先介绍数字化底座（物联网平台、数据平台、人工智能平台）的行业特点与产品应用，然后基于数字化底座分别从六个行业（政务、医疗、教育、旅游、能源、城乡融合）和三种规模（微观、中观和宏观）的角度阐述智慧城市建设存在的问题、解决方案及实践案例。这些内容将帮助读者了解智慧城市建设的现状，同时提供可借鉴的实践经验和技术成果。

第三篇是数智城市未来展望篇，从基础、应用和技术三个维度探讨数智城市的未来发展方向。基础探索包括服务型政府进阶模式的数字政府3.0、驱动中国经济发展的产业数字化转型，应用探索包括释放数据价值的产业数据要素服务、建筑空间服务与数字化运营，技术探索包括元宇宙未来创新突破以及开启未来时代的AGI

等。这些应用场景反映了技术和社会的发展趋势。

我们衷心希望，这本书能够为智慧城市的建设和发展提供更多有益的参考和启示。在这个与科技共舞的时代里，让我们共同探讨智慧城市发展的新途径，也期待更多的合作和分享，共同推动智慧城市的建设进程，为城市管理、产业发展与人民群众的美好生活贡献力量！

2023年8月8日

| 目录
Contents

3 智慧城市的云边端协同技术与应用创新理念 062

数智城市 未来展望篇 263

智慧城市
基础篇

在人类社会迈向数字化和智能化的当下，智慧城市已经从一个抽象的概念变成了我们的日常生活空间。本篇将从三个方面深入剖析智慧城市的构建和发展。

本篇首先对智慧城市的概念、历程以及建设现状进行全面剖析，同时提出智慧城市构建过程中存在的问题和挑战，并针对这些问题提出了发展策略和建设路径，以期为智慧城市的高质量发展提供有效的方法和参考。

进一步地，本篇聚焦于智慧城市的关键驱动力——八大核心技术，即新一代人工智能、大数据、云计算、区块链、数字孪生、物联网、太赫兹、第六代移动通信技术（6G），这些新兴技术将在智慧城市的构建过程中发挥至关重要的作用。基于这些核心技术，我们设想出一种"设备互联、数据互联、业务互联、产业互联、产城融合"的智慧城市新模式，展示出一种将各领域紧密连接的城市发展方向。

最后，本篇提出了面向智慧城市的云边端协同技术与应用创新理念。基于多年的创新应用研究，形成了一种基于AIoT的智慧城市基础技术体系，在此基础上提出面向智慧城市的云边端协同技术与应用创新理念，以满足智慧城市建设的新需求，为我国城市群经济社会高质量发展提供新的技术支撑。

1

智慧城市建设的发展历程

1.1 智慧城市的定义

智慧城市理念的提出是智慧建筑理念不断创新发展的结果，并随着时代的进步而不断演进。在不同的时期，智慧城市理念受到了中央政府、部委机构和标准组织等多方的关注。

2016年3月，《中华人民共和国国民经济和社会发展第十三个五年规划纲要》（简称"十三五"规划）发布，首次提出要"建设一批新型示范性智慧城市"。2016年10月9日中国共产党中央委员会政治局第三十六次集体学习时，习近平总书记指出："我们要深刻认识互联网在国家管理和社会治理中的作用，以推行电子政务、建设新型智慧城市等为抓手，以数据集中和共享为途径，建设全国一体化的国家大数据中心，推进技术融合、业务融合、数据融合，实现跨层级、跨地域、跨系统、跨部门、跨业务的协同管理和服务。"

中华人民共和国工业和信息化部（简称工信部）将智慧城市定义为工业化、城镇化、信息化、智能化在特定历史时刻交汇的产物，在互联网、新兴技术更迭速度急剧加速的背景下，形成新技术、新思维、新模式、新应用的融合。

中国电子科技集团有限公司（简称中电科）定义新型智慧城市是以为民服务全程全时、城市治理高效有序、数据开放共融共享、经济发展绿色开源、网络空间安全清朗为主要目标，通过体系规划、信息主导、改革创新，推进新一代信息技术与城市现代化深度融合、迭代演进，实现国家与城市协调发展的新生态。

新型智慧城市的本质是提升政府、社会治理体系和治理能力，更好地为人民服务。其"六个一"建设理念，即一个体系架构、一张天地一体的栅格网、一个通用功能平台、一个数据集合、一个城市运行中心和一套标准（图1-1），也即基于一个平

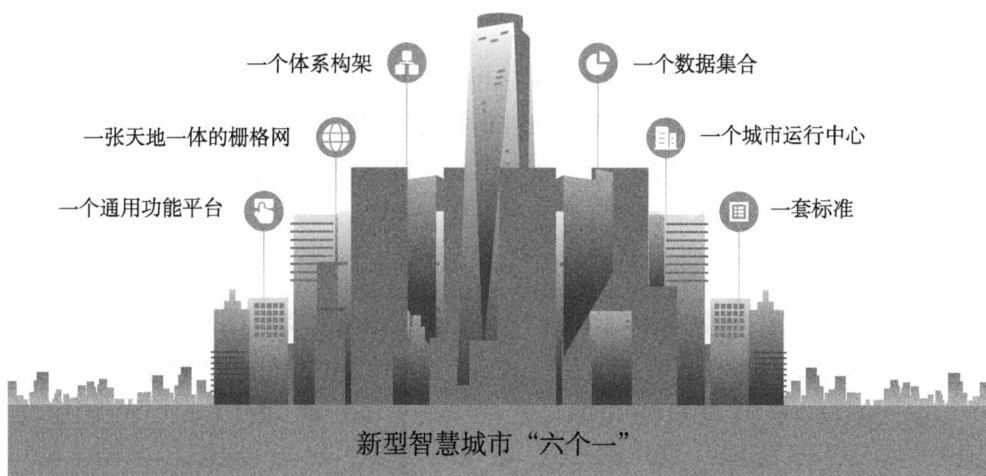

图1-1　新型智慧城市"六个一"建设理念

台、一张网，旨在提升治理服务体系能力。

《智能城市概念模型. 数据互操作性模型创建指南》(*Smart city concept model—Guidance for establishing a model for data interoperability*)(ISO/IEC 30182：2017)将智慧城市定义为："在已建环境中对物理系统、数字系统和人类系统进行有效整合，从而为市民提供一个可持续的、繁荣的、包容的未来。"

国际电信联盟电信标准化部门(ITU-T)强调可持续发展，将智慧可持续发展城市(Smart Sustainable City)定义为："使用信息通信技术和其他手段来改善生活质量、提高城市运营和服务效率以及城市竞争力，同时确保满足当代和后代的经济、社会、环境和文化方面需求的一种创新型城市。"

《智慧城市 术语》(GB/T 37043—2018)将智慧城市定义为："运用信息通信技术，有效整合各类城市管理系统，实现城市各系统间信息资源共享和业务协同，推动城市管理和服务智慧化，提升城市运行管理和公共服务水平，提高城市居民幸福感和满意感，实现可持续发展的一种创新型城市。"

2020年5月15日，中华人民共和国国家发展和改革委员会(简称国家发改委)公布对新型智慧城市的定义：新型智慧城市是适应我国国情实际提出的智慧城市概念的中国化表述；新型智慧城市是在现代信息社会条件下，针对城市经济、社会发展的现实需求，以提升人民群众的幸福感和满意度为核心，为提升城市发展方式的智慧化而开展的改革创新系统工程；新型智慧城市是落实国家新型城镇化战略规划，富有中国特色、体现新型政策机制和创新发展模式的智慧城市；新型智慧城市的核心是以人为本，本质是改革创新(新型智慧城市英文应译为Innovative Smarter

City，而不应译为New Smart City）①。

任何一种新理念的提出都会有其时代和技术的背景。我们认为新型智慧城市的定义是一种革新的思想，源自于新兴科技的智慧管理能力与创新能力，是一种自适应的创新模式，旨在实现持续发展、人民幸福、社会安定、政府有效。新型智慧城市概念更加注重以下几个特征：

① 数据智能化。智慧城市需要充分利用云边端协同关键技术，通过边缘计算和人工智能等技术进行分析和智能处理，实现更精准和高效的城市运营管理。

② 应用场景丰富化。智慧城市需要将自适应技术应用到更多场景中，如智慧园区、智慧医疗、智慧能源等，通过更广泛的应用场景来实现技术的自适应。

③ 自组织协调能力。智慧城市需要引入云边端协同、分布式自组织网络等技术，实现城市系统的自组织和自协调，从而保证整个城市的运行稳定和效率。

④ 开放创新生态。智慧城市需要通过开放标准、平台和数据，建立相应的开放创新生态系统，从而吸引更多的创业公司、开发者和创新者加入智慧城市建设，实现技术和产业的跨界融合。

⑤ 可持续发展。智慧城市需要将自适应技术与可持续发展模式相结合，通过城市资源的高效利用和环境的保护，实现经济、社会、环境的协调发展，从而推动城市的可持续发展。

1.2 新型智慧城市总体框架

新型智慧城市的总体框架分为六个层级和两个体系，如图1-2所示。六个层级包括物联感知层、网络通信层、计算存储层、数字化底座层、应用层和门户层。其中，数字化底座层包括物联网平台、数据平台和人工智能平台等；应用层分为行业应用分类和规模应用分类。行业应用包括智慧政务、智慧医疗、智慧教育、智慧旅游、智慧能源和智慧城乡等；规模应用包括智慧建筑和智慧园区等。各应用项目相互业务协同，数据互联互通，并从物联感知、网络通信到计算存储，通过数字化底座实现应用，形成可持续发展的智慧城市。两个体系是标准规范体系和安全保障技术体系。

---

① https://www.ndrc.gov.cn/xxgk/jd/wsdwhfz/202005/t20200515_1228150.html.

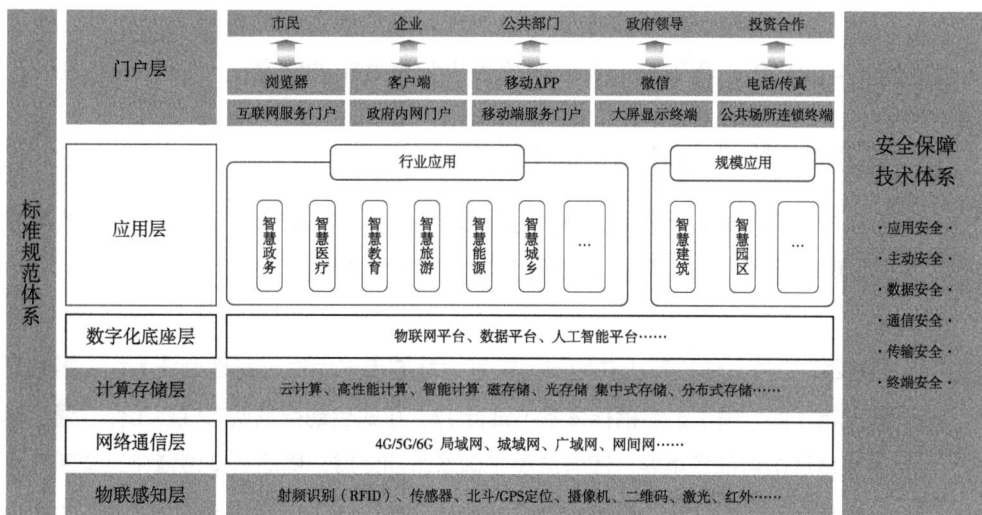

图1-2 新型智慧城市总体框架

1.3 智慧城市建设的发展历史

自2008年11月美国IBM公司提出"智慧地球"概念起，中国智慧城市的发展历程大体经历了三个阶段：概念普及阶段（2008~2011年）、试点推广阶段（2012~2015年）、发展创新阶段（2016年至今）。

1）概念普及阶段（2008~2011年）

2008年IBM公司提出"智慧地球"概念，我国智慧城市建设拉开了序幕。

① 2008年11月，美国IBM公司首次提出"智慧地球"的概念。

② 2010年11月，中华人民共和国科学技术部（简称科技部）等单位在武汉举办"2010中国智慧城市论坛大会"，主要探讨智慧城市的创新与发展路径选择。

③ 2010年12月，"2010中国物联网与智慧城市建设高峰论坛"在北京召开，探讨智慧城市的发展趋势与物联网专业人才的培养等方面的问题。

④ 2011年，北京、上海、宁波、无锡、深圳、武汉、佛山等城市纷纷启动"智慧城市"战略，相关规划、项目和活动渐次推出。

在此阶段，"智慧城市"概念由国外引入我国并逐步被理解和接受，各地纷纷开展"智慧城市"相关论坛活动，"智慧城市"概念开始大范围普及推广。这一阶段的主要特征是各部门、各地方按照自己的理解来开展智慧城市建设，相对分散和无序。2008～2011年，我国政府并未明确提出智慧城市的定义。

2）试点推广阶段（2012～2015年）

2012年，中华人民共和国住房和城乡建设部（简称住建部）正式印发《国家智慧城市试点暂行管理办法》后，我国智慧城市试点项目陆续开启。

① 2012年12月，住建部正式印发《国家智慧城市试点暂行管理办法》和《国家智慧城市（区、镇）试点指标体系（试行）》，正式启动智慧城市试点工作。通过建设智慧城市贯彻党中央、国务院关于创新驱动发展、推动新型城镇化、全面建成小康社会的决策部署，探索智慧城市建设、运行、管理、服务和发展的科学方式。

② 2013年1月，住建部公布首批90个国家智慧城市试点。这些试点城市的选择是基于多种因素，例如城市规模、经济发展水平、信息化水平等。试点城市的建设目标是提高城市管理水平、优化公共服务、提高城市运行效率和人民生活质量。

③ 2013年8月，住建部公布第二批103个国家智慧城市试点。试点城市的目标是建立健全统筹协调机制、落实资金等保障措施、确保试点工作取得成效、形成可复制、可推广的经验。

④ 2014年3月，国务院印发《国家新型城镇化规划（2014—2020年）》，提出"推进智慧城市建设"。该规划的主旨是走中国特色新型城镇化道路，全面提高城镇化质量，推动城市和农村协调发展。

⑤ 2014年8月，国家发改委等八部委印发《关于促进智慧城市健康发展的指导意见》，提出智慧城市是运用物联网、云计算、大数据、空间地理信息集成等新一代信息技术，促进城市规划、建设、管理和服务智慧化的新理念和新模式。

⑥ 2015年4月，住建部公布第三批97个国家智慧城市试点。以科技创新为支撑，着力解决制约城市发展的现实问题。

在此阶段，智慧城市从概念到相关政策的出台，推动了我国智慧城市建设正式落地实施。全国各地积极开展建设，智慧城市试点逐步在全国铺开。但各地项目特色不鲜明，出现"千城一面"的现象。

3）发展创新阶段（2016年至今）

2016年，新型智慧城市建设上升为国家战略，国家层面的支持政策陆续出台，细分领域政策逐渐登场，中国智慧城市试点和建设呈现出分级建设、多点开花、提质增效的发展趋势。各主要城市呈现多种特色，打破以往智慧城市建设"千城一面"的局面。

① 2016年3月，"十三五"规划提出"建设智慧城市""新型智慧城市建设行动"，新型智慧城市建设首次上升为国家战略。

② 2016年12月，国家标准《新型智慧城市评价指标》（GB/T 33356—2016）①发布，可用于指导新型智慧城市的规划、设计、实施、运营与持续改进等活动。

③ 2017年12月，《新型智慧城市发展报告2017》②首次公开发布国家新型智慧城市评价结果。总体来说，我国新型智慧城市建设还有很大的提升空间，主要表现在市民获得感有待提高、发展总体不均衡、信息资源基础保障作用尚未充分发挥。

④ 2018年6月，国家标准《智慧城市顶层设计指南》（GB/T 36333—2018）发布，有助于规范智慧城市建设，提高智慧城市建设质量和水平。

⑤ 2019年1月，工信部、国家发改委、中华人民共和国科学技术部（简称科学技术部）、中华人民共和国公安部（简称公安部）、国家安全部、中华人民共和国国家互联网信息办公室（简称国家互联网信息办公室）、中国科学院、中国工程院联合发布《智慧城市时空大数据平台建设技术大纲（2019版）》，旨在规范智慧城市时空大数据平台建设，提供了技术路线、建设思路、重点任务、建设原则等方面的要求。

⑥ 2021年3月，《中华人民共和国国民经济和社会发展第十四个五年规划和2035年远景目标纲要》（简称"十四五"规划）提出"建设智慧城市和数字乡村""分级分类推进新型智慧城市建设""探索建设数字孪生城市"。

⑦ 2022年1月12日，国务院印发的《"十四五"数字经济发展规划》，提出"统筹推动新型智慧城市和数字乡村建设""深化新型智慧城市建设"。

⑧ 2022年3月10日，国家发改委发布《2022年新型城镇化和城乡融合发展重点任务》，提出"提升智慧化水平""探索建设'城市数据大脑'""促进城乡融合发展"。

⑨ 2022年7月，国家发改委发布《"十四五"新型城镇化实施方案》，提出"推进智慧化改造""推行城市运行一网统管，探索建设数字孪生城市"。

---

① 《新型智慧城市评价指标》（GB/T 33356—2016）已废止，现行标准是《新型智慧城市评价指标》（GB/T 33356—2022）

② 《新型智慧城市发展报告2017》由新型智慧城市建设部际协调工作组组织，由25个成员单位共同编著。

随着对智慧城市的认识逐渐升级以及技术的不断发展，智慧城市被赋予了新的内涵和新的要求。不少城市发布的"十四五"新型智慧城市建设规划中都提出了"数字孪生城市""城市元宇宙"等概念，为智慧城市建设注入创新的理念，成为智慧城市发展演进的重要方向。

在经济快速发展和智慧城市建设不断推进的背景下，针对城乡发展不平衡以及温室气体排放等问题，国家在城乡融合发展和"双碳"目标等方面相继出台了一系列针对性的政策措施。这对智慧城市的定义及其所涉及的领域范围提出了更多新的思考，也是未来智慧城市发展的机会点。

1.4 数字中国、数字经济背景下智慧城市建设的现状

2023年2月，中共中央、国务院印发《数字中国建设整体布局规划》，指出数字中国建设按照"2522"整体框架（图1-3）进行布局，即夯实数字基础设施和数据资源体系"两大基础"，推进数字技术与经济、政治、文化、社会、生态文明建设"五位一体"深度融合，强化数字技术创新体系和数字安全屏障"两大能力"，优化数字化发展国内、国际"两个环境"，到2025年实现数字基础设施高效联通，数据资源规模和质量加快提升，数据要素价值有效释放，数字经济发展质量效益大幅增强。加快数字中国建设对全面建设社会主义现代化国家、全面推进中华民族伟大复兴具有重要意义和深远影响。

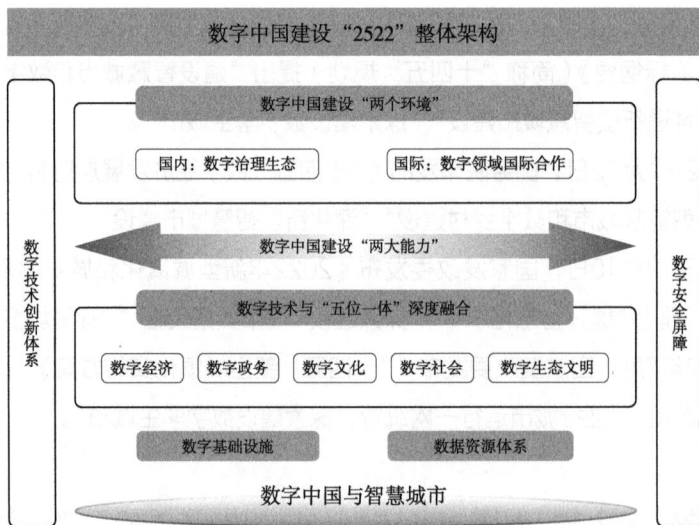

图1-3 数字中国建设"2522"整体架构

2023年5月23日，国家互联网信息办公室发布《数字中国发展报告（2022年）》。报告指出，我国数字经济规模已达到50.2万亿元，占GDP比重提高至41.5%，成为稳增长、促转型的重要引擎。数字基础设施规模也有了大幅提升，5G基站数量已达到231.2万个，5G用户达到5.61亿户，移动物联网终端用户数更是达到18.45亿户，成为全球主要经济体中首个实现"物超人"的国家。此外，我国数据资源体系建设也在加速推进，2022年数据产量达到8.1ZB，同比增长22.7%，全球占比达到10.5%，位居世界第二位。

未来将加快数字中国的建设，夯实数字中国建设基础，畅通数字基础设施大动脉，构建普惠、便捷的数字社会，打造自信、繁荣的数字文化，建设绿色、智慧的数字生态文明，强化数字中国关键能力，构筑自立自强的数字技术创新体系，筑牢可信可控的数字安全屏障，优化数字化发展环境，建设公平、规范的数字治理生态，构建开放、共赢的数字领域国际合作格局。其中，智慧城市将对城市进行全方位、全周期、全领域的改进，这些举措将为我国数字经济的发展提供强有力的保障和支撑。

智慧城市通过信息技术进行大规模的数据收集和分析，为城市运营提供数据支撑，这些深入的数据洞察力量也将进一步推动市场趋势和消费者需求的发展。同时，智慧城市的建设和发展也鼓励技术和服务的创新，为数字经济的持续发展提供推动力。更重要的是，智慧城市需要建设和维护一套先进的信息通信技术基础设施，这些基础设施对于数字经济的健康发展至关重要。在这个过程中，通过实施智慧城市的项目，政府有机会推动数字技术在各个行业和领域的广泛应用，进一步激活市场空间。最后，通过提供更智慧、高效的公共服务，智慧城市提高了公众的生活质量，从而刺激数字消费，为数字经济的进一步发展注入动力。总的来说，智慧城市是我国数字经济发展的重要保障和支持平台。

1.4.1 数智城市是智慧城市的新形态

智慧城市建设已经历了概念普及阶段、试点推广阶段、发展创新阶段，目前已经进入了智慧城市发展创新阶段建设中的新形态——数智城市。数智城市是指利用新一代信息技术（如大数据、智能物联网和人工智能等）引领数字经济的发展，推动城市进行全面、深入的数字化改造和智能化升级，以提高城市管理水平、优化公共服务、促进产业发展和提升居民生活品质等方面的综合能力（图1-4）。数智城市的发展为城市创新带来新机遇，但同时也需要充分考虑隐私保护和信息安全等问

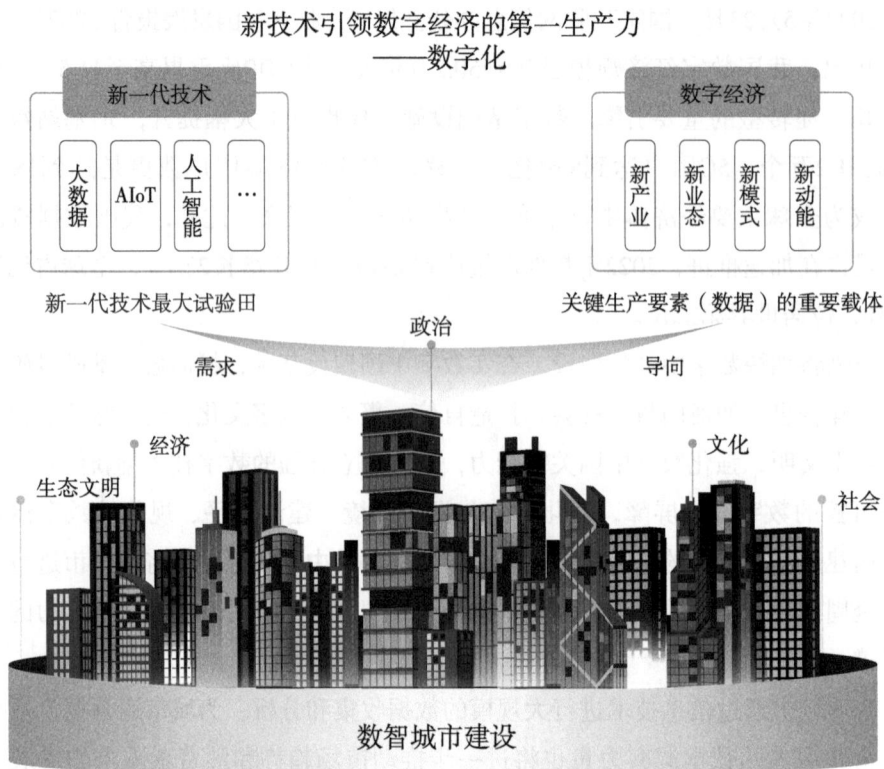

图1-4　数智城市建设的生产力和关键生产要素

题。数智城市可促进数字化与城市经济社会融合，促进城市经济社会发展，使城市持续发展、人民幸福、社会安定、政府有效。数智城市是数字中国建设的重要组成部分和支撑，信息化、数字化、数字经济与数字中国建设密不可分，是数字中国建设的重要内容。

数智城市是智慧城市发展的新形态，相较于传统的智慧城市具有独有的特征。基于对新型智慧城市的理解，数智城市在以下几个方面呈现出独有的特征：

① 依托新一代信息技术。在"数据智能化"的基础上，数智城市依托新一代信息技术，实现城市数据的全面、精确、深入的数字化改造和智能化升级。

② 数据驱动。数智城市以数据为基础，在新型智慧城市"应用场景丰富化"的基础上，通过对城市中各种设施、设备的数据采集、整合、分析，实现城市管理的智能化、精细化和高效化。

③ 全面智能化。新型智慧城市的"自组织协调能力"在数智城市形态下体现为对城市的各个领域进行全面智能化，包括城市规划、交通出行、环境保护、公共安

全、社会服务等多个方面，实现城市各项事务的自动化和智能化。

④ 多维互联。在新型智慧城市"开放、创新、生态"基础上，数智城市将城市内外的各种资源进行多维度的互联，使得城市内各个领域之间、城市与城市之间、城市与产业之间都能够实现全面互联和数据共享。

⑤ 面向未来。数智城市不仅关注当下的城市管理和服务，在满足新型智慧城市"可持续发展"的基础上，更重视未来城市的可持续发展和智能化升级，以满足人们对于城市品质、生活质量和环保等要求的不断提高。

1.4.2 我国智慧城市建设中存在的问题与发展策略

虽然我国智慧城市建设取得了一定成绩，但是随着智慧城市建设的深入开展，一些问题也日渐浮出水面。可以从政府视角（图1-5）和服务体系（图1-6）两个角度来分析我国智慧城市建设中存在的问题。

从中国智慧城市建设存在十大共性问题、智慧城市服务体系的机制和效率问题分析，总的来说有以下几方面亟待解决。

1）顶层设计不足

中国的智慧城市建设是一个既复杂又重要的课题，涉及技术、制度和人文方面的顶层设计。然而，目前其存在顶层设计不足的问题。解决智慧城市建设的顶层设

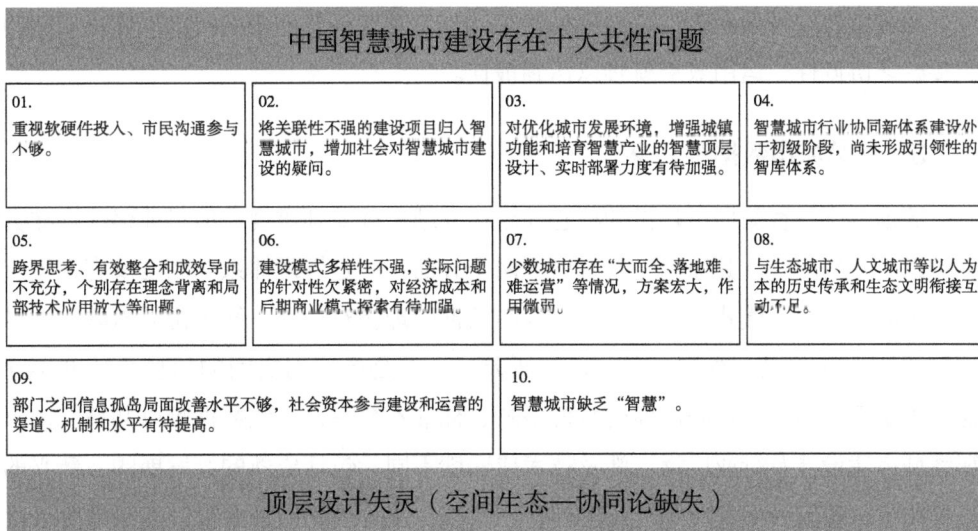

中国智慧城市建设存在十大共性问题			
01. 重视软硬件投入、市民沟通参与不够。	02. 将关联性不强的建设项目归入智慧城市，增加社会对智慧城市建设的疑问。	03. 对优化城市发展环境，增强城镇功能和培育智慧产业的智慧顶层设计、实时部署力度有待加强。	04. 智慧城市行业协同新体系建设尚处初级阶段，尚未形成引领性的智库体系。
05. 跨界思考、有效整合和成效导向不充分，个别存在理念背离和局部技术应用放大等问题。	06. 建设模式多样性不强，实际问题的针对性欠紧密，对经济成本和后期商业模式探索有待加强。	07. 少数城市存在"大而全、落地难、难运营"等情况，方案宏大，作用微弱。	08. 与生态城市、人文城市等以人为本的历史传承和生态文明衔接互动不足。
09. 部门之间信息孤岛局面改善水平不够，社会资本参与建设和运营的渠道、机制和水平有待提高。	10. 智慧城市缺乏"智慧"。		
顶层设计失灵（空间生态—协同论缺失）			

图1-5 从政府视角看中国智慧城市建设存在的共性问题

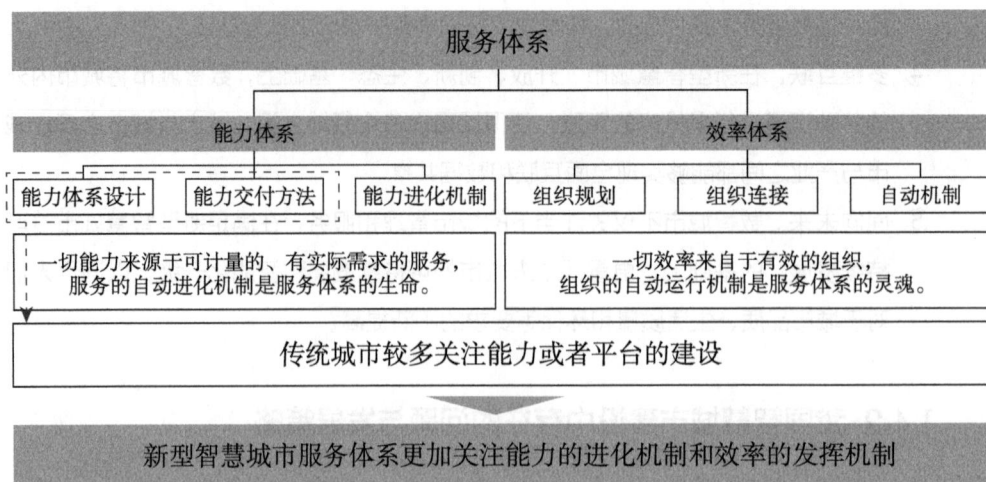

图1-6　智慧城市服务体系存在的问题

计不足问题是一个复杂和长期的任务，需要政府在经验分享、产业创新、技术研发、规划设计、公民教育等方面努力推进，切实促进智慧城市的健康、有序发展。

2）管理体系和制度难以与技术产生协同效应

由于每个智慧城市都在不同的层面上进行建设，因此不同城市在技术应用上存在较大差异，进行统一管理和监管的难度较大。另外，技术更新的速度很快，管理体系和制度更新往往较慢，这就导致二者难以协调。

智慧城市建设过程中，管理体系和制度是调节和规范智慧城市建设的关键环节，如城市建设管理规范、数据隐私保护等，若管理体系和制度与技术体系之间的衔接缺乏协调性，运用效果就难以达到最佳。

3）智慧城市数据难共享

数据共享是智慧城市建设的核心问题，并越来越受到重视，但目前仍然存在数据难以共享的问题。其原因主要有以下两个方面：一是管理体系和制度没有根据智慧城市的新的治理模式进行改革，各部门数据管理相对独立，缺少协同与联动，对于数据开放的意识、意愿、利益也有所差异。二是各部门之间的信息系统并不互通，由于不同系统、不同厂商的数据格式、标准不统一，导致数据难以共享。由于智慧城市建设涉及行业广泛，涉及技术成熟度不同，包括成熟的、发展的、新兴的各种技术，建设目标和应用广泛多样，以及缺少统筹规划与顶层设计，导致标准难以统一。

4）缺乏深度融合应用

当前，智慧城市应用大多还是聚焦单一垂直领域层面，难以将各行业应用领域数据进行综合融合分析，缺乏更宏观、更深层次的预判和决策应用。通过达成共识的分行业、分类别的有效数据标签化，并能有通用的分行业、分类别的标签解析应用，是未来研究的重要方向。

5）数据安全形势严峻

一直以来，信息与通信技术（简称ICT）产业底层标准、架构、产品、生态等要素均由国外公司或机构制定和控制，使我国ICT产业乃至广大用户面临"卡脖子"、数据泄漏、信息安全等诸多风险。因此，在计算机信息技术等软硬件方面摆脱国外依赖，逐步实现自主创新供应尤为重要。

同时，目前数据安全形势严峻，突出表现为本质安全难以保障、过程安全形势严峻、制度安全权责不清；数据要素市场化面临诸多难题，突出表现为数据有效供给不足、数据要素市场缺位、技术体系尚不完善、法律体系亟待健全、制度管理体系滞后。因此，要提升要素配置作用、推动数据要素的市场化、释放市场要素的价值，还需要进一步深化数据要素的基础理念研究，加快数据要素的新一代技术的创新，加快建立我国数字化转型的数据资产管理的方法论，并平衡好数据应用与数据安全。

6）经济发展与环境保护的矛盾难以调和

改革开放以来，我国经济快速发展，综合实力大幅提升，但由于以往的经济发展方式较为粗放，生态破坏、环境污染等问题凸显。同时，在应对全球气候变化问题方面，我国展现出大国担当，发挥着重要的引领作用。可以通过发展新技术、新应用平衡经济发展和环境保护两者关系，达成经济发展与环境保护的双赢。

7）区域发展不平衡

在以习近平同志为核心的党中央的坚强领导下，我国取得了历史性成就，发生历史性变革，打赢脱贫攻坚战，全面建成小康社会。但由于在经济快速发展和智慧城市建设的不断发展，区域发展的差距逐步拉开，主要体现在东西部区域发展不平衡和城乡发展不平衡两个方面，其中城市与乡村的发展差距最为突出。城市和乡村发展不平衡、城乡要素流动不顺畅、公共资源配置不合理等问题容易引发更深层次的社会矛盾，区域发展的不平衡成为影响全体人民共同富裕的主要障碍之一。因此，如何通过技术赋能加强城乡融合发展是未来智慧城市发展的机会点。

8）民众参与度不足

如何引入民众、企业、市场的参与，是智慧城市建设和管理的挑战之一。智慧城市建设中，民众参与度不够主要表现在共鸣需求感知不足、应用服务不够完善，智慧城市建设和应用尚未完全适应民众的多样化需求。在实际操作中，一些城市的政府部门和企业并没有充分研究和分析民众的需求，并未真正做到以人为本的服务模式。部分智慧城市建设应用的服务还不够完善，民众体验不佳，如民众在使用智慧停车应用时，由于停车位置信息不准确，操作方式不够简便，影响了智慧城市应用体验。

9）智慧城市运营难、效益低

智慧城市建设是一项高度复杂和长期性的任务，其中落地难、效益低的问题严重制约着智慧城市的实现和发展。其主要原因可以从以下几个方面来分析。

首先，缺乏统一的标准和规范。由于不同厂商采用的技术标准和规范不同，智慧城市内存在多个系统无法相互协同和配合的问题，信息的共享和交互受到了严重影响。

其次，数据获取困难、数据质量差、数据孤岛现象严重。智慧城市需要大量、多样性的数据支撑。而现实中，不同部门和机构拥有不同的数据集。这些数据集无法相互融合和共享，将导致智慧城市的精细化管理和运营难以实现。

最后，智慧城市建设投资风险大、回报周期长，不易对投资成果进行实时性的评估，给投资者带来了不确定性和风险的顾虑，因此对政府和企业项目的投资产生一定的负面影响。

总之，智慧城市建设是一项系统工程，需要各方面的资源支持和持续性的投入，只有解决落地难、效益低的问题，才能真正实现智慧城市建设的可持续发展。

针对目前存在的问题，未来智慧城市发展可采用以下策略来解决。

① 加强顶层设计。更加关注能力进化机制和效率发挥机制，通过统一的政府平台整合政府服务，后台部门相互配合，分享数据和权利，使整个社会创造出更多的价值。

② 加强民众体验设计。应专门针对民众的使用需求开展民众体验设计工作，通过个性化和智能化的设计来提高民众使用的便捷性和美观度。

③ 加大宣传普及力度。智慧城市建设中，政府和企业需要通过宣传推广、社区访问等多种形式提高市民对智慧城市建设的了解和认知度。

④ 加速应用服务完善。需要在应用程序中考虑民众体验和需求，并适时调整、更新、优化，吸引更多的民众参与进来。

⑤ 更加人性化的技术支持。注重民众反馈，提供多种渠道的技术支持和帮助，当民众遇到问题时能够及时回应和解决。

⑥ 加强数据安全保护。在数据披露、采用、处理过程中需要考虑隐私保护、信息安全等关键问题，这也是民众愿意参与智慧城市建设的重要因素之一。

⑦ 促进产城融合。通过"数字政府"促进社会各方的相互参与，推动产业创新。

⑧ 重视智慧城市运营。智慧城市建设是一项系统工程，需要各方面的资源支持和持续性的投入，只有克服效益低的问题，才能真正实现智慧城市的可持续发展。

1.5 智慧城市的发展趋势

智慧城市建设的发展趋势包括以下几个方面。

① 政策导向和规划类：包括加强决策型及工程型的顶层设计与协同发展、全面加快数字化经济建设等。

② 可持续发展和环境保护类：包括促进"双碳"趋势和绿色低碳发展，以及数字化能源生态系统的构建。

③ 数据资产交易和数据安全类：包括数据资产流动促进产业发展和数字化城市安全保障新模式。

④ 新兴技术应用和发展类：包括新一代人工智能、区块链等信息技术驱动在智慧城市中的重要应用和发展前景。

⑤ 产城融合和智慧城市运营类：包括加快智慧产业连接城市发展、智能化与数字化城市运营管理模式的创新。

⑥ 基础设施建设和运营类：包括加快智能平台和算力中心的建设、增强城市基础设施的能力。

1.5.1 政策与顶层规划类

1）决策性和工程性顶层设计：引领城市发展的决策与实施

顶层设计包括决策性顶层设计和工程性顶层设计（图1-7）。首先应重视决策性顶层设计，这是因为智慧城市建设所涉及的范围非常广泛，包括政策、技术、社会、经济、环境等多个方面。在决策性顶层设计阶段，需要对这些方面进行全面分析和考虑，制定全面、可行和具有前瞻性的实施方案，为城市的智慧化打下基础。

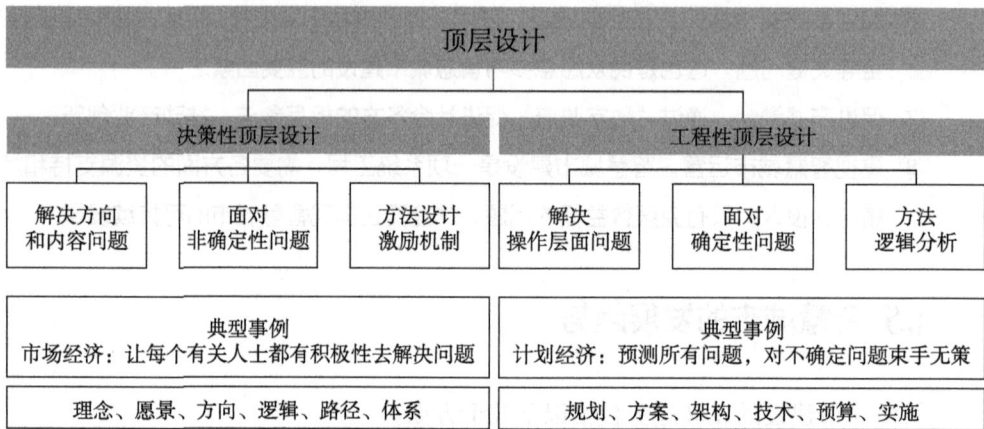

图1-7 顶层设计体系图

具体而言，决策性顶层设计需要关注理念、愿景、方向、逻辑、路径和体系。其中，理念和愿景是城市智慧化发展的核心思想和目标，需要从城市发展、民众需求、行业变革等多方面考虑，明确智慧城市应具备的特点和功能；方向和逻辑是指统筹规划和落实各项工作，实现智慧城市建设的全局性和协同性；路径是指具体实施智慧城市的途径和措施，包括技术、数据、人才、资金等方面的布局和安排；体系则是组织、运营、管理等方面的设计和完善，确保智慧城市建设的顺利进行和可持续发展。

在决策性顶层设计的基础上，需要进一步编制工程性顶层设计，明确各项具体工程的建设目标、时间表、经费预算、责任分工等，确保各项工程的协调推进和优化实施。同时，应注重技术创新、创业创新、管理创新等方面的推进，提高智慧城市发展的领先性和竞争力。

总之，决策性顶层设计和工程性顶层设计是智慧城市建设的基础和关键，需要全面考虑和精细落实，以推动城市的可持续发展和提升居民的生活品质。

在智慧城市建设中，决策性顶层设计为工程性顶层设计的有效实施提供了依据和支持。只有充分考虑智慧城市建设的各个方面和细节，建立全面、可行和具有前瞻性的实施方案才能顺利推进智慧城市建设，助力城市的可持续发展。

决策性顶层设计和工程性顶层设计的主要区别如下。

决策性顶层设计是智慧城市建设的第一阶段，其主要目的是制定智慧城市的发展方向和总体策略，以满足社会经济发展和城市可持续发展的需要。在决策性顶层设计阶段，需要进行全面的研究和分析，确定城市的发展目标、政策和制度，规划城市的基础设施和功能模块等。决策性顶层设计应该具有前瞻性、全面性和可行性，为后续工程性顶层设计提供方向性指导。

工程性顶层设计基于决策性顶层设计的指导，是具体实施过程中的一个重要阶段。其主要目的是将决策性顶层设计中确定的方向和策略转化为具体的技术和实践方案。工程性顶层设计需要具有可行性、可操作性的特点。

因此，决策性顶层设计和工程性顶层设计在智慧城市建设中是具有不同的特点和功能的。决策性顶层设计从宏观角度出发，对城市的未来发展进行全面的策略性规划；工程性顶层设计则更侧重于细节方面，对具体的技术方案进行技术解决和规划。两者是智慧城市建设中相辅相成、紧密结合的两个重要阶段。

智慧城市的全过程顶层设计流程分为以下步骤：需求调研分析、总体愿景规划、配套支撑体系设计、实施策略制定、具体规划设计、项目实施验收交接（图1-8）。其中，在具体规划设计阶段交付的初步设计初稿需要通过专家论证，即由专家和相关专业人员组成专家组，对初步设计方案进行评审和论证，根据专家论

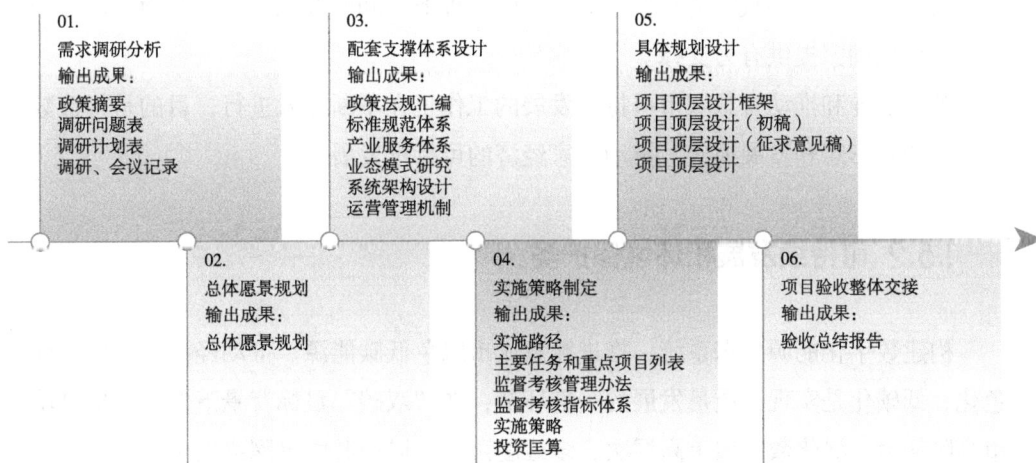

图1-8 顶层设计规划流程图

证的意见和建议对初步设计方案进行修改和完善，从而寻求改进方案和完善方案。最终顶层设计方案应该具有科学性、可操作性、可持续性和可行性，并充分满足城市的需求，符合未来发展方向。

为了解决智慧城市顶层设计失灵的问题，国家积极出台了相关政策和举措。其中，国家最新的智慧城市顶层设计政策和规定是《智慧城市顶层设计指南》（GB/T 36333—2018）。该标准于2018年6月7日发布，自2019年1月1日起实施，主要包括智慧城市顶层设计的总体要求、基本过程及需求分析、总体设计、架构设计、实施路径设计等内容，适用于智慧城市的顶层设计，也可指导信息化领域的顶层设计。

2）全面加快数字经济建设：推动智慧城市的可持续发展引擎

随着信息技术的不断发展与普及，数字经济逐渐成为全球经济发展的新势力。智慧城市作为数字经济的核心载体之一，正成为政府加快数字经济建设、推动可持续发展的重要战略举措。为此，政府在引导和推动智慧城市可持续发展方面不懈努力。政府引导智慧城市可持续发展的政策有很多，其中包括以下几项政策。

2022年1月12日，国务院印发《"十四五"数字经济发展规划》，提出结合新型智慧城市建设，加快城市数据融合及产业生态培育，提升城市数据运营和开发利用水平；推动数字城乡融合发展；推进云网协同和算网融合发展，面向智慧城市提供体系化的人工智能服务；并且要规范、健康、可持续。

2022年3月10日，国家发改委印发《2022年新型城镇化和城乡融合发展重点任务》，提出推进新型智慧城市建设，提升智慧化水平，推动城乡融合发展。

2022年6月23日，《国务院关于加强数字政府建设的指导意见》发布，提出推动数字政府建设，加快数字化转型，提升政府治理能力和服务水平，为全面建设社会主义现代化国家提供有力支撑。

政府引导和推动智慧城市可持续发展的工作正在不断深入进行，目的是打造数字经济的新形态和发展模式，推动国家经济的可持续发展。

1.5.2 可持续发展和环境保护类

构建数字化能源生态系统，推进智慧城市绿色低碳能源。推动经济社会发展绿色化、低碳化是实现高质量发展的关键环节，在"双碳"目标背景下发展、构筑城市高阶能力，深化数字城市高层次、多维度协同。以中共中央网络安全和信息化委员会办公室（简称中央网信办）、国家发改委、工信部、生态环境部、国家能源局五个部门联合开展数字化绿色化协同转型发展（双化协同）综合试点为契机，数字化、绿色化、低碳化协同转型将为智慧城市高质量发展提供动能。

在这一背景下，构建数字化能源生态系统已经成为推动绿色低碳发展的核心工作。首先，建设智慧城市能源互联网是构建数字化能源生态系统的核心。智慧城市能源互联网通过数字化技术、物联网等手段，实现能源生产、输配、消耗等各个环节的信息化和智能化管理，从而实现低能耗、高效率、低排放的目标。同时，智慧城市能源互联网还能将分散的能源资源组织起来，为城市居民提供稳定、可靠、优质的能源服务。

其次，构建数字化能源生态系统需要建立绿色低碳发展的生态环境。为实现绿色低碳发展，数字化能源生态系统需要大力推广清洁能源和低碳技术，加快推进煤改气、煤改电等工作，建设清洁能源发电、平价上网和储能等设施，实现能源生产与消费的绿色化和低碳化。同时，数字化能源生态系统还需要优化能源利用结构，减少能源浪费，提高能源利用效率，最终实现城市可持续发展的目标。

最后，构建数字化能源生态系统需要各方协同合作，构建全球能源互联网。数字化能源生态系统的建设需要各方的合作共建，如政府、能源企业、科研机构等。尤其是通过构建全球能源互联网，实现太阳能、风能等清洁能源的跨国输送，将有利于推动能源生产与消费方式的结构性调整，促进绿色低碳发展和全球气候治理。

1.5.3 数据资产交易和数据安全类

1）数据赋能产业，数字助推互联：产业数据资产交易趋势

我国政府在数字经济发展方面已经出台了一系列政策。例如，2021年，"十四五"规划进一步明确提出，要建立数据资源产权、交易流通、跨境传输和安全保护等基础制度和标准规范，推动数据资源开发利用。此外，2022年政府工作报告明确提出，要促进数字经济发展，加强数字中国建设整体布局，建设数字信息基础设施，逐步构建全国一体化大数据中心体系，推进5G规模化应用，促进产业数字化转型，发展智慧城市、数字乡村等。如上海市浦东新区人民政府出台了《浦东新区产业发展"十四五"规划》，其中提到要充分把握数字化转型中经济发展、城市交通、人民生活等方面的新场景、新机遇，发挥5G、大数据、人工智能等方面的技术优势，进一步加强领先技术赋能和关键技术攻关，推进数字产业化、产业数字化。

除了政策的支持之外，随着大数据和人工智能技术的日益发展，数据已经成为当前社会中不可或缺的资源，数据交易趋势逐渐显现。数据资产流动促进智慧城市产业蓬勃发展，通过数据交易，信息从数据生产者处转移至数据使用者处，不断推动产业的创新发展，形成智慧城市数字化和智能化的新格局。

2）城市安全保障新模式：推动智慧城市的数据安全保障

智慧城市的建设涉及城市交通、环境、公共安全等各个方面中大量数据的收集和使用，这意味着可能存在数据泄漏、数据劫持、数据滥用等问题，为城市带来潜在的安全风险。同时，个人隐私保护问题越来越受到关注，包括身份证号码、电话号码、车牌号码等。如果这些信息使用不得当，会对公民的隐私造成侵害。

因此，对于智慧城市数据安全与隐私保护问题的研究和应对成为城市安全保障的新课题。我国政府在数字安全方面已经出台了一系列政策。例如，2021年6月10日，十三届全国人大常委会第二十九次会议表决通过《中华人民共和国数据安全法》，将数据安全提升到了国家安全的层面，同时对重要数据出境安全管理也提出了相应要求。此外，国务院也出台了《国务院关于加强数字政府建设的指导意见》，其中提到要加强网络安全保障体系建设，推动数字政府建设和数字化转型。此外，智慧城市中的数据流通与隐私计算也是一个重要的问题。有专家指出，智慧城市中的数据流通与隐私计算需要在保证数据流通的同时保护个人隐私，防止个人隐私泄漏。

1.5.4 新兴技术应用和发展类

新一代信息技术的智慧城市应用，驱动智慧城市的新技术趋势。随着大数据高算力时代的到来，新型技术不断涌现并被应用到城市的管理、服务和生活等多个领域中。其中，新一代人工智能、区块链、5G、物联网、地理信息系统、新材料、无人驾驶等技术的不断发展和融合，为智慧城市的建设提供了新的思路和手段。例如，人工智能辅助自动驾驶、智能电力巡检、工业机器人等技术的应用，能够提高生产效率和质量，改善工作环境，并为城市经济发展注入新的动力。区块链技术作为保障城市数据安全和隐私保护的新思路和手段，因其去中心化、分布式等特点，确保城市数据不被篡改和泄漏，实现安全共享和管理，为城市数据的合规使用提供可靠的保障。此外，5G和工业互联网促进智能制造的高质量发展，ChatGPT①作为黑马杀入互联网圈，智能服务机器人在各个场景中得到广泛应用。城市借助车路协同、智能信控、智慧停车、云计算等技术实现交通流量和拥堵指数的实时监测，提高通行效率，减少碳排放，对城市的可持续发展具有重要意义。总之，新型技术的不断涌现和应用，将为智慧城市提供更大的发展空间和潜力，为城市治理和服务水平的不断提升创造更为有利的条件。

1.5.5 产城融合和智慧城市运营类

1）智慧产业连接城市发展：加速产业与城市发展的融合与协同

产城融合是当前城市发展的趋势之一，智慧城市产业与城市发展的融合与协同也成为城市实现可持续发展的重要手段。智慧产业通过数字化、智能化的手段，将各个城市领域互相连接和融合，促进城市产业的升级与转型。

智慧城市产业的发展，不仅是数字化、智能化转型的过程，也是产业融合、城市发展和创新的过程。智慧产业连接城市的各个领域，实现了传统产业的转型升级和优化。这种产城融合的趋势将持续发展，为城市发展提供持续的能量和动力。

2）智能化与数字化的城市管理与运营：创新数字化模式

随着智慧城市数字基础设施的逐步完善、数字技术在城市各领域落地应用的加速，以及多元应用场景需求的升级，针对城市物理空间与数字空间的规划、设计、管理、运维、运营、安全等全流程、全领域的服务成为重点。下一阶段，涵盖数据资源化、数据资产化、数据场景化等内容的智慧城市运营价值凸显，数据采集、存储、加工、流通、分析、挖掘、应用、治理、开放等将备受关注，加快数字技术与应用场景深化融合、强化数据治理及分类汇聚、推进城市大数据的场景匹配、有序推进公共数据开放共享等将成为推进工作重点。

1.5.6 基础设施建设和运营类

加快智能平台与算力中心建设，推进智慧城市建设核心基础设施。城市大脑、

---

① ChatGPT是基于GPT-3.5架构的一个大型语言模型，由OpenAI开发。GPT代表"Generative Pre-trained Transformer"，它是一种基于变换器（Transformer）架构的预训练模型。ChatGPT通过在大规模文本数据基础上进行训练，获得了广泛的语言知识和上下文理解能力。

城市智能平台、城市运管中心等智能平台建设加快，各地着力打造城市数据汇聚中心、交换中心，逐步将智能应用从城市管理、服务向经济发展等领域拓展。随着城市智能场景的落地，算力资源属性越来越明显，在新一代人工智能、大数据、网络技术等支持下，构建完善的算力调度机制，助力构建可跨域、可调度、可分配、可交易、可监管的柔性且智能的城市算力中心。加快智能平台与算力中心建设，可满足日益增长的数据处理需求、解决复杂问题、推动创新和发展、提升效率和可持续性，并增强城市的安全性和应急响应能力。这些方面对于智慧城市建设的成功和可持续发展都至关重要。

1.6 智慧城市的建设路径分析

智慧城市建设路径可分为创新驱动型、产业驱动型、管理服务驱动型、可持续发展型、多目标发展型以及"六位一体"型。这些路径在推动城市发展方面各有侧重和适应场景。融资模式包括政府自建自营、政府债券、政企共建共营（PPP模式）、特许期限运营（BOT模式）、特许建设运营（BOO模式）、EPC模式、F-EPC模式、绿色低息贷款金融+N模式、政府产业引导基金模式等多种。这些投资模式在适应不同发展需求和资源情况的同时，还能为智慧城市建设提供资金支持和风险控制。经营模式包括自建自营、特许经营、服务外包、企业经营等。这些模式可供不同规模和发展水平的城市选择，以便更好地实现智慧城市的管理和发展目标（表1-1）。总之，智慧城市的发展需要各种因素的协同作用，包括不同类型的建设路径、多样化的投资模式和灵活多样的经营模式，这些都需要政府、企业和社会各界的共同努力。

智慧城市不同建设路径比较分析   表1-1

类型	融资模式	经营模式	管理客体	建设规模	建设周期	典型代表城市
创新驱动型	政府自建自营（传统模式）政府债券政企共建共营（PPP模式）特许期限运营（BOT模式）特许建设运营（BOO模式）EPC模式及F-EPC模式绿色低息贷款金融+N模式政府产业引导基金模式	政府自建自营	企业	较小	适中	马斯达尔
产业驱动型		企业经营	企业	一般	较长	南京、佛山
管理服务驱动型		服务外包	公共部门	较大	适中	香港、首尔
可持续发展型		特许经营	公共部门	较大	长	阿姆斯特丹
多目标发展型		自建自营、特许经营、服务外包	企业、公共部门	大	长	深圳、北九州
"六位一体"型		自建自营、特许经营、服务外包	企业、公共部门	中	适中	南京、杭州、苏州、成都

1）创新驱动型

创新驱动型路径是指以新兴信息和网络技术的应用为基础，以建立完善的创新体系为核心。这个创新体系包括智慧主体、创新基础设施、创新服务体系、创新人才体系和创新资源等方面（图1-9）。

创新驱动型路径的目标是通过创新技术的使用，促进城市的发展和整体提升。在这个路径中，创新不只针对技术，还需要考虑社会、经济和环境等方面的全面发展，通过建立和完善智慧城市相关的基础设施和管理服务体系、推动人才的培养和创新资源的有效利用，充分发挥各市场主体的积极性。

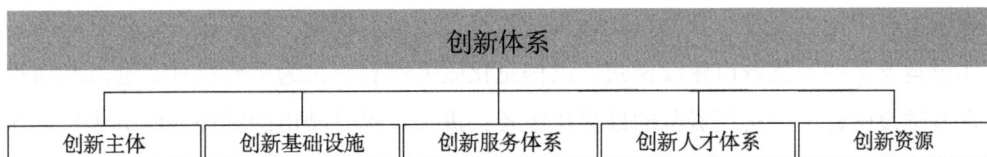

图1-9 智慧城市创新驱动型路径图[①]

2）产业驱动型

产业驱动型路径是以高新信息技术产业为导向，建立以智慧产业链或产业集群为核心的城市发展路径（图1-10）。其中，智慧产业主要包括新兴产业和传统产业经过信息与通信技术（ICT）的智慧化改造后的产业。这种路径的代表城市有中国的佛山和南京等。佛山位于珠江三角洲腹地，拥有得天独厚的地理资源优势，并通过形成与周围产业紧密联系的产业联动和功能互补等方式，努力构建智慧城市的发展模式。该模式的核心是发展高新技术产业，以智慧产业链和产业集群为引领，整

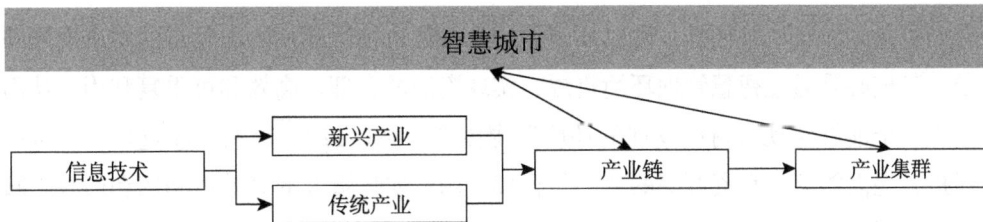

图1-10 智慧城市产业驱动型路径图[②]

[①] 深圳市中咨领航投资顾问有限公司，《2016—2021年中国智慧城市建设领航调研与投资战略规划分析报告》。
[②] 同上。

合智慧化改造后的传统产业，推动数字化、智能化和人工智能等信息技术的应用，以促进城市经济的发展和提高产业的竞争优势。该路径涉及产业升级、城市规划、人才培养等多个方面，需要政府和市场主体共同推动，创造更加优越的发展环境，助力城市的可持续发展。

3）管理服务驱动型

管理服务驱动型路径是通过利用技术手段优化和提升城市公共管理服务能力，使公共管理与服务更加精准、高效、智能和便民（图1-11）。这种路径主要包括完善信息网络、智能化转型基础设施建设、全面提升公共管理和服务体系的智能化等内容，旨在提高公共服务的质量和效率，推动城市管理服务水平的现代化转型。代表城市有中国香港等。香港自2007年开始推行"政府投资、购买服务、企业参与、建设运营"的智慧城市建设模式，以信息化服务所有市民为主要目标，通过政府投资基础设施建设，实现资源的最优化配置，进一步提升城市的管理和服务水平。该路径需要政府主动引导和市场参与，注重创新和效益的统一，营造更加惠民、便民的城市服务环境。

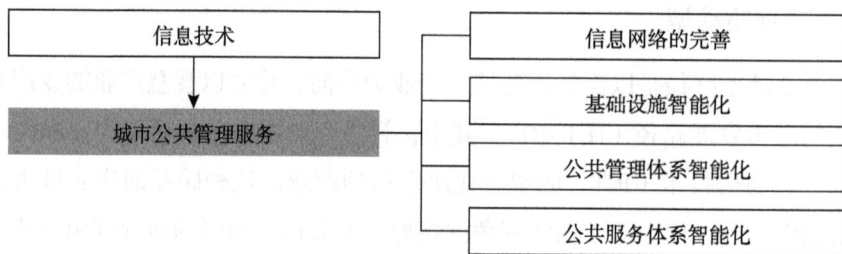

图1-11 管理服务驱动型路径图[1]

4）可持续发展型

可持续发展型路径是一种以环境保护和资源可持续利用为出发点的城市发展路径，其核心是通过智慧管理环境资源，实现资源的合理、高效和可重复利用，从而建立一个能够实现可持续发展的环境资源体系（图1-12）。该路径注重环境和资源保护，提倡能源、水资源等的节约与合理利用，实现资源的高效再利用和回收，减轻了资源的浪费和环境污染的治理压力，从而保护了生态环境和人类健康。该路径是一种可持续发展的城市发展模式，强调环境、经济和社会的协调发展。

---

[1] 深圳市中咨领航投资顾问有限公司，《2016—2021年中国智慧城市建设领航调研与投资战略规划分析报告》。

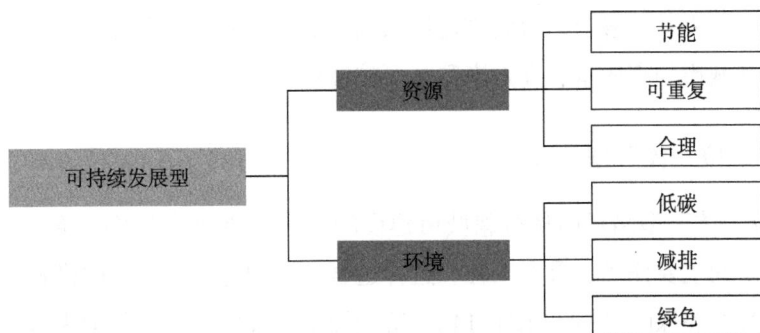

图1-12　智慧城市可持续发展型路径图①

5）多目标发展型

多目标发展型路径是指在智慧城市建设过程中，综合考虑产业的智慧化升级、公共管理服务的提升、居民生活的改善以及资源环境的可持续利用等多个方面，从而形成一种综合性的城市发展路径（图1-13）。该路径以新一代信息技术的发展为依托，以智慧化应用为导向，注重智慧产业发展和智慧创新，推进智慧应用体系的建设和完善。该路径的典型代表是中国的深圳，旨在在整合城市关键信息的基础上，形成生活、产业以及社会管理的综合模式。多目标发展型路径的核心在于平衡各方面的利益和需要，实现城市的全面、平衡、可持续发展。这种路径需要政府、

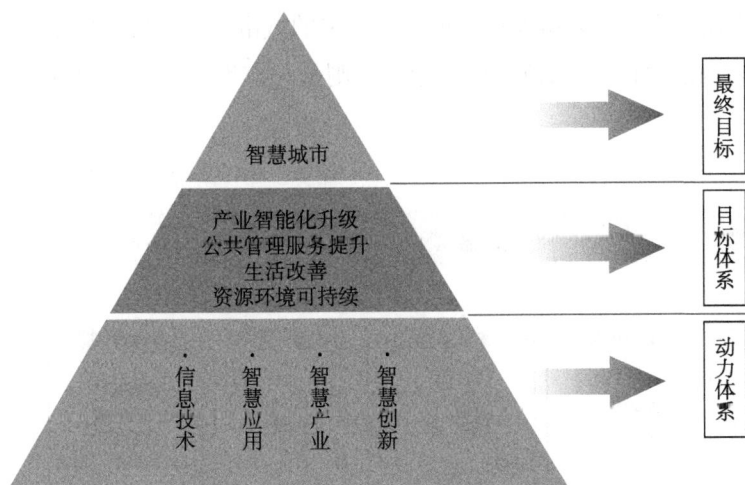

图1-13　智慧城市多目标发展型路径图②

① 深圳市中咨领航投资顾问有限公司，《2016—2021年中国智慧城市建设领航调研与投资战略规划分析报告》。
② 同上。

企业和社会各界共同参与，协同推进城市的发展，以智慧化和可持续性发展为指导方向，实现城市的高质量、高效率和高可持续性发展。

6）"六位一体"型

"六位一体"型路径即从智慧城市建设的六个主要领域选择路径，具体内容包括布置建设的主要任务、重点工程、选择适合当地智慧城市建设的模式、明确各实施阶段以及相关保障措施[①]（图1-14）。智慧城市建设领域可以归纳为六个方面：智慧民生、智慧政府（治理）、智慧应用、智慧人群、智慧环境和基础设施。其中，智慧民生包括文教体健康、交通出行、"最多跑一次"和一网通办等；智慧政府（治理）包括数据治理和流程再造等；智慧应用包括智慧产业等；智慧人群包括民众、企业和机构等，如监测人员流动量、降低办事服务和居住成本等；智慧环境包括营商环境、生态环境、制度保障和法治环境等；基础设施包括云网端、数据库建设、数字孪生、物联网、车联网和智联网等。这种路径在很多城市中得到了应用，如南京、杭州、苏州、成都等。

创新驱动型、产业驱动型、管理服务驱动型、可持续发展型、多目标发展型以及"六位一体"型的智慧城市建设路径是根据不同城市的特点和需求制定的。例如，创新驱动型路径适用于科技创新能力较强的城市，产业驱动型路径适用于产业基础较好的城市，管理服务驱动型路径适用于城市管理水平较高的城市，可持续发展型路径适用于更注重环境保护和可持续发展的城市，多目标发展型路径适用于多方面复合需求的城市，"六位一体"型路径则是包容性最强的建设方法，应因地制宜地使用。

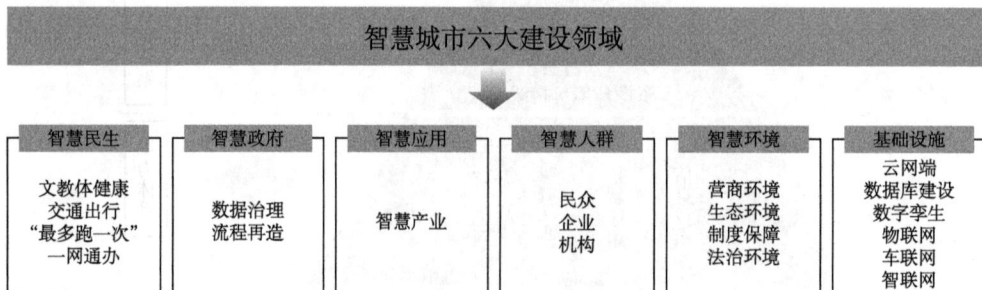

图1-14 智慧城市六大建设领域

---

① 根据国脉研究院公开资料整理。

2

智慧城市新一代核心技术

2.1 技术综述

通过数字化提升城市运行效能，不断破解城市治理中的实际问题，是提升城市治理水平的重要路径。2022年7月，住建部、国家发展改革委印发的《"十四五"全国城市基础设施建设规划》提出加快新型城市基础设施建设，推进城市智慧化转型发展。2022年1月国务院印发的《"十四五"数字经济发展规划》明确了数字经济的定义，"数字经济是继农业经济、工业经济之后的主要经济形态，是以数据资源为关键要素，以现代信息网络为主要载体，以信息通信技术融合应用、全要素数字化转型为重要推动力，促进公平与效率更加统一的新经济形态"。

无论是智慧城市创新模式的发展还是数字经济服务化的需求，均需要借助智慧城市新一代核心技术体系构建服务于智慧城市发展的技术生态。从城市智慧化发展需求来看，借助智慧城市技术体系补齐城市公共服务短板，促进产业高质量发展，推进城市治理精准化，是实现"设备互联、数据互联、业务互联、产业互联、产城融合"新型智慧城市（图2-1）的重要手段；从产业数字转型来看，发展技术替代劳动是人类社会生产力大幅提升的重要动力，借助新一代核心技术体系建立产业智慧化支撑技术体系，高效地采集、传输、处理、共享海量信息，是将信息获取—运算—决策—反馈循环变得更加高效的重要路径。

智慧化城市和产业应具备的三大信息处理能力如下。[①]

① 信息的全面感知。城市中大量的感知终端通过传感网络在城市运行、服务中捕获到人们生活、生产及城市环境的多种信息元数据。

---

① 张珂霞，林黎明. 智慧城市构建的关键技术分析 [J]. 科技资讯，2014（4）.

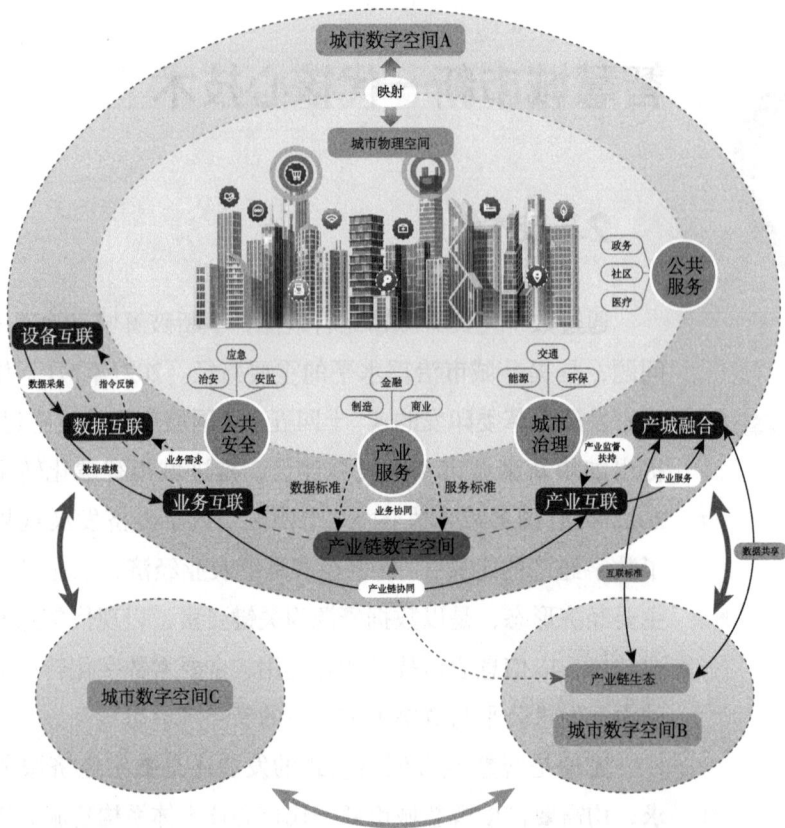

图2-1 "设备互联、数据互联、业务互联、产业互联、产城融合"的智慧城市新模式

② 海量的数据处理能力。具备存储海量的跨部门、跨行业异构数据的能力，能够对海量异构数据进行高效分析、计算和处理，并且具备构建基于数据分析和知识管理的智能能力。

③ 智能的管理服务能力。在支持智慧城市的行业应用的基础上，建立面向服务的智慧城市综合应用的统一公共管理平台，为居民生活、城市综合管理、各行业生产提供普适的、智能的应用与服务。

本章将对智慧城市建设中应用的八大核心技术——新一代人工智能、大数据、云计算、区块链、数字孪生、物联网、6G、太赫兹进行深入阐述，对数智化时代下如何利用八大核心技术构建"设备互联、数据互联、业务互联、产业互联、产城融合"的智慧城市新模式进行深入探讨。同时，通过总结智慧城市核心技术的发展趋势，揭示智慧城市和产业数字化的发展方向。

智慧城市核心技术要素如图2-2所示。

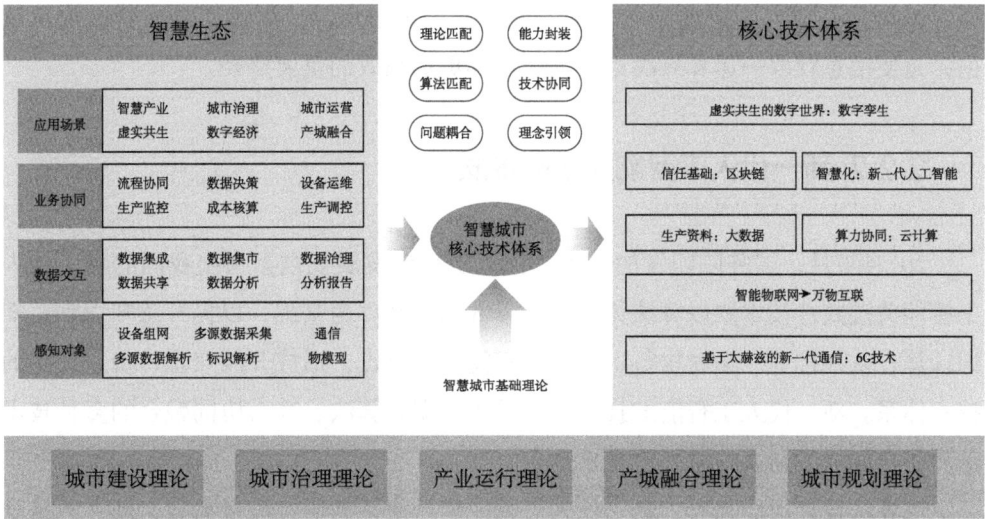

图2-2 智慧城市核心技术要素

2.2 新一代人工智能：智慧城市的核心技术

2.2.1 数字化时代与新一代人工智能

智慧城市是数字技术对传统产业、城市运行、经济活动的改造过程。数字技术作为数字化时代重要的信息运用方式，是强化产业经营过程信息获取—决策—反馈的关键，运用数字化技术与产业发展过程进行有效协同是迈向组织发展新阶段的重要路径。从产业发展的历史来看，发展技术替代劳动是人类社会生产力大幅提升的重要动力，而运用新技术派生的结果是整个社会、产业、组织的生产力提高，产品多元化、丰富化以及组织程度的复杂化。产业各组织的复杂化对信息的获取、计算、运用水平提出了更高、更精准的要求。

新一代人工智能作为数字技术体系中的信息处理技术，同时也是进一步提升生产力发展的关键技术，已经成为实现设备互联、数据互联、业务互联、产业链互联的基础设施。从长期看，新一代人工智能技术在产业数字化中扮演的角色是新一代的运算体系基础，以新一代人工智能技术为核心的运算体系可以高效地完成信息获取—运算—决策—反馈循环，在设备组网智能化、数据智能分析、业务系统间互联智能化、产业链间协同决策智能化等环节构建人工智能模型系统，用于处理设备、产品、业务、组织与信息运用复杂系统的海量信息。当代的智慧城市、智慧产业在信息技术支持下构建的网络已在向各个环节延展，由此获取到了海量的多模态数据，借助新一代人工智能建立模型系统处理海量信息，从海量信息中获取决策依据，是使信息获取—运算—决策—反馈循环更加高效的重要路径。

2.2.2 新一代人工智能技术的本质

2017年7月，国务院印发的《新一代人工智能发展规划》指出我国的新一代人工智能关键共性技术要以算法为核心，以数据和硬件为基础，以提升感知识别、知识计算、认知推理、运动执行、人机交互能力为重点，形成开放兼容、稳定成熟的技术体系。新一代人工智能的技术本质是大数据、算法、算力协同融合的多种技术工具组合而成的新型信息处理技术体系。

从算法设计层面来看，新一代人工智能模型设计上通过海量参数，极大地提升了模型的精确度。新一代人工智能技术相较于之前的人工智能呈现的优势主要有以下几个方面。

① 解决传统人工智能模型过于碎片化和多样化的问题，极大地提高了模型的泛用性。应对不同场景时人工智能模型往往需要进行针对化的开发、调参、优化、迭代，需要耗费大量的人力成本，导致人工智能模型手工作坊化。新一代人工智能模型设计采用预训练+下游任务微调的方式，首先从大量标记或者未标记的数据中捕获信息，将信息存储到大量的参数中，再进行微调，极大地提高了模型的泛用性。

② 具备自监督学习功能，降低训练研发成本。可以将新一代人工智能技术的自监督学习功能直观理解为降低对数据标注的依赖，使大量无标记数据能够被直接应用。如此既降低了人工成本，又使得小样本训练成为可能。

③ 摆脱结构变革桎梏，打破模型精度上限。过去想要提升模型精度，主要依赖网络在结构上的变革。随着模型设计技术逐渐成熟并开始趋同，想要通过优化神经网络结构打破精度局限变得愈发困难。而研究证明，更大的数据规模确实可以提高模型的精度上限。

从模型开发范式来看，新一代人工智能模型开发打破领域模型局限于领域知识的瓶颈，具备泛化能力更强、训练学习成本低、可快速完成各领域之间的迁移等特点。过去十年中，通过深度学习+大算力获得训练模型是实现人工智能的主流技术途径。由于深度学习、数据和算力这三个要素都已具备，全世界掀起了"大炼模型"的热潮，也催生了大批人工智能企业。但是，在深度学习技术兴起的近十年间，人工智能模型基本上都是针对特定应用场景需求进行训练，即小模型，属于传统的定制化、作坊式的模型开发方式。传统的人工智能模型从研发到投入应用需要完成包括定义问题、确定需求、数据收集、模型算法设计、训练调优、应用部署和运营维护等阶段组成的整套流程。这意味着除了需要优秀的产品经理准确确定需求之外，还需要人工智能研发人员扎实的专业知识和协同合作以完成大量复杂的工作。落地阶段，经"一个场景一个模型"式的领域模型开发得到的模型在许多垂直行业场景任务中并不通用。

而新一代人工智能模型开发通过从海量、多类型的场景数据中学习，并运用总结不同场景、不同业务的通用能力，学习出一种特征和规则，成为具有泛化能力的模型底座。基于新一代人工智能模型进行应用开发或面对新的业务场景时，对新一代人工智能模型进行微调，例如在下游特定任务中进行小规模有标注数据的二次训练或无须进行微调，就可以完成多个应用场景的任务，实现通用的智能能力。由此可以看出，利用新一代人工智能模型的通用能力可以有效地应对多样化、碎片化的人工智能应用需求，使实现规模推广人工智能落地应用成为可能。新一代人工智能模型开发流程如图2-3所示。

从新一代人工智能技术发展方向来看，新一代人工智能技术体系（图2-4）将融合大数据智能、群体智能、跨媒体智能、人机混合增强智能、自主无人系统，组合成一个"数据、模型、算力协同、工具平台、应用生态"的技术群，可实现从人工知识表达技术到大数据驱动知识学习，从处理类型单一的数据到跨媒体认知、学习和推理，从追求"机器智能"迈向人机混合的"增强智能"，从聚焦"个体智能"到"群体智能"，从机器人到自主无人的系统。

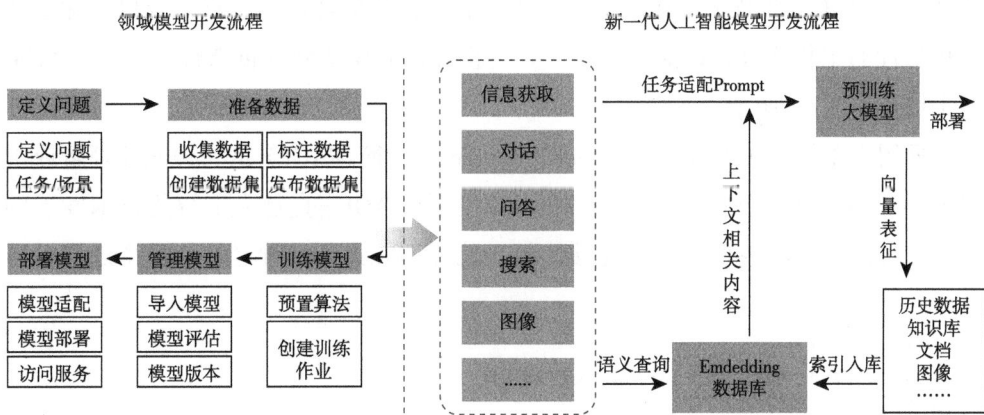

图2-3 新一代人工智能模型开发流程

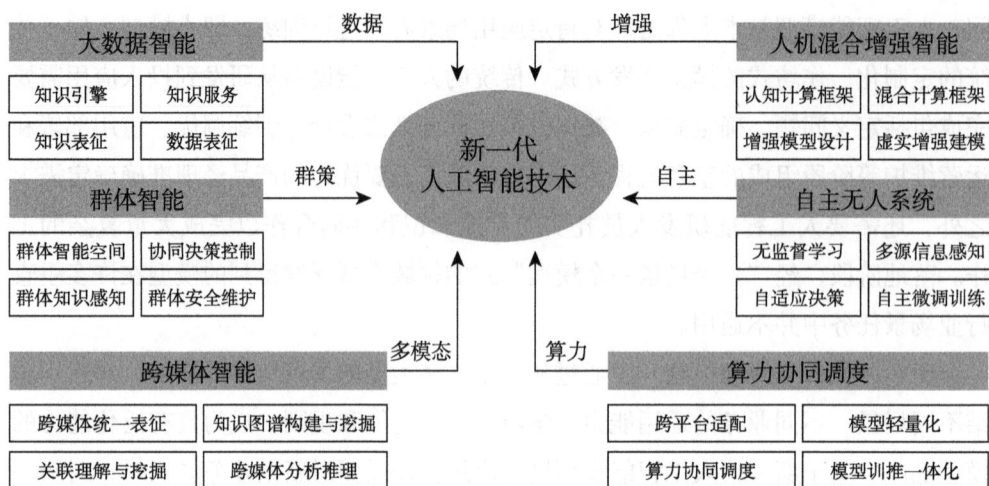

图2-4 新一代人工智能技术体系

2.2.3 生成式人工智能：通向通用人工智能的新阶段

2022年是人工智能发展的一个分水岭，ChatGPT，DALL E[①]和Lensa[②]等几个面向消费者的应用程序先后发布，它们的共同主题是使用生成式人工智能（AI Generated Content，简称AIGC），这是人工智能领域的一次范式转换。当前的人工智能使用模式检测或遵循规则来帮助分析数据和作出预测。而Transformer[③]架构的出现则开启了一个新领域：AIGC可以通过创建类似于其所训练的数据的新颖数据来模仿人类的创造过程，将人工智能从"赋能者"提升为（潜在的）"协作者"。

生成式人工智能是继"专业生成内容"和"用户生成内容"之后的重大内容生产方式的变革。在此之前，传统人工智能只可以做分析型的事务，但不善于创造和感知。而AIGC的变革之处在于机器开始拥有自己的创造能力，意味着机器除了从事机械性的工作之外，还能够感知、理解世界，并生成新的创造性的内容。AIGC技术场景如图2-5所示。

通用人工智能（Artificial General Intelligence，简称AGI）是一种能够理解或学习人类行为，并可以执行智力任务的人工智能。AGI一直是人工智能技术发展的重要目标之一，其主要特点是能够使单一任务训练得到的神经网络模型迁移学习

---

① DALL E是一款可以根据文本描述创建图像的人工智能工具。
② Lensa是一款人工智能美图软件。
③ Transformer是特征抽取器，用于特征抽取的一种深层级网络结构。其可以完成自然语言处理领域研究的典型任务，如机器翻译、文本生成等，同时又可以构建预训练语言模型，用于不同任务的迁移学习。

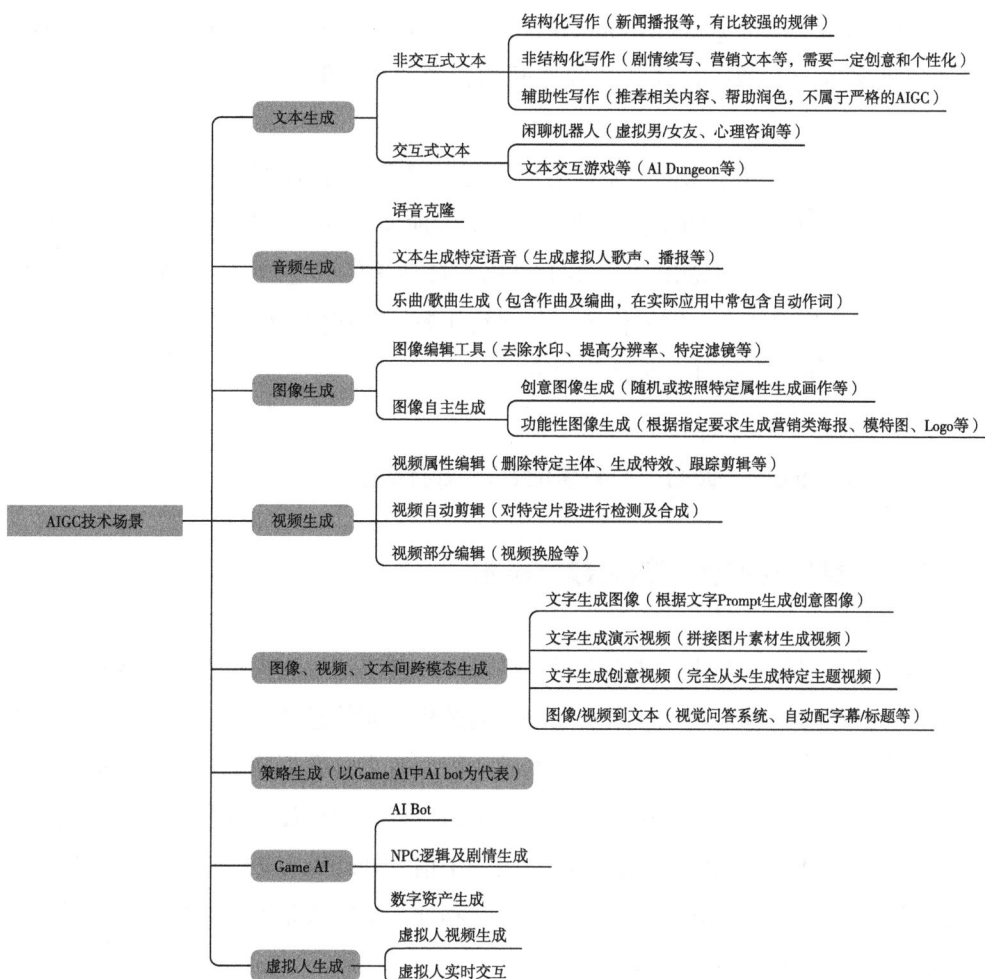

图2-5 AIGC技术场景

以适应新任务，同一模型可接收文字、影像、语音等多模态数据并融合，对特定任务只需动用模型中相关部分来解算，而无须全启动。AIGC则是利用现有文本、音频文件或图像创建新内容的技术。2022年11月，OpenAI公司发布了AIGC产品ChatGPT。自面世以来，ChatGPT以出色的"类人"表现，在全球引起轰动。作为典型的AIGC应用程序，ChatGPT以自然语言处理领域的大语言模型（Large Language Model，简称LLM）为支撑，强大的数据、算力与语言模型赋予其出色的文字内容生成能力，开启了一种全新的人机互动模式。ChatGPT可以被应用于现实生活中的许多场景和产品中，无论是文本生产、网页翻译等日常语言处理，还是站点制作、代码编写、脚本绘制等专业技术领域，它都能成为一个"不错的助手"。2023年3月推出的GPT-4是一个多模态人工智能模型，在保留从人类反馈中强化学习

（Reinforcement Learning from Human Feedback，简称RLHF）算法的基础上，能够更好地处理文本与图像、音频和视频之间的转换和"理解"，是AIGC领域的又一次突破。

AIGC大模型呈现出来的基础能力已经可以解决通向AGI路径中的根据目标主动创造生成内容的难题，AIGC技术的发展将极大地加快迈向AGI的步伐。基于大模型的生成式智能体（Generative Agents）可用于自动化任何过程。当给定目标时，它们能够为自己创建任务、完成任务、创建新任务、重新排列任务列表的优先级、完成新的首要任务，并循环直到达到目标。

2.3 大数据：破除"数据孤岛"的核心

2.3.1 数字化时代下的大数据技术

数字技术对传统产业、城市运行、经济活动的改造过程可以看作对各种方式采集、产生的信息进行处理并作出反馈决策的过程，而信息的存储、备份、传输、挖掘和融合是数字技术发挥改造作用的基础。简而言之，数据是数字化时代的新型基础性生产资料。随着设备、用户、产业、组织、社会等的逐步互联互通，整个社会每时每刻都会产生大量的数据，也深刻改变了信息处理的方式，由此诞生了在一定时间范围内不能以常规软件工具处理（存储和计算）的大量而复杂的数据及其处理技术，即大数据和大数据技术。

从产业运营、城市运行、经济活动和决策过程来看，大数据是信息获取—运算—决策—反馈循环顺利运行的基础性资料。大数据在数字化过程中对各设备、业务、组织、社会结构内流转、交叉、关联、集成分析的有效运用是决定数字化过程成功的关键。在当下互联网、云计算、移动和物联网迅猛发展的背景下，大数据呈现多模态、海量、关联复杂、冗余等特点，借助大数据技术更高效、有效、精准地处理海量数据是实现"设备互联、数据互联、业务互联、产业互联、产城融合"的新型智慧城市的重要路径。

2.3.2 大数据技术的本质

"大数据"是需要新处理模式才能具有更强的决策力、洞察发现力和流程优化能力的海量、高增长率和多样化的信息资产。从某种程度上说，大数据是数据分析的前沿技术。简而言之，从各种各样类型的数据中快速获得有价值信息的能力，就是大数据技术。大数据技术的战略意义不在于掌握庞大的数据信息，而在于对这些含有意义的数据进行专业化处理。

大数据技术的内涵伴随着传统信息技术和数据应用的发展不断演进，而大数据技术体系的核心始终面向海量数据的存储、计算、处理等基础技术。大数据在发展过程中呈现出数据量大、维度多、处理复杂、价值密度低等特征（图2-6）。

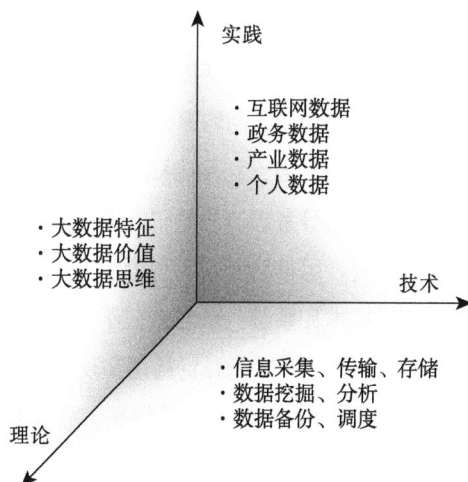

图2-6 大数据特征

面对大数据的全新特征，既有的技术架构和路线已经无法高效地处理如此海量的数据。而对于相关组织来说，如果投入巨大但采集的信息却无法通过及时处理反馈有效信息，那将是得不偿失的。从大数据目前呈现的特点来看，大数据技术的本质是从海量、价值密度低、冗余的数据中总结或者发现一般规律。对比以往的数据处理技术（如统计抽样），大数据技术拥抱数据的混杂性和冗余性，通过对多源、多模态数据的关联分析可以使大数据技术拥有更高的容错性。从大数据技术的发展来看，其发展重点也从单一注重效率提升演变为"效率提升、赋能业务、加强安全、促进流通"四者并重。

① 效率提升：利用云原生思想提升信息处理效率。云原生技术融合大数据技术，实现业务数据存算一体，伴随调度、安全、解析等模块的进一步解耦，各模块与容器等底层资源单元适配，分别实现弹性扩缩容，从而实现资源利用率的大幅提升。

② 赋能业务：利用开放平台提升数据利用效率。开放平台逐渐将数据集成、数据调度、数据安全、数据备份、数据存储、数据治理等大数据处理技术组件化，进一步降低了数据开发利用的难度，提升了不同部门的数据调度协同能力。数据开发工作逐渐从技术部门向各业务部门延伸，使数据与各业务加速融合。

③ 加强数据安全：零信任补足内生安全。零信任理念旨在打破网络边界进行细颗粒度的访问控制，是目前针对数据安全体系的前沿探索。零信任概念作为对传统网络边界保护方法的改进，背后的基本思想是在公司网络内、外部均不设置安全区

域或可信用户，而是将企业内、外部的所有操作均视为不可信任。围绕零信任的概念、设计、实施，各界提出了多种解决方案，如轻量级零信任网络访问模型、所有网络访问均遵循最小资源原则等。

④ 促进流通：利用隐私计算[1]促进数据要素流通。数据持有方出于数据安全、隐私保护等考虑，导致"数据高墙"林立。目前隐私计算的兴起正令这一局面发生改变，可信联邦学习[2]应运而生。隐私计算是一种由两个或多个参与方联合计算的技术和系统，参与方在不泄漏各自数据的前提下通过协作对数据进行联合机器学习和分析。隐私计算可实现"数据可用不可见""数据不动模型动"，具备打破"数据孤岛"、加强隐私保护、强化数据安全合规性的能力，有望成为数据安全与隐私保护的"最优解"。

大数据技术体系如图2-7所示。

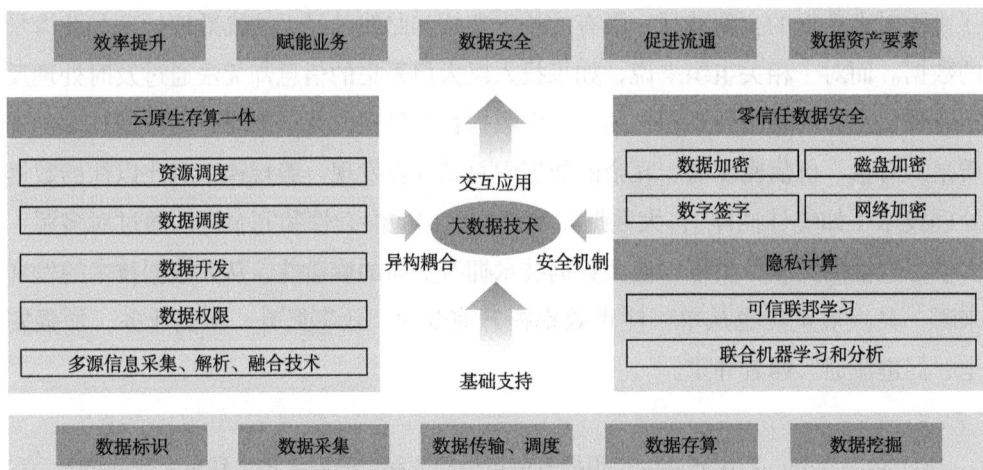

图2-7 大数据技术体系

2.3.3 融合的大数据技术体系：数据要素价值发掘的新阶段

随着信息技术和人类生产生活交汇融合，全球数据呈现爆发式增长、海量集聚的特点，对经济发展、社会治理、国家管理、人民生活都产生了重大影响。近年

---

① 隐私计算是指在保护数据本身不对外泄漏的前提下实现数据分析计算的技术集合，达到数据"可用""不可见"的目的。
② 可信联邦学习是一种增强型的联邦学习，它除了保证原始数据的隐私安全和模型的可证安全，还保证学习过程的高效率和模型的可用性、模型决策机制的可解释性及模型的可溯源和审计监管。

来，我国政府、企业、科研机构都投入了大量的精力开展大数据相关的研究工作，大数据在政策、技术、产业、应用等方面均获得了长足发展，大数据技术环境也发生了变化，一些新的技术应运而生，重点呈现出以下趋势。

1）基础技术：应对大数据新趋势

随着数据量持续地爆炸式增长和各类应用的不断拓展与深化，进一步呈现数据规模指数级增长、数据动态倾斜、稀疏关联、应用复杂、数据多源异构、非结构化数据成为主要数据等趋势，对数据采集、传输、存储、备份、挖掘等大数据基础技术的发展提出更高的要求，未来基础技术将朝着流式架构快速更替、技术云化、面向异构计算、开放兼容各类业务等方面发展，传统"以扩展性优先"的大数据处理系统设计将会被"性能优先"的系统设计所替代。Spark①、Flink②等系统在大数据处理生态系统中的占有率明显体现了这一趋势，图计算（图加速器、图计算框架等）、深度学习框架（Tensorflow、PyTorch等）等领域专用大数据处理系统的崛起也是这一系统设计理念在技术生态上的表现。

2）融合技术：引导数据价值发掘

随着数据量持续地爆炸式增长和各类应用的不断拓展与深化，基于深度学习的主流方法因其仅关注单源、单模态数据且模型不可解释的特性已无法满足发展需求。如何打破数据多源异构造成的隔阂，融合多域甚至全域数据中蕴含的知识，实现分析结果的可解释，从而提升其可用性，是当前大数据分析面临的主要挑战。

随着新一代人工智能、云计算、物联网、图论、知识图谱等先进适用技术的进一步发展，大数据技术将进一步融合上述技术，形成一个大数据价值发掘体系。一方面，在该体系内进一步促进大数据分析从聚焦关联到探究因果，实现分析结果的可解释性；另一方面，大数据作为新一代人工智能技术、产业数字化的基础性生产资料，融合的体系将进一步促进新一代人工智能技术走向通用人工智能，产业数字化方面进一步强化信息获取—运算—决策—反馈循环过程，逐步实现"设备互联、数据互联、业务互联、产业互联、产城融合"的智慧城市新模式。

---

① Spark是专为大规模数据处理而设计的快速通用的计算引擎。
② Flink是一个框架和分布式处理引擎，用于对无界和有界数据流进行有状态计算。

3）跨域数据存算：促进数据要素流通

党的十八大以来，国家层面高度重视数据要素高质量发展，提出构建以数据为关键要素的数字经济，我国数据领域法律法规不断健全，数据基础制度"四梁八柱"初步形成，政府数据共享开放不断深化，数据流通产业活力迸发，数据安全合规保障能力逐步健全。大数据技术的核心目标是数据价值的最大化，关键要打破"数据孤岛"，实现数据要素的高效共享与协同。传统数据管理局限在单一企业、业务、数据中心等内部，未来大数据管理将从传统的单域模式发展到跨域模式，跨越空间域、管辖域和信任域。但跨空间域会造成网络时延较高且不稳定；跨管辖域会造成数据与应用异构，数据管理复杂度大大提升；跨信任域则要求具备容忍各类恶意错误的能力。跨域带来的这些问题也为大数据技术带来了新的挑战。

2.4 云计算：多网融合的算力支持核心技术

2.4.1 数字经济与云计算

2022年1月国务院印发了《"十四五"数字经济发展规划》，指出数字经济是以数据资源为关键要素，以现代信息网络为主要载体，以信息通信技术融合应用、全要素数字化转型为重要推动力，促进公平与效率更加统一的新经济形态。数字经济本质上是依靠数字技术驱动的经济模式，而所有数字技术创造价值的唯一方式就是服务。数字经济的发展有两个典型特征，其一是去中心化，国家提出"统一大市场"的概念就是为了应对数字经济新形态下去中心化的需求，旨在打破各类生产要素的流通壁垒，形成一个自由流动的市场体系，在该体系内人员、组织、产品、经济形态能够自由流通；其二是数字服务化，即数字依靠新兴技术以去中心方式服务化，数字服务化的第一个维度是利用新的数字化技术，结合创新应用场景，把物理资源和虚拟资源数字化，形成数字孪生或者数字资产。

在数字经济的发展过程中，经济社会中的个人、组织、产业、城市等将共享一个以服务为核心的数字空间，那将是一个从服务到服务的新范式，而云计算将作为基础设施，将各种服务进行有效、深度的组合，各类服务对象通过云计算技术共享、分享、交流各类数字空间内的服务。从数字经济中的另一个核心产业——数字化服务来看，云计算技术以其去中心化、服务共享、端到端等能力将进一步促进产业数字化的本质，即信息获取—运算—决策—反馈循环过程内的数据、模型、决策等信息的高效、有效运转，使得各类服务对象在"设备互联、数据互联、业务互联、产业互联、产城融合"的新型智慧城市模式中各取所需，服务共享化。

2.4.2 云计算技术本质

云计算是分布式计算的一种，指的是通过网络"云"将巨大的数据计算处理程序分解成无数个小程序，然后通过多个服务器组成的系统处理和分析这些小程序并将得到的结果反馈给用户。早期的云计算实际上就是简单的分布式计算，解决任务分发并进行计算结果的合并。因而，云计算又被称为网格计算。通过这项技术，可以在很短的时间（几秒钟）内完成对数以万计的数据的处理，从而达到强大的网络服务。[①]

从数字经济与新型智慧城市对数据、算法、算力有效协同的需求来看，云计算技术的本质是实现计算资源协同高效化、算法服务便利化、各类服务共享化、数字空间开放化的必要技术，是数字空间各类服务之间有效协同、共享的关键技术。

通常云计算的服务类型可分为三类，即基础设施即服务（IaaS）、平台即服务（PaaS）和软件即服务（SaaS）。基础设施即服务为云计算服务商个人或组织提供虚拟化计算资源，如虚拟机、存储、网络和操作系统。平台为开发人员提供通过全球互联网构建的应用程序和服务平台，为开发、测试和管理软件应用程序提供按需开发环境。软件即服务通过互联网提供按需软件付费应用程序、云计算提供商托管和管理软件应用程序，允许其用户连接到应用程序并通过全球互联网访问应用程序。一个完整的云计算技术体系包括虚拟化技术、资源服务与调度技术、中间件服务技术、云平台管理等。云计算技术体系如图2-8所示。

虚拟化技术是云计算的核心技术之一。云计算提供给用户的不是物理资源，而是虚拟资源，是通过在物理主机中同时运行多个虚拟机实现虚拟化。每个虚拟机可以同时运行一个单独的操作系统。从表面上看，这些虚拟机都是独立的服务器，但实际上它们共享物理主机的CPU、内存、硬件、网卡等资源。并且，在同一物理机上的虚拟机之间是相互隔离的，所以如果其中一台虚拟机有故障也不会影响这台物理机上的其他虚拟机。

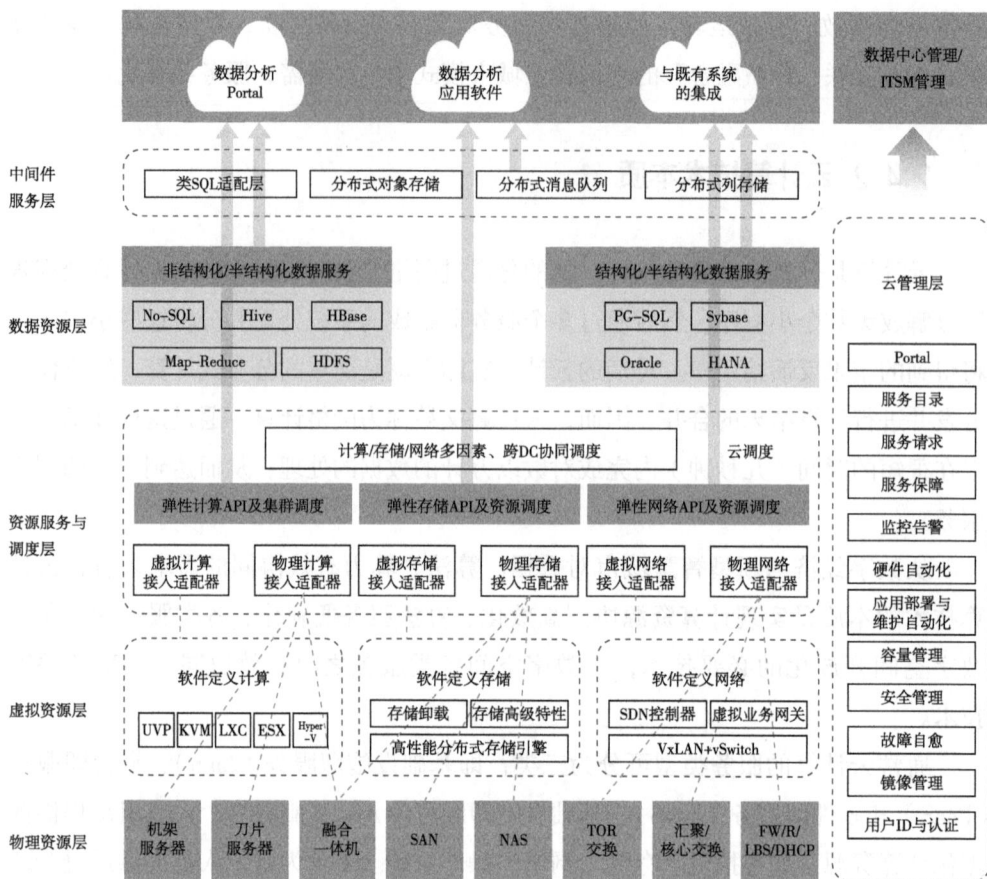

图2-8 云计算技术体系

资源服务与调度技术是对数据、计算资源进行协同调度、实现计算资源服务化的关键技术，主要包括资源调度、服务编排、应用。资源调度基于SDN[1]承载网络，实现网络连接打通云、边、端的算力资源；面向中心云，基于传统OpenStack[2]实现资源调度和管理；面向边缘和端侧，基于Kubernetes[3]实现资源调度；面向网络侧，基于SDN、DCL[4]等实现数据中心的互联。服务编排实现底层资源的服务化编排和算力网络资源的统一调度。通过能力库的方式实现PaaS平台的进一步下沉，并且促进算力网络能力的进一步开放；面向上层用户和开发者提供不同的业务入口，从而实现自助式服务。应用层主要面向运营支撑系统、业务系统和企业自身的

---

[1] SDN即Software Defined Network（软件定义网络），是一种新型网络创新架构，是网络虚拟化的一种实现方式。
[2] OpenStack是一个开源的云计算管理平台项目，其主要任务是为用户提供IaaS服务。
[3] Kubernetes是一个开源的、用于管理云平台中多个主机上的容器化的应用。
[4] DCL即Data Control Language（数据控制语言），在SQL语言中，其是一种可对数据访问权进行控制的指令。

研发体系，提供全栈式的算力网络资源服务能力。

中间件服务技术是一种将不同的应用程序、系统或平台连接起来的技术。对于应用的部署可以通过中间件平台自动部署，在部署过程中中间件平台可以通过IaaS层的服务接口动态创建虚拟机，并下发部署包完成程序的部署。在部署完成后可以根据业务系统的并发访问情况去动态调度后台的虚拟资源池资源，真正实现计算和存储能力的弹性和可伸缩。

云平台管理包括对云计算资源的分配、监控、维护和更新等方面的管理工作。云平台管理所要解决的最为关键的问题就是怎样才能使众多的服务器可以协同工作，从而以最便捷的方式进行各种业务部署，并以最快的速度发现和恢复系统的故障，再通过智能化、自动化的手段使规模庞大的系统实现最可靠、稳定的运营。

2.4.3 云边端协同计算：算力网络协同趋势

1）云计算服务，多云混合将是主流

随着云计算技术不断发展，各单位对解决方案有更加灵活性和多元性的需求，以及在私有云与公有云之间、公有云与公有云之间建立联合的计算环境的需求，使企业可以在不同的云平台之间移动应用程序和数据。这种模型将成为未来几年云计算的主流，因为它具备更高的灵活性和扩展性，同时也可以保护敏感的业务数据和应用程序。多云的发展将带来更好的性能、更大的可扩展性和更好的安全性，这将为各单位提供更好的解决方案。从市场需求的角度出发，各种融合创新平台组成的云、云原生应用和企业私有云需要协同工作，促使各企业用户选择多云/混合云云架构；从企业自身的业务发展来看，业务安全性保障、数据主权和安全隐私的监管常态化，优化成本，云服务与新技术的革新需求等将促进企业采用混合云的方式推进设备、数据、业务、产业链等数字化节点的上云。

2）云原生下沉，云边端协同一体化

近年来云原生的热度持续高涨，包括容器、微服务、DevOps等在内的云原生技术和理念强调松耦合的架构和简单便捷的扩展能力，旨在通过统一标准实现在不同基础设施上达到一致的云计算体验。相比于虚拟主机，云原生更适合边缘云计算的场景，可以为云边端提供一体化的应用分发与协同管理，解决边缘侧大规模应用交付、运维、管控的问题。

与此同时，随着产业数字化、城市智慧化的发展，尤其是新一代人工智能技术逐步被应用到业务系统计算中，算力资源及其优化变得越来越重要，云边端协同一体化将成为云计算技术研究的重要部分之一。通过优化算力资源结构，将高频调用、低时延业务需求分配至边缘数据中心，推动5G承载网络的边缘组网建设，将为算力和网络下沉到边缘创造条件。同时，工业互联网、车联网、远程医疗等产业政策明确提及边缘计算，推动关键技术研究、标准体系建设及软硬件产品研发，促进边缘云在典型产业的融合应用。云边端协同技术架构如图2-9所示。

3）算力协同，超算迈向智算

随着新一代人工智能在产业数字化进程中从"单点突破"迈向"泛在智能"，一个以数字化、网络化、智能化为特征的智慧社会正加速到来。智能算力作为人工智能的基石，是算力网络构建多要素融合新型信息基础设施的关键领域，已成为数字经济高质量发展的核心引擎，智能算力基础设施建设也迎来了高潮。

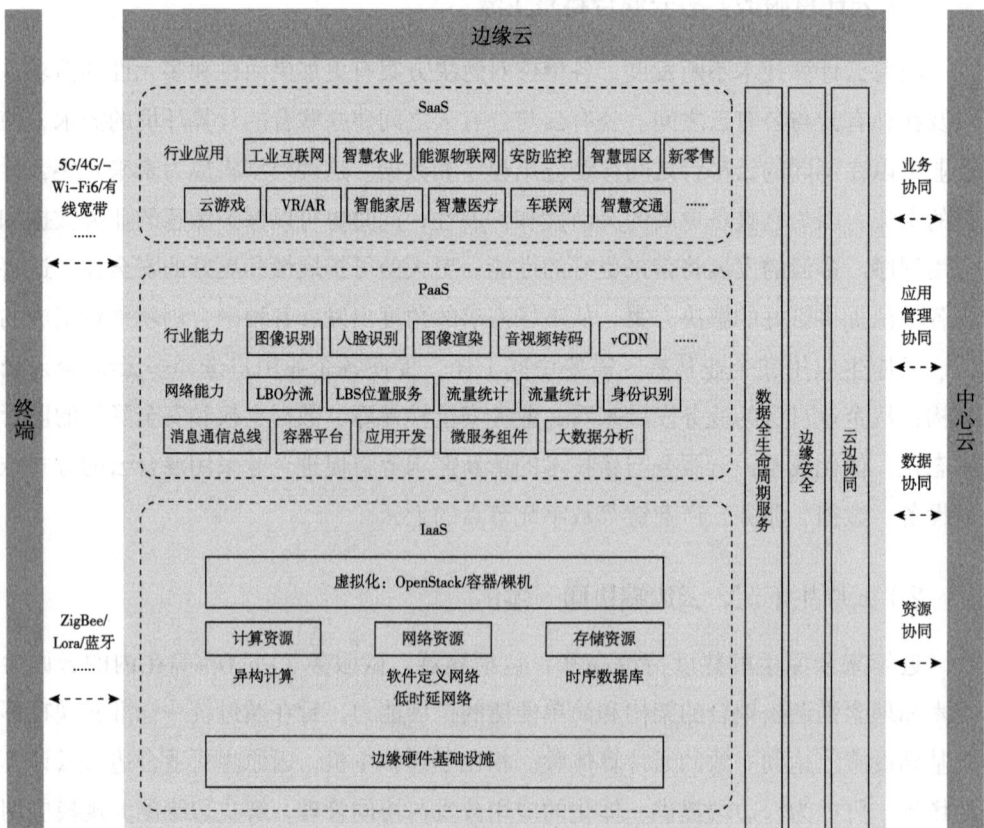

图2-9　云边端协同技术架构

当前的智能算力服务呈现泛在多样的特点。一是对开发者来说，跨架构的应用优化部署开发成本高；二是对算力服务商来说，无法实现异构算力的合理规划和应用的动态迁移，资源利用率低；三是从云边端算力协同调度角度来说，构建云网算力、边缘云算力、边缘节点算力与计算任务的协同体系，最大限度地优化云计算资源的合理使用，依然需要从算力虚拟化及异构算力统一编程、算力原生接口及异构算力编译优化、硬件原生堆栈及运行支持机制、算力网络编排与资源协同调度、多网云边端算力协同调度等关键技术上获得持续的优化，以提供高通量、高品质、高安全、高可用、性价比最优的云计算服务。

2.5 区块链：智慧城市创新模式的底层技术

2.5.1 智慧城市模式创新与区块链

现代社会的有效、高效运转在很大程度上是基于人与人、组织与人、组织与组织之间的信任，可以说未来城市乃至未来社会的一大特点就是"信任社会"。而信任社会的建立将在很大程度上基于各类实体之间签订的契约。传统和当前的契约往往需要法定机构介入以催生信任，这种通过外力保证社会交互的方式即为中心式信任架构。人们之所以放心交互，主要不是相信对方会守信而是相信管理者会强制执行约定，惩罚违约、打击欺诈和掠夺行为，这也是当前全世界主流的社会治理模式。在社会治理过程中，中心机构成为各种交互信息的存储节点。但是，信息单一存储节点的问题在于信息容易被人为破坏、篡改甚至销毁，虽然通过防火墙与持续备份机制可以维护交互记录，但这种层层设计是否能真正防御信息损害值得怀疑。

从产业数字化的发展来看，设备之间的通信协议、数据之间共享的界限、业务之间信息共享、产业链上下游之间的信息传递、产业与城市管理的信息共享博弈依靠的均是一个中心机构制定标准，依靠的是下游适配上游。中心化的运行机制往往导致产业数字化难度越来越大，设备之间、数据之间、业务之间、产业链业态之间、产业与城市之间信息共享的成本将变得极高。

利用区块链技术在底层解决信任中心化的难题，将可以扬弃传统的治理模式，为社会、产业构建一个新的底层信任架构。可以说区块链技术是创新智慧城市的运转、管理、运营模式的关键技术。区块链技术改变了中心式的信息存储、传递、共享方式。用户之间的交互通过一种共识算法验证后形成"区块"，记录信息的"区块"加盖时间戳，按照顺序在链上的所有节点自动生成。在区块链上没有中心信息存储节点，用户可以查看节点上的所有信息记录。区块链上的记录难以篡改，因为某用户只可以篡改自己节点上的记录却无法篡改其他所有节点的记录。如果区块链上的节点被损害，只要还有一个节点保存记录，当链接重新建立后，所有节点上的信息都可自动恢复。

2.5.2 区块链的本质

区块链本质上是由多种技术构成的技术体系，技术之间的相互协作实现了价值的可信流通，这是区块链的核心价值。实现价值的可信流通需要借助"去（弱）中心化的管理方式、难篡改的数据存储、可信任的点对点交易"等其中一种或者多种技术的结合。这些技术实现的价值被称为区块链的局部价值。一些业务通过区块链的局部价值即可满足业务需求。

从广义上看，区块链技术是利用块链式数据结构验证与存储数据、利用分布式节点共识算法生成和更新数据、利用密码学方式保证数据传输和访问的安全、利用自动化脚本代码组成的智能合约来编程和操作数据的一种全新的分布式基础架构与计算范式。从狭义上看，区块链是一种按照时间顺序将数据区块以顺序相连的方式组合而成的一种链式数据结构，并以密码学方式保证的不可篡改和不可伪造的分布式账本。从技术应用的角度看，区块链解决问题的思维可以定义为一种通过区块链技术分析与解决问题的思考方式。利用区块链思维解决业务问题可以从以下四个维度出发。

① 削弱中心管理。与传统业务不同，区块链可以在不同程度上削弱中心化的管理，可表现为部分去中心化与完全去中心化。

② 区块链式存储。相比于传统的数据库，区块链的分布式存储可实现上链数据的防篡改、可追溯；数据的防篡改增加了对数据的信任，可大大降低数据作假可能性。

③ 价值流通。区块链可完成实际价值与数据资产之间的锚定，在区块链构建的可信网络中，可支持数字资产在多场景下的共享流通。

④ 构建信任。数据的防篡改性构建了数据的可信，智能合约可以通过可编程的代码，让合约程序一经触发便自动执行，因此构建了点对点交易的信任。

区块链技术工作流程如图2-10所示。

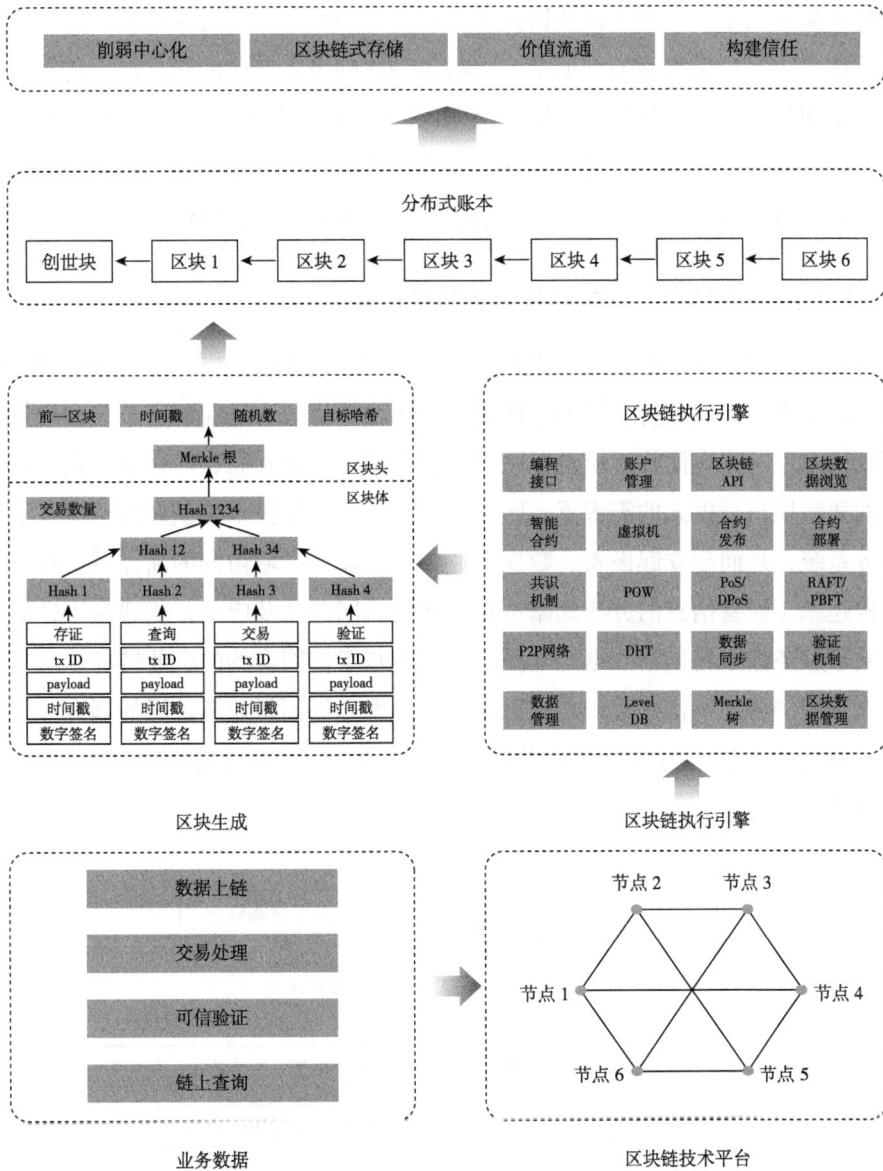

图2-10 区块链技术工作流程

2.5.3 多技术融合下的区块链：技术、应用、模式创新的新阶段

1）多种技术深度融合拓展区块链技术发展

区块链技术将与人工智能、云计算、大数据、物联网等技术深度融合，落地更多应用场景，助力实体经济的发展。例如，供应链金融行业单独应用物联网技术将仓储物流、金融机构、供应链企业统一联网，无法保证各联网设备能互相信任进而

互相传输交易数据。但利用区块链技术提供的共识机制，则可保证物联网中的各设备相互信任，通过信息交换和通信，可将各种联网设备产生的数据源上传至区块链网络，实现供应商流、物流资金流等信息深度融合，深化共享。区块链的智能合约技术可使物联网中的每个智能设备在实现规定或植入的规则基础上执行与其他节点交换信息或核实身份等功能，保证各数据提供方的数据不被滥用。

2）面向信用需求，区块链将创新行业应用

目前区块链技术已经应用到教育、医疗等多个行业中，借助区块链的技术特点和区块链思维，面向各行各业的信用需求，区块链将成为行业业务系统和场景创新的基础技术之一。在面临"设备互联、数据互联、业务互联、产业链互联、产城融合"的智慧城市新模式的需求下，区块链技术作为关键技术将创新智慧模式下的基础业务系统，从而建立起设备、数据、业务、产业、产城协同的新体系。在该体系下，构建基于设备信息的分布式账本将创新物联网产品及应用，构建基于区块链的数据共享服务体系将创新数据互联模式，构建基于智能合约的产业链各业态互联将创新上下游的协同，构建基于共识机制的业务生态将创新业务之间的耦合，构建基于区块链的信用体系将创新产业发展与监管的运行模式。区块链创新应用场景如图2-11所示。

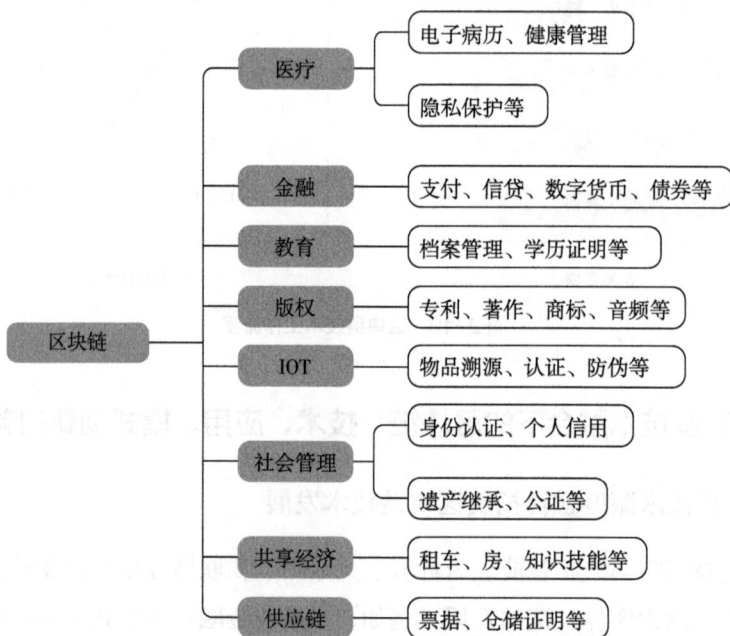

图2-11 区块链创新应用场景

3）区块链技术融入元宇宙，创新交互模式

先进的人工智能、物联网、增强现实和虚拟现实、云计算和区块链技术将发挥作用，创建元宇宙的虚拟现实空间，用户将通过现实体验与计算机生成的环境和其他用户进行交互。

中心化的元宇宙需要更密集的用户参与、更深入地使用互联网服务以及更多地揭示用户的个人数据。所有这些几乎都意味着更高的网络犯罪风险。将权力交给中心化的机构来管理、控制和分发用户的数据，并不是元宇宙未来的可持续发展模式。因此，开发去中心化的元宇宙平台将为用户提供自主权。Decentraland[①]、Axie Infinity[②]和Starl[③]都是由区块链驱动的去中心化元宇宙。

此外，区块链4.0[④]的高级解决方案可以帮助元宇宙用户规范其安全和信任需求。以元宇宙游戏平台为例，用户可以在该平台上购买、拥有和交易具有巨大潜在价值的游戏物品。为了防止这些资产被伪造，需要通过NFT[⑤]这样不可改变和稀缺的东西来证明所有权。

2.6 数字孪生：建构虚实共生世界的核心技术

2.6.1 虚实共生与数字孪生

如前所述，数字经济的一大特征是服务化，人、装备、组织、环境、产业或者抽象对象在数字经济这个体系内方便地获取各类服务将是经济社会朝着服务化发展的重要表征。从微观尺度来看，数字经济各个对象、业态、子体系由众多结构各异、行为高度不确定的主体构成，而且各主体之间存在的局部与整体、短期与长期、无序与有序、竞争与发展、服务与监管的关系日益复杂，需要大量信息才能描述，复杂度非常高；从宏观尺度来看，基于数据、分析模型、虚实共生的模型体

---

① Decentraland是一个分布式共享虚拟平台，旨在为去中心化的开源项目解决平台商赚取中间平台利润的问题，从而达成内容创造者和游戏玩家之间的低价格支付模式。
② Axie Infinity是建立在以太坊上的去中心化回合制策略游戏。
③ Starl：Starl是StarLink元宇宙生态系统的唯一治理代币。StarLink是一个基于区块链技术的虚拟空间，它可以模拟出一个位于银河系内的真实世界空间站。
④ 区块链4.0：区别于区块链1.0到3.0，其重点是提升速度、易用性和用户体验，主要应用在Web3.0和元宇宙两个垂直领域。区块链1.0是以比特币为代表的虚拟货币时代；区块链2.0是指智能合约与货币相结合，以"以太坊"为代表；区块链3.0以去中心化应用为代表，应用拓展到金融领域之外。
⑤ NFT：Non-Fungible Token（非同质化通证），是一种可在区块链上记录和处理多维、复杂属性的数据对象。

系，我们又可以找到一些简单、优美的规律来描述数字经济这个体系，提炼其演化的共性规律。因此，从揭示数字经济的内在结构角度来看，构建一个虚实结合的平行系统建模框架、用动态的真实数据支撑对系统运行规律的解析，将是实现数字经济服务化有效、高效、经济的重要手段。

当前，数字孪生技术作为解决智能制造信息物理融合难题和践行智能制造理念的关键技术，在智能研发、智能生产、智能管理、智能服务、产业链协同等领域的广泛应用，对于推动工业数字化、网络化、智能化发展具有重要意义。从产业数字化需求来看，产业运行的循环体系——信息获取—运算—决策—反馈循环需要的不仅是各环节的信息传递、信息处理技术，揭示产业运行的内在规律，构建一个高效运转的模型体系指导产业运行亦是关键的需求。在产业侧，构建一个虚实共生的数字体系，将工艺、设备、物料、工段、产线、工厂、产业链各业态乃至消费端虚拟化，是辅助揭示产业运行内在规律的一个重要手段。通过构建产业各主体物理模型与虚拟模型的关系，得到现有主体的数字化表示，结合描述主体或流程的当前和历史条件数据，可以创建一个真实系统及其状态的虚拟表示，经历信息获取—运算—决策—反馈过程的迭代，在虚拟侧将逐步明晰产业运行的内在规律。

面向数字经济服务化和产业数字化的新需求，数字孪生技术是服务化、智能化发展的关键技术和重要抓手。利用数字孪生技术将揭示复杂体系的内在规律，进而推动数字经济服务化和产业数字化转型。

2.6.2 数字孪生技术的演进

数字孪生技术的本质是充分利用物理模型、传感器更新、运行历史等数据，集成多学科、多物理量、多尺度、多概率的仿真过程，在虚拟空间中完成映射，从而反映相对应的实体装备的全生命周期过程。在数字孪生技术体系内，多源异构数据融合、数据驱动精准映射、智能分析辅助决策、学科理论与建模仿真的协同是其成功运行的关键。

完整的数字孪生体系架构如图2-12所示，包含感知层、数据层、建模层、运算层、功能层和应用层。

① 感知层：主要包括物理实体中搭载先进物联网技术的各类新型基础设施。

② 数据层：主要包括保证运算准确性的高精度的数据采集、保证交互实时性的高速率数据传输、保证存取可靠性的全生命周期数据管理。

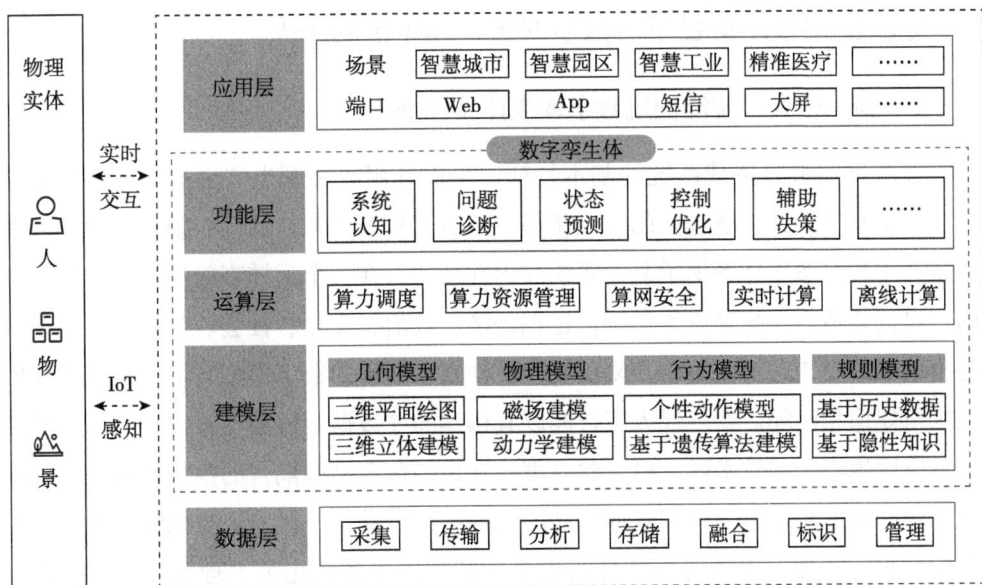

图2-12 数字孪生体系架构

③ 建模层：用于几何、物理、行为和规则等模型构建。它通过建立物理实体与数字模型之间的映射关系，将实体的属性和参数转化为数字模型中的变量和数据。同时，通过实时采集和整合各种数据源，数字模型的状态和属性可以保持与物理实体一致。

④ 运算层：是数字孪生体的核心，其充分借助各项先进关键技术实现对下层数据的利用，以及对上层功能的支撑。

⑤ 功能层：是数字孪生体的直接价值体现，实现系统认知、问题诊断、状态预测、辅助决策功能。系统认知一方面是指数字孪生体能够真实描述及呈现物理实体的状态，另一方面指数字孪生体在感知及运算之上还具备自主分析决策能力，后者属于更高层级的功能，是智能化系统发展的目标与趋势；问题诊断是指数字孪生体实时监测系统，能够判断即将发生的不稳定状态，即"先觉"；状态预测指的是数字孪生体能够根据系统运行数据，对物理实体未来的状态进行预测，即"先知"；辅助决策是指能够根据数字孪生体所呈现、诊断及预测的结果对系统运行过程中各项决策提供参考。

⑥ 应用层：是面向各类场景的数字孪生体的最终价值体现，具体表现为不同行业的各种产品，能够明显推动各行各业的数字化转型。目前数字孪生已经应用到了智慧城市、智慧工业、智慧医疗、车联网等多个领域，尤以数字孪生城市、数字孪生制造发展最为成熟。

2.6.3 多技术融合下的数字孪生：元宇宙的未来

1）新一代人工智能促进数字孪生体系精准化

针对现实世界负载系统的基本特征，可以利用数字孪生"由实生虚、以虚控实、虚实互动、共生演进"的特点优势，沿着"理解认知、计算、模拟、赋能"的链条，用数字孪生体系揭示复杂系统的内在规律。在一个运转有效的数字孪生体系内，以复杂适应系统理论为基础，挖掘经济、政治、文化、社会、生态文明建设等各个领域数字治理对象的内在复杂规律，使自上而下的数字模型与治理对象的发展逻辑与规律相匹配。新一代人工智能以其构建的"数据、模型、算力协同、工具平台、应用生态"的技术群，将在建立理论知识与数字模型耦合的模型系统上发挥重要作用。在虚实映射、虚实双环驱动的过程中，借助新一代人工智能将物理空间反馈的数据、现象、事件等多源异构信息间的逻辑关系转化为可理解、可应用的知识，表征为一个信息—模型计算—反馈的虚拟系统，可反映系统内在规律，提升数字孪生体系精准化程度。

2）数字孪生是通向元宇宙的新阶段

数字孪生作为现实世界在数字空间中一一映射、复制模拟的载体，也是未来元宇宙中与物理世界对称存在的数字基础设施，属于元宇宙的重要组成部分，在极大程度上提升元宇宙的构建效率与真实体感。对于元宇宙的发展来说，构建一个与现实世界运行规律相匹配的虚拟世界，将加快元宇宙世界实现的进程。随着万物互联时代的到来，为了满足简便获取数据以及有效处理数据的需求，新一代人工智能、智能物联网、数字孪生等先进适用技术正形成新型信息处理技术群，用于构造一个个以信息世界严格、精确映射物理世界和事件过程为框架和基础的智能数字孪生体，而元宇宙中很大一部分将基于这些数字孪生体建构人、组织、社会等的大场景虚拟世界。

2.7 智能物联网：AIoT构建万物互联

2.7.1 万物互联与智能物联网

智慧城市与数字经济的发展，人、物、组织、产业、业态、服务体系、社会治理等对象在一个数字空间内互联互通是一个显著的特点。在一个互联互通的数字空间内，各类对象获取服务的便利程度将变成衡量一个城市或者经济结构智慧化水平的重要指标。而要不断提升数字空间的服务化水平，首先需要实现的是万物互联，即人、流程、数据和事物这4个关键要素之间的智能连接，借助万物互联技术将物体、组织、事务、流程、经济业态、社会等产生的信息连接起来，组成一个关键要素网络，协同新一代人工智能、云计算、区块链等先进技术对要素网络内的信息进行智能处理，借助数字孪生技术构建的虚实共生世界，各个服务对象在共生世界内有效、高效、自由地获取所需服务。物联网技术作为万物互联技术的一个子集，是实现万物互联的重要组成部分。相较于万物互联关注的是人、流程、数据和事物这4个关键要素之间的智能连接，物联网互连的是物理设备、对象的网络，形成一个连接对象、物理设备的生态系统，或者创建一个从事物连接到事物的生态系统。

产业数字化作为数字经济的重要支撑内容，实现"设备互联、数据互联、业务互联、产业互联"是提升产业业态之间融合、产业高质量发展的重要目标。物联网以新一代信息通信技术为主要手段，泛在连接万物，并提供信息感知、传输、处理等服务，能促进人、机、物三元融合，为各行业数字化、网络化、智能化转型提供关键支撑，为数字经济发展注入强劲动力。一方面，物联网构建了一张低时延、高可靠、广覆盖的新型网络，连接人、机、物，贯通不同信息系统，满足各行业数字化转型对网络的差异化需求，实现跨企业、跨领域、跨产业的互联、互通、互操作。另一方面，物联网为各行业数字化转型构建计算处理平台，通过在平台上开发部署面向不同场景的智能应用与服务，优化业务流程，加速产业高质量发展。

2.7.2 智能物联网技术体系

智能物联网技术的本质是构建物理设备智能互联的网络，无须人工干预即可采集、传输、交换数据，其目标是形成一个连接对象、物理设备的智能生态系统，或者创建一个从事物连接到事物的生态系统。国家标准的物联网通用分层模型（图2-13），依次分为四层：感知层、网络层、平台层和应用层。

① 感知层：主要实现物理世界信息的采集、自动识别和智能控制。物理世界中的各种物体本身不具备通信能力。传感器、执行器、智能装置、RFID读写器等智能节点可采集物理世界的信息，并通过通信模块和网络层进行信息交互。感知层的主

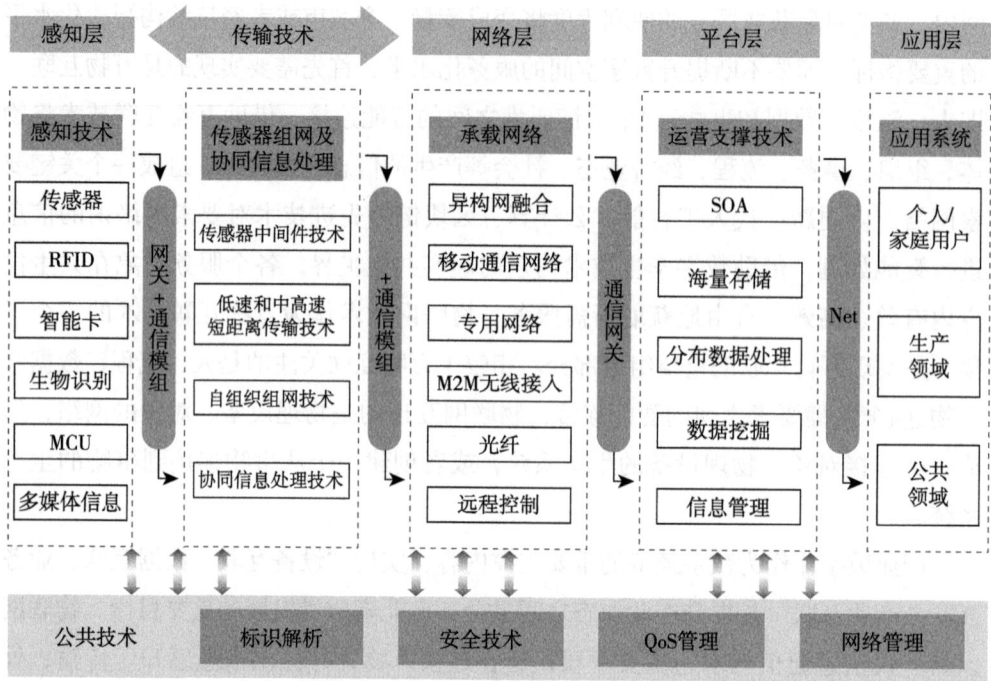

图2-13 物联网通用分层模型

要部件包括物联网终端、物联网终端节点、感知延伸网、物联网接入网关。物联网终端是不通过接入网关直接接入的终端，并可以与物联网网络及平台层相关功能实体进行交互；物联网终端节点可以依托感知延伸网或者不依托感知延伸网通过接入网关连接至网络或平台层；感知延伸网位于物联网终端节点与物联网网关之间，主要是在现有网络基础上实现通信的进一步延伸，使通信的覆盖区域和服务领域得到扩展。某些物联网感知延伸层节点可能只具有近距离通信功能，为了连接到广域网络，此时需要通过感知延伸网和物联网的接入网关实现其到广域网的接入。

② 网络层：负责支撑感知层的信息传递、路由和控制，并为物联网中人与物、物与物的通信提供支撑。网络层包括核心网络。物联网的核心网络可以具有多种网络形态，可以是现有的公众网络，例如移动网、固定网、互联网，也可以是各种政府和企业的专用网络。物联网核心网络至少要提供网络连接能力，用于支撑物联网信息的双向传递和控制，可以直接支撑上层物联网应用开发和部署。在此基础上，依赖于物联网的网络类型，还可能提供网络控制功能、业务控制功能、互联互通功能、移动性管理功能等，并且可能进一步划分成多个层面，如网络接入和传送、网络核心控制等。

③ 平台层：提供安全可靠的设备连接通信能力，支持设备数据采集上云，规则引擎流转数据和云端数据下发设备端。此外，也提供方便快捷的设备管理能力，支持物模型定义、数据结构化存储和远程调试、监控、运维。为了简化和降低上层物联网应用开发和部署，物联网应用支撑管理平台向物联网应用提供一些共性的能力和支撑，并提供开放的接口，使应用可以接入使用网络资源，实现上层物联网应用屏蔽底层的设备及网络连接方式。

④ 应用层：包括各种具体应用，既有公众服务也有行业服务。其中，公众服务是面向公众普遍需求提供的基础服务，如智能家居、移动支付等；行业专用服务是面向行业自身特有需要、面向行业内部提供的服务，如智能电网、智能交通、智能环境等。部分行业服务也可以面向公众提供，如智能交通，可称为行业公众服务。

2.7.3 多信息融合下的智能物联网发展

1）多传感融合解决数据异质问题

多传感融合具有双层含义。表层含义是指物理上的合二为一，在一个紧凑的传感器器件中集成多种传感器，典型的有IMU惯性单元[①]，而更深层含义是指多传感器的数据融合。多传感器数据融合可类比为人脑根据各功能器官所探测到的信息进行综合处理，从而对所处环境和事态作出判断的过程。在电子消费、自动驾驶、机器人等场景下，通过大量、多种类传感器节点的配置和管理，以多源数据冗余和互补弥补单一传感器信号的误差和缺陷，通过数据模型及融合算法解决数据异质、数据冲突等问题，最终给出一致性结论或者提供有效决策支撑。这需要在传感器组合方案、成本、算力与通信等资源分配间反复调试和权衡。以自动驾驶为例，其信源有雷达、红外、图像等，通过挖掘冗余、互补数据间的内在联系，构建高精度的环境感知图像和定位结果，可指导汽车执行自动避障、定速巡航等驾驶任务。

2）传感设备智能化，边缘计算突破算力限制

在5G通信和物联网发展的双重驱动下，终端数量和数据量持续累积，集中式处理架构出现瓶颈，而分布式本地处理在通信和存储负担缓解、降低时延、数据安

---

① IMU惯性单元：Inertial Measurement Unit，是测量物体三轴姿态角（或角速率）以及加速度的装置。一个IMU一般包含三个单轴的加速度计和三个单轴的陀螺。

全性等方面的优势显现。智能传感器将传统传感单元整合计算单元和人工智能算法，使得传感器具备除测量之外的信息处理能力。通过算力算法从中心向边缘侧的下放，智能传感器自主完成对实时元数据的检查诊断和校准，优化数据质量，自主完成数据分析，执行决策反馈。工业控制、医疗服务、人脸识别等新兴应用场景下存在实时响应、极小误差、公民隐私保护等极致需求，算力和算法加持下的智能传感器能够弥补现阶段传感技术的局限，满足上述场景中大量实时数据高效、安全处理的需要，同时降低云分析相关的成本和资源消耗。

3）隐私计算融合区块链，保障物联网数据价值安全

物联网设备连接量和产生的数据量级呈爆发式增长，数据价值挖掘、数据安全流通的市场需求日益急迫，隐私计算融合区块链技术能够在数据跨主体流通中提供安全保障，成为平衡数据安全和数据要素价值释放的重要方案。隐私计算基于密码学、机器学习等技术，以可用不可见的密文得出计算结果，在保护主体信息安全的前提下实现数据交换和开放共享。而区块链技术作为重要补充，以其分布式存储、不可伪造、可追溯的特点，保障了信息源头的真实可靠。2021年是隐私计算元年，在产业链协同发展、数据交易和开放共享需求的持续牵引下，物联网+隐私计算+区块链的技术融合将向各行业加速渗透。

2.8 太赫兹：革新感知网络的底层技术

2.8.1 新一代网络通信与太赫兹技术

太赫兹波是频率在0.1～10太赫兹范围内的电磁波，应用在对物质进行分析、成像、安检和通信等方面。这项跨越光子学与电子学的新兴技术具备独特优势，在过去被称为"太赫兹间隙"（THz Gap），因缺少有效产生和探测源而未受到广泛的应用。随着超快光电子技术和低尺度半导体技术的快速发展，20世纪80年代以来，太赫兹波得到有效的光源和测试手段，促使太赫兹科学技术快速发展。太赫兹波技术在材料科学、化学、生命科学、安全检测、无线通信等领域都有广泛的应用。例如，利用太赫兹波可以进行材料成分分析、非破坏性检测、药物探测、细胞生物学研究、食品安全检测、无线通信等方面的应用。因此，太赫兹技术是一项应用前景广阔且具有挑战性的综合性技术。太赫兹波在电磁波谱的位置如图2-14所示。

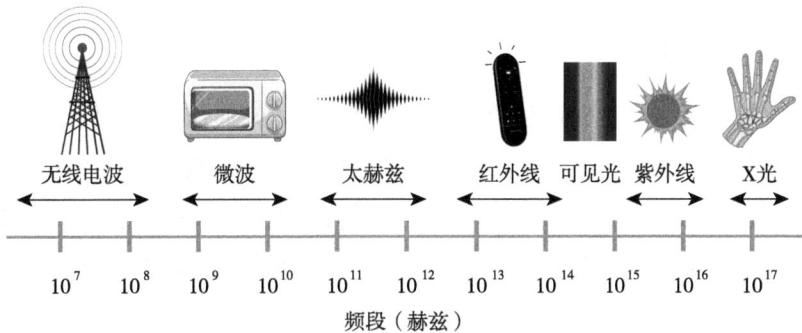

图2-14 太赫兹波在电磁波谱的位置

太赫兹波的特点是量子能量很低，不会引起有害的电离反应，对大部分介电材料和非极性液体具有良好的穿透性。太赫兹波可以穿透纸张、针织物、塑料、木材、石膏、陶瓷等物质，但对金属和水等物质的穿透性较差。

移动通信正朝着更高频段的方向深入研究，太赫兹波被认为是6G通信的备受关注的热门技术。目前，学术界已经广泛开展对此的研究和探讨。随着需求、技术、产业的进一步成熟，这些技术也将逐渐引起工业界的关注。太赫兹频段继承了微波和光学的传播特性，因此非常适用于远程无线通信、卫星间通信以及地面移动通信。然而，在地面移动通信应用方面，太赫兹技术面临的挑战较大，需要进行更多的研究。例如，对太赫兹无线信道的测量和建模、适用于民用通信的器件材料的成熟度、高速高精度的捕获和跟踪技术、高速率MIMO[①]传输技术、应用场景的定义、网络架构以及组网方式等方面的研究仍然处于初级阶段，在这些方面还存在很多空白待填补。

2.8.2 太赫兹技术及应用体系

面向通信网络不断增长的需求，集成了微波通信与光通信的优点、被认为满足了移动异构网络系统实时流量需求的关键无线技术可以解决当前无线系统的频谱稀缺和容量限制等问题。太赫兹通信技术具有Tbit/s级的数据传输速率、受天气条件因素影响低、高安全性、可实现多点通信等优势，将为人类提供从纳米通信到卫星通信的覆盖全球的应用服务[②]。

---

① MIMO：Multiple-in Multiple-out（多进多出），是为极大地提高信道容量，在发送端和接收端都使用多根天线，在收发之间构成多个信道的天线系统。
② 谢莎，李浩然，等. 面向6G网络的太赫兹通信技术研究综述 [J]. 移动通信，2020，44（6）：36-43.

1）纳米级应用

纳米级场景两个典型应用是纳米网络、片上及片间通信。纳米网络将许多纳米机器人连接到一个网络，应用于环境传感和人体医学等领域。此外，在每个芯片中加入越来越多的计算核心来实现计算能力的纵向扩展是目前提高算力的主要方法。为了实现核心间的公共数据共享并同步其活动，太赫兹将为芯片间的这种通信提供快速、可靠的服务。

2）无线接入服务

太赫兹通信可进一步提高多媒体应用服务质量，如视频格式Super Hi-Vision的分辨率为7680×4320需要超过24Gbit/s的数据速率。此外，太赫兹通信可以支持如拓展现实、全息通信这类数据量极大且对时延要求极高的新兴业务。如公共建筑入口、商场大厅、赛事场馆等人流量数据量极大的场所，太赫兹通信同样可以满足其需求。当用户具有高速移动性时，太赫兹还可以支持高速移动通信，如自动驾驶。

3）超大容量回程

6G时代，在蜂窝基站之间（回程）或蜂窝基站与远程电台之间（前端）进行数Gbit/s的通信，将会带来巨大的回程容量。太赫兹技术凭借极大的数据传输速率（峰值传输数据速率达到1Tbit/s），将成为解决回程链路100Gbit/s标准容量的有效方案之一。

4）安全通信

解决窃听以及干扰攻击是保证用户通信隐私及安全的关键。太赫兹的高定向、窄波束的存在和极宽的通信带宽使得窃听和干扰极难发生。目前太赫兹安全通信在军事场景中的典型应用是不同的作战单位可以在较短距离内组成一个太赫兹自组织网络，避免了作战信息的泄漏，保证了通信安全。

5）太赫兹空间通信

在太空没有太赫兹吸收损耗，因此太赫兹频段下的卫星通信传输速度快、传输距离远，且太赫兹通信终端具备小型化的优点，使得太赫兹空间通信极具前景，如实时太空观景。太赫兹通信应用场景如图2-15所示。

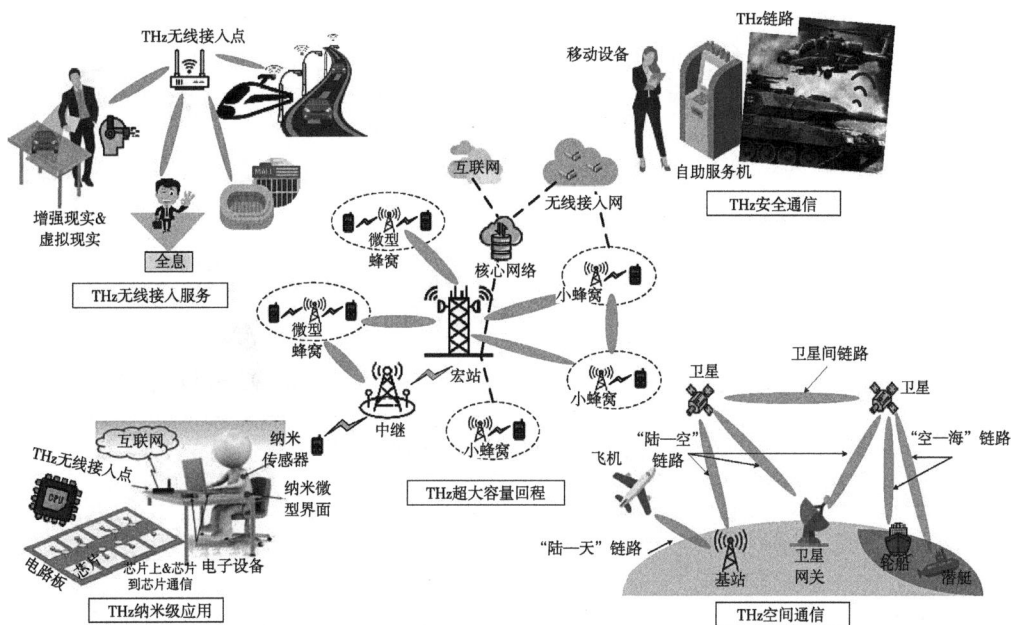

图2-15 太赫兹（THz）通信应用场景[①]

2.9 第六代移动通信技术（6G）：三网融合生态构建的关键

2.9.1 虚实共生与6G技术

面向"设备互联、数据互联、业务互联、产业互联、产城融合"的新型智慧城市模式发展需求，需要构建一个自由连接的数字融合世界。同时以强化产业运行的循环体系——信息获取—运算—决策—反馈为目标的产业数字化需求，需要构建适配各类型产业的人、机、物、数的数字世界。从技术需求角度看，构建泛在数字世界，并自由连接物理世界和数字世界，实现二者相互作用和高度融合，需要泛在感知及信息捕捉能力实现对物理世界的精准实时数字化采集，并通过泛在连接加融合计算（包括算力、存储、智能）能力构建数字世界，同时通过强大的通信能力实现物理与数字世界的自由连接以支持千行百业的数字化应用。所以，通信、信息和计算是构建自由连接的物理与数字世界的三项最重要的基础能力。以超强通信、基础信息服务、融合计算为特征的6G将原生地支持通信、信息和计算服务，成为支撑

---

① 谢莎，李浩然，等. 面向6G网络的太赫兹通信技术研究综述 [J]. 移动通信，2020，44（6）：36-43.

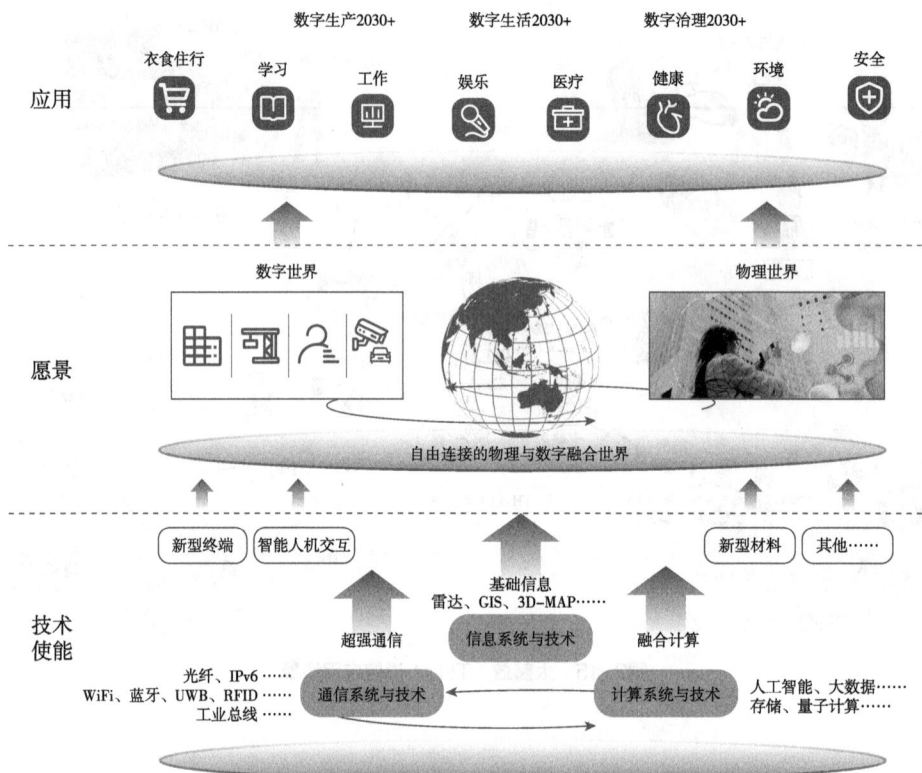

图2-16 6G构建自由连接的物理数字融合世界

未来社会高效可持续发展的网络信息底座。6G构建自由连接的物理数字融合世界如图2-16所示。

2.9.2 6G 的潜在使能技术

据中国信通院发布的《6G总体愿景与潜在关键技术》白皮书中指出，6G的潜在关键技术（图2-17）包括内生智能的新型空口和新型网络架构、增强型无线空口技术、新物理维度无线传输技术以及分布式网络架构、算力感知网络、确定性网络、星地一体融合组网、网络内生安全等新型网络技术。

6G网络是实现真实物理世界与虚拟数字世界的深度融合的关键组件，构建万物智联、数字孪生的全新世界。从构建数字世界的基础服务体系来看，6G网络可提供的基础服务包括超强通信服务、基础信息服务、融合计算服务。

① 超强通信服务。蜂窝移动通信从诞生开始便旨在无线移动场景下提供无缝的通信

增强型无线空口技术	新物理维度无线传输技术	太赫兹与可见光通信技术	跨域融合关键技术
·无线空口物理层基础技术 ·超大规模MIMO技术 ·全双工技术	·智能超表面技术 ·轨道角动量 ·智能全息无线电技术	·太赫兹通信技术 ·可见光技术	·通信感知一体化

内生智能的新型网络

·内生智能的新型空口
·内生智能的新型网络架构

分布式自治网络架构　算力感知网络　网络内生安全

确定性网络　　星地一体融合网络

图2-17　6G潜在关键技术方向

及连接服务，6G将延续这一历史使命，提供超强通信服务。^①同时，6G将进一步扩大地理空间的覆盖范围，降低终端的接入门槛，提高连接的可获得性，扩大客户数目，实现物理世界与数字世界的自由连接与信息传输。

② 基础信息服务。6G系统的终端或者基站设备在发射无线电波进行通信的同时，还可以对接收信号进行测量，从而对电波传播环境及其中的目标物体进行无线感知，得到位置、速度、方向、材质、成像等信息，从而支持丰富的感知应用和场景。此外，6G作为一个泛在连接的系统，在支撑物理与数字世界连接的过程中会产生大量有价值的基础数据信息。

③ 融合计算服务。算力是数字化经济时代的新生产力，算力包括网络、计算和存储等多维度资源。6G将内生支持融合计算功能，通过算网融合技术提供包括人工智能在内的融合计算服务，更好地使能物理与数字世界高度融合。

2.9.3 6G：虚实共生的技术趋势

1）感知互联网

感知互联网是指视觉、听觉、触觉、味觉、嗅觉、情感与意念等全息协作实时交互媒体互联服务。感知互联网的典型应用"如影随形实时共享感知"是指在预定的持续时间内，经过许可与信任控制，人可以通过自己的视觉或其他感觉真实地体

---

① Vivo通信研究院. 6G服务、能力与使能技术［R］. Vivo通信研究院，2022.

验另一个人的感觉甚至生活，例如一位母亲可以真实地体验孩子刚刚穿上新鞋后是否磨脚的个人感受。

2）人工智能服务互联网

人工智能服务互联网是指未来任何人、机器、组织或行为都可以享受的协作智能互联服务。人工智能服务互联网的典型应用"高速公路无人自动驾驶"是指无人驾驶汽车或车队依据实时导航与定位机器人的最佳路线设计，机智地避免与车外人体或物体的碰撞，以最短时间、最小能耗到达目的地。

3）行业服务互联网

行业服务互联网是指跨越任何领域或平台、任何网络物理系统（CPS）或数字孪生服务所需的协作或虚拟孪生感应与执行互联服务。行业服务互联网的典型应用"触觉反馈机器人手术"是指通过人机协作并借助多路辅助视频（包括增强现实视频）和触觉反馈的方式远程完成诸如冠状动脉、腹腔镜等无创外科手术。

4）基于6G技术的三网融合的业务服务体系

感知互联网侧重于感知全息实时共享，人工智能服务互联网侧重于泛在智能，行业服务互联网侧重于人机或机器之间的协作互动。实现三网融合的业务服务体系对通信网络的带宽、延时、连接密度、空间容量、可靠性等提出了新的挑战。通过对6G网络技术特点的概括性展望以及未来以三网融合的业务服务体系为核心的智慧城市新型技术体系构建要求进行解构，借助于6G网络技术的发展，三网融合业务服务体系的变革将呈现以下特点。

在感知互联网侧，将有望实现万物互联，数据、传感设备、信息系统等获取、传输、解析数据将实现更高的速率、更低的延时、更宽的连接数密度，传感设备组网将更方便、更密集、更宽广。

在人工智能服务互联网侧将有以下三点变革：其一，人工智能服务互联网将会融入6G网络中，并对外提供服务，创造新的市场价值，即人工智能服务互联网引擎，利用人工智能服务互联网引擎的智能化能力，可以对外提供智能管控等服务；其二，人工智能服务互联网将在端—边—云间协同，实现包括通信能力、计算、存储等多种类型、多种维度资源的智能调度，并使网络总体效能得到提升；其三，人工智能服务互联网能够实现对6G中广域数据的测量与监控，实现网络的快速自动化运维、快速检测和快速自修复，即人工智能原生的网络维护。

在行业服务互联网侧，基于6G网络技术的大吞吐量、超低延时等优势，同时借助于6G网络技术带来的高密度信息传输及采集、端侧超大规模组网、云端人工智能模型互联等形成的基础服务体系，行业创新应用的开发和应用将更加便捷，实时数字孪生及元宇宙规划的美好展望有望成为现实。如超高的带宽、超低的延时有望解决目前沉浸式体验和实时交互行业上产生的清晰度不足带来的疲劳感、高延时带来的眩晕感等问题。

6G网络技术未来的场景应用价值主要体现在数据的广泛且规模化采集、交互的实时性、获得的便捷性等，从而获得更加精准的数字化模型，更加高价值的运算结果跨地域、跨时间的体验，更加智能化的反馈与服务，实现全社会的智慧内生。6G网络技术下的三网融合的业务服务体系如图2-18所示。

| AI服务互联网 | 感知互联网 | 行业服务互联网 |
| 任何人、机器、组织、行为、事务 | 视/听/触/嗅/味觉、语义、情感、意念 | 任何领域/平台、任何CPS/数字孪生 |

4G与5G ／ 物联网 ／ 云边计算 ／ AI与ML ／ 大数据 ／ 区块链

宽广连接 ／ 共享算力 ／ 数据智能

泛在智能　全息　交互　协作

6G
万物智联　改变世界

人性化　全息交互　群体协作

星空覆盖 ／ 人机协作 ／ 光子量子

卫星与火箭 ／ 无人机 ／ 可穿戴技术 ／ 机器人技术 ／ 可植入技术 ／ 超硅技术

| 用户定义视频/内容 | 机器视觉计算 | AR/VR/XR/光场/点云 | 虚拟现场交互 | 数字人/机车/机器人 |

AI：人工智能　　CPS：信息物理系统　　VR：虚拟现实
AR：增强现实　　ML：机器学习　　XR：扩展现实

图2-18　6G网络技术下的三网融合的业务服务体系

3 智慧城市的云边端协同技术与应用创新理念

　　智慧城市作为提升城市发展的新驱动，通过信息技术营造出有利于创新涌现的新生态的模式，将城市的系统和服务打通、集成，以提高资源运营的效率，提升城市管理和服务水平，优化产业布局及运营。智慧城市的建设经历三个阶段，概念普及阶段、试点推广阶段和发展创新阶段，目前已进入了发展创新阶段的"数智城市"新形态。

　　面向智慧城市建设的不同阶段，需要不同的智慧城市信息技术体系和创新应用来适配城市智慧化的需求。一方面，技术体系需要适应城市提供各类服务的变化，另一方面，新一代信息技术的发展也促进了城市更多智慧形态的发展。在试点推广智慧城市建设阶段，以物联网、云计算与互联网的融合运用实现城市各类服务互联互通是主要的标志，强调的是现有技术、模式和制度的应用。面向该阶段技术现状和智慧城市建设的需求，宏景科技研发了基于AIoT的智慧城市基础技术体系，用于不同智能终端设备之间、不同系统平台之间、不同应用场景之间的互融互通、万物互融。并且面向城市中重要的领域——公共建筑、设施农业生产、产业园区、城市治理、能源管控等，基于该技术体系构建了城市各类服务的创新应用框架，研发了一系列适用、创新的产品，部分研究成果在城市建设、运行过程中取得了很好的示范应用。在"数智城市"构建城市数字空间的新型智慧城市建设阶段，"设备互联、数据互联、业务互联、产业互联、产城融合"将是新型智慧城市建设的主要模式，主要表现为依托新一代信息技术，以数据驱动、全面智能、多维互联、面向未来为主要特征的建设阶段。面向数智城市建设的需求，宏景科技提出面向智慧城市的云边端协同技术体系和创新应用框架，为破解智慧城市建设面临的现实困境，通过云边端协同技术体系创新为智慧城市建设提供技术支撑，面向智慧园区、智慧医疗、智慧能源、智慧农业等领域构建"既不失一般性，又体现产业创新理念"的集成与应用框架，通过技术、管理、模式创新为智慧城市建设提供良好的发展环境。

3.1 基于 AIoT 的智慧城市基础技术体系

随着城市化的不断推进和信息技术的迅速发展，构建"设备互联、数据互联、业务互联、产业互联、产城融合"新型智慧城市是城市发展的重要趋势之一。从城市发展来看，新型智慧城市的构建基础是实现人、物、数据、业态、产业、组织等的万物互联。从产业发展来看，同产业之间竞争日益激烈，产业业态之间的协同融合度要求越来越高，降本增效的目标对产业端的人、设备、流程、业态之间的互联互通水平也提出了更高的要求。从技术发展来看，无论是Wi-Fi、蓝牙还是蜂窝网技术以及低功耗广域网技术，均逐步发展成熟，人工智能技术也进入多场景落地环节。当前发展较快的人工智能算法主要包括机器视觉、语音识别、自然语言处理、机器学习等。

面对城市、产业、技术等发展的新需求，传统的IoT技术已无法满足万物智联时代下对人、物、数据、业态、产业、组织等的互联。人工智能技术融合IoT技术形成的AIoT技术体系创新各类对象之间的互联模式应运而生，成为当下互联技术发展的重点。通过物联网产生、收集来自不同维度的、海量的数据存储于云端、边缘端，再通过大数据分析以及更高形式的人工智能，实现万物数据化、万物智联化。物联网技术与人工智能相融合，最终追求的是形成一个智能化生态体系，在该体系内实现不同智能终端设备之间、不同系统平台之间、不同应用场景之间的互融互通、万物互融。

面向城市、产业、自身业务发展以及行业对AIoT技术融合的新需求，宏景科技不断探索物联网、大数据、人工智能等前沿技术的融合以及应用场景落地，形成了基于AIoT的智慧城市基础技术体系（图3-1）。该体系以人工智能技术与物联网技术融合形成的AIoT技术集为基础，物联网采集底层数据，人工智能技术处理、分析数据，融合GIS（Geographic Information System，地埋信息系统）、BIM（Building Information Modeling，建筑信息模型）、人机交互等技术构建先进、适用的创新应用场景，同时提出面向智慧城市的分层分布式集成概念，将先进适用的技术以应用场景需求为基础，构建基于AIoT的智慧城市基础技术体系。体系包括智能传感节点与终端开发技术、物联网接入平台技术、基于GIS的数据可视化和分析技术、BIM可视化技术、视频监控图像识别技术、智能人机交互技术、室内高精度位置服务技

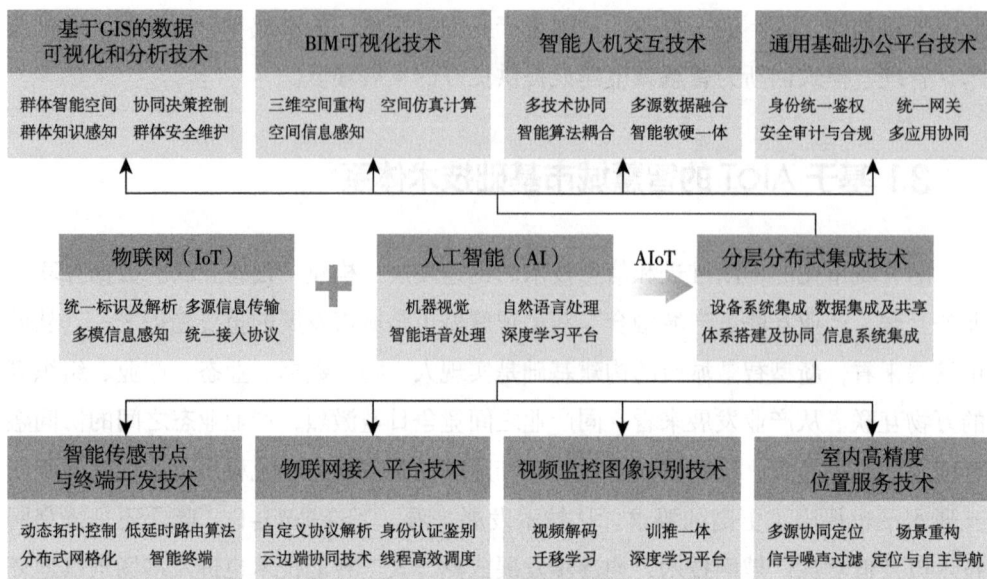

图3-1 基于AIoT的智慧城市基础技术体系

术、通用基础办公平台技术、分层分布式集成技术等，可满足海量物联网设备接入、空间管理及分析、大量信息数据智能处理、数据分析及预测的需求。

1）智能传感节点与终端开发技术

瞄准万物互联时代下多源信息采集、传输、处理的需求，充分发挥物联网技术前沿研究理论和创新应用系统设计经验，针对多传感下信息采集设备对接难、传输协议非标、多源信息处理效率低等问题，构建了基于智能物联网的智能传感节点与终端开发技术，包括动态拓扑控制策略、多层次的能耗控制、大规模网络低延迟、低控制复杂度的路由算法。其采用分布式网络化系统设计，是实现物联网智能传感节点和智能终端的关键技术。在工程应用中，受限于传感节点的突变环境适应性和传输网络稳定性，局部设备短时故障会导致数据丢失，这是传感节点—控制模型—控制策略—反馈控制的控制过程失效的主要原因。为此，构建异常数据估计补全机制及相关数据采集、传输、解析关键技术。首先将所有设备接入统一的物联网系统，通过在平台内进行设备组网的方式，将设备结成一张设备网，利用构造虚拟化的空间结构，一方面通过物联网平台快速定位故障设备，另一方面针对局部设备故障导致的局部数据丢失问题，利用插值法通过邻近设备采集的数据估计故障区域的数据，在一定程度上降低数据丢失导致的调控决策失灵的风险。

基于该项技术，形成完备的智能传感与终端开发体系，可以根据业务需求在短时间内快速开发出所需的传感节点与终端产品。该项技术将物联网通信与智能传感技术融合，实现各种场景下数据采集及传输。

① 动态拓扑控制技术。随着产业升级带来的传感设备大范围、大面积的部署，由传感、网关、通信设施组成的传感网将变得越来越大、越来越密。若要保证大范围地接收数据，势必需要进一步增加网关和通信设施。传统路由方法针对较小规模的网络适用性较高，而当网络中节点密集激增时，诸多节点之间复杂的连接关系会带来路径选择难度呈指数级升高，这使得即便满足通信质量要求的路由度量标准，在如此复杂的网络拓扑下也会难以选取合适的中继节点进行数据转发，或者在决定路由路径时耗费大量冗余资源，这对于一个资源有限的传感网络而言是难以接受的。为此，宏景科技研发了动态拓扑控制技术，动态地覆盖更广的地理区域，涵盖更多的传感器或终端设备，可适应高密度环境下网络层路由路径的选取。

② 低延时路由算法。无线传感器网络的应用非常广泛，在需要实时采集数据的应用中，低时延的路由协议发挥着重要作用。通过分析传感器节点通信过程来估算节点的预期能耗值，可使节点选择令自己能耗较低的邻居节点作为转发候选。在决定最终的转发节点时，该协议通过结合候选节点下一跳邻居节点的占空比信息来进行决策，使得发送节点选择能够更快将数据转发出去的候选节点来降低延迟，从而实现能耗和延迟性能的平衡。

③ 分布式网格化技术。在一个由传感设备组成的数据采集网络中，往往只能获取到传感设备部署位置的信息，无法满足大尺度空间数字表征和精准化控制的需求。为此研发了分布式网格化技术，通过分析数字表征的空间形态，优化传感节点的部署，将传感设备组成一个设备网络，借助分布式网格技术将传感网络切割成多个网格，借助插值法、贝叶斯概率法等估计方法基于网格内的传感设备采集的信息估计网格的信息分布，进而获得整个网络的数字表征。

④ 智能终端开发技术。面向多传感节点采集的多源异构信息处理需求，研发了针对智能终端的开发技术，构建传感节点多协议统一接入模块，实现物联设备的快速接入；构建多源异构信息处理算法开发平台，实现图像、文本、语音、结构化等多模态数据的融合分析；构建适配于终端设备的边缘计算技术，实现云边端计算资源的协同调度。

2）物联网接入平台技术

基于应对物联网应用高并发访问策略、海量数据连接、海量数据的分布式计算等需求，运用自定义协议解析计算、终端身份认证鉴别计算、边云协同技术等，打造一个物联网接入平台，旨在为适配常见传感器接入协议和通信协议，为上层应用提供多样化的API（Application Programming Interface，应用程序编程接口）。连接平台可以连接各类硬件层的标准或者非标准的协议，以及第三方子系统。另外，平台提供高效的线程调度功能，根据实际的网络连接情况生成最优的多线程并发通信管道，确保数据毫秒级的快速响应。

① 自定义协议解析计算。面向物联网无线接入技术的发展，无线接入技术体系日益复杂，包括Zigbee、Wi-Fi、蓝牙等短距离通信技术和LoRa、SigFox、eMTC、NB-IoT等长距无线通信技术。面对复杂多样的接入技术带来的接入协议无法快速匹配的问题，研发自定义协议解析计算技术，可实现多种协议的快速接入物联网平台，统一向业务应用系统输出统一标准的数据转发协议，降低接入和输出的成本。

② 身份认证鉴别。身份认证技术是安全技术的重要组成部分，其主要职能是鉴别用户身份，避免非法用户侵入网络篡改和滥用资源。身份认证的目的是建立双方的信任关系，让双方能够对彼此的身份没有后顾之忧。从本质上看，身份认证信息一般是指认证方特有的信息或者秘密的信息，任何第三方权威（被认证方）都不可伪造，被认证方要出示或者证明来表明自己掌握哪些信息，从而取得被认证方的确信和认可，进而得到身份的认可。面对物联网安全保障需求，身份认证鉴别技术集成了RFID智能卡认证、用户名/密码方式、动态口令、USB KEY认证、生物识别、步态识别等多种安全认证技术，针对不同的应用场景和安全保障等级，可选择一种适用或多种融合的认证技术，保障物联网平台接入的安全、稳定、高效。

③ 线程高效调度。面对海量设备信息采集、传输、处理，计算任务呈现出多类型、串行和并行兼顾等特点，为此建立线程高效调度技术。多线程任务调度是指在多线程程序中，根据一定的调度算法，合理地分配处理器时间和线程优先级，以达到提高程序运行效率的目的。多线程任务调度的基本原理是将若干个线程分配到处理器的不同核心上，并通过多种调度算法合理地调度这些线程的执行顺序和时间片，使得所有线程能够得到公平的执行机会，从而提高程序的整体性能。线程高效调度技术集成了静态调度算法、动态调度算法，根据具体场景选择合适的多线程任务调度算法，更好地提高程序的性能和响应速度。

④ 云边端协同技术。针对海量设备组网、海量信息采集、海量信息传输及处理带来

的数据、算法、算力协同不足，将导致物联网平台作为信息处理中继器决策失灵问题，边云协同技术是协同调度计算任务、计算资源的关键技术。通过构建云网数据存储、备份、集成，在端侧业务模型并行计算，云网对算力资源、数据资源、算法资源进行统一调度，采用算力卡计算资源切分和叠加、算力资源峰谷调配、按需动态进行GPU挂载和释放、业务存算推算力分配等方式，计算资源可以得到最优化利用，降低计算任务对云网的冲击，提升云边端计算资源的利用率。同时将并行计算任务下放至端侧，在端侧构建轻量化计算模型，借助物联网的中继作用实现云边端各项任务的调度，极大地提升业务运算的性能。

3）视频监控图像识别技术

随着城市智慧化和产业数智化的极大发展，视频监控作为一个实现全流程监控、事实管控、异常管控的重要手段，已经成为智慧化硬件的一个必选项。当前对采集上来的视频数据的智能分析需求正在呈几何级数增长，并表现出碎片化、高度定制化、精细化的特点。机器视觉技术作为智能分析的基础技术可有效从视频数据中获取异常预警、事实表征、流程优化关键点。通过构建视频监控图像识别技术实现了对人、车、物的技术应用，包括物体检测、事件检测、行为分析等内容，例如人脸识别、物体追踪、烟雾火灾识别等。

① 数据资源管理。要实现人工智能，需要把人类理解和判断事物的能力教给计算机，数据标注是第一步需要进行的工作。数据标注把需要计算机识别和分辨的图片事先打上标签，让计算机不断地识别这些图片的特征，最终实现计算机能够自主识别。数据标注为人工智能企业提供了大量带标签的数据，供机器训练和学习，保证了算法模型的有效性。数据资源管理平台建立具备多人标注、智能标注、开放调用的数据标注工具，从而建立优质数据资源。在此数据资源内，不需要重复标注数据就可以直接调用标注好的数据进行数据分析，从而降低数据获取、标注、调用的难度。

② 视频解码。传统的视频编解码技术在处理高清视频数据时往往会面临很高的计算复杂度，因此需要更强的计算性能和更高效的算法才能实现高清视频处理。同时，视频数据的传输和存储也面临着带宽和存储容量等问题。针对以上问题，建立分布式视频解码技术，将视频编解码过程分成多个子任务，分布在多个计算节点上进行并行处理，从而提高视频编解码的计算效率及传输、存储效率。与传统视频编解码技术相比，分布式视频编解码技术还具有易扩展性、高容错性等优

点，可应用于大规模视频处理平台、视频监控系统、视频会议系统等领域。

③ 机器视觉模型迁移学习技术。应用场景日益多元化突显出适应特定场景的单类模型的局限性，深度学习模型数据质量敏感的特性显示出通用智能不尽如人意的现状。面对更为复杂多样的任务场景，构建机器视觉模型迁移学习技术是快速实现适用人工智能模型构建、训练、部署的关键技术。预训练模型是一种迁移学习的应用，通过自监督学习从大规模数据中获得与具体任务无关的预训练模型。在计算机视觉领域，利用大规模各类场景的图片数据，可以训练得到囊括几乎所有实体、语义等特征的初始模型，迁移到具体场景，仅需少量数据训练即可得到相对准确的结果。另外，深度学习模型的复杂度会随着模型精度的提升而提升，后者的实现主要通过大幅增加计算量而获取，进而导致高度复杂模型在硬件能力受限的设备上部署运行难度攀升。通过构建知识蒸馏、模型剪枝、模型结构优化、稀疏存储和计算及通用模型改造方法的模型轻量化部署技术体系，可实现人工智能模型的轻量化，以适配边缘计算设备，同时提升模型运算效率。

④ 机器视觉模型训推一体技术。随着场景应用与产业数字化对人工智能模型精准、快速部署、多模型协作的要求越来越高，人工智能模型开发、训练、部署整体流程协同以及多模型协作计算是解决该难题的关键。为此，宏景科技建立了机器视觉模型训推一体化技术，提供从数据管理与处理、算法开发测试与迭代、模型部署与应用到系统运维与管理的人工智能开发与应用的全生命周期工具链。其训推一体、开放兼容、灵活高效的强大性能可大幅降低算法开发与应用门槛，帮助用户快速、低成本地建立算法开发与应用能力。通过部署训练和推理一体化环境，实现模型不断优化，最大限度地满足行业的人工智能应用与开发场景，实现人工智能基础设施与行业需求深度融合。

⑤ 深度学习平台。智慧城市的发展需要一个智慧引擎来处理海量数据、业务协同以及创新公共服务。产业数字化转型也需要一个智慧大脑来实现业务系统与产业运行的协同，建设一个集数据资源、模型开发、计算平台、人工智能能力输出于一体的深度学习平台将是数智化发展的引擎基础之一。深度学习平台由数据资源管理平台、数据标注平台、模型搭建及训练平台、模型部署平台、模型调用及管理平台、接入设备管理平台等模块构成，快速匹配业务场景的模型搭建、训练、部署、计算。

4）室内高精度位置服务技术

在物联网时代，大多数的应用或多或少都与位置服务相关联，尤其是对于移动物体而言定位需求更为明显。在实际的应用中，如何将室内定位与室外定位进行无缝衔接则更有意义，因为只有室内外定位能够无缝衔接才能真正做到全方位实时定位。面向室内位置服务精准化构建室内高精度位置服务技术，基于3D室内图、室内外一体化等强大的室内基础能力，融合5G+蓝牙+UWB①等多种室内定位技术，室内定位精度达到1～5米。重点解决最后50米的目的地导航和室内场景下卫星定位无法精准覆盖的问题，以及室内人员、资产精准定位管理的需求，通过5G+蓝牙+UWB协同定位，实现在复杂室内环境下的高精度定位与导航、人员及资产定位管理，提升用户办事效率、智能化管理水平和服务效率，增强数字化及信息化处理能力。

① 多源协同定位。面向多场景下的定位服务，往往采用的是多种设备、多种定位信号、多种信号接收等定位技术集合来满足高可靠性、高精准度、低延时的要求。构建多源协同定位技术，结合5G、蓝牙、UWB、惯性导航、机器视觉构建多模态的定位方案，进一步提升了定位系统的精度和可靠性。针对多种定位技术需要处理多模态信息，构建基于注意力机制的特征融合以及基于时延差异的定位算法，通过多个节点之间的时差测量、多种定位信息的特征级融合，实现更加准确的定位结果。

② 场景重构。同步定位和场景重构一直是多领域学科交叉的研究前沿，构建基于视觉的同步定位和场景重构是实现定位与自主导航的基础技术之一。采用视觉传感器作为感知场景环境的工具，具有精度高、消耗小等许多优势，特别是相对于采用传统传感器的方法而言，利用视觉定位重建的算法不但能够不受场景和系统本身一些不利因素的影响，而且可以通过优化累积误差的方式准确地对传感器当前位置进行定位。在地图构建方面，由于稀疏点云构成的地图不具备障碍信息，无法用于机器人导航和更高层应用，而对整个大场景全部范围的稠密重建又会对机器人的运行内存和算力造成很大的负荷，且后期对稠密重建结果的处理也会非常棘手。所以，宏景科技开发了一种对环境中特定颜色的道路线进行稠密点云重建并转化为二维栅格地图的方法，对地标线的建图以色域划分重建区域。而许多场景并没有颜色区别的道路边线，人为贴地标线对较大的场景来说也十分费时费力。为此，使用了通过对深度图像进行层次聚类的平面提取算法，结合IMU惯性单元的重力方向信息和法向量进行筛选，从而只选出地面进行重建的建图方案。

---

① UWB：即Ultra Wide Band（超宽带），是一种无线载波通信技术，具有定位精度高等优点，尤其适用于室内等密集多径场所的高速无线接入。

③ 信息噪声过滤。多源协同定位中需要解决的一个问题是多源冗余信息带来的定位延时、偏移。通过建立信息噪声过滤技术，构建包括滤波、平滑、峰值检测、信号重构、信号平移和缩放、数据拟合等多种方式的信息噪声过滤方法，根据不同设备、组合设备、组合技术的信息噪声类型、噪声强度、信号特征等因素选取合适的噪声过滤方法，且在处理信号噪声时，可进行多种方法的组合使用，获取最优的噪声过滤效果，保障定位服务的低延时、无漂移。

④ 定位与自主导航。面向数据中心机房异常巡检、设施园艺作物巡检、大型畜牧养殖场生物群体巡检、智慧园区安全巡检等需求，构建基于SLAM[①]技术的定位与自主导航技术，在AprilTag[②]检测的地图中采用重定位算法完成机器人在地图上的定位，全局路径规划采用ROS（Robot Operating System，机器人操作系统）规划器提供的A*算法[③]，局部路径规划采用动态窗口法，共同完成在代价地图上的对指定点导航。使用AprilTag检测的位姿校正可以将位置误差校正至10厘米以下。结合ROS-Navigation[④]的导航框架，可以完成基本的园区内指定地点的路径规划与避障，从而在搭载其他传感器的情况下获取园区特定位置的相关信息。

5) 分层分布式集成技术

构建"设备互联、数据互联、业务互联、产业互联、产城融合"的新型智慧城市需要设备、数据、技术、业务系统、业态之间的协同，一个安全、稳定的数字化体系需要构建一整套的集成技术体系，保障设备之间、数据之间、核心技术之间、业务系统之间及技术体系与业务需求有效耦合。面向数字化体系建立的集成需要建立分层分布式集成技术，采用以子系统集成、功能集成、网络集成和软件界面集成为目标的系统集成原则，在设备层、监控层和信息层分别进行按需集成，实现信息共享、集中管理、分散控制，具有可靠性高、可实现性强、设计层次结构分明等优势。该技术体系包括设备集成、数据集成及共享、技术体系搭建及协同、信息系统集成，为智慧城市、智慧产业构建数字化体系提供一套有效的信息集成技术。

① 设备系统集成。以搭建组织机构内的信息化管理支持平台为目的，对相关设备、软件进行集成设计、安装调试、界面定制开发和应用支持。以AIoT为基础技术，

---

① SLAM即Simultaneous Localization and Mapping（同步定位与地图构建），是在确定位置的同时，绘制所在环境的二维或者三维地图的技术。
② AprilTag是一个视觉基准系统，可用于各种任务，包括增强现实、机器人和摄像机校准。
③ A*算法是机器人路径规划开源框架ROS内的算法。
④ Navigation是ROS的二维导航功能包。

通过开发一个全新功能的物联网网关，则只需要针对集成点进行二次开发，大大提高了网关开发效率和网关可靠性。该技术包括：南向设备集成，即与各种型号、不同协议的设备进行对接，采集其数据，并向其发送控制命令；北向云端集成，即网关将采集的数据转成不同的协议格式发送到不同的云端服务；自定义业务逻辑，即根据需求定制开发网关的GPIO（General-Purpose Input/Output，通用型输入、输出）接口、复位按钮、时间同步、拨码开关、网络连接等的行为。

② 数据集成及共享。面向数字化体系中数据呈现的全业务、多终端、多形态特点，构建数据集成及共享技术，通过数据指标结构化、规范化的方式实现指标口径的统一，将其存储到各类数据库、数据仓库或数据湖中，以实现数据资产化管理。向上可提供各类数据服务，面向业务构建统一的数据服务接口与数据查询逻辑，提供数据的分析与展示，形成以业务核心对象为中心的连接和标签体系，深度萃取数据价值。该技术涵盖数据存储、数据融合、数据加工、数据共享四大应用，综合数据湖、数据仓库两种技术演进方向，为企业用户提供云原生仓湖一体解决方案。

③ 技术体系搭建及协同。一个数字化体系往往需要运用多种基础技术使得设备、数据、业务、产业、组织等对象进行有效互联、融合、交互，快速搭建一个适用的数字化体系赋能传统业务流程，选取合适的技术以及多种技术之间有效的协同。面向数字化体系的建设，以分层分布式为理念，搭建先进、适用的技术体系及协同方式，充分发挥集成效用，提供数字一体化、智能化服务。该技术的开放技术体系搭建包括基础层、能力层、应用层。基础层是数字化技术体系运行的基础，核心是将服务器、存储设备、网络设备、安全设备等物理硬件基础设施资源通过虚拟化技术进行虚拟化切割，并对外提供可扩展、按需使用的安全云基础资源和服务，涵盖计算基础、存储基础、网络基础和云操作系统等各类信息技术基础设施。能力层是数字化技术体系业务部署的重点，向下通过基础层接入所有产业数据，向上支撑应用层的开发部署与运行优化，主要提供数据交互、应用开发、测试和运行，依托云计算，把基础资源变成平台环境提供给用户和应用，包括数据共享、业务服务、数据开发、运行支撑、通用管理等功能。应用层是数字化技术体系提供服务的关键，针对智慧城市领域不同业务场景，如成本管理、项目管理、设备管理、能耗管理等特定需求，开发个性化应用服务，通过软件云化和移动端开发，实现业务、技术、数据、资源等软件化、模块化、平台化、通用化。

④ 信息系统集成。系统集成通常是指将软件、硬件与通信技术组合起来为用户解决信息处理问题的业务。集成的各个分离部分原本就是一个个独立的系统，集成后

的整体的各部分之间能彼此有机地、协调地工作，以发挥整体效益，达到整体优化的目的[1]。为保障数字化体系内各信息系统之间的有效协同，针对系统之间互联、交互以及与传统业务流程耦合的难点，以分层分布式的业务系统集成理念构建包括硬件集成、软件集成、数据信息集成的信息系统集成技术。该技术可面向智慧城市各领域提供最优化的综合统筹设计、大型的综合数字化系统，通过不同厂家产品选型、搭配的集成，最大限度地提高系统的有机构成、效率、完整性、灵活性等，简化系统的复杂性。

6）基于GIS的数据可视化和分析技术

目前GIS在国内外应用领域已相当广泛，不但成功地应用于测绘、制图、资源和环境等领域，而且已成为城市规划、公共设施治理、工程建设等领域的重要工具。随着物联网、人工智能、数字孪生等技术的发展，构建一个融合先进技术与GIS的可视化空间是数字化体系的重要一环。通过将数据存储管理、计算和空间可视化等技术深度融合，将静态地理空间数据或实时动态位置数据通过更直观、高效的方式展现，从空间数据中获取并分析有关地理对象的空间位置、分布、形态、形成和演变等信息。将人口、房屋、部件等海量数据与地图精准结合，形成更生动的空间大数据应用，整合前沿技术和优秀组件，提升GIS平台的技术性能，将跨平台、分布式、数据存储、数据计算等技术结合到现有技术中，提升空间数据运算分析能力。针对基于GIS构建的数字空间存在的不同数据源之间的数据集成和互操作可能面临数据格式转换、坐标系转换、数据一致性等问题，建立包括群体知识感知、空间分析、空间信息可视化、协同决策控制、群体安全维护的数据可视化和分析技术，服务于数字化体系的构建。

① 群体知识感知。GIS的数据质量对于分析和决策的准确性和可靠性至关重要。然而，地理空间数据的质量可能受到数据来源、采集方法、更新频率等多个因素的影响，导致数据质量参差不齐，包括精度、完整性、一致性等方面。处理和管理大量地理空间数据时，数据质量的不确定性可能导致分析和决策的错误或误导。同时，GIS通常需要整合多个来源的地理空间数据，包括不同格式、不同坐标系、不同精度的数据。数据集成和互操作性是GIS的一个痛点，因为不同数据源之间的数据集成和互操作可能面临数据格式转换、坐标系转换、数据一致性等问

---

① 编辑修订委员会. 水利大辞典 [M]. 上海：上海辞书出版社，2015：528.

题，需要耗费大量的时间和资源来解决。通过构建面向GIS空间建立的群体知识感知技术，借助智能网联技术对多源信息进行采集、接入，借助大数据技术对多源数据进行统一的管理，能够保障接入GIS平台的数据的一致性。

② 空间分析。为了给数字化体系提供方便的信息服务，需要运用空间分析技术来获得物联网空间数据中关键目标的空间位置和分布，揭示目标之间、地理数据之间、空间位置之间的关系和模式。空间分析集成了空间查询、叠加分析、缓冲区分析等，以揭示地理数据之间的关系和模式，通过建立基于属性分析的地理数据分析，对数据的属性进行统计和分析，例如数据分类、聚类分析、数据筛选等。同时，借助人工智能中的知识工程、规划、决策、自动推理等技术解决空间数据的复杂关系分析、动态展示等问题。

③ 空间信息可视化。面向空间地理信息可视化需求，构建包括动态地图、交互融合地图、CIM（City Information Modeling，城市信息模型）建模等多种方式的空间信息可视化技术，借助GIS制图、CIM模型框架等工具对地理信息、需求目标信息、空间分析信息等进行多维展示，同时借助数据插值、数据热力图、计算流体力学等方式局部采集数据估计整个空间的二维、三维信息，基于多分辨率数据表达、多维表数据显示、实时动态处理、并行技术及交互反馈技术提供面向多维空间的GIS信息可视化服务。

④ 协同决策控制。在一个标准的数字化体系内，协同决策控制是信息获取—运算—决策—反馈过程中极其重要的一环，信息的采集、分析、处理只有映射到产业运行监测、管控和决策中，数字化体系才能真正为建模对象提供有效服务。面向产业运行反馈决策的可视化需求，建立基于GIS空间信息的协同决策控制技术。在构建的GIS空间内，一方面通过反映空间信息的变化趋势实现重要信息的监测预警，服务于多维空间、局部空间、精细目标的异常现象的发现与预测；另一方面，结合目标业务流程的理论知识和管控制度，通过建立反馈决策机制实现决策信息的实时反馈以及决策指令的精准下达，服务于空间—工艺—流程—对象的精细化管控。

⑤ 群体安全维护。地理信息是国家重要的基础性、战略性资源，直接关系到国家主权、安全和利益，承载着资源、环境、人口及经济建设和社会发展。数字化空间信息安全包含两部分，一部分是地理信息的数据安全，另一部分是目标信息处理的安全。针对地理信息安全的维护，通过构建面向国产化GIS基础软件的空间地理信息开发技术，快速适配国产化GIS基础软件框架，同时构建地理信息采集、处理、展示的全流程安全隔离机制，保障地理信息的安全。针对空间目标信息处

理安全需求，借助网络安全、大数据安全、物联网隐私计算、人工智能模型可信部署等方式建立面向客户的数据安全、数据备份、数据展示体系，最大限度地保障空间信息库的安全性以及容灾备灾能力。

7）BIM可视化技术

在信息技术发展的背景下，随着云计算、大数据技术的运用以及计算资源性能的大幅提升，BIM技术正在成为推动建筑业发展的核心技术之一。BIM技术的成熟发展提高了建筑工程的信息集成化程度，加深了其在建筑业全生命周期中的应用，最终形成高效、节能、降本的可持续发展业态。当前，基于BIM技术构建的智能建筑数字化体系呈现出多技术协同、多源信息融合、复杂多构件下运算量大、空间信息计算时效性要求越来越高等趋势。针对智能建筑数字化体系构建的需求以及新技术、多技术发展的基础，建立基于BIM技术的面向智能建筑的数字化体系可视化技术，基于BIM和物联网技术，搭建全新的三维仿真智慧园区设备管理系统，可实现整个园区及楼宇、房间的结构交互仿真和相关管理设备、设施的数据集成管理与联动。并可将智能化子系统的底层数据桥接，实现设计可视化、机电管线综合可视化、可视化碰撞检测、技术交底可视化、空间可视化、施工组织可视化、施工进度可视化、三维渲染效果等。

① 空间信息感知。在建筑设计施工阶段，利用BIM与物联网信息的集成，工程师可充分了解建筑物的综合情况，从而提出更合理的设计和施工方案。通过将控制器和传感器分布式设置在建筑物中，针对建筑内的温度、空气质量、湿度进行监测，结合供暖、通风、供水等控制信息，利用智能物联网技术对上述信息进行实时的采集，构建一个智能建筑的数字化信息采集体系。

② 三维空间重构。智能建筑是一个包含建筑本体、能源供应、生产生活空间、生产生活资料供应的复杂体系，构建一个符合现实、融合现实的三维空间是BIM技术运用的关键一环。同时，建筑三维空间的重构是一个多技术协同的工程。一方面，借助BIM开发软件已有的建筑构件模型可实现快速的建筑建模；另一方面，借助激光扫描仪、生成式人工智能技术等可以生成桥梁、道路、管道、生活空间等的信息，通过点云建模技术以及利用人工智能3D视觉技术高效生产的构件模型，实现三维空间的精准、高效、精细化重构。

③ 空间仿真计算。在建筑勘察、设计、施工、监管、验收、运维的全流程运转中要实现全生命周期的精细化管理，空间信息采集、空间重构、模型渲染、数字化的

现实捕捉将需要耗费大量的计算资源，并需要大量的仿真计算模型。借助云计算技术的强大计算能力可解决建筑结构、能耗等计算分析带来的难题，其渲染和分析过程几乎能达到实时计算，帮助设计师在诸多设计和解决方案中准确地选择。同时建立面向智能建筑数字化体系的多源信息融合分析模型集合，如对能源供应和消耗建立数据分析模型进行分析，优化能源供应。

8）智能人机交互技术

人机交互是指人与计算机之间使用某种对话语言，以一定的交互方式，完成确定任务的人与计算机之间的信息交换过程，即用户通过人机交互界面与系统交流，并进行操作。人机交互功能主要靠可输入、输出的外部设备和相应的软件来完成。可供人机交互使用的设备主要有键盘显示、鼠标、各种形式的识别设备等。与这些设备相应的软件就是操作系统提供人机交互功能的部分。通过构建一个面向信息处理、反馈的人机交互体系，集合信息技术、多媒体技术、网络技术等多种手段，将高清拍摄仪、身份证读卡器、打印机、监控摄像头、二维码扫描、AR眼镜等设备整合到一起，运用图像识别、语音识别、NLP（Natural Language Processing，自然语言处理）等人工智能技术，与用户进行图文交互和语音问答，为用户提供智能引导和匹配服务。主要应用于政务和企业咨询服务大厅，提供24小时一站式咨询及服务，替代人工及时、快速地完成用户咨询、答复、操作指引、预约等日常服务。

① 多源数据融合。当前的人机交互系统面临海量数据采集、多维数据分析、复杂场景融合应用等需求。对于人而言，往往需要多源海量信息的输入才能作出快速而准确的决策；对于机器而言，其需要处理的信息规模更为庞大且多维。为此，可建立面向人机交互智能化的多源数据融合技术，通过交互软件前后台以及前端设备采集的多源数据，如图片、语音、结构化数据、文本等，构建一个多源数据采集、存储、备份、处理的融合体系，借助大数据技术对多源数据进行分类、存储、备份、关联关系挖掘等，保障多源数据的分层一致性，借助云计算技术对多源数据、人机信息交互、机与机之间的信息交互进行统一调度，保障信息传输、运算的稳定性。

② 多技术协同。人机交互系统通过视觉、听觉和超感知等感知技术以及认知和决策等技术，实现机器对人的感知和交互。多源数据的来源决定了人机交互是一个以多技术协同为基础的系统。面向多技术之间在一个或多个人机交互系统中的协同需求，通过构建集合智能物联网、大数据、人工智能、GIS、数字孪生等多技术

的协同体系，包括AIoT设备管理、算力和资源管理、人工智能算法和引擎、人机协同感知API、模型训练学习、开发工具与API服务、数据湖分析、业务流程引擎和知识决策系统等核心模块，通过建立数据接入、云边端一体协同计算、高性能文件存储、实时任务调度等基础能力，实现信息交互能力的自动部署、监控和边端感知设备控制。

③ 智能算法耦合。面向人机交互体验对不断优化的需求，基于自然语言处理技术、智能语音技术、大数据分析技术构建多模态感知数据及业务数据的推理和决策，通过底层人工智能业务流程引擎和知识决策系统，深入行业应用场景，对业务流程各个节点进行智能化改造，优化人机交互体验，提升业务流程执行效率。同时，针对业务系统间信息处理的智能化、互联化需求，基于数据中台和人工智能中台两个信息处理核心引擎构建业务数据分析算法库，借助云计算技术协调调度云边端计算资源，提升业务数据处理的智能化水平，并降低信息处理任务对计算资源的挤兑，保证人机交互的及时性。

④ 智能软硬一体。软硬一体的智能体是人机交互以及信息交换的核心。智能软硬一体技术的开发融合了人、交互设备、交互软件三大要素，其中人的要素在人机交互过程中是不可缺少的，即不可缺少使用者。人的要素主要指用户操作模型，与用户的特征、喜好等有关，任务将用户和计算机的各种行为有机结合起来。人机交互过程中交互设备也是不可或缺的，如图形、图像输入、输出设备，声音、姿势、触觉设备，三维交互设备等，而且这些交互设备也不断地集成到各种业务场景中，使得交互过程达到最佳的状态和效果。交互软件是信息采集、处理、反馈的核心，借助多源信息采集、信息传输、信息分析、信息反馈、信息在人、机间的有效交换，交互软件将上述流程和技术深度耦合起来，服务于产业监测、决策。

9）通用基础办公平台技术

针对客户数字化体系建设下业务系统多、互联性要求高、身份验证统一、应用权限协同管理等需求，构建能够方便连接人、数据、信息和业务流程的通用基础办公协作平台，通过门户将用户需要操作使用的功能统一聚合，形成一站式工作台。集成技术将信息和数据抽取、集成，并通过门户统一展现。业务协同通过业务流程重塑员工协同业务，实现企业内外部平台、用户协同，提高业务执行效率。以微服务、分布式架构为基础，采用面向服务策略，由统一网关、分布式日志、系统监控等组建，具有统一组织用户、权限管理、登录验证、应用注册、数据交换、资料管理、应用集成等功能。该项技术主要应用在基本办公场景，统一技术框架和流程管理，提高数据一致性、资源利用率，提升服务和技术的标准化能力，简化上层应用的开发和降低运维成本。

① 身份统一鉴权管理。通过集成单点登录模块和调用统一身份认证平台服务，实现针对不同的用户登录展示不同的内容，根据用户的关注点选择提供定制桌面的功能。所有授权应用系统共享一个身份认证系统，所有应用系统都能够识别和提取Ticket信息，要实现SSO（Single Sign On，单点登录）的功能、只允许用户只登录一次，就必须使应用系统能够识别已经登录过的用户。应用系统应该能对Ticket进行识别和提取，通过与认证系统的通信，能自动判断当前用户是否登录过，从而完成单点登录的功能。与此同时，集中认证管理为互联网技术系统提供统一的身份认证，是安全门户入口。只有安全的认证机制才可以保证机构大门不被非法第三方平台进入。平台提供统一的鉴权管理，通过集成点单登录模块和调用统一身份认证平台服务，实现对不同用户的鉴权，同样对第三方平台进行鉴权，建立安全的身份认证服务平台，使用具有唯一身份标识的密钥数字证书。认证系统的服务对象包括机构接入统一认证第三方平台的所有业务系统、管理系统和应用系统等。统一认证系统能够提供快速、高效和安全的服务，应用系统接入改造简便，系统具有灵活扩展性、高可用性。

② 安全审计与合规。实现身份管理平台的日志记录与审计功能，日志记录的信息包括管理员操作日志、数据同步日志、功能操作日志、系统访问记录等。审计功能记录最终用户的登录账号、时间、状态等信息。并可实现密码策略配置管理，由管理员配置系统密码策略、用户名策略、内外网访问策略、移动安全策略等。

③ 统一网关服务。在数字化体系业务系统开发的过程中，随着设备接入、数据互联、业务系统间数据交换的复杂性越来越高，对接口调度、维护提出更高的要求，众多的API调用急需一个统一的入口来支持各业务系统的调用。在这种情况下，将接入、路由、限流等功能统一由网关负责，可使各自的服务提供方专注于业务逻辑的实现，从而给业务系统调用提供了稳定、健康的服务调用环境。在网关调用量人的情况下，还可保证网关具有可降级、可限流、可隔离等一系列容错能力。

④ 多应用协同。现代社会信息爆炸式增长，用户需要快速、准确地获取所需信息，而信息服务平台就成为一种必不可少的工具。然而，目前信息服务平台过多，以至于用户需要记住很多个网站、账号和密码，不仅浪费时间，还给互联网技术部门带来了诸多管理和维护上的困难。与此同时，随着人工智能技术的不断发展，

如何让信息服务平台更加智能化，使用户能够得到更加个性化、智能化的服务，也成为一个新的方向和挑战。在这样的背景下，构建一个多应用协同的统一门户，通过打造统一应用门户的入口支持不同角色、不同权限的用户使用，通过一个门户平台查看多个应用及其待办事项，各个功能模块按所属应用分组，实现统一界面集成、业务集成、消息集成、授权管理、接口管理等，为业务管理方、企业员工、合作伙伴、社会公众提供统一的信息资源访问入口。

3.2 基于 AIoT 的智慧城市创新应用研究

3.2.1 基于物联网技术的大型公共建筑节能运行管理系统开发与应用

1）研究背景

建筑业是仅次于工业的第二大能源消耗产业，建筑行业的能源消耗大致分为五类，即电能、水能、燃气、集中供热、集中供冷。在目前我国"双碳"目标的背景下，对建筑能耗和节能的管理尤为重要。

然而，传统的能源管理系统只是对部分机电设备的能耗进行采集，没有充分考虑建筑物内所有能耗设备（包括机电、弱电）以及与设备相关的环境、建筑构件等能耗数据的全面采集。目前在建筑设备管理系统中基本可以完成各系统的分散监视、控制和管理，单纯的耗能设备监测不能综合评估设备的运行效率和帮助挖掘节能潜力。并且，众多大型公共建筑都没有相应的节能管理系统，不能及时掌握能源的整体消耗情况，对主要用能设备的运行情况和节能状况也未能及时把握，因此建立建筑物内部的节能运行管理已经变得非常迫切。

在提倡节能减排的当今，本研究不仅响应国家发展战略的需要，还有利于提升建筑产业的低碳节能减排技术水平，促进建筑低碳节能技术在建筑工程中的推广应用。

2）研究内容

针对大型公共建筑，运用AIoT（智能物联网技术）可实现建筑照明智能控制系统、空调系统、电梯系统、热水系统、电动遮阳设备等各种对建筑能耗影响较大的设备、系统的数据的采集，通过对海量能耗动态实时运行数据的存储与优化处理，从能效优化的角度，实现对建筑整体运行的智能在线监控及处理，并建立智能决策支持模型，形成科学、可行的节能策略，大幅提升整个建筑的运营管理水平和能效利用水平。

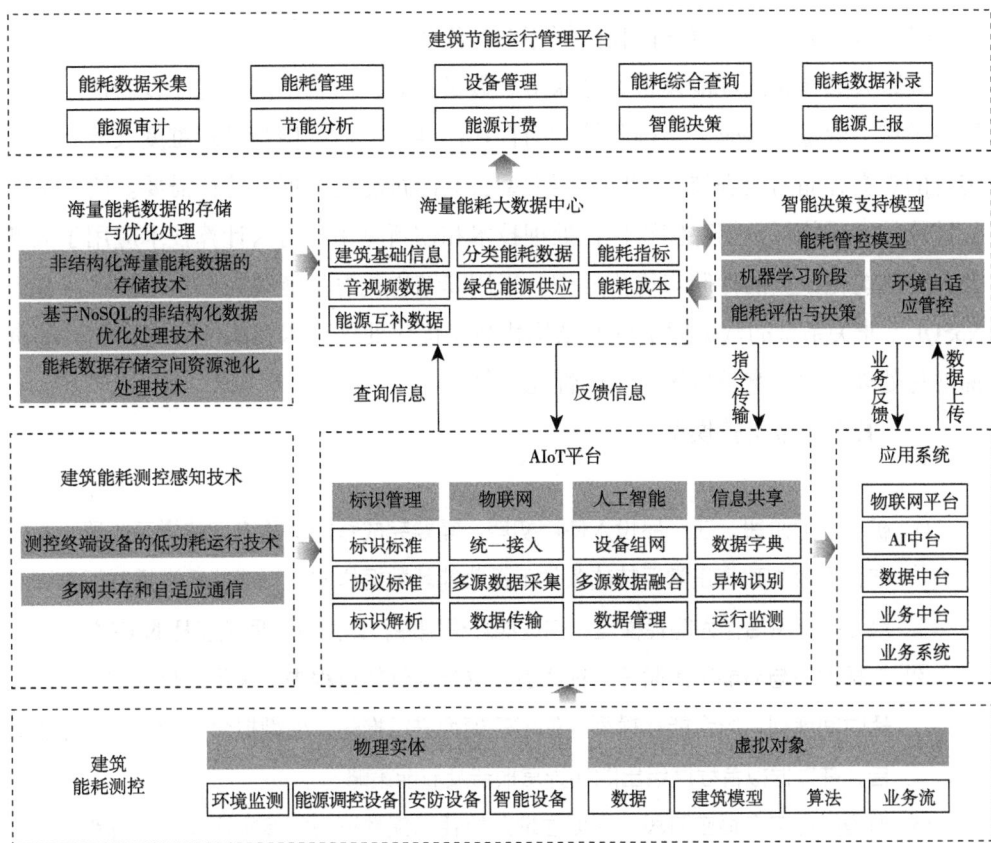

图3-2 基于物联网技术的大型公共建筑节能运行管理系统技术路线

基于物联网技术的大型公共建筑节能运行管理系统技术路线如图3-2所示。

（1）建筑能耗测控感知

① 低功耗测控终端。研究基于AIoT技术的低功耗测控终端，使用低成本、低能耗、微型化设计等硬件开发技术以及动态加载、在线调试等软件开发技术，开发面向建筑应用的测控终端，如温湿度传感、人机交互、空气质量传感等测量设备以及空调风机盘管控制器、照明控制器、开关控制器等控制设备。

② 多网协同和自适应通信。面向公共建筑环境下自配置网络的实时通信、大型建筑中的测控终端设备的低功耗运行、建筑测控无线网络与其他无线网络的共存、建筑测控网络与现有建筑智能化系统的互连互操作等需求，针对大型建筑环境下无线传输网络使用存在的抗干扰、实时通信、节能等方面的问题，研发大规模传感设备组网下的多网共存和自适应通信技术，设计支撑建筑无线网络运行的协议栈软件，并且研发无线通信模块、无线通信网关、无线通信适配器。

（2）基于云计算的海量能耗数据存储与优化处理

大型公共建筑的耗能设备类型众多、数量庞大，而且不同的耗能设备产生的数据在类型、数量、编码、结构化等方面存在标准不一、存储与处理难度大等问题，传统的数据存储与处理技术难以适应大型公共建筑能耗数据的特征需要。研发基于云计算的海量能耗数据存储与优化处理技术和创新应用，将云计算技术应用于大型公共建筑能耗数据的存储与优化处理，采用非结构化海量能耗数据存储技术、基于NoSQL（非关系型的数据库）的非结构化数据优化处理技术和能耗数据存储空间资源池化处理技术，突破传统技术的性能瓶颈。

（3）智能决策支持模型

① 机器学习阶段。在产品投入使用初期，需要完成智能决策支持的学习阶段。首先在大型公共建筑正常运转的条件下采集能耗数据样本，形成能耗数据时间序列，经专家评审后作为能耗模型，构成能耗模型库，作为评价后续能耗的依据。

② 能耗评估与节能决策阶段。在大型公共建筑运转过程中，采集能耗数据，形成能耗时间序列，结合能耗模型库的能耗模型进行推理、模型拟合，形成能耗评估报告，并根据拟合程度给出能耗异常报告及节能策略。

③ 模型拟合与自适应阶段。周期性地对能耗采集数据进行专家评审，形成新的能耗模型，更新能耗模型库。能耗模型库的能耗模型越多，越能刻画大型公共建筑的能源消耗规律，相应作出的节能策略也将越来越准确、科学、可行。

（4）建筑节能运行管理平台

建筑节能运行管理平台研发设计采用C/S和B/S相结合的架构，遵循面向对象、模块化的设计原则，集数据的采集、抽取、过滤清洗、业务转换、分析挖掘和直观展现等功能于一体，可满足用户业务分析人员、管理人员和决策人员对建筑能源管理的各种需求，为企业管理者和决策者提供能源决策依据。其主要功能有能耗数据采集、能耗管理、设备管理、能耗综合查询、能耗数据补录、能源审计、节能分析、能源计费、智能决策、能源上报等，辅助实现决策支持和能耗评估。

3）研究成果

针对大型公共建筑能耗大、传统能源管理仅简单统计能耗数据而没有对能耗设备进行全面数据采集和分析以及缺乏节能策略等问题，研究基于AIoT技术构建了面向大型公共建筑的节能运行管控技术体系及管理平台，实现对建筑整体运行的智能在线监控及处理，大幅提升整个建筑的运营管理水平和能效利用效率。建立了面向大型公共建筑的能耗测控技术，并研发了集合多种通信模式的能耗测控终端设备，实现能耗数据的高效、精准、低功耗采集；面向公共建筑节能管理需求以及多模态海量能耗数据存储和处理需求，研发了基于云计算的海量能耗数据存储与优化处理技术；基于公共建筑能源管理制度、专家理论知识、能源供应与消耗趋势，建立了基于机器学习的能耗监测与能源供给调控模型，实现能源的高效供应和调控；面向能源管理人员研发建筑节能运行管理平台，为企业管理者和决策者提供能源决策依据。

该研究成果已成功应用于广州工业智能研究所、南宁节能监察中心、广西壮族自治区公安厅中，系统运行稳定可靠，部分区域节能数据达到预期效果。例如，在广州工业智能研究所C509区域示范场地实施节能策略后，在统计时间内，工作时间的能耗总量从205.5kW·h降到62.9kW·h，降比为69.39%；非工作时间的能耗总量从217.86kW·h降到65.91kW·h，降比为69.75%；总能耗从423.36kW·h降到128.81kW·h，节能比例为69.57%。能源浪费的情况基本得到消除，设备使用效率得到有效提高，该区域的能耗水平明显回落。

3.2.2 基于建筑信息模型和人工智能技术的建筑机器人关键技术研究与应用

1）研究背景

传统建筑行业建造过程存在劳动力缺乏，安全风险高，工作强度高，工作效率低，建造工作难以实现系统化、标准化和规范化等问题。国外已经出现各类单工艺建筑机器人，在建筑建造行业应用广泛，但机器人的多场景应用、场景自适应应用、即时感知交互等方面的问题都有待解决。目前国内机器人也有在建筑行业的应用，同样存在应用场景单一、机器人的智能化水平不高、人机交互能力不足及对于AR/VR、人工智能、自动定位和导航等技术的融合度不够等问题。

因此本研究基于BIM和AIoT技术，构建各类建筑机器人，重点解决多机器人及多场景的协调应用、机器人的自动导航、实时感知、精确作业等技术，应用于传统智能建筑设计、施工、运营的全过程，推动多工种建筑机器人在建筑领域的深度应用，最终实现在智能建筑领域替代部分人力，提高施工安全水平、施工效率，节约成本的目标。

2）研究内容

基于BIM和AIoT技术，研发多应用场景多工种的智能建筑机器人。基于BIM的机器人智能感知技术，采集机器人在行走过程和抓取过程的大量感知数据，实现自动场景识别、目标识别和目标定位；基于BIM的多源信息融合分析与控制技术，实现机器人行走和抓取的路径规划、自主导航和实时纠偏，实现自适应不同任务、应用场景和工艺要求的高精度无序抓取技术。基于BIM与AIoT技术，研发智能建筑机器人端云一体化人机交互平台，实现人与机器、机器与机器间的协调统一，实现智能调度、智能管理、智能运营的闭环管理决策。

基于建筑信息模型和人工智能技术的建筑机器人关键技术架构如图3-3所示。

（1）基于BIM的机器人智能感知

采用基于人工智能深度学习的目标检测技术、多尺度场景建模技术、SLAM技术，实现对场景目标的识别、理解和建模，同时通过有效融合BIM云端信息与传感器智能算法，对传感器数据及时进行有效修正，实现目标的高精度识别和定位。

（2）基于BIM的多源信息融合分析与控制

采用多源信息融合的方法，在机器人行走控制中，通过对来自上位机、BIM和移动系统的数字地图、路径要求和距离信息进行分析、计算，达到自主规划、实时

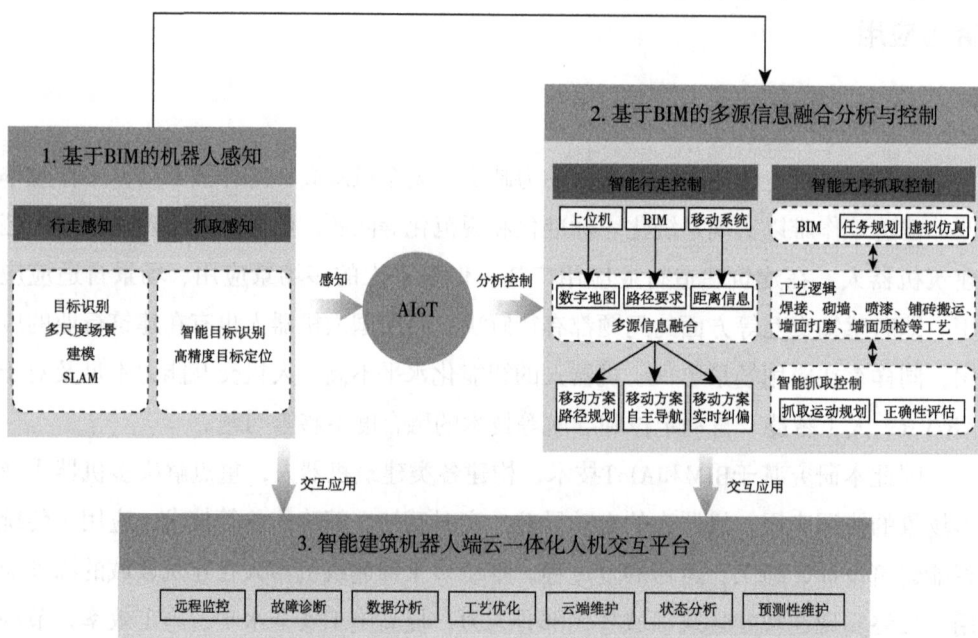

图3-3　基于建筑信息模型和人工智能技术的建筑机器人关键技术架构

纠偏的目标。在机器人抓取控制中，基于云端BIM的智能施工任务规划通过智能目标识别和高精度目标定位，结合工艺要求计算并优化每一块物料的精确放置位置，在BIM中实现对每块物料的3D仿真建模，进行带约束条的抓取路径规划，并实现动态环境下的自动避障功能。根据工艺需求在抓取运动完成后，使用视觉功能评估抓取的正确性，及时发现施工过程中出现的错误，使系统具备高可用性。

（3）基于BIM的智能建筑机器人端云一体化人机交互平台

通过AIoT技术采集机器人的视觉数据、激光测距数据及多媒体语音数据等，并对数据进行识别、分析和处理，优化机器人对图像数据、语音语意的处理能力；通过对机器人的协调控制数据的采集，结合BIM模型进行建模，强化机器人对环境的自适应及最优化方案选择能力。最终，为智能建筑施工提供统一的监控、管理和运维服务，节省运营成本，实现对生产流水线和自动化生产机器人远程监控、故障诊断、数据分析、工艺优化、云端维护、状态分析、预测性维护等功能。

3）研究创新点

① 建立新型的基于BIM和人工智能的智能环境认知模型，利用BIM信息来解决传统SLAM技术中的"不确定性"问题。建立一套新型BIM-SLAM智能机器人定位和导航技术。同时，利用人工智能技术，通过智能感知来解决传统的只基于BIM的方法中"自适应差"的问题，实现有效的路径规划，及时发现和处理问题，规避和排除隐患。

② 基于BIM的机器人全自动移动系统，实现高通过性、高速度、高稳定性等机器人移动技术，保障相关建筑工程任务的顺利完成，同时实现诸如机器人自动充电等任务。

③ 基于机器学习和大数据的智能视觉算法，实现能自适应复杂施工环境的高精度抓取系统；解决少量样本条件下的视觉检测及高精度定位问题；解决传统卷积神经网络容易受图像局部高频信号干扰的问题；将BIM与ROS系统进行有机结合，实现项目施工的自动规划与实时交互。

④ 利用BIM、AIoT技术，将智能建筑设计、施工、运营为一体的先进软件工具与建筑施工各类机器人及人工智能技术相结合，实现多场景建筑机器人端与基于大数据的分布式存储的全过程信息管理端及云一体化平台端的互联互通、双向交互、协作通信，实现空间定位的建筑智能搬运、智能导航、智能定位、智能建筑等功能，实现一体化机器人的云端数据分析和统一管理，提高管理能力和效率。

3.2.3 果蔬多温室智能群控关键技术研究与示范

1）研究背景

针对现有果蔬温室群难以实现智能化测控的问题，研究果蔬单个温室多参数、多变量感知和协调控制技术和多温室群控策略分析技术，形成果蔬温室群管控云平台。本研究可以有效解决南方地区温室智能化管理、劳动力短缺和人工费用高的问题，经过群控策略的自适应和自学习，实现在不同的果苗、蔬菜、花卉及草药等温室系统的复制应用。

2）研究内容

果蔬多温室智能群控关键技术架构如图3-4所示。

（1）单温室多参数、多变量感知与协调控制

基于改进PSO（Particle Swarm Optimization，粒子群优化）算法的多温室物联网群控终端变量协调控制方法，对采集的温度、相对湿度、二氧化碳浓度、光照强度、土壤温湿度、气象等数据进行智能处理，为自动控制系统提供控制信号，对通风窗、风机、湿帘、VAV（变风量系统）空调、遮光、LED灯、水肥一体化灌溉进行控制，实现自动调整温室内的小环境气候，满足果蔬生长的合适条件，提高果蔬的产量和品质。

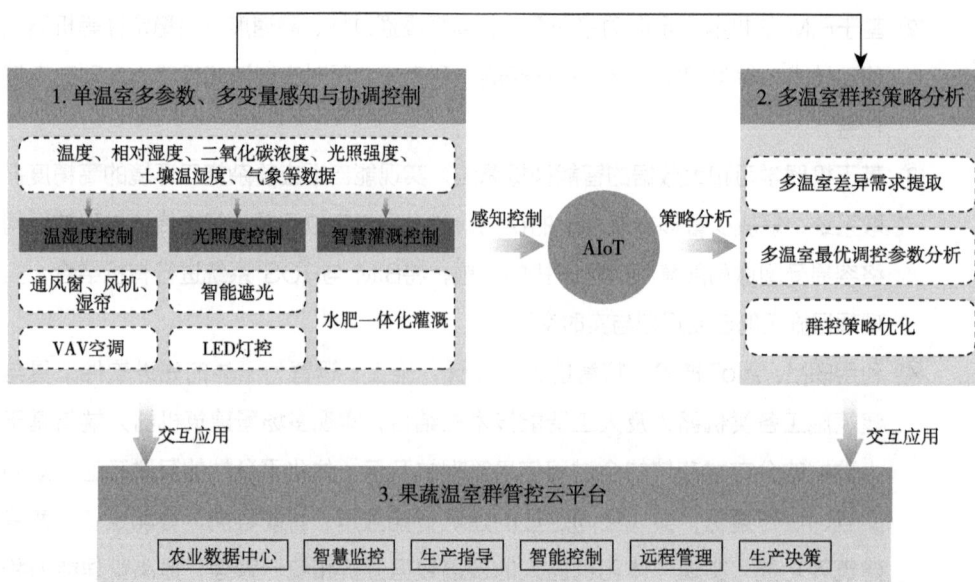

图3-4　果蔬多温室智能群控关键技术架构

（2）多温室群控策略分析

单个温室的协调控制完成后，需要对多温室进行群控制。群控制采用集中控制的方式来实现，通过多温室差异需求提取、最优调控参数分析和策略优化形成多温室群控策略。如果多个温室种植的果蔬是同一品种，那么可以利用多温室不同参数调控，观察果蔬生长状况，得到同时期果蔬最优环境参数范围值。通过温室群集中控制，达到对温室环境参数的优化控制，实现温室内果蔬的高效、节能生产。

（3）果蔬温室群管控云平台

果蔬温室群管控云平台以农业大数据作为基础，结合农业地域性、季节性、多样性、周期性等自身特征，利用来源广泛、类型多样、结构复杂、具有潜在价值并难以应用通常方法处理和分析的数据集合，采用多源异构数据和跨域知识聚合关键技术，实现对温室群不同作物的精准生产指导和智能生产决策，实现温室群的高效、统一管理，提高精细生产管控水平。

3）研究成果

针对现有温室控制方法存在信息传输延时、所控环境变量单一以及多参数、多变量协调控制难度大等问题，研发多温室物联网群控技术，提出基于改进PSO算法的多温室物联网群控终端变量协调控制方法，实现对多温室的气温、相对湿度、光照强度以及二氧化碳浓度的监测和协同调控，较大程度地提高了温室群协调智能化控制水平。基于该方法开展了果蔬单个温室多参数、多变量协调控制，果蔬温室群智能化群控，果蔬生长大数据分析及温室多传感器数据综合分析研究，建立了基于果蔬温室群的分层分布式智能化群控集成体系。有效解决了南方地区温室智能化管理、劳动力短缺和人工费用高的问题，经过研究优化温室果蔬生长环境中多控制器的协调控制策略，实现对果苗、蔬菜、花卉及草药等果蔬生长的精准指导。

完成了基于果蔬温室群分层分布式智能化群控集成系统的开发，可实现对温室群的智能化测控。同时可对果蔬生长情况进行监测和分析，可管理的温室群中单个温室个数达10个以上。

研发的应用平台可对温室内果蔬生长环境参数包括：温度、光照强度、湿度、二氧化碳浓度等进行监测，其中温度、光照强度的测量误差小于±1%，湿度、二氧化碳浓度的测量误差小于±1%。

将温室内果蔬生长的环境参数（温度、光照强度等）控制在果蔬适宜生长正常环境范围内，控制指标精度达±5%。

3.2.4 设施园艺作物精准调控关键技术研究与示范

1）研究背景

设施园艺是指在露地不适于园艺作物生长的季节或地区，利用特定的设施人为创造适于作物生长的环境，以生产优质、高产、稳产的蔬菜、花卉、水果等园艺产品的一种环境可控制农业。目前国内外的设施园艺相关研究比较多。国内设施园艺的占地面积体量最大，设施类型丰富多样；日本、美国、荷兰等国家在设施园艺全自动化方面的研究比较先进。但是无论是国内还是美国等发达国家的设施园艺都有需要改进的地方。

① 设施园艺生长信息全面感知不够全面。在设施园艺中，生长信息的全面感知为作物生长管控模型提供数据支持，需要采集作物生长所需环境参数并识别作物种类及其生长阶段和状况。目前美国将无线传感技术应用于温室监测的技术，我国也有北京科技大学机械工程学院基于机器视觉的番茄裂果监测研究，但都没有结合图像识别技术用于设施农业的研究。

② 缺乏作物生长管控模型。作物生长管控模型是统一集成管理的基础，包括作物生长特性识别和营养耦合供给。荷兰与以色列合作开发了HORTISTM园艺模拟器模拟作物的生长，以便研究作物生长特性。国内的研究随着设施园艺的发展已积累了一定的基础，但在营养耦合供给的研究方面却缺少足够的研究，无法建立对多种特定作物的生产精准管控模型。

③ 欠缺设施园艺作物数据采集、诊断与调控的统一集成管理。设施园艺作物的精准调控需要通过对设施园艺作物的数据采集、诊断与调控来实现。日本种植番茄和叶类蔬菜的设施园艺基本实现了全程自动化，但在水果苗木和食用菌等方面还有研究的空间；国内的设施园艺体量较大，但在数据采集、诊断与调控的统一集成管理方面较落后。

因此，本研究针对设施园艺作物生产精准管控的紧迫需求，以樱桃番茄、兰花、柑橘、草菇培植为主要对象，研发设施园艺作物精准调控系统，提高精细生产管控水平，实现高效作业。

2）研究内容

研发面向设施园艺作物的多模态融合感知技术，实现设施园艺作物环境生态监

作物生长环境与营养测控

作物环境监测　作物营养特性感知

工业无线网络WIA技术
温度、相对湿度、光照强度、二氧化碳浓度感知

图像识别技术
生长阶段识别、作物品种识别、病虫害识别

高光谱技术
营养元素检测

作物生长信息感知

环境信息感知
温度、相对湿度、光照强度、二氧化碳浓度感知

生长特性
生长阶段、病虫害

作物生长管控模型

作物生物量分配分析
品质综合评价模型
病虫害识别模型
环境调控模型
综合生长与水肥因子耦合响应模型

精准调控

水肥营养精准供给

水肥一体化技术
(灌溉、施肥调控)

环境精准调控　病虫害识别防治

VAV技术、智能照明
(通风窗、风机、湿帘、遮光帘、补光灯调控)

图像识别技术
病虫害防治

农业 AIoT平台

标识管理	物联网	人工智能	信息共享
标识标准	统一接入	设备组网	数据字典
协议标准	多源数据采集	多源数据融合	异构识别
标识解析	数据传输	数据管理	运行监测

图3-5　设施园艺作物精准调控关键技术路线

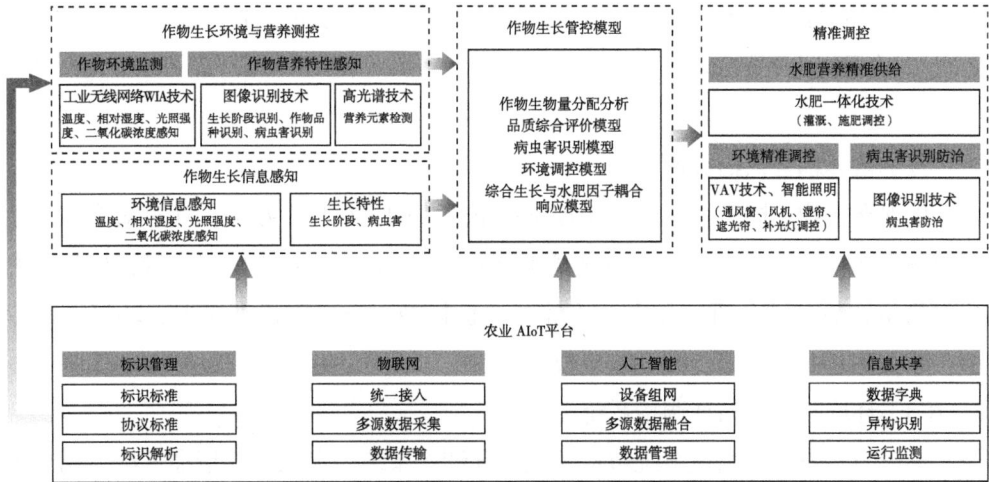

测、作物状态辨析和营养元素含量监测。通过对生长特性识别、营养耦合供给等关键技术的深入研究，提出基于作物生长的精准调控模型，实现根据作物生长需求进行作物生长环境与营养供给的精准调控，有效提升农产品品质和产量，提高水肥综合利用率。

设施园艺作物精准调控关键技术路线如图3-5所示。

（1）多模态融合感知技术

设施园艺作物生长信息感知包含作物环境感知、作物营养特性感知两个部分。实现对环境数据（温度、相对湿度、光照强度、二氧化碳浓度等）、作物生长状态数据、作物营养元素含量数据的多模态数据采集。

① 环境生态感知

基于物联网技术，通过无线环境感知设备采集环境温度、相对湿度、光照强度、二氧化碳浓度、pH值、电导率、土壤墒情等环境数据，再通过无线采集网关将各项数据传输到云平台。

② 生长特性感知

基于图像识别技术的作物生长状态感知。为解决作物生长状态靠人工检测的弊端，设计基于深度学习的作物图像智能检测算法：首先收集并构建作物图像数据集，然后对其进行图像预处理和数据增强，再利用目标检测算法模型对数据集进行训练，并对模型进行优化，最终实现对作物生长状态信息的智能监测。

基于高光谱监测技术的作物营养元素含量感知。通过分析高光谱反射率与作物营

养成分含量关系，利用光谱特征参数建立相应的营养成分估测模型，实现对营养含量快速无损检测。

（2）营养耦合供给关键技术

根据在作物不同环境和营养调控条件下采集的生长特性数据，通过对多模态数据的融合分析，进一步研究作物营养耦合供给关系，建立作物的生长管控模型，进行作物生物量分配分析，建立品质综合评价模型、病虫害识别模型、环境调控模型、综合生长与水肥因子耦合响应模型。

（3）环境与营养精准调控系统

环境与营养精准调控系统包括环境精准调控系统、水肥营养精准供给、病虫害识别与防治。通过对比多模态实时数据与生长管控模型的最优参数，形成调控策略，利用VAV技术、智能照明技术和水肥一体化技术，对通风窗、风机、湿帘、遮光帘、补光灯、水肥一体化灌溉系统进行精准调控，实现环境营养条件与作物生长需求实时匹配。

3）研究成果

本研究部分成果目前已在佛山志华草菇生产基地、梅州市丰霞柑橘生产基地、广州大丰番茄生产基地、韶关翁源兰花生产基地等广东省多个基地应用。

① 形成面向设施园艺作物的精准调控技术体系。基于物联网、大数据、人工智能等技术以及种植理论，建立了精准环境调控、营养耦合调控、病虫害识别、多源数据融合的设施作物精准管控模型群，借助接入的环境传感器、水肥一体化、视频监控等设备，实现设施园艺数据采集、诊断和调控的统一集成管理。具体包括：构建了面向设施农业作物的机器视觉技术，如识别病虫害类型、病害程度估计、作物生长阶段识别等；根据作物生长特性，分别建立环境数据模型、营养耦合数据模型、外观数据模型，并建立了作物的生长调控模型；构建了基于数字孪生的设施园艺综合管控平台，实现远程环境感知、设备控制。

② 有效提升作物品质和产量。项目依托作物生长管控模型和精准控制技术与策略，结合作物长势分析，能够根据作物各生长阶段的需求精确供给水分、养分和植物保护药剂等。经对草菇、兰花、樱桃番茄等作物的实验验证，作物产量提升可达10%～30%，果型一致性、优等品占比提升达20%。

③ 极大提升农产品质量安全。精准调控技术与平台主要在设施园艺环境中落地应

用，环境相对封闭，可有效防治病虫害和杂草，并减少对环境的污染。采用精确的植物保护措施和施肥策略，可以减少农药和化肥的使用。特别是草菇种植方面，根据农科院提供的数据，采用精准调控技术，草菇农药使用率大幅降低。另外，平台具备数据采集和分析功能，可以基于实时的环境和作物数据进行预测和优化决策，如灌溉调度、施肥方案、病虫害防治等。

3.2.5 基于大数据、分布式云存储的智慧园区平台建设

1）研究背景

当前我国各类园区仍处于系统及智慧场景搭建升级阶段，智慧园区建设过程中普遍存在如下痛点。

① "信息孤岛"现象、运维效率低、传统产业园区各系统缺乏统一系统管控、"烟囱式"系统部署导致数据不共享、业务不联动，难以实现信息化管理，无法支撑园区互链互联，且无法摆脱传统的租售模式。绝大多数园区只考虑到覆盖部分园区功能的信息化需求，各个系统之前存在信息壁垒，功能上不能互通，数据无法共享。这导致单一功能性服务不能完全满足园区用户需求，不同部门（系统）之间的信息传达等更是耗费大量人力、物力。

② 园区建设缺乏智慧化设计，传统园区建设过程中未根据园区自身的种类、性质等进行智慧设计。受资金、前期硬件预留的限制，智慧改造落实难度大。

③ 未构建园区生态。园区本身有多种产业生态链，如企业资源、服务、数据生态等，生态间需要共建连接。但目前传统园区未形成应用层面、管理层面、分析层面的生态闭环。

智慧园区急需通过云计算、大数据、物联网、人工智能、5G、数字孪生等新一代信息技术与产业深度融合，集成园区资源与第三方服务能力，实现圈层资源共享、产业联动发展、环境实时感知、事件全程可视、生产自动适应、设备全时利用、社群价值关联，推动产业价值链延伸，提升园区智能化管理和社会化集成能力，构建生态闭环。

2）研究内容

面向产业园区运营高效管理、产业生态融合、节能降碳等需求，通过搭建基于

大数据、分布式云存储的智慧园区平台，实现产业园区管理和运营数据的互联互通。开展工业互联网标识解析与园区能源、资产、运营等应用的构建与开发，以实现园区综合安全管理、能源监测管理、设备设施管理的标准化、智能化。通过与国家、行业、技术等标准规范对接，建立标识解析、应用研发、算法研发的标准体系。在标识编码及解析、标识解析同步及信息协同、多协议适配、设备安全认证、面向产业园区的深度学习算法、多源数据接入及融合、批量数据快速处理、业务引擎等关键技术的研发上，通过标准解析、理论验证、模拟仿真、业务流程设计验证等流程，保证技术的先进性及可行性。

基于大数据、分布式云存储的智慧园区云平台技术架构如图3-6所示。

（1）园区多源异构信息感知

随着各类园区业态快速扩展和智慧化发展，园区建设、运营、管理中产生的数据呈现多源、多维、多模态、海量等特点，数据类型包含BAS（Building Automation System，建筑设备监控系统）数据、安防数据、环境数据、能耗数据、资产数据、运营数据、视频数据等各种类型的数据，其中既有BAS数据、环境数据等结构化数据，也有视频数据、图片数据等非结构化数据。

面向园区多源异构信息感知需求，基于AIoT技术研发面向园区全流程、全场景管控的信息感知技术及平台。其中，BAS数据通过系统现场总线或者TCP/IP网络的

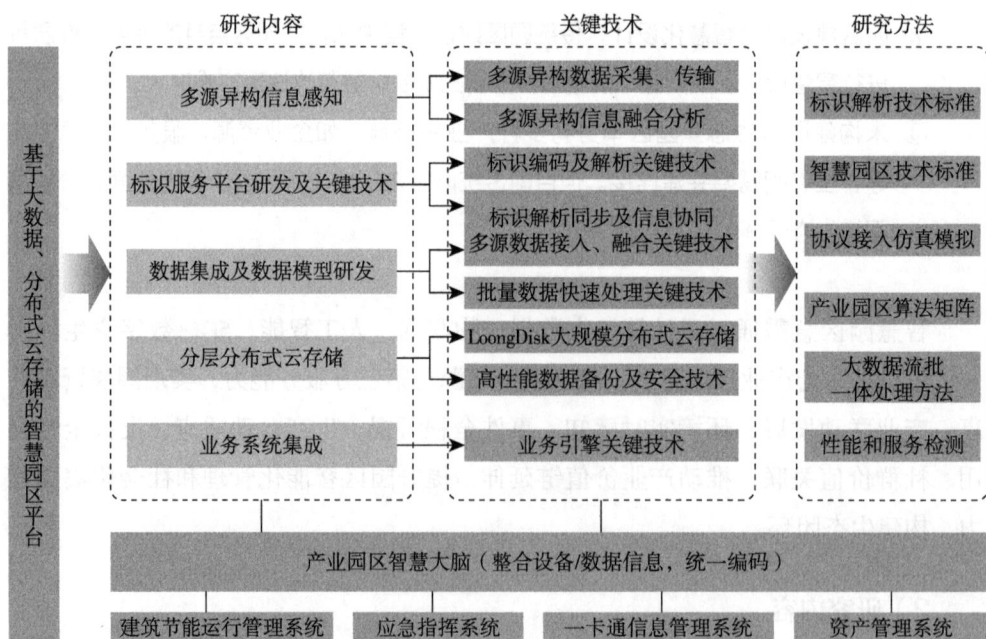

图3-6　基于大数据、分布式云存储的智慧园区云平台技术架构

形式获得；环境数据通过物联网技术（有线和无线相结合方式）采集获得；设备资产数据可以通过RFID技术和二维码相结合的技术获得；能耗数据通过智能电表（有线和无线相结合方式）进行获取；视频会议数据通过视频会议系统或者视联网感知获取。

（2）标识解析

标识解析主要服务内容为实名审核、标识注册、标识解析、数据管理，以及为各业务系统提供API，便于业务系统进行标识管理和查询软件开发。标识注册系统实现了工业互联网对象标识与其对应信息地址间映射关系的建立过程。标识分配至特定对象后，在记录对象信息之前，需要确定信息记录位置，即可寻址标识，形成对象标识与可寻址标识之间的映射关系，并将该映射关系向上级标识服务提供方提交注册，由上级标识服务提供方记录并维护该映射关系。

当不同的应用需要信息协同与共享时，平台可为相关应用或用户提供标识解析功能。对于平台分配的统一标识，本平台应包括根服务器和各级服务器，解析后可返回通信地址；对于其他机构分配的标识，平台建立根服务器，解析后可返回标识所属行业内解析系统的地址；如果行业内解析系统可以与本平台互通，平台可直接返回行业内解析系统的解析结果。平台的解析子系统由公共解析接入点和公共解析系统组成，面向条码、RFID、IC卡、智能系统等各类触发机制，是跨行业、跨平台、多应用的兼容性公共解析体系。

（3）数据集成

数据集成能力通过快速连接和融合云上或云下自建的各种数据，解决数据中台构建、数据库迁移备份以及业务升级、整合，数据访问加速，全文检索等多个场景中的数据整合和同步问题。数据集成支持离线同步、实时同步、解决方案三个部分的核心能力。离线同步主要对数据源进行周期性批量主动抽取同步，目前支持的数据源类型有MySQL、EMR Hive、Kafka、HDFS、Redis、Elasticsearch等共计23种读取端和23种写入端。实时同步基于数据库日志被动监控数据变更并实时刷新数据动态同步到目标端，目前已支持MySQL、Kafka、Hive数据源类型，支持多数据源采集、库外文件处理、多个执行端并发数据处理及TB级数据接口采集。

（4）分层分布式云存储

分布式云存储是通过集群应用、网格技术或分布式文件系统等，将网络中大量不同类型的存储设备通过应用软件集合起来协同工作，将多台存储设备中的存储空间聚合成一个共同对外提供数据存储和业务访问功能的分布式系统。在智慧园区平台中采用大规模分布式云存储系统，一方面可以有效提供高性能的数据访问接口，保证多个业务系统、多个客户终端共享访问数据池时的高速访问；另一方面可为智慧园区平台的核心数据提供高安全性的保护机制，即基于副本模式以及LeoRaid①保护模式的安全机制，确保任何硬盘、任何设备发生故障时，数据都会自动迁移与重建，保障核心业务系统的安全、连续运行。

（5）智慧园区创新应用

智慧园区作为智慧城市的缩影，涵盖多种建设内容，通过整体智能化改造全面提升整体管理、服务能力，从而实现可视化实时设备监控，提高园区工作效率，提升园区服务水平，减少人工成本。面向智慧园区精细化管理、高效运营需求，基于园区多源异构信息感知融合分析技术，采用分层分布式集成理念，研发智慧园区创新应用体系，包括建筑节能运行管理系统、应急指挥系统、一卡通信息管理系统、资产管理系统。创新应用体系通过搭建园区数字基础设施，打通各类智慧设备设施，实现纵横贯穿，构建智慧园区综合服务平台，依托大数据、云计算、人工智能、智能物联网等先进适用技术，指导园区运营维护工作精细化、智能化开展。

3）研究成果

面向产业园区运营高效管理、产业生态融合、节能降碳等需求，通过搭建大数据、分布式云存储的智慧园区平台，实现产业园区管理和运营数据的互联互通。

① 独特的数据恢复算法使整个存储空间利用率高达80%，数据恢复速度比传统RAID技术数据恢复机制提高5倍以上。

② 为用户提供超过每秒120GB的聚合带宽和1PB的实际使用空间。

③ 存储系统无容量上限，有效支撑容量达单卷300PB以上，保证数据服务器负载均衡与数据一致性。

④ 具有故障恢复、故障自动切换、负载均衡等功能。

3.2.6 智慧城市的物联网／视联网信息集成平台

1）研究背景

2010年，宏景科技突破性地将"智慧城市"概念划分为智能建筑、智慧园区、智慧城市三个层次，并指出智慧园区是实现智慧城市的突破口、切入点，是向智慧

---

① LeoRaid是LeoStor（分布式存储系统）对数据保护技术的统称。

城市迈出质的飞跃的关键一环。同时也创新性地提出了智慧建筑/智慧园区/智慧城市的物联网/视联网多媒体信息集成平台建设路径，提出智慧城市以智能建筑为基础，基于分层分布式集成技术构建面向建筑智能化的设备、数据、技术、业务和组织之间的数字生态，同时在传统以三网（电信网、广播电视网、互联网）融合为核心的技术、业务、行业、终端及网络融合模式的基础上，创新性地提出以物联网、视联网、智能网为核心的新三网融合模式。为适应由智能建筑技术成果扩展至智慧城市、智慧城市的业态多样化发展的趋势，将分层分布式集成技术和新三网融合理念推广至智慧城市，研究智慧城市的物联网/视联网信息集成平台建设的共性技术、路径和模式。

新三网融合的智慧城市信息集成理念如图3-7所示。

2）研究内容

研究以实际应用为出发点，以智慧建筑/智慧园区建设为基础，面向智慧城市，应用智能建筑、新三网融合、云计算、物联网/视联网等技术，研究开发智慧建筑/智慧园区/智慧城市信息集成平台。在项目实施过程中，以全面感知、高清可视、数据挖掘三个领域作为智能建筑向智慧建筑飞跃的突破口，同时将智能建筑的数十个信息化系统集成到一个平台——智慧建筑信息集成平台上，智慧城市集成总体方案、行业接口协议及标准贯穿研究与实施的全过程。

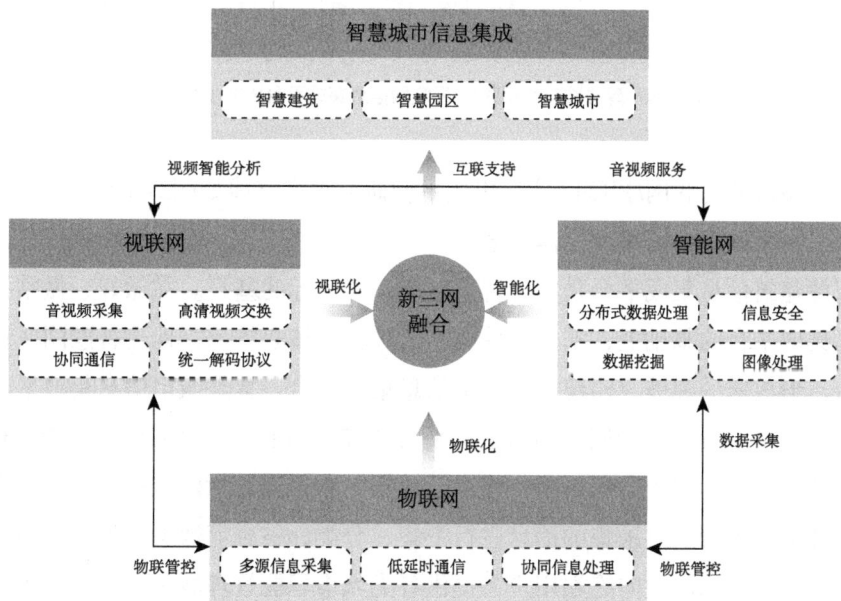

图3-7 新三网融合的智慧城市信息集成理念

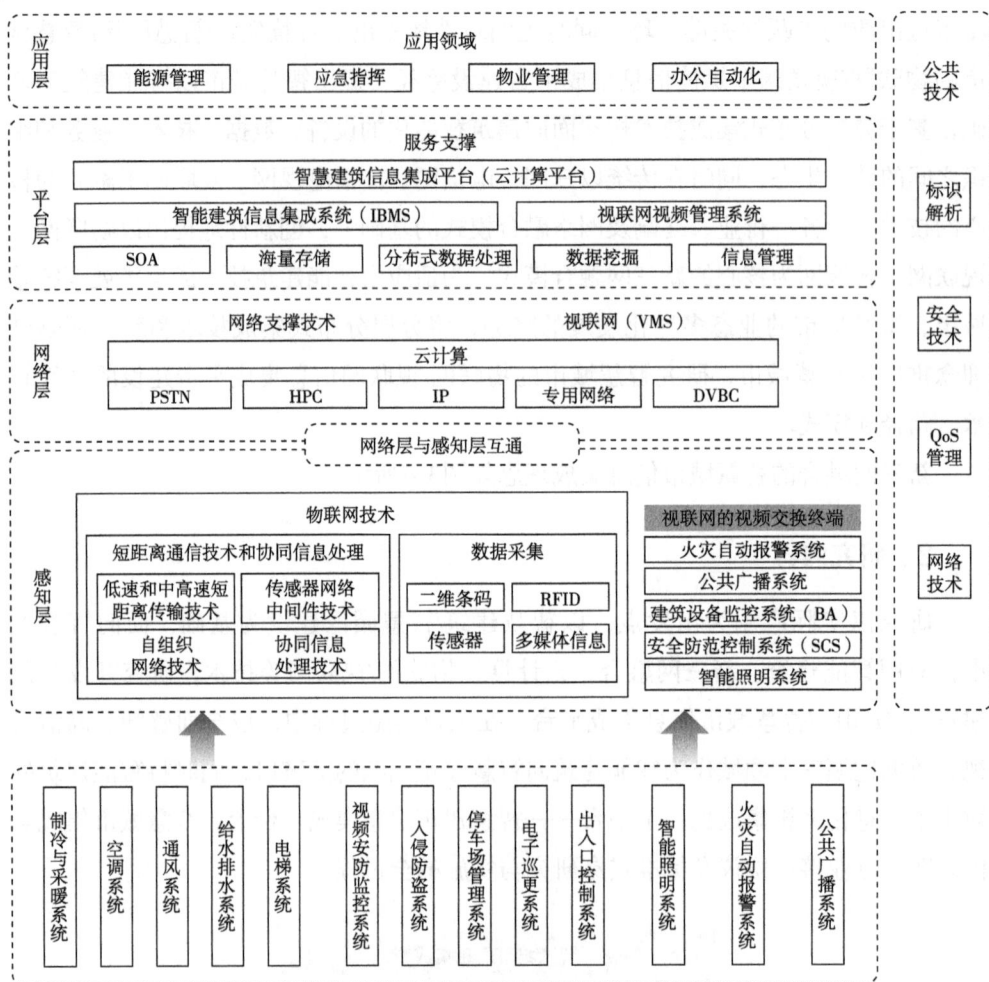

图3-8 智慧城市的物联网/视联网信息集成平台研究技术路线

智慧城市的物联网/视联网信息集成平台研究技术路线如图3-8所示。

（1）智慧城市信息集成总体方案

智慧建筑信息集成平台是实现智慧城市预期目标的基石。在做好、做精智慧建筑信息集成平台的基础上，基于大数据、云计算等核心技术，构建智慧园区信息集成平台，形成质的突破，构建智慧城市信息集成平台。智慧城市信息集成平台总体方案自下向上划分为感知层、网络层、平台层和应用层。网络层以TCP/IP网和视联网作为智慧建筑的基础通信设施，建立云数据中心，为智慧建筑提供实时、海量的云存储环境；平台层对采集的信息进行汇集、分类、整合等数据预处理以及智能化处理与分析；应用层面向终端用户，提供各类城市职能管理服务，并兼容现有的应用系统。

（2）基于物联网的智慧城市信息采集与全面感知技术

物联网在城市信息采集与全面感知应用方面首先体现在建筑楼宇、园区的资产管理方面。从城市信息采集、全面感知的细微之处着手，主要包括以RFID为代表的物联网在资产管理方面的应用研究。构建基于物联网的资产管理系统、无线网络可靠传输与抗干扰技术、基于OPC规范的用户自建模技术、基于虚拟现实的建筑、园区与城市数据可视化技术。其中，用户自建模技术利用新型组态软件架构（OLE for Process Control）和客户/服务器模式，建立图形组态子系统来支持资产管理与环境监测定制，通过子系统所提供的组态控件、图形绘制工具等对可变监测环境进行个性化定制；采用虚拟现实技术构造建筑、园区、城市的3D场景，建立重要资产的数学模型，以生动、直观、感性的方式展现建筑、园区和城市的各种来源的数据。

（3）基于视联网的智慧城市信息交换及视频服务技术

视频数据通信是建筑物、园区、城市的主要数据流量，占总通信流量的90%以上，消耗TCP/IP网络的大量带宽。以有线广播电视网络传输通道为基础，使视联网技术及其产品服务于智慧建筑的信息交换，提供视频监控、视频会议、远程培训、应急指挥、媒体发布等视频数据服务，提供诸如外来者闯入、离开、绊线、有向绊线、徘徊、骤变等事件分析功能，以及指定区域的人流量统计分析功能。

（4）智慧城市的数据融合及海量数据智能化处理技术

智慧城市感知数据的表示形式多种多样。如何管理、利用这些数据并从中提炼有用的信息和知识也是建设智慧城市必须研究的内容。构建智慧城市海量数据的云存储技术，采用数据挖掘、知识发现等手段研究智慧城市海量数据的智能化处理技术，由数据形成知识，可提供科学、准确的辅助决策支撑。

（5）智慧建筑/智慧园区/智慧城市信息集成平台开发

研究在上述研究内容的基础上，设计并开发基于云计算的信息集成平台，制定各行业信息系统的数据接入协议，面向城市各职能部门提供服务接口，最终实现智慧建筑/智慧园区/智慧城市信息集成平台。平台以智能建筑分层分布式信息集成为基础，遵循数据集中、管理集中、分散控制的原则，将建筑内的消防、暖通、安防、给水排水、供电、照明、电梯、停车等信息化系统集成到一个集成平台之上。

3）研究成果

面向智慧城市海量信息处理、视频信息传输处理、信息系统集成需求，以分层分布式技术和新三网融合理念为核心基础，研究形成了智慧城市的物联网/视联网信息集成技术体系及平台构建方案，以全面感知、高清可视、数据挖掘三个领域作为智能建筑向智慧建筑飞跃的突破口，研究成果是智慧园区、智慧城市信息集成平台的基础，可以逐步推广到智慧园区、智慧城市信息集成平台。

项目成果对相关研发工作的开展以及本学科及相关学科发展的作用和影响，主要表现在以下若干方面。

① 将视联网技术引入智慧建筑，为智慧建筑、智慧园区、智慧城市的数据处理与传输提供了参考方向。建筑物内、外的视频数据量非常大，而且视频数据的冗余度非常高，使用目前的TCP/IP网络传输将严重消耗有限的带宽资源，导致城市应急数据的通信受阻，甚至丢失。研究将视频数据分流到视联网，减轻TCP/IP网络的负载，为智慧城市的数据传输、相关领域的技术研究及产品开发提供了参考方向。

② 提出智慧城市分层分布式建设思路。研究首先从智慧建筑着手，探索智慧建筑信息集成平台的建设思路，以此为基础，将智慧建筑在数量上扩大到智慧园区的范围，进而实现质的飞跃，从智慧园区辐射到一座城市，分步实施、逐级跨越，最终建成智慧城市信息集成平台。

③ 积累智慧建筑建设经验及工程参考案例。研究将智慧建筑、智慧园区、智慧城市的建设思路贯穿到实际的工程案例中，取得了若干成果，积累了部分经验，为智慧建设、智慧园区、智慧城市工程建设提供参考案例，具有借鉴价值。

3.3 云边端协同技术体系与应用创新理念

3.3.1 云边端协同技术与应用创新理念的背景和目标

"十四五"规划中提出要"协同发展云服务与边缘计算服务"。在国家顶层规划文件中提出云与边协同发展，高屋建瓴，立意深远。

过去十年是云计算突飞猛进的十年，全球云计算市场规模增长数倍，我国云计算市场从最初的十几亿元增长到现在的千亿元规模。未来，云计算将迎来下一个黄金十年，进入普惠发展期。一是随着新基建的推进，云计算将加快应用落地进程，在不同领域实现快速发展；二是全球数字经济背景下，云计算成为企业数字化转型的必然选择，企业上云进程将进一步加速。

边缘计算也愈加得到关注，云边协同成为重要趋势。随着5G、物联网、人工智能等技术的快速发展和云服务的推动，边缘计算备受产业关注，但只有通过云计算与边缘计算紧密协同的方式才能满足各种场景的需求，从而最大限度地体现云计算与边缘计算的应用价值。随着新基础设施建设的不断落地，构建端到端的云边协同架构将成为实现全域数据高速互联、应用整合调度分发以及算力全覆盖的重要途径。未来的计算不再局限在大型数据中心，而将分布在由云—边—端构成的一体化连续频谱上。因此，云边端一体化驱动计算处理向边端扩散，推动算力泛在化发展是未来技术发展的必然方向和趋势。

围绕智慧城市建设的行业新需求以及新一代信息技术的快速发展，通过智能信息感知、物联网、人工智能、大数据与云计算等技术应用，打造云边端协同控制的新一代智慧城市行业应用产品与解决方案，推动城市建设向智慧民生、城市综合管理与智慧园区等的数字化升级，形成模块化、标准化、系统化的产品及解决方案。满足海量物联网设备接入、空间管理及分析、大量信息数据智能处理、数据分析及预测的需求。实现"万物互联"、数据采集与初步处理、人工智能深度分析、大数据分析与挖掘，准确预测设备运行状态或用户行为，使设备更加"聪明"、用户体验更加丰富。

共性技术研发与工程应用研究目标如图3-9所示。

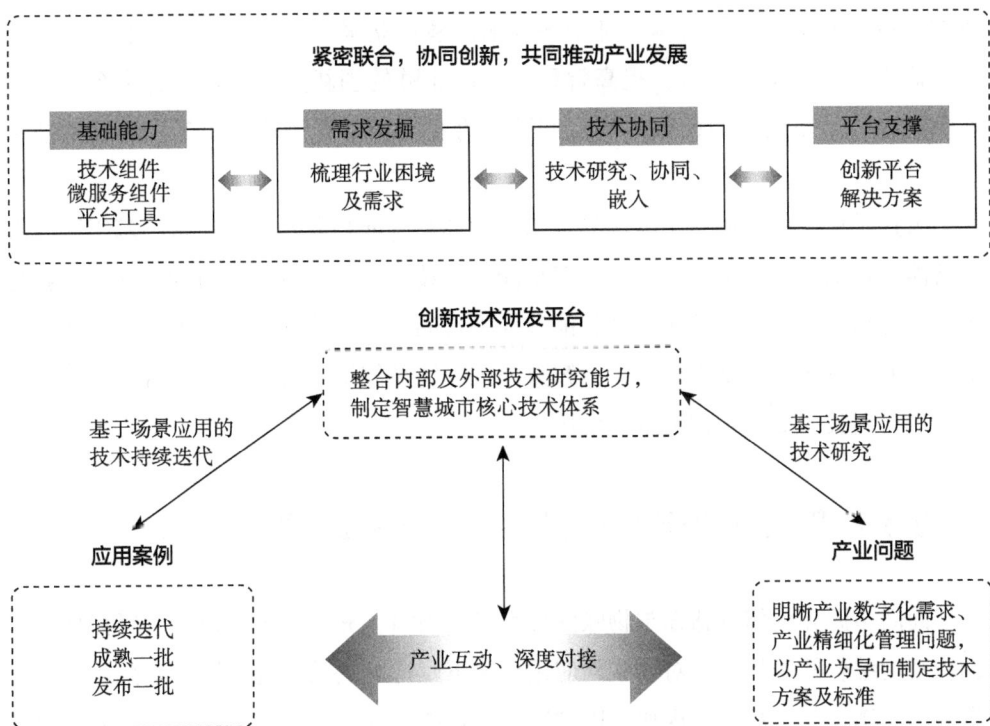

图3-9 共性技术研发与工程应用研究目标

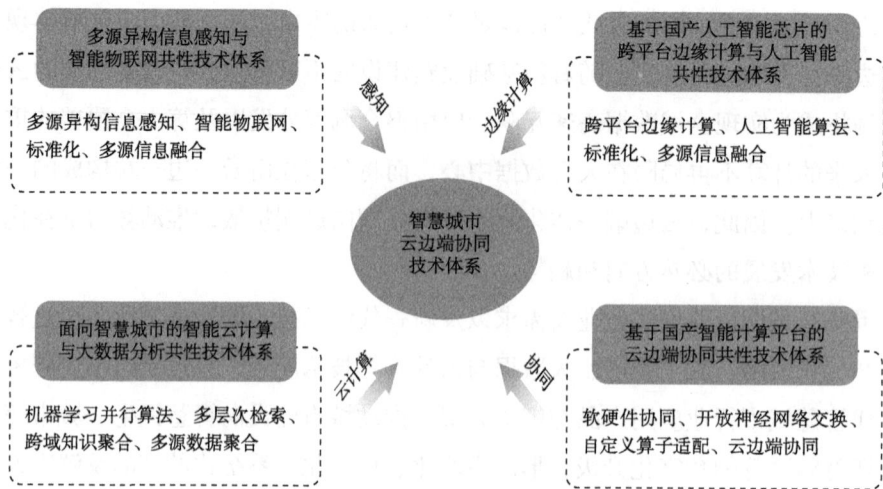

图3-10 智慧城市的云边端协同技术体系

面向智慧城市的云边端协同前沿技术体系研究多年来在智慧城市领域积累了技术、产品、创新应用、工程应用经验，在已经形成的基于AIoT的智慧城市基础技术体系的基础之上，提出智慧城市的云边端协同技术体系（图3-10）。具体包括智能信息感知与物联网技术、边缘计算与人工智能技术、智能云计算与大数据分析技术以及云边端协同技术。基于该技术体系建立服务于智慧城市产业的产业化技术研发与服务支撑平台，提高智慧城市产业链的创新能力，切实解决企业在产业信息化、数字化方面面临的痛点问题，为我国城市群经济高质量发展提供技术支撑。

云边端协同技术体系由多源异构信息感知与智能物联网共性技术、基于国产人工智能芯片的跨平台边缘计算与人工智能共性技术、面向智慧城市的智能云计算与大数据分析共性技术、基于国产智能计算平台的云边端协同共性技术组成。在工程应用方面，聚焦智慧城市建设中的智慧园区、智慧能源、智慧医疗、智慧农业等板块，进行新技术成果转化与推广应用。

3.3.2 多源异构信息感知与智能物联网共性技术体系

面向多源异构信息感知与物联网技术发展前沿，充分发挥理论方法研究与应用创新密切结合的优势，针对物联网应用环境下亟待解决的关键问题，遵循认识现实世界的"感、知、行"的规律，以"感知、智能、互联、协同"多位一体为指导思想，构建多源异构信息感知与智能物联网共性技术体系（图3-11），服务于智慧城

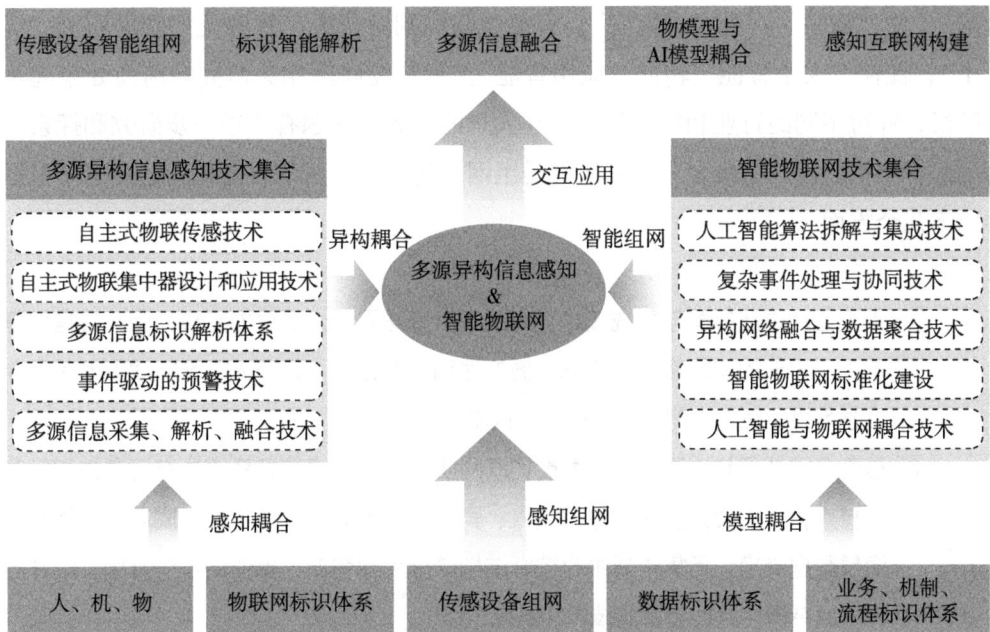

图3-11 多源异构信息感知与智能物联网共性技术体系

市建设中的智慧园区、智慧能源、智慧医疗、智慧农业等支柱性产业。

1）多源异构信息感知技术

突破多源异构信息物联传感接入处理技术的瓶颈，提出多源异构信息感知技术集合理念，包括自主式物联传感技术，自主式物联集中器设计和应用技术，多源信息标识解析体系，事件驱动的预警技术，多源信息采集、解析、融合技术。融合前沿感知、传输、解析技术，面向海量多源异构物联设备统一接入、管理问题，通过物联设备对体征大数据进行采集、清洗、解析、存储、分析、挖掘、展示，实现各数据之间的共享与联动。应用适配器模式的物联网中间件技术解决屏蔽底层海量设备接入的并发性、异构性的问题，在物联网设备与上层应用之间建立虚拟桥梁，以解决诸如IP摄像头统一接入的异构接口适配问题。

2）智能物联网（AIoT）技术

AIoT是人工智能（AI）和物联网（IoT）的融合应用，两种技术通过融合获益。一方面，人工智能帮助物联网智慧化处理海量数据，提升其决策流程的智慧化程度。另一方面，物联网通过"万物互联"，其无所不在的传感器和终端设备为人工智能提供了大量可分析的数据对象。简而言之，人工智能让物联网拥有了"大脑"，使"物联"提升为"智联"，智能物联网则给予人工智能更广阔的研究"沃土"，促使"人工智能"转向"应用智能"。智能物联网相关研究目前尚处于起步阶段，针对不同的行业和应用场景存在大量的开放性问题有待进一步研究和探索，因此智能物联网技术集合主要解决的是组网、传输、解析的智能化问题，主要包括以下几个方面。

① 人工智能算法拆解与集成技术。人工智能算法需要大量算力支撑，因此应构建基于人工智能的智能终端，实施数据处理和深度分析，研究人工智能模型尤其是深度学习模型在边缘侧的拆解和简化技术与方法。

② 复杂事件处理与协同技术。智能物联网所构建的网络信息系统具有泛在性和复杂性特点，大规模异质网元数据接入、异构网络的动态不稳定性、底层资源受限、海量数据交换、无集中式中心控制结构等极大地增加了事件处理的难度，应开展针对复杂事件处理与协同技术的研究工作。

③ 异构网络融合与数据聚合技术。智能物联网系统整合了不同类型的网络（无线传感器网络、边缘服务器、集中式云服务器等），而不同类型的网络存在不同的特点和约束（数据传输速率、能量消费、服务质量等）。针对上述问题，开展有效的异网融合技术方案，可保证任务卸载及跨网、跨层协作时质量稳定。同时，由于智能物联网在不同应用场景中落地，不同层面的感知设备必然产生异源异构数据，因此应开展异构数据提取和语义理解方法研究，实现数据聚合，挖掘数据价值，实现智能物联网高层次应用。

④ 智能物联网标准化建设：目前智能物联网两大核心技术——人工智能和物联网本身的标准化工作尚未十分完善，因此作为融合产物，智能物联网的标准化工作显然面临诸多问题和挑战。应从统一人工智能与物联网涉及的概念、内涵和应用模式，数据和应用的跨平台互操作，评估智能物联网解决方案的分类标准等诸多方面，建立技术应用标准。

⑤ 人工智能与物联网耦合技术。智能物联网技术是融合人工智能与物联网形成更高形式的连接技术，通过物联网产生、收集海量的数据存储于云端、边缘端，再通过大数据分析，以及更高形式的人工智能，实现万物数据化、万物智联化。通过研究融合机器视觉、语音智能、数据智能的智能识别技术，扩展物联网信息采集体系，同时借助多智能体协同工作拓宽物联设备组网、设备协同的应用场景。在信息融合上，借助多模态信息融合技术解决物联网各节点信息分散、融合决策难等问题。物联网技术与人工智能的耦合形成的是一个智能化生态体系。

3.3.3 基于国产人工智能芯片的跨平台边缘计算与人工智能共性技术体系

受益于算法、算力和数据集等方面的发展，人工智能技术取得了突飞猛进的发展，在安防、交通、工业、农业等各行业得到广泛应用。随着5G、物联网时代的到来，借助边缘侧数据采集便利、实时处理计算等特点，人工智能技术逐步从中心云向边缘下沉，通过模型在边缘和云端的协同推理和训练，解决人工智能落地的"最后一公里"问题。边缘智能应运而生，并得到了学术界和产业界的高度关注。鉴于当前复杂多变的国际环境，边缘计算将更多地基于国产人工智能芯片（如华为海思、瑞芯微、全志、亿智电子等）组成边缘端计算生态，建立基于国产人工智能芯片的智能边缘计算平台相关技术体系（图3-12），最终实现以国产智能计算芯片为基础平台，构建基于边缘计算与多任务协同的轻量级智能计算系统，为智慧园区、智慧能源、智慧医疗、智慧农业等行业的智能分析与处理任务提供技术支撑。

1）基于国产人工智能芯片的跨平台边缘计算

① 设备域技术。协同轻量级、低功耗场景下边缘设备的零配置、自组网、跨平台技术，构建实时计算场景下边缘设备的多任务、优先级调度技术，支持确定时间内完成事件响应和任务处理。建立边缘设备的安全性技术栈，确保设备域的操作系统、中间件及上层应用的具体设计与实施要满足安全防护需求，保护根密钥、软件、固件及配置信息不被篡改。

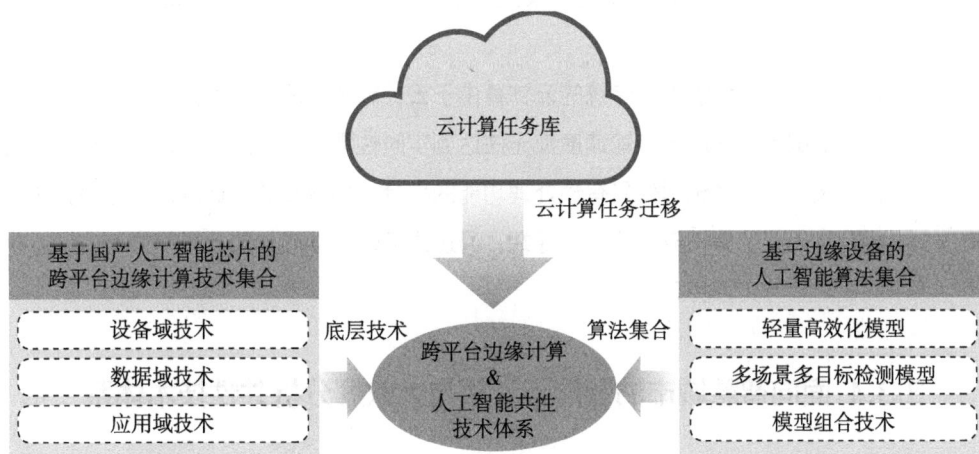

图3-12 基于国产人工智能芯片的跨平台边缘计算与人工智能共性技术体系

② 数据域技术。不同供应商的设备各自有不同的信息协议及信息描述格式，为满足设备间不同协议的集成需求，需要建立一个跨协议的设备集成技术，完成对多各类设备提供信息的集成与整合，从而支持管理者高效地对现场设备进行全局管理。为实现数据跨厂商的互操作并实现对数据的解析，须实现语义的统一方法，构建统一信息模型架构，从而实现对多种现存模型的兼容。

③ 应用域技术。边缘计算模型中边缘计算节点设备类型多样、繁杂，每个节点上的运行环境都可能不完全相同，使用传统的编程方式无法满足边缘模型下部署应用程序的需求。因此构建开发一种适用于边缘计算的新型编程方式，例如烟花（Firework）模型、Docker容器技术。另外，随着数据规模的增大，依靠单个边缘设备计算的方式将导致较大的计算压力。如何设计任务调度策略与设备协同方案，联合多设备协同工作，将是重点攻关的关键科学技术问题之一。

2）基于边缘设备的人工智能算法

① 轻量高效化模型技术。相较于基于外国人工智能芯片的边缘智能计算平台，国产平台普遍存在低内存、低算力限制的问题。如何提升轻量化模型的特征提取能力，提升模型的运行效率，解决轻量化模型精确特征描述的模型构建方式是体系内的关键技术之一。

② 多场景多目标检测模型技术。针对多场景多目标检测、跟踪、结构化等算法的轻量化模型需求，采用基于参数共享的多任务学习方法，共享多任务浅层视觉特征，使网络适用于视觉目标检测、跟踪、结构化等多个任务。针对边缘计算设备计算能力受限的特点，提出基于权重的范数的网络剪枝方法，在维持模型特征感知能力的前提下，进一步提升模型的运行效率，实现网络模型的轻量化边缘端应用。

③ 云计算任务迁移技术。传统的云计算由于云计算中心承担了绝大部分计算任务，导致数据计算速度与传输速度都无法达到实时性需求。采用边缘计算架构的软硬件框架，可为系统提供具有预处理功能的平台，构建高效的计算任务迁移技术集合，将部分计算任务迁移到边缘端，通过边缘端提供额外的计算能力与资源，从而提高业务实时性。

3.3.4 面向智慧城市的智能云计算与大数据分析共性技术体系

随着智慧城市核心技术的不断发展，物联网领域在多源异构数据采集及解析、标识解析体系的标准化、物模型生成和组合的智能化方面已经组合成物联网技术生态。人工智能领域随着深度学习与强化学习的底层突破，在多类型多模型开发、多模态模型训练、多模型组合及协同方面也逐步形成以数据、算力、算法为核心的技术生态。随着大模型技术的开发与应用逐步向通用人工智能演化，云计算领域凭借国家超算、智算等算力网络的建立，在计算资源协同调度、算力节点算力协同输出、云原生容器技术与应用的融合方面取得了长足的发展，物联网、人工智能、云计算及其他核心技术组合成核心技术生态，服务于智慧园区、智慧能源、智慧医疗、智慧农业、电子政务等行业的数字化、智慧化升级。基于此，提出面向智慧城市的智能云计算与大数据分析共性技术体系（图3-13），共性技术体系通过研究大数据背景下的机器学习并行算法、基于大数据智能的多层次检索、多源异构和跨域知识聚合等共性问题，形成包括机器学习算法并行协同运作、云边计算资源协同调度、多源异构信息聚合、跨时域数据级联分析、多源数据血缘分析、数据交换及共享、跨域知识图谱、数据安全机制等的技术体系，主要用于支持物联网感知耦合智能化、人工智能训推一体与云计算算力协同调度、多领域知识聚合、大数据与人工智能多类型模型组合等，最终以共性技术体系为核心形成智慧城市云边端核心技术的生态，服务于物联网技术、人工智能技术、云计算技术和其他核心技术的协同和生态化，实现核心技术的不断迭代、优化。

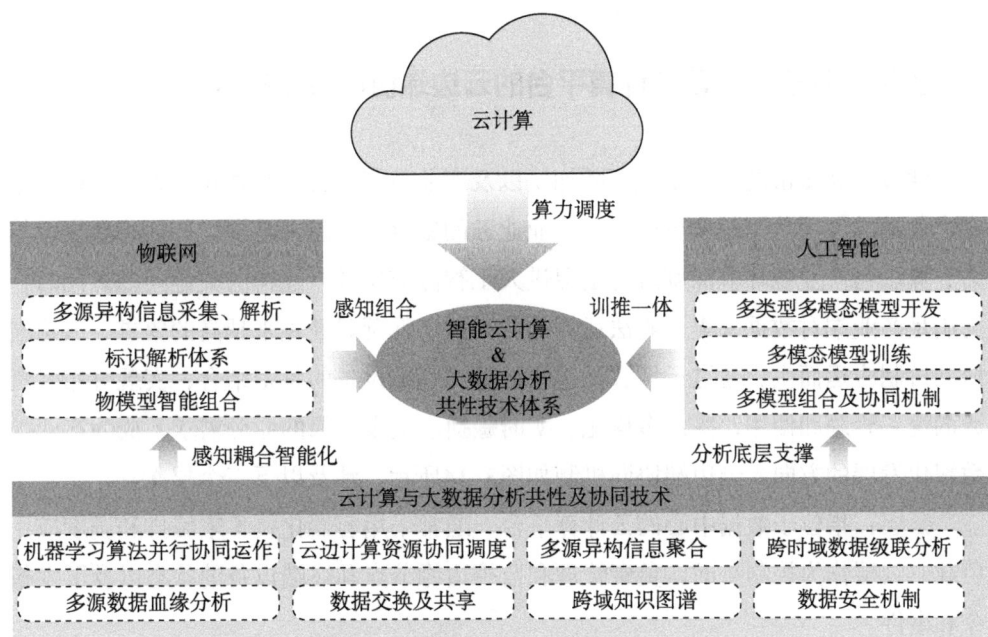

图3-13 面向智慧城市的智能云计算与大数据分析共性技术体系

1）大数据背景下机器学习并行算法

面对海量、多样变化的大数据，基于小数据的传统机器学习算法计算面临的困难日益显现。并行计算是解决这一问题的主流方法，重点研究处理大数据机器学习的分布式并行计算方法、多核异构计算平台的并行计算方法以及融合以上两种方式混合的并行计算方法。

2）基于大数据智能的多层次检索关键技术

重点开展面向大数据智能的基础理论、关键技术的研究，研发高增量、高时效、多模态网络建模技术与基于图卷积神经网络的分类方法，研究基于大数据的知识图谱智能构建方法，以及多模态内容检索技术。

3）多源异构数据和跨域知识聚合关键技术

研发多源异构数据和跨域知识聚合关键技术，重点在于大数据高效采集、共享整合、安全利用和行业知识和数据集构建及关联分析。建设数据归集系统，研究数据实时汇聚技术，多源数据血缘关系挖掘技术，以及跨时空、多尺度、多维度数据级联分析技术。建设数据共享交换系统，研究多模态数据共享交换机制和技术，构建行业数据资源库和行业知识图谱。

3.3.5 基于国产智能计算平台的云边端协同共性技术体系

随着智慧城市的建设步伐不断加快以及产业数字化转向数智化，人工智能技术在产业端的应用范围越来越广，与产业业务的融合深度越来越深，如何将数据、算力、算法与产业各环节深度融合是促进人工智能应用场景建构的关键问题。同时，为满足产业端对数据采集、算法运算的实时性、低延时性越来越高的要求，云边端协同机制应运而生，通过云计算、边缘计算和终端设备的紧密结合，实现分布式资源的统一管理和使用，满足多样化、实时敏捷、安全可靠的业务需求，成为产业端数智化发展的方向。云边端协同机制如图3-14所示，涉及以下三个层次。

云层：指位于数据中心的云计算平台，通常采用容器化技术来编排和调度应用负载。云层作为控制平面，负责管理和监控边缘节点和终端设备的状态以及下发指令和事件。

边层：指位于网络边缘的边缘计算平台，通常采用轻量化的容器化技术来运行和维护边缘负载。边层作为计算平台，负责接收和执行云层的指令和事件以及上报状态和事件信息。边层还可以根据业务需求进行离线计算和智能处理。

端层：指位于物理世界的终端设备，通常采用微服务化的物联网平台来管理和控制多种协议的设备。端层作为数据源或目标，负责采集、过滤、存储和挖掘设备数据以及接收和执行对设备的控制指令。

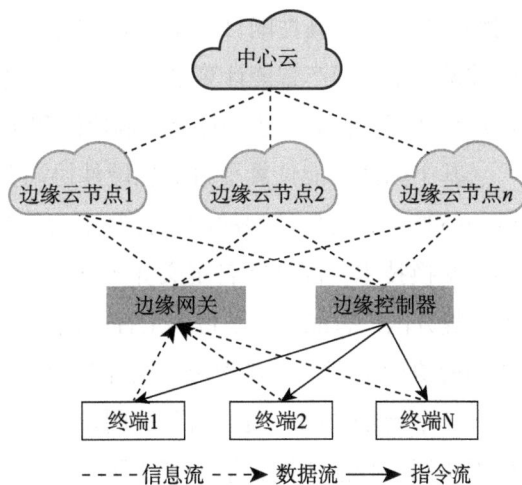

图3-14 云边端协同机制

随着智慧城市各行各业对大数据存算一体化高性能要求的提高，云计算和边缘计算正朝着协同体系发展，云端的计算资源用于大数据、大模型的训推一体化，而边缘端的计算资源用于大数据分析、模型推理。因此，应对未来计算平台的国产化和云边端计算资源协同的趋势，应构建基于国产智能计算平台的云边端协同共性技术体系（图3-15），运用基于国产智能计算平台的软硬件协同关键技术、开放神经

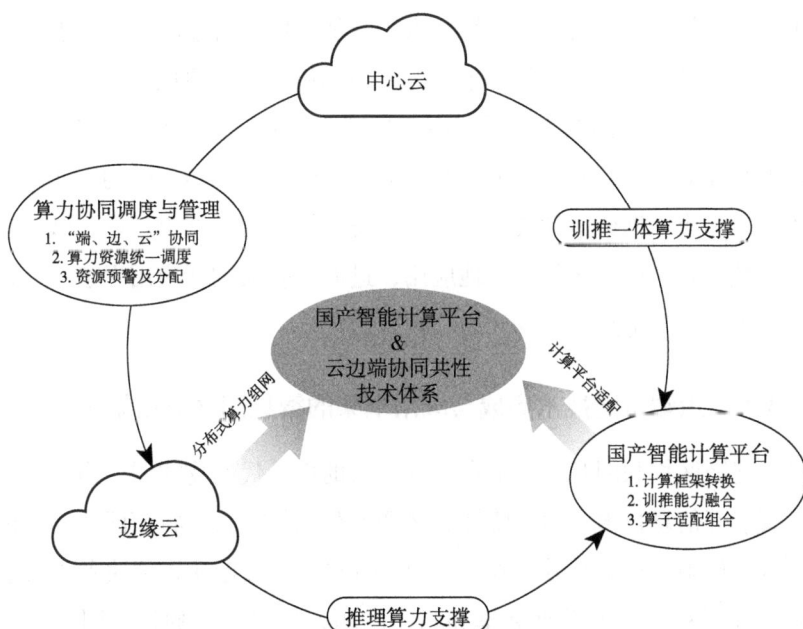

图3-15 基于国产智能计算平台的云边端协同共性技术体系

网络交换技术、高性能自定义算子适配技术、中心云与边缘节点之间的协同训推一体技术、基于国产智能计算平台的"端、边、云"协同及统一调度技术，用于适配国产化计算平台对云边端计算资源协同和统一调度的要求。

基于国产智能计算平台的软硬件协同关键技术包括可兼容Caffe、TensorFlow、Pytorch等主流框架模型的国产计算平台模型转换与异构并行计算技术，开放神经网络交换技术，高性能自定义算子适配技术，基于图优化的人工智能流程编排技术，提升国产智能计算平台人工智能接入能力及计算效率，升级中心云与边缘节点之间的协同推理、增量学习、联邦学习、模型分割与剪裁方法。构建基于国产智能计算平台的"端、边、云"协同及统一调度技术，实现资源协同、应用协同、数据协同、智能协同，形成基于国产智能计算平台的产品解决方案，并在智慧园区、智慧能源、智慧医疗、智慧农业等行业推广应用，实现建设智慧美好城市的目标。

3.3.6 基于云边端协同技术体系的创新应用框架

1）集成与应用框架

面对智慧城市的千行百业对数字化、智慧化、融合化的创新应用的新需求，借助智慧城市云边端协同技术体系，整合多源异构信息感知与智能物联网技术、基于国产人工智能芯片的跨平台边缘计算与人工智能、面向智慧城市的智能云计算与大数据分析技术、基于国产智能计算平台的云边端协同技术组成的技术生态，提出面向智慧城市的云边端协同技术集成与应用框架（图3-16）。其重点在于解决技术组合和协同上存在的设备互联、数据互联、业务互联、产业链互联的"孤岛"问题，基于技术集成和应用框架推动技术组合成生态，推动智慧城市产业、城市治理、产城融合等领域创新应用的研发与落地应用，进而组合成创新应用生态，并在创新应用生态内实现各业务节点的数据互通、模式协同。

2）基于云边端协同技术集成与应用框架的智慧园区应用架构

针对智慧园区物联网基础云平台建设，借助新一代的物联网、边缘计算、云计算、人工智能等信息技术，通过感知、物联、智能等方式，将园区中的物理基础设施、信息基础设施、社会基础设施和商业基础设施连接起来，解决各类智慧园区不同物联网应用系统之间的数据共享和联动问题，形成公共的物联网数据采集、汇聚、分析、展示的核心功能模块，面向不同园区的需求进行功能配置，打造园区的

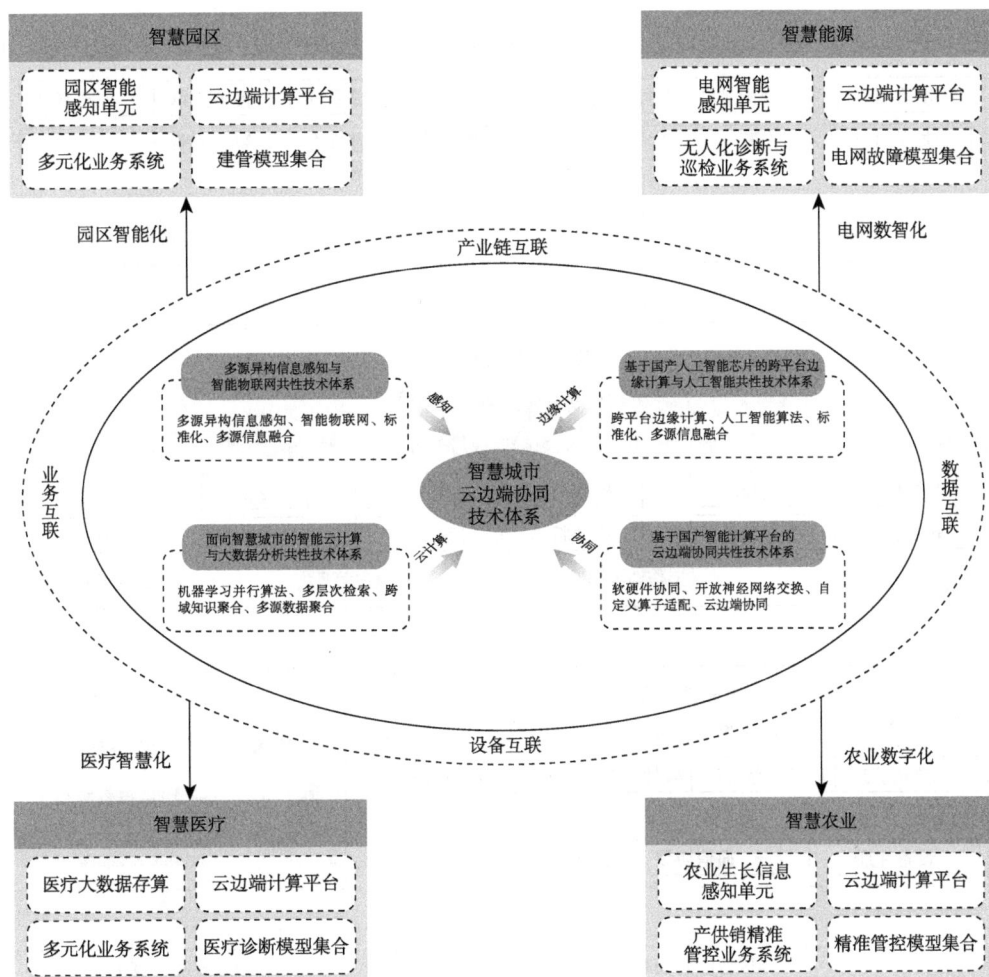

图3-16 集成与应用框架

物联网信息化生态圈。面向智慧园区物联网基础云平台的研发和升级需求，构建基于云边端协同技术体系的物联网基础云平台技术集成和应用研发框架，包括基于高资源共享度的云计算SaaS容器的云基础平台、智慧园区海量异构物联网感知数据接入中间件、面向智慧园区建设多元化的应用系统。

智慧园区技术集成与应用总体方案框架如图3-17所示。

① 基于高资源共享度的云计算SaaS容器的云基础平台。基于高资源共享度的云计算SaaS的容器云基础平台实现云计算SaaS隔离模式造型、平台多租户管理、物理数据库资源隔离、租户基础信息管理、性能隔离及请求调度、统一权限管理、个性化定制和系统的架构设计。

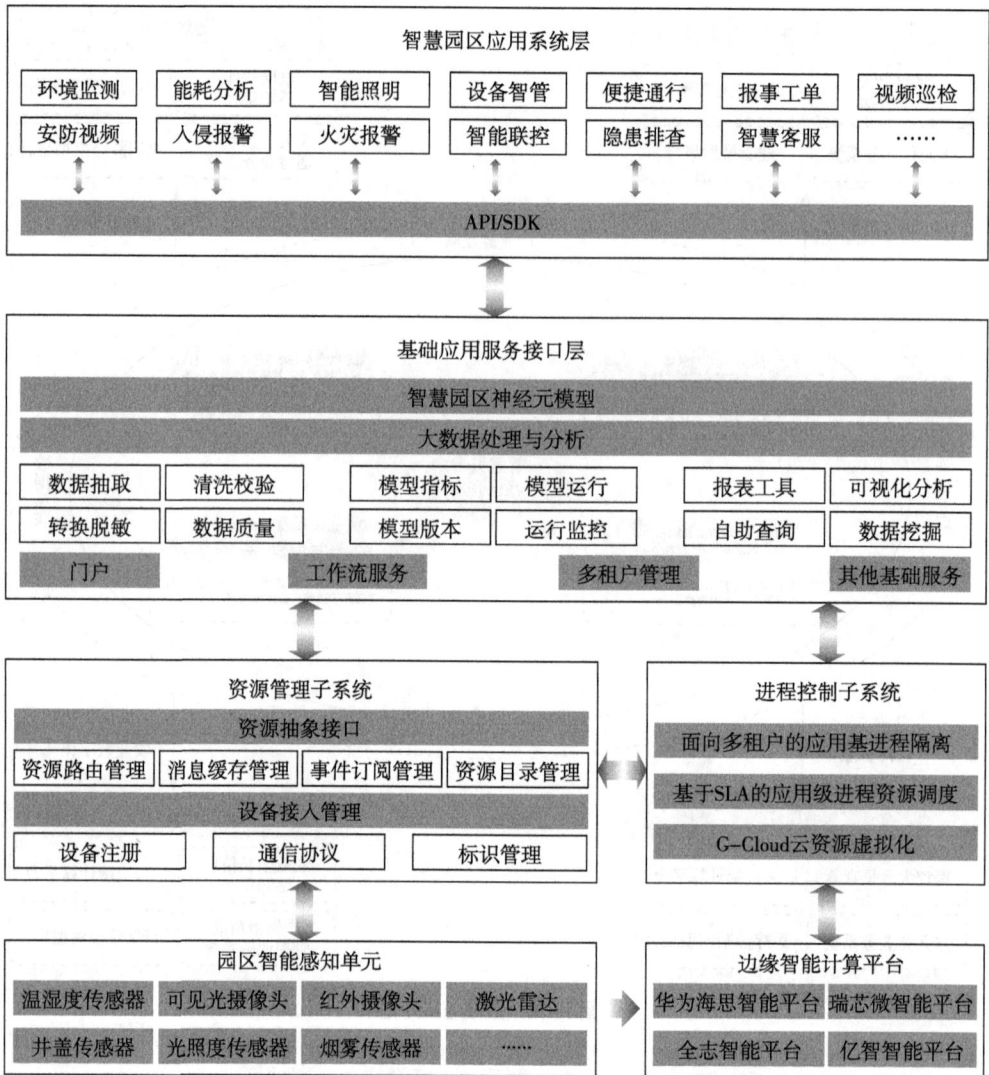

图3-17 智慧园区技术集成与应用总体方案框架图

② 智慧园区海量异构物联网感知数据接入中间件。面向海量多源异构物联设备进行统一接入、管理，建立物联硬件及其已有信息系统与各智慧园区应用之间的桥梁。通过物联设备对园区体征大数据进行采集、解析、存储、分析、挖掘、展示，实现各数据之间的共享与联动，以满足园区智慧管理的要求。因此，为屏蔽底层海量设备接入的并发性、异构性问题，基于多源异构信息感知与智能物联网技术体系构建适配器模式的物联网中间件，在物联网设备与上层应用之间建立虚拟桥梁，可解决诸如IP摄像头统一接入的异构接口适配等问题。

③ 面向智慧园区建设多元化的应用系统。面向智慧园区建设多元化的应用系统应对

智慧园区不同场景需求，基于构建的智慧城市云边端协同技术体系，构建园区监管的设备互联、数据互联、业务互联、产业链协同的多元化应用系统框架，支持数据管理、数据监控、报表分析、环境监测和基础验证平台等功能。用户可基于标准数据接口和业务接口建设智慧园区多元化的专题应用系统，并对园区物联网相关业务进行测试和验证。

3) 基于云边端协同技术集成与应用框架的智慧能源应用架构

智慧能源系统是智慧城市中建设的重要组成部分，其中电网运维和协同调度的数智化是智慧能源系统的重要一环。数智化电网是人工智能的理论、技术、方法是与电力系统的物理规律、技术和知识融合创新形成的电网数智化技术生态。面向智能电网和能源互联网发展的需求，以输配电设备的空中飞行巡检、变电设备的固定视频监控、输配电线路和变电站的遥感监测等产生的海量多源数据为数据源，借助云边端协同技术体系，构建电网运维和协同调度数智化技术集成和应用框架，作为电网数智化创新应用、业务协同和电网管护模式升级的基础，开展巡检图像、视频数据的处理、分析和理解方法等的创新应用研发，实现对电力设备缺陷的智能检测，保障电网系统安全、可靠运行，推动智慧城市建设的发展。

电网运维和协同调度数智化技术集成和应用框架包括基于边缘计算和人工智能的输电线路视频防外力破坏预警技术及应用、基于边缘计算的电网导线追踪与树障分析技术及应用、基于边缘计算和国产化智算平台的电网巡检故障诊断技术及应用、基于地面巡检机器人的变电站智能巡检平台、全空间系统框架下的多源信息深度处理与可视化分析技术及应用。借助于智慧城市云边端协同技术体系，可实现电网运维和调度应用集合中的设备组网、数据互联、计算资源协同组网、业务协同等，进而实现云边端协同的电网巡检智能化、运维精细化、故障监测无人化，有助于我国"双碳"目标的达成。

基于云边端协同技术集成与应用框架的智慧能源应用架构如图3-18所示。

① 基于边缘计算和人工智能的输电线路视频防外力破坏预警。对大型机械运动目标实时检测、跟踪、识别，采用边缘计算和人工智能技术，通过智能识别算法的研发与应用可实现对大型吊机进入线路保护区作业的图像捕捉与预警，实时监控工地异常现象，有效排查工地安全隐患，预防事故发生。

② 基于边缘设备和无人机，搭载微型机载激光雷达、可见光、红外等设备，实现实时导线追踪与树障分析技术。结合微型机载激光雷达系统与无人机自动驾驶系

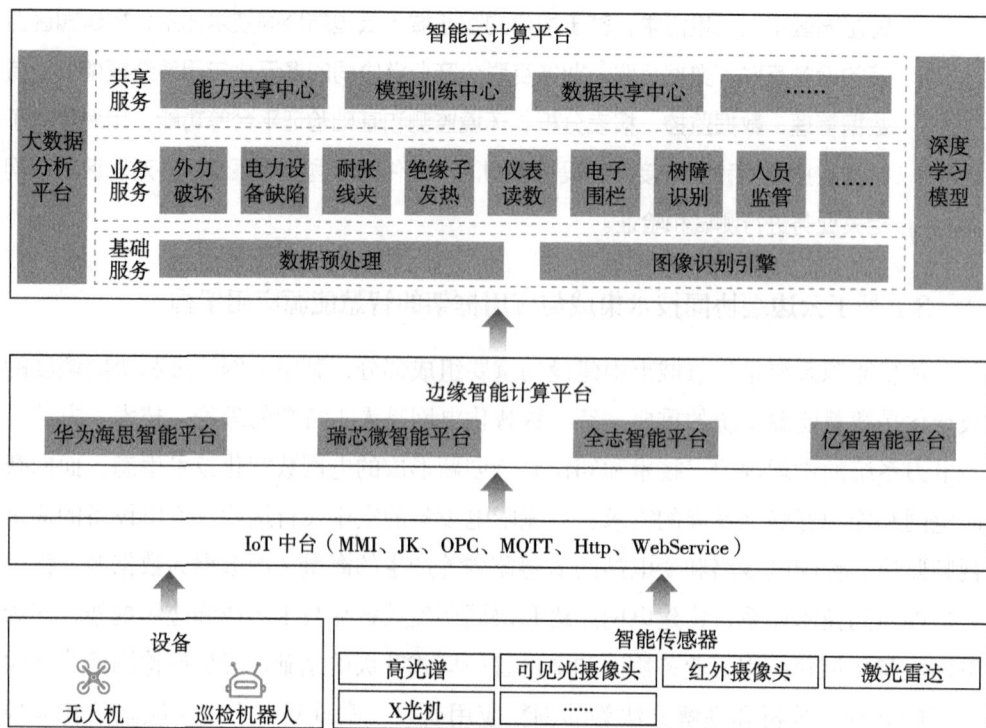

图3-18 基于云边端协同技术集成与应用框架的智慧能源应用架构

统，实现输电导线实时追踪自主巡检，并基于电力缺陷隐患等级标准库，实现实时树障隐患分析与预警。

③ 基于无人机和边缘平台，研发无人机前端实时目标识别及电力设备缺陷分析算法，研制机载人工智能终端软硬件系统，实现智能化场景感知与识别。

④ 基于红外线和可见光的绝缘子破损和发热缺陷检测。构建输电线路绝缘子故障监测的智能算法集，包括无人机巡检图像中绝缘子的智能检测、分割算法，红外线和可见光图像的智能融合算法，以及复合绝缘子过热缺陷和玻璃绝缘子自爆缺陷的检测算法等。

⑤ 基于地面巡检机器人的变电站智能巡检。运用巡检任务采集到的可见光图像、红外图像、声音等信息，研究针对变电站电力设备、电力仪表等的异常智能检测算法。

⑥ 全空间系统框架下的多源信息深度处理与可视化分析技术。突破可见光、激光雷达、红外线等多传感器、多尺度海量输电线路无人机巡检数据的自动处理、无缝融合与高效建模技术。在全空间信息系统框架下，构建面向电力智能巡检应用的输电线路缺陷隐患模型库及智能分析系统，实现无人机巡检数据自动处理与可视化分析。

4）基于云边端协同技术集成与应用框架的智慧医疗应用架构

智慧医疗指在目前的公共医疗管理系统中融合加入人工智能、云计算技术、物联传感技术，使得医疗服务更加智慧化、数字化。智慧医疗系统是一个庞大的数据库，其内部存储了大量的医疗数据信息。随着现代医疗技术水平的不断提升，医疗数据变得极其庞大，如何应用人工智能技术对海量数据进行分析、处理、挖掘是智慧医疗的重要内容和难点之一。面对智慧医疗对海量数据存储、模型训练、模型推理、技术与业务协同的需求，借助于云边端协同技术体系，构建起智慧医疗技术集成与应用框架。在该框架内，借助于云边端计算资源协同调度技术可实现医疗海量数据的存算一体，借助于基于国产人工智能芯片的跨平台边缘计算与人工智能共性技术体系可实现医疗大模型的训推一体化，最终服务于医疗数据采集、数据标注、智能算法训推一体、业务运算与协同。智慧医疗技术集成与应用框架主要包括医学信号数据处理、医学影像数据分析、医学信息系统可视化技术等。

基于云边端协同技术集成与应用框架的智慧医疗应用架构如图3-19所示。

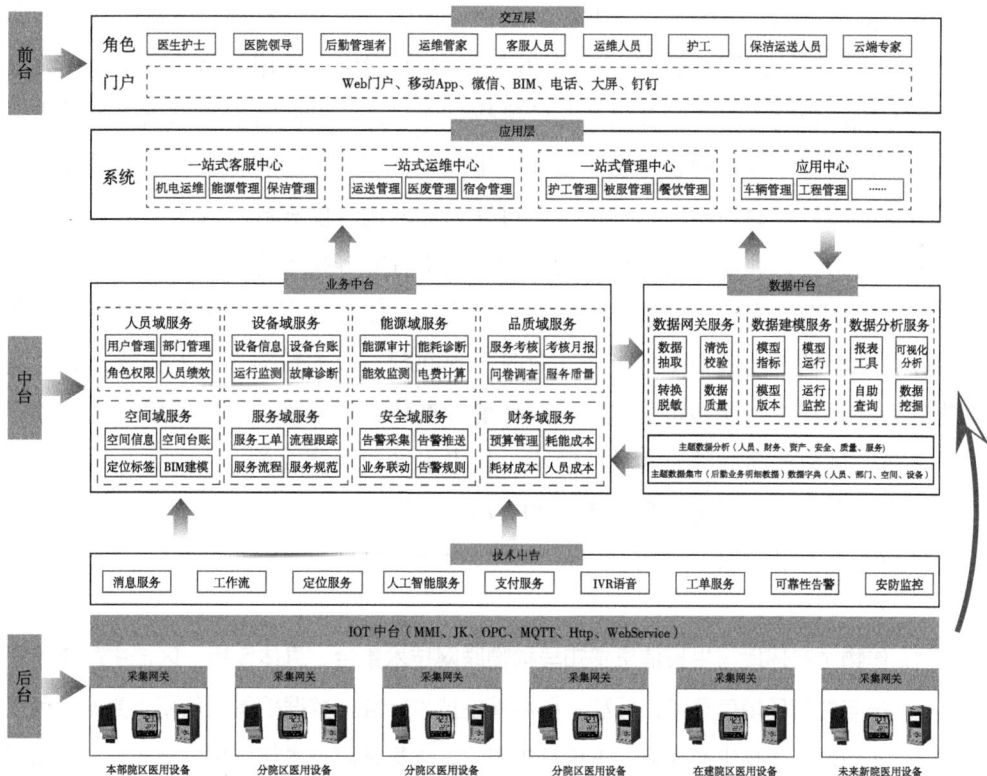

图3-19 基于云边端协同技术集成与应用框架的智慧医疗应用架构

① 基于无监督学习、半监督学习数据高效标注和治理方法，建立多模态数据采集、清洗、标注、备份、导出的自动模型。

② 基于深度学习的医学影像多源模态信息融合处理方法，实现跨模态、跨医学学科数据的综合分析建模技术，以及强化学习、网格搜索的医学模型训练和数据维度拓展技术。

③ 针对不同肌电、体音、脑电、心音、呼吸等电信号的时、频分布规律，基于电信号时、频分布特性的滤波降噪方法，建立相关的分布模型。构建基于机器学习、深度学习的异常信号智能识别方法，进而开发相应的软硬件系统。

④ 开发多维医学影像的可视化技术，为临床应用提供多视觉、多层次、多属性、多功能信息，实现快速、准确、方便的操作功能。

5）基于云边端协同技术集成与应用框架的智慧农业应用架构

我国是农业生产和农产品消费大国，随着物联网、大数据、人工智能、云计算等先进技术的发展，形成了农业物联网、农业大数据平台、农业生产精准管控平台等组成的智慧农业创新应用生态。同时随着农业生产、农产品销售、农业投入品生产与农产品产供销全链的数字化升级，数据资源体系采集、存储、运算以及信息系统与农业生产理论协同方面产生了新的需求，对智慧农业应用系统的进一步升级以契合农业供产销全链的协同提出更大的挑战。面对这些新的需求和挑战，应构建基于云边端协同技术体系的智慧农业创新应用框架，包括种植和养殖业两大板块的升级。数字化能显著提高养殖、种植生产过程的标准化程度和规模化水平，利用传感器、无线通信、大数据、云计算、物联网、人工智能等技术进行数据收集和分析，建立可视化模型，实现对养殖、种植的精准管理。依托数字技术研发的养殖管理系统可以长期在动态环境中正常工作，及时发现问题。以大数据、人工智能、云计算等为代表的新技术，能够将养殖、种植环境标准化、规模化，降低养殖、种植过程中的风险，进而提高养殖、种植的效率、技术水平和经济效益。

智慧农业云边端系统架构如图3-20所示。

种植业方面形成以下应用。

① 作物生产环境与生长信息感知异构物联网技术集合。具体包括：区域主产作物生长与生产环境信息接入标准、精准管控技术标准、数据采集规范和大数据平台接入规范；作物生产环境、生长及生态信息采集感知技术与系统，集成开发作物环境、生长及生态等新型传感器件的多功能接口，多维度集成卫星、遥感和传感器

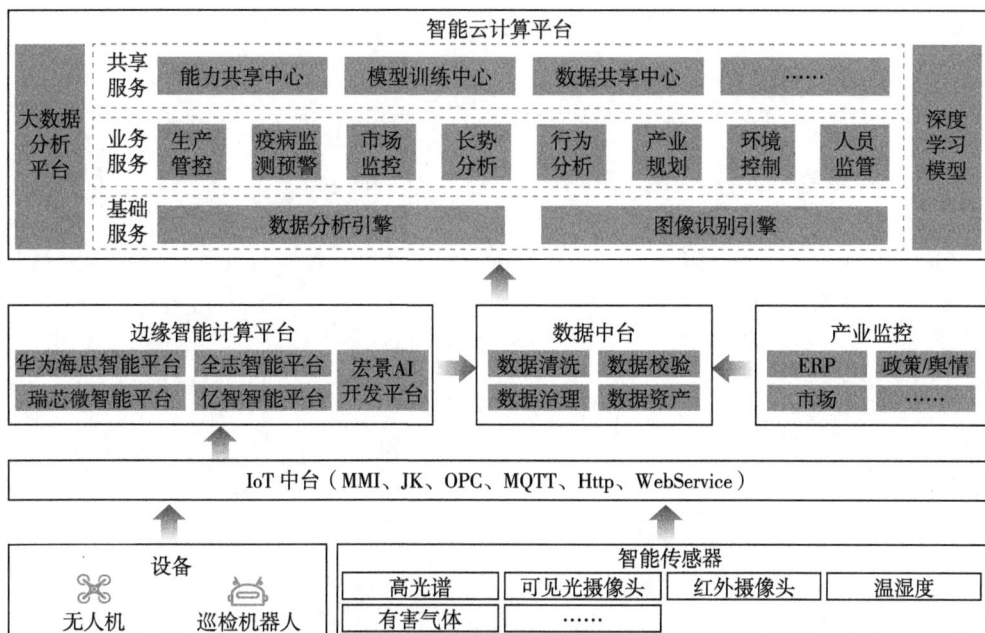

图3-20 智慧农业云边端系统架构图

等多种感知的作物信息感知技术。基于农业物联网技术集合,构建主产作物生产信息多维感知大数据平台。

② 主产作物生产信息基础数据库、智能感知与精准解析系统。采用人工智能、云计算和大数据分析技术,构建融合作物种植理论与信息系统协同融合的精准管控模型集合,包括作物长势、产量、品质以及抗性受环境、气候、耕作时间、耕作模式与病虫草害胁迫的精准管控方法与模型,作物土壤环境因子与其长势、产量及品质互作机理的大数据深度挖掘模型。借助多源异构信息感知与智能物联网技术体系,构建主产作物生产信息与环境多维信息感知共享服务大数据平台。

养殖业方面形成了以下应用。

① 采用人工智能和大数据分析技术,针对养殖对象不同生理阶段的体征、健康状态、盘点计数等养殖过程信息研究数字化表征方法和获取技术,研究养殖环境精准调控和精准饲喂技术。

② 研究实时在线的养殖对象生物量估算、行为量化分析、病害预测等关键技术。开发基于养殖过程大数据的生猪管控分析平台,推动建成绿色、高效、智能化的养殖工厂,实现高效养殖。

智慧城市
应用篇

近年来，智慧城市建设已经成为全球范围内的重要战略。在这个高速发展的过程中，都在寻找、探索更好的解决方案，试图通过科技手段提升城市管理、发展质量。在实际应用过程中，每个智慧城市都有各自建设的侧重点，在智慧政务、智慧医疗、智慧教育、智慧旅游、智慧能源、智慧城乡等不同细分行业板块开展智慧化建设。例如，智慧政务解决了政府部门信息化、数字化、智能化的问题，智慧医疗改善了医疗信息化、智能化的服务和体验，智慧教育发挥了数字技术推动教育信息化协同发展的作用，智慧旅游让游客出行更加便利、舒适和有收获，智慧能源让能源消费更加清晰可控，智慧城乡解决了城市和乡村的发展不平衡问题。同时，智慧城市在微观、中观和宏观尺度，又可以分为智慧楼宇、智慧园区、智慧城市等不同规模的应用场景，逐步完善解决方案。因此，本篇从行业和规模两个角度出发，向读者展示基于云边端协同技术体系的创新应用框架以及数字化底座（包括物联网平台、数据平台和AI平台）在智慧城市多个领域中的应用现状和解决方案，旨在为未来智慧城市建设和发展提供有益的借鉴。

4 数字化底座应用

2014年3月12日，中共中央、国务院印发《国家新型城镇化规划（2014—2020年）》，提出了数字城市建设的目标和重点任务，鼓励城市推进数字化基础设施建设。2021年12月27日，中央网络安全和信息化委员会印发《"十四五"国家信息化规划》，提出加快数字化发展、建设数字中国的战略选择，建设泛在智联的数字基础设施体系，支持数字化底座的建设和应用。数字化底座是指在智慧城市建设中使用的一种基础设施，它结合了物理设施和数字技术，旨在提供便利的城市管理、服务和发展平台。数字化底座具有以下5个技术特征。

① 互联互通：采用互联网和物联网技术，将各种城市设施和设备连接起来，实现数据的互通和共享。

② 智能感知：配备传感器、监测设备等，可以实时感知城市环境、交通状况、能源使用等信息，并将其转化为数字化数据。

③ 大数据分析：通过数据采集和分析，能够获得大量的城市运行和管理数据，并运用人工智能和数据挖掘等技术进行深入分析和预测，为决策提供依据。

④ 交互与服务：为居民和城市管理者提供了交互和服务接口，通过移动应用、智能终端等方式，实现信息查询、公共服务申请、城市导航等功能。

⑤ 开放性与可扩展性：平台架构具有开放性，可以集成和扩展各种应用和服务，满足不同城市管理需求。

数字化底座帮助城市管理部门解决数据孤岛问题，实现更多的城市运行数据的采集，所有的人、物、空间都可以在平台中获得同步，尽可能还原一个完整的城市运行状态。基于信息联通形成数据、IoT、AI等一系列公共服务"资产"，支撑智慧政务、智慧医疗、智慧教育、智慧旅游、智慧能源等应用场景快速复用，减少重复建设和重复投资。

其中，物联网平台具有全面感知能力，以"物联"为主要特征，采集城市每时每刻的生命体征，将其转为数据流，贯穿城市运行的每个层级；数据平台具有全程思考能力，以"数联"为主要特征，从目前数据归集、存储、共享的初级阶段进化到依托数据实现智能判断、自主分析的阶段；AI平台具有全局协同能力，以"智联"为主要特征，是一个不断赋能并且自我进化的过程，不仅将"数联"阶段的思考和判断结果传输到特定的场景应用中，更能联动其他各领域的数字底座，吸收和融合新的能力，实现不断进化。数字化底座在智慧城市建设中充当了数据接口、信息处理和服务平台的角色，物联网平台、数据平台和AI平台相互关联，共同构建了一个完整的数字化基础设施，支持智慧城市的建设和发展。

4.1 物联网平台

4.1.1 物联网平台概述

物联网平台是指用于连接和管理物联网设备、收集和分析设备数据，集成设备管理、数据安全通信、消息订阅等能力的一体化平台。向下支持连接海量设备，采集设备数据上平台；向上给应用提供API，应用将指令下发至设备端，实现远程控制。

物联网平台的体系架构通常包括以下几个组成部分。

① 感知层：感知层是物联网系统的最底层，包括各种传感器、执行器、智能设备等。这些设备可以感知周围的环境、采集数据并将其发送到物联网平台。

② 网络层：网络层是物联网系统的中间层，用于管理和连接感知层设备和应用层系统，可包括各种网络技术，如Wi-Fi、蓝牙、Zigbee、LoRa等。在其中设备和平台之间的通信可以通过各种协议来实现。

③ 应用层：应用层是物联网平台的最上层，用于处理来自感知层设备的数据并提供相应的服务，通常包括应用程序、分析引擎、人工智能算法等，可以为用户提供多种服务，如数据分析、设备管理、实时监控等。

④ 数据存储层：数据管理层是用于存储和管理从感知层设备收集到的数据。这一层中的数据可以按照各种方式进行存储和管理，如关系数据库、非关系型数据库、分布式文件系统等。

物联网平台已成为物联网生态中的重要组成部分。物联网平台作为连接物联网终端设备和应用程序的中间件,具有以下核心能力。

① 设备连接和管理能力:物联网平台可以支持各种终端设备的连接和管理,如传感器、智能家居设备、工业自动化设备等。它可以通过各种通信协议,如MQTT、CoAP、HTTP等,将设备连接到物联网平台,并实现设备的注册、配置、监控、维护和升级等功能。同时,它还可以支持大规模设备管理,以确保物联网系统的稳定性和可靠性。

② 数据采集和处理能力:物联网平台可以采集来自各种设备的数据,并对其进行处理和分析,以提供更准确的信息和更精细的服务。它可以使用各种数据采集技术(如传感器、RFID、GPS等),收集设备生成的各种数据(如温度、湿度、光线强度、位置信息等)。同时,它还可以使用各种数据处理和分析技术,如大数据分析、机器学习等,对采集到的数据进行处理和分析,以发现数据中的潜在价值和洞见。

③ 应用开发和部署能力:物联网平台可以提供各种应用程序和开发工具,帮助企业和个人快速开发和部署各种物联网应用。

④ 数据安全和隐私保护能力:物联网平台可以提供各种安全措施,以确保物联网系统的数据安全和隐私保护。它可以使用各种安全协议和加密技术,如SSL/TLS、AES、RSA等,保护设备和平台之间的通信安全。同时,它还可以提供各种身份认证和授权机制,如OAuth、OpenID Connect等,保护设备和用户的身份安全。此外,它还可以提供各种数据隐私保护技术,如数据脱敏、数据加密等,保护用户的隐私数据。

⑤ 数据可视化和分析能力:物联网平台可以提供各种数据可视化和分析功能,以帮助企业和个人更好地理解和利用采集到的数据。它可以使用各种可视化工具和技术,如图表、地图、仪表盘等,将数据以直观和易懂的方式呈现给用户。同时,它还可以提供各种数据分析和挖掘技术,如数据挖掘、预测分析等,帮助用户发现数据中的规律和趋势,从而作出更明智的决策。

4.1.2 平台行业产品

物联网平台是一个涉及多个领域的复杂系统,因此会有很多公司和组织参与。这些参与者包括软件开发商、云计算服务提供商、数据分析公司,他们的合作和竞争将推动物联网技术的不断创新和应用,为智能化社会建设提供了重要的支撑。其主要参与者如图4-1所示。

工业场景			物流场景		智能硬件/家居场景			其他
树根根云	徐工汉云	航天云网	G7	京东物流	机智云	涂鸦智能	万佳安	长安停车
工业富联	寄云科技	浪潮云	易流科技	菜鸟网络	艾拉物联	海尔U+	美的美居	达实智能
								西部数据
机智云	中服云	普奥云	能源场景		小米AIoT平台	华为Hilink	京东小京鱼平台	安全
智物联	蘑菇物联	雪浪云	泛能网	天合云能源				奇虎科技
金蝶云	用友精智	中科云谷	正泰云	远景能源	BroadLink DNA互通平台			青莲云
PTC	海尔COSMOPlat		海亿达	国家电网				梆梆安全
美云智数	研华Wise-PaaS		地产/物业场景		社区/园区场景		农业场景	长扬科技
GE Predix	西门子MindSphere		云智易	德立云	特斯联	敢为软件	托普云农	华大电子
					同洲电子	万佳安	极飞科技	信大捷安
								国民技术

通用型物联网平台					
阿里云智能IoT	腾讯云IoT	AWS IoT	AzureIoT平台	中移OneNet	Ucloud UIoT Core
百度云天工物联网平台	华为OceanConnect	QingCloud IoT平台	Arm Pelion物联网平台	联通物联网平台	CTWing物联网开放平台

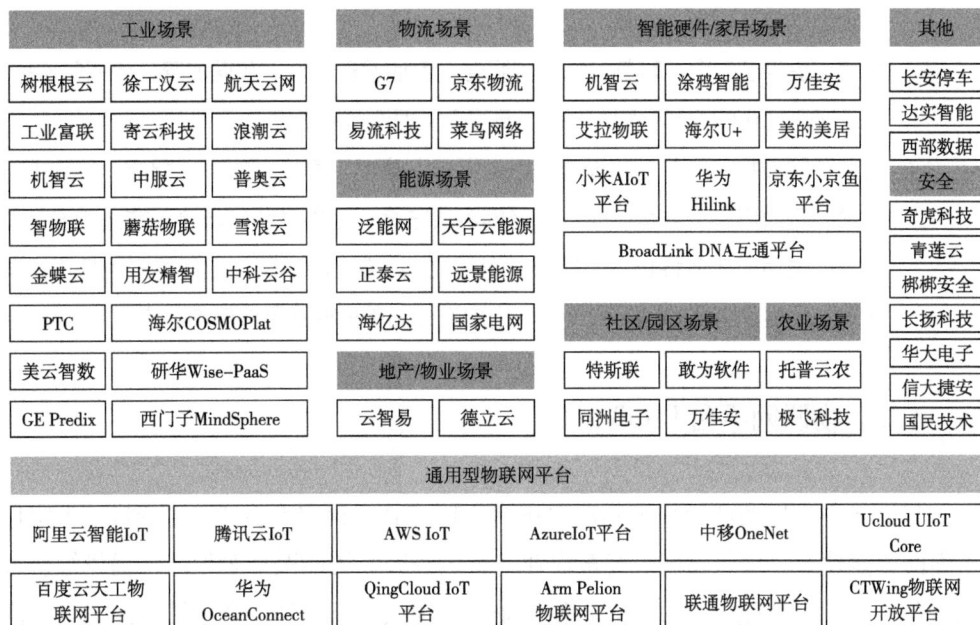

图4-1 物联网平台供应商图谱[①]

以下选取几家主流平台的通用型物联网平台产品进行介绍和分析。

① 阿里云物联网平台集成了丰富的云计算和物联网技术，提供全球化的物联网服务；提供完整的物联网解决方案，包括设备接入、数据采集、云端处理和应用开发等；支持多种通信协议和设备接入方式，可灵活适应各种场景；提供可视化的控制台和API，方便用户管理设备和数据，并支持大规模设备管理和升级。阿里云具有强大的技术实力和全球化的部署能力，可为用户提供高可靠性和高可用性的物联网服务。阿里云物联网平台提供了完整的解决方案，用户通过简单的配置即可快速搭建物联网系统；同时提供了多种扩展能力，例如边缘计算、人工智能等，可满足不同场景下的需求。

② 腾讯物联网开发平台IoT Explorer集成了腾讯云的强大计算和物联网技术，支持全球化部署；提供多种设备接入方式和通信协议，可灵活适应各种场景；支持大规模设备管理和升级，并提供了可视化的控制台和API，方便用户管理设备和数据；提供了完整的物联网解决方案，包括设备接入、数据采集、云端处理和应用开发等。

③ 华为云物联网平台OceanConnect集成了华为云的计算、存储、网络等技术，提

---

① 物联传媒。

供全面的物联网解决方案；支持多种设备接入方式和通信协议，可灵活适应各种场景；提供了安全、可靠的物联网服务，包括设备认证、数据加密、数据备份等；提供了可视化的控制台和API，方便用户管理设备和数据。

④ 百度智能云物联网平台（天工物联网平台）集成了百度云的人工智能、大数据等技术，可为用户提供智能化的物联网解决方案；提供多种设备接入方式和通信协议，可灵活适应各种场景；提供了可视化的控制台和API，方便用户管理设备和数据；提供了丰富的模板和组件，用户通过简单拖拽即可快速构建应用。

4.1.3 物联网平台 ProBase

与上述主流厂商的通用型物联网平台不同，物联网平台ProBase（图4-2）定位于面向智能建筑、智慧园区、智慧农业、智慧校园、智能医疗等领域，提供综合智能设备统一支撑管理，致力于面向各行业用户提供各类场景"全连接、深融合、泛智能"的综合解决方案。

ProBase的万物互联与数据管理平台采用完全模块化设计理念、先进的物联网技术架构，打通传统的烟囱式系统建设及管理模式，向下汇聚各类智能子系统及传感器设备。在各类服务、应用系统和智能设备之间搭建高效、稳定、安全的应用平台，实现设备数据采集、命令下发等各种业务场景构建。平台管理的智能设备包括但不限于智能网关、传感监测设备、视频监控设备、智能控制设备等。平台向上通过统一的北向标准OpenAPI接口，支撑其他服务平台、应用平台、数据平台，实现

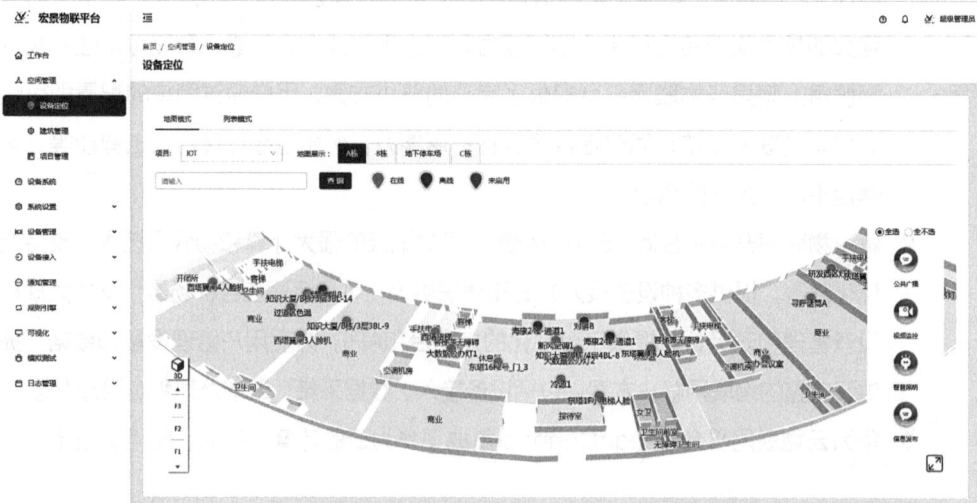

图4-2　物联网平台ProBase

各类应用场景"数据全融合、状态全可视、业务全可管、事件全可控"的智慧化管理需求。

平台支持、适配各种网络环境和协议类型，可实现各种传感器和智能硬件的快速接入，提供丰富的应用接口以支撑各类行业应用，有效降低了物联网应用开发和部署成本，满足物联网领域设备连接、协议适配、数据存储、数据安全以及大数据分析等平台级服务需求。平台构建"云—边—端"整体架构的物联网能力，向下延展终端适配接入能力，向上整合细分行业应用，具有设备接入、设备管理等基础设备管理能力，以及设备定位、空间地图、数据可视化、远程升级OTA、消息队列MQ等能力。平台具有如下特点。

① 统一设备接入：提供MQTT、CoAP和泛协议标准接入SDK，支持直连、网关、云云对接等多种方式接入，随用随选。

② 统一物模型：提供灵活的物模型定义及全行业多品类标准模板，构建标准化数据模型，解决数据碎片化，简化设备与应用开发。

③ 统一运维监控：提供设备生命周期管理、业务监控、链路监控等能力，实时反映感知设备接入情况，实现平台业务自动化运维和统一告警管理。

④ 统一数据接口：提供统一的北向标准OpenAPI接口，助力各类应用软件、展示系统快速、无缝对接海量数据，实现跨系统跨产品的资源整合，加速项目集成。

⑤ 位置空间服务：提供基于2.5D空间展示及设备定位服务，高效、快速、准确定位各智能硬件，解决设备运维寻址、找点难问题，实现设备监测、运维可视化。

⑥ 多场景支持：通过灵活的规则配置，支持场景联动、数据转发等，均由统一的规则引擎管理。

4.2 数据平台

4.2.1 数据平台概述

数据平台是指一个用于管理、存储、处理和分析数据的系统，可以集成多种数据源，包括结构化数据（如关系型数据库中的数据）和非结构化数据（如文本、图像、音频等）。数据平台具有以下特点。

① 数据集成：数据平台可以集成多种数据源，包括结构化数据和非结构化数据，以

便用户更好地管理和利用数据。

② 数据处理：数据平台可以提供数据清洗、转换、标准化等功能，以便用户更好地理解和利用数据。

③ 数据分析：数据平台可以通过数据挖掘、机器学习和人工智能等技术，对数据进行分析和建模，以提供更深入的洞察和预测。

④ 可视化：数据平台可以提供数据可视化的功能，以便用户更好地理解和呈现数据。

⑤ 安全性：数据平台可以提供数据安全性保障，包括数据加密、权限管理等功能，以确保数据的安全性和隐私性。

⑥ 实时性：数据平台可以提供实时数据处理和分析的功能，以便用户更快地获取数据并作出决策。

数据平台的建设路径大致可分为以下五个步骤。

① 明确建设思路：基于自身业务现状，梳理核心业务域，做到研发、制造、物流、营销、财务、人力等各业务模块的全覆盖，设计完善数据标准管理、数据质量管理、质量评价等相关管理流程，并责任到人。

② 数据资产管理：支持资产归属、资产分类、资产概览、资产搜索、统计分析、血缘分析等功能，并提供多格式文件的导入、导出。

③ 数据标准管理：支持信息架构管理、模板管理、逻辑建模、维度建模、模型物化、标准校验以及发布同步等功能。

④ 元数据管理：是打破数据孤岛，实现数据统一治理的基础，应包含元数据采集、解析，元模型管理，支持元数据展示和搜索等功能。

⑤ 数据质量管理：应具备质量规则，具有规则校验、质量监控、规则关联以及发布评价等功能。

4.2.2 数据平台行业

数据平台行业的主要参与者指帮助下游企业搭建数据平台并提供服务的供应厂商。数据平台供应商主要由五类厂商构成：头部互联网企业、数字化解决方案提供商、大数据公司、独立平台开发商及人工智能厂商（表4-1）。目前市场不断有新用户进入，各类型的厂商都具有不同的竞争优势，正处于占领市场份额、凭借优势领域构建进入壁垒的扩张阶段。

数据平台产品分析表 表4-1

序号	产品类型	特征及优势	代表产品
1	公有云厂商	在内部落地平台战略，获得检验后对外提供服务，具有先发优势；拥有底层全量技术能力，能提供原生性、可标准化封装输出的产品和解决方案；为行业发展输出资源、核心技术、方法论和工具体系	阿里云、腾讯云、AWS
2	数据与智能公司	具备数据资源，能帮助企业客户补足一些空白数据，快速开展应用落地；人工智能技术及算法能力强，在数据采集清洗和计算推理等环节都有优势；有客户资源基础，积累大量垂直行业的认知和洞察	明略科技、星环科技、神策数据
3	数字化解决方案提供商	有ToB服务经验和客户资源基础，有获取和拓展客户的优势；积累大量垂直行业的认知和洞察，能快速梳理企业业务及流程，准确识别客户需求；能基于平台架构输出综合的数字化转型服务	元年科技、用友、金蝶
4	独立平台开发厂商	以数据平台相关技术工具为服务核心；常作为头部公司的生态合作伙伴；业务专精，深耕场景及垂直行业	数澜科技、云徙科技、袋鼠云、宏景科技

4.2.3 数据平台 ProDate

数据平台ProDate涵盖数据存储、数据融合、数据加工、数据共享四大应用，综合数据湖、数据仓库两种技术演进方向，为企业用户提供云原生仓湖一体解决方案。作为基于大数据技术的全新数据应用平台，其提供云原生特性、支持存算分离架构、继承RDBMS数据库功能和ACID特性、支持工业级SQL标准、混合MPP+DAG计算引擎等一系列关键技术，帮助企业有效应对大规模、多样化、高时效、智能化的数据应用需求，为企业从BI到AI提供全新的数据基础架构。

① 数据集成。实现多源异构数据高效入湖，支持批、流、实时数据多种方式接入，快速实现企业和用户应用所需的数据铺底。

② 数据资产。数据资产管理包括元数据摸查、元数据维护、数据资产分类框架、数据资产目录构建。通过盘点数据资产，形成企业级的数据资产目录，为企业数据创新应用打好坚实基础。元数据摸查通过对接企业业务系统、数据湖或者数据仓库，采集元数据自动获取原始的企业数据字典及数据之间的关系，形成企业元数据地图。有效性资源标注制定有效资源判断规则，基于采集的元数据，对全量数据资源进行自动识别，筛选出空表、备份表、临时表等无效资源，并补充、辅助理解数据业务含义的信息，形成更完整、有效的资源元数据，为数据资产分类作

铺垫。数据资产编目按照业务条线、组织架构、数据特性等多个维度构建数据资产分类框架，基于元数据信息完善数据资产目录信息，补充与资产相关的业务、权属信息，形成面向数据消费者的数据资产门户。数据资产服务建立数据资产目录与实体资源的映射关系，开发面向不同消费者的数据服务类型，满足业务系统、数据分析师、前台业务人员的多样数据需求。

③ 数据指标体系建设。指标管理解决方案旨在对指标进行统一管理，同时面向业务人员和技术人员，为用户提供指标标准管理、指标分析等服务。对于各项运营指标数据，做到关键数据了然于胸，经营趋势尽在掌控。

④ 数据交换。利用底层整合的信息资源，实现各部门业务数据在应用层面的互联互通和信息共享，提供增量识别、数据清洗、数据传输、数据压缩、一致性验证等多种手段以保证数据的接入，规范数据流转，提升数据共享水平。

⑤ 数据开发。提供可视化的数据开发平台、丰富的数据开发组件、全自动的作业调度和监控能力，支持多人在线协同开发，极大地降低了用户使用大数据的门槛，帮助用户快速实现数据加工与处理。通过各种分析手段（包括统计图展现、报表查询、即席分析、报告分析、领导驾驶舱、地图分析等），满足各类分析场景（包括综合业务查询、KPI指标展现、季度汇报报告、数据自助探查、指挥中心大屏等）。

4.3 人工智能平台

4.3.1 人工智能平台概述

人工智能技术与垂直行业应用的融合对软件平台、智能技术、底层硬件等多个环节均提出差异化需求，面向关键行业的全栈平台架构成为关键。通过不断完善人工智能开发框架、数据处理模型构建、部署监测等研发工具链，加速建立全栈智能技术服务体系，形成从基础算力、基础系统框架与平台到智能应用的软硬协同的全栈人工智能技术支撑能力，探索孕育基础和垂直行业人工智能技术平台，提供整体方案的选型和设计服务，实现人工智能能力的集约化生产和管理，并通过自动化能力不断降低应用门槛。

人工智能平台作为模块化、标准化的平台工具，克服了传统烟囱式业务架构导致的资源重复建设、数据流通壁垒等问题，依托高效生产、灵活组织、便捷获取的全链条服务能力，提供人工智能开发框架、数据处理模型构建、部署监测等研发工具链，建立全栈智能技术服务体系，形成从基础算力、基础系统框架与平台到智能应用的软硬协同的全栈人工智能技术支撑能力，提供覆盖研发、部署、运维等全生命周期、一站式解决方案，助力提升效率，提高决策智能水平，推动智能技术与垂直行业场景的快速融合。人工智能平台包含人工智能技术服务、人工智能研发平台、人工智能管理运行三大核心层级。

① 人工智能技术服务层：包含通用人工智能技术能力以及行业化的专用人工智能技术能力两大模块，提供覆盖计算机视觉、智能语音、自然语言处理、知识图谱等基础技术方向的人工智能通用能力，以及面向行业应用的场景化的人工智能技术服务，赋能企业快速实现多样化的应用场景创新。

② 人工智能研发平台层：作为人工智能平台的核心能力产出，具备大规模深度学习计算支撑能力，包含数据服务体系及人工智能模型开发两大能力模块，形成企业的创新能力基座。通过建立数据服务体系，向人工智能模型开发提供数据清洗、数据标注、数据增强、特征工程等支持，保障人工智能研发高质量、高效率的数据供给。人工智能模型开发模块面向企业提供包含人工智能模型构建、训练、调优、评估等在内的机器学习、深度学习能力，并通过自动机器学习技术，降低模型研发门槛，加速企业智能应用创新。

③ 人工智能管理运行层：包含基础资源管理、人工智能核心资产管理两大模块，支撑人工智能能力生产、服务、运维全流程。基础资源管理由账号管理、权限管理、存储管理、算力资源管理、监控报警等组成，满足企业账号权限审核、资源管理调度等内部管理需求，提升人工智能资源利用率，减少运维管理成本，优化人工智能能力使用体验。人工智能核心资产管理围绕人工智能模型、样本、算法等核心资产，提供纳管、发布共享、运维、交易等支持，实现人工智能核心资产的跨组织、跨平台管理及应用，帮助企业实现核心资产的沉淀与共享，促进企业内的协同创新生态。

4.3.2 人工智能平台行业

近年来，国内人工智能技术成熟度持续提升，服务种类不断丰富。人工智能平台作为实现人工智能技术在千行百业中快速研发、共享复用和高效部署管理的智能化基础底座，是智能化能力普惠的必备基础设施。随着我国大量人工智能厂商的高速崛起，中国在技术平台领域已经逐渐摆脱对海外厂商的依赖，百度、阿里巴巴、腾讯、华为、京东、金山等科技企业相继发布其人工智能平台或将人工智能技术服务搭建在云服务中。我国人工智能平台市场集中度高、竞争激烈，大型厂商占据主导地位，其主要原因有以下三点。

① 人工智能技术发展需要数据积累。大型厂商在数据积累方面拥有创业公司无法比拟的优势，庞大的、低成本的数据积累帮助大型厂商通过训练与优化提升算法准确性，而小型厂商则需要花费高昂费用购买大量数据以达到训练的目的。

② 全栈人工智能生态提高用户黏性。大型互联网厂商或者科技厂商拥有完善的人工智能布局，为企业或开发者提供人工智能能力的同时可提供更多的附加服务，例如云服务器、云计算、孵化器、创业课堂等。

③ 定价优势。大型厂商可以通过低价甚至免费的优势吸引开发者入驻，获取数据，同时从附加服务中盈利。

部分大型厂商人工智能平台产品分析如表4-2所示。

人工智能平台产品分析表　　　　　　　　　　表4-2

厂商名称	人工智能平台简介
亚马逊云科技	亚马逊云科技人工智能开发平台具备极高的兼容性与丰富的应用模块。亚马逊云科技Marketplace可支持数百种算法和模型，且其中的框架和工具包均针对亚马逊云科技服务进行了优化，可帮助数据研究人员的生产效率提升近10倍。亚马逊云科技应用模块包括自动化数据提取和分析、业务指标分析、语音人工智能、机器视觉、代码和开发运维等
华为ModelArts	华为ModelArts是面向开发者的一站式人工智能开发平台，为机器学习与深度学习提供海量数据预处理及半自动化标注、大规模分布式Training、自动化模型生成，以及端—边—云模型按需部署能力，帮助用户快速创建和部署模型，管理全周期人工智能工作流
百度飞桨	飞桨（PaddlePaddle）以百度多年的深度学习技术研究和业务应用为基础，集深度学习核心框架、基础模型库、端到端开发套件、工具组件和服务平台于一体，2016年正式开源，是全面开源开放、技术领先、功能完备的产业级深度学习平台。飞桨源于产业实践，始终致力于与产业深入融合。目前飞桨已广泛应用于工业、农业、服务业等场景，服务超265万开发者，与合作伙伴一起帮助越来越多的行业完成人工智能赋能
腾讯云	腾讯面向多种业务场景提供人工智能开发解决方案，持续降低构建与应用人工智能能力的成本，腾讯云TI平台可打通"产业+人工智能"落地全流程链路，帮助用户快速创建和部署人工智能应用，平台功能模块可解耦按需交付部署。腾讯云互联网技术平台包括人工智能应用服务平台TI-Matrix、机器学习平台TI-ONE、数据标注平台TI-DataTruth

近年来，适用于大规模数据集群计算的CPU、GPU、DPU等计算芯片不断推陈出新，内存、虚拟化、网络等互联网技术基础层技术也都在向着大规模并发、超高速传输的方向演进，并配合主流的人工智能框架进行优化升级。未来人工智能开发与上述互联网技术基础设施深度融合将成为大趋势，这一趋势或将从人工智能技术和硬件厂商的合作起步并逐渐深化。未来中国人工智能平台发展的趋势如下。

① 易用性受到更多关注。随着模型库的完善和获取渠道的增加，企业用户将更加关注人工智能在应用层面的便捷性和实用性，产品设计和包装的重要性加强。

② 垂直场景专业化加强。现阶段人工智能算法和应用的通用性较强，由于缺乏行业实际经验和专业人才，大多数行业性应用仅是对通用模型进行微调，未来这一状况有望得到改善。

③ 综合性的人工智能服务平台。企业需要的人工智能服务与大数据服务、云计算服务等将越来越紧密融合，综合性的人工智能服务平台将成为业界主流。

④ 产用协同的行业生态。人工智能的进步将越来越多地依靠用户侧的自主模型优化和自适应调整，在这一过程中，开源社区和开放的人工智能交流平台将发挥重要作用。

⑤ 头部厂商将聚集人工智能。综合考虑包括人才和经验积累、互联网技术基础资源、研发投入以及社区交互等因素，结合全球人工智能产业经验，头部人工智能平台将为企业在人工智能领域实现规模效应提供更大助力。

4.3.3 人工智能平台 ProAI

ProAI是一个集成了人工智能算法、算力与开发工具的工作空间，并提供辅助开发、调用、研究、管理的功能支撑。通过接口调用、嵌入式开发等形式向信息系统、设备、分析平台等提供高效的人工智能实现能力，实现人工智能产品的低成本开发或灵活赋能设备。从建设框架来看，主要包含以下四个方面的建设。

① 数据服务：建设一个集数据接入、管理、标注的数据服务模块。

② 模型训练：建设一个包含预置多类型预训练模型、基础框架结合代码编制、模型训练及校正的模型训练平台，训练平台集成多种人工智能技术，如计算机视觉、NLP、视频处理、机器学习等。

③ 技术服务：建设一个包括模型输出调用、管理、封装的技术服务平台。

④ 支撑条件：建设包含算力资源配置、设备资源管理、人员协作、模型调用调出管

理的支撑平台，弹性调整模型训练及计算、人员协作所需的资源。当用户需要大量资源时扩容，提升算力和稳定性，减少模型训练和计算时间；当用户需求量小时，降低底层资源配置，为用户减少因资源占用而导致的体系冗余。

ProAI面向智慧城市建设、运营需求，为管理者、运营者、决策层提供一体化的人工智能服务，面向智慧城市提供数据资源统筹管理，优质数据资源集中管理，人工智能算法训练、部署、计算输出一体化服务。

1）统筹管理数据资源

统筹管理来自基地的各类生产、信息系统以及行业公开的数据，包括图片、视频、音频、文本。同时按照数据属性对数据进行划分，建立深度学习数据资源，包括但不限于目标检测类、目标追踪类、实例分割类、舆情文本类、音频类、结构化数据类等，方便数据调出、调入，用于训练模型或者分析。

2）建立优质数据资源库

实现人工智能需要把人类理解和判断事物的能力教给计算机，数据标注是第一步需要进行的工作。数据标注把需要计算机识别和分辨的图片事先打上标签，使计算机不断地识别这些图片的特征，最终实现计算机自主识别。数据标注为人工智能企业提供了大量带标签的数据，供机器训练和学习，保证了算法模型的有效性。人工智能平台将建立具备多人标注、智能标注、开放调用的数据标注工具，从而建立优质数据资源。利用此数据资源，不需要重复标注数据就可以直接调用标注好的数据进行数据分析，从而降低数据获取、标注、调用的难度。

3）模型训练、部署、计算输出

人工智能平台将集成人工智能算法、算力与开发工具，开放机器学习、深度学习、训练模型等开发架构，同时提供开发所需的算力支持。开发平台架构由下至上可分为基础设施、框架工具、训练平台以及技术服务四层。在开发架构上提供两种方式：一是计算机视觉（CV）、自然语言处理（NLP）、机器学习、统计分析等常用基本模型架构；二是提供基础框架（如Pytorch、Tensorflow、Keras、Paddle等），结合类Notebook编辑工具，实现快速、灵活地构建模型，一方面满足基本模型的方便调用，另一方面可构建更精准、小型的自定义模型。在技术服务上提供弹性资源配置、算法升级、协同操作服务，提供一个算力稳定、训练短时的一体化模型服务平台。

5 智慧城市行业应用

5.1 智慧政务：推动政务工作的高效化和智慧化

智慧政务指政府利用云计算、大数据、物联网、人工智能、区块链等技术手段，改变传统的政府工作模式，构建一体化网上政务服务体系，实现跨层级、跨地域、跨系统、跨部门、跨业务的协同管理和服务，以提高办公、监管、服务、决策的智能化、高效化和透明化水平。

智慧政务的核心目标是提高政府的运行效率、改善公共服务质量、增强政府的透明度和公众参与度，从而提升政府的治理能力。它包括智慧办公、智慧监管、智慧服务、智慧决策四大板块内容，涵盖从中央到地方各级政府部门和行政单位。从垂直业务范畴划分又可分为智慧城市服务、智慧园林、智慧税务等多个领域，为企业和个人提供多渠道、全业务、全过程的高效便捷的服务。

我国政府部门办公信息化始于20世纪80年代末、90年代初，经历了办公自动化、电子政务、智慧政务三个阶段（图5-1），目前我国正处于智慧政务的建设阶段。

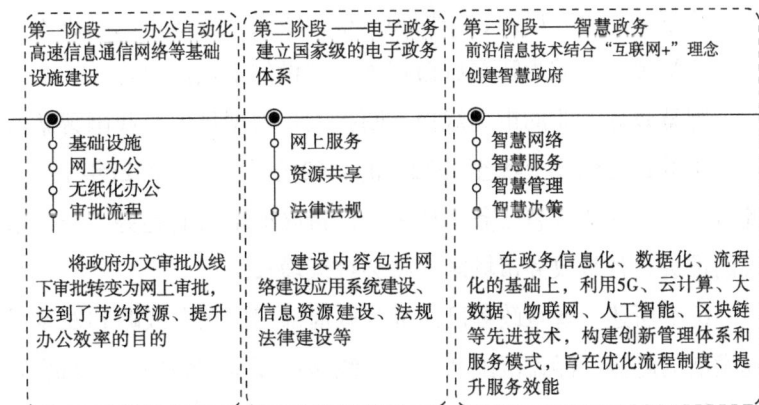

第一阶段 ——办公自动化 高速信息通信网络等基础设施建设	第二阶段 ——电子政务 建立国家级的电子政务体系	第三阶段——智慧政务 前沿信息技术结合"互联网+"理念创建智慧政府
基础设施 网上办公 无纸化办公 审批流程	网上服务 资源共享 法律法规	智慧网络 智慧服务 智慧管理 智慧决策
将政府办文审批从线下审批转变为网上审批，达到了节约资源、提升办公效率的目的	建设内容包括网络建设应用系统建设、信息资源建设、法规法律建设等	在政务信息化、数据化、流程化的基础上，利用5G、云计算、大数据、物联网、人工智能、区块链等先进技术，构建创新管理体系和服务模式，旨在优化流程制度、提升服务效能

图5-1 智慧政务发展历程

第一阶段主要包括高速信息通信网络基础设施建设和网上办公等，主要解决"办公自动化"问题。政府办文审批从线下审批转变为网上审批，政府办公从纸质办公过渡到无纸化办公，信息共享从纸质档案借阅转变为网络信息共享，达到了节约资源、提升办公效率的目的。

第二阶段的建设目标是建立一套国家级的电子政务体系，打通各级政府和各委办局现有政务网络，建立网上服务体系，形成统一的技术标准和管理规范。该阶段建设内容包括网络建设、应用系统建设、信息资源建设、法规法律建设等方面。电子政务建设推动了政府的职能转变，提升了政府管理水平，加强了政府公共服务能力，是政府从管理型政府向服务型政府转变的重要举措。

第三阶段开始于2015年。第十二届全国人民代表大会第三次会议上的政府工作报告首次提出"互联网+"概念，可以视为我国"智慧政务"建设的开始。2016年7月，中共中央办公厅、国务院办公厅印发《国家信息化发展战略纲要》，提出"建立国家治理大数据中心"的战略部署。2021年3月，"十四五"规划提出推动政务信息化共建共用，完善国家电子政务网络，加强政务信息化建设快速迭代，提高数字化政务服务效能，全面推进政府运行方式、业务流程和服务模式数字化、智能化的目标。这些顶层战略设计推动我国智慧政务建设工作稳步前进。

智慧政务是电子政务的升级形态，是政府迈向服务化、智能化的必经阶段。它是在政务信息化、数据化、流程化的基础上利用5G、云计算、大数据、物联网、人工智能、区块链等先进技术构建的创新管理体系和服务模式，旨在优化流程制度，提升服务效能。智慧政务是智慧城市建设的重要组成部分，包括智慧网络、智慧决策、智慧管理、智慧服务等几个方面的内容。

从2012年开始，越来越多的城市开启了智慧政府、智慧政务的建设规划编制工作。北京、上海、广州、深圳和一批一线大中型城市已经进入了智慧政务的实施阶段，智慧政务也成为智慧城市规划和建设的重点内容。

智慧政务行业的市场规模不断扩大。数据显示，我国智慧政务行业市场规模从2014年的1845亿元上涨至2022年的4262亿元，同比2021年上涨7.43%（图5-2）。由此可见，我国的智慧政务市场一直保持高速增长的趋势，预计未来随着智慧城市建设的推进，智慧政务市场规模将会继续增长。

综上所述，智慧政务已经成为政府部门的长期战略和发展目标，未来会保持快速发展的趋势，涵盖范围从一、二线城市逐步扩展到三、四线城市，有着巨大的发展空间。

宏景科技在智慧政务领域耕耘多年，经过多年的积累，政务信息化产品涵盖了

单位：亿元

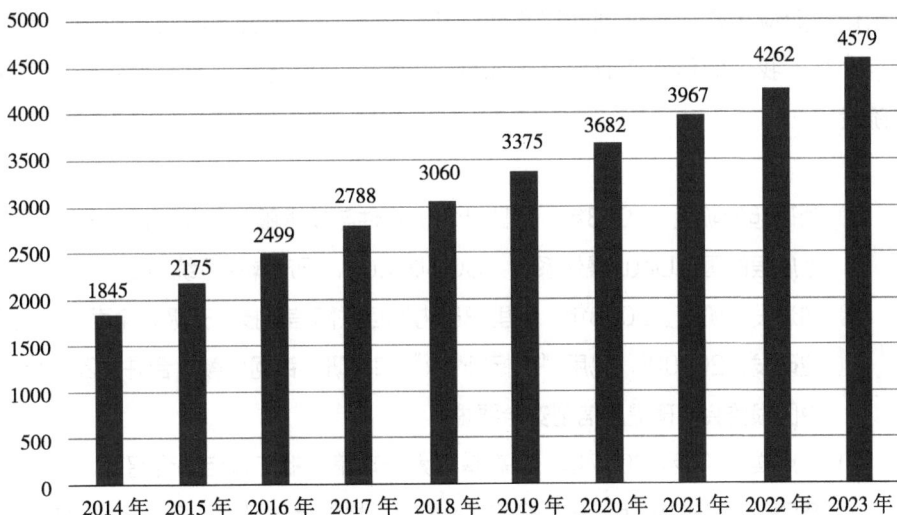

图5-2 智慧政务市场规模趋势

党政机关日常办公的各个领域，主要产品包括党政综合办公平台、督办督查系统、公安微报警平台、机关事务后勤管理系统、粮食数字管理系统等。下面主要介绍宏景科技在信创、园林、税务领域的专项应用与实践分享。

5.1.1 专项一：信创实践，突破技术封锁，打造核心竞争力

信创即信息技术应用创新产业，归根结底是基于信创软硬件进行信息化建设，力争在计算机信息技术领域摆脱国外依赖，逐步实现国产替代自主供应。一般来说，信创的核心内容包括基础硬件、基础软件、应用软件、信息安全四大板块。其中，基础硬件包括芯片、服务器、PC、存储等；基础软件包括数据库、操作系统、中间件等；应用软件包括办公软件、ERP和其他软件等；信息安全包括硬件安全、软件安全、安全服务等各类产品。

5.1.1.1 信创发展历程

近年来，全球的竞争愈发激烈，其核心是技术创新能力较量。在此背景下，中国信息技术应用创新产业（简称信创）在政策上、产业发展上已上升为国家战略。信创将逐步完成国产化信息技术软硬件底层架构体系和全周期生态体系的构建，最

终实现信息与通信技术产业的全面国产，为中国未来发展奠定坚实的数字基础。通过信创行业应用来构建信创底层软硬件架构体系，实现真正的自主可控，保障国家信息安全。我国的信创产业发展于20世纪90年代开始起步，至今大致经历了四个发展阶段。

① 预研起步阶段。1993年，中国计算机软件与技术服务总公司推出第一代以UNIX为底层的国产Linux操作系统"COSIX1.0"，国产操作系统横空出世。

② 加速发展阶段。2008年，阿里巴巴内部互联网信息技术升级，全面进行自主和可控研发；2010年，民用"中标Linux"和军研"银河麒麟"合并；2013年年底，中国银监会明确提出信创安全要求。

③ 试点实践阶段。2017年，核高基重大专项第二批工程启动会召开；2019年，国产CPU迎来收获期，兆芯KX6000亮相，性能得到极大提升；飞腾发布新一代桌面处理器FT-2000/4；2019年，完成多个重点专项试点工程。

④ 应用落地阶段。2020年，各省份信创项目已逐步启动；2020年9月，国家发改委、科学技术部、工信部、财政部四部委联合印发了《关于扩大战略性新兴产业投资培育壮大新增长点增长极的指导意见》，提出加快关键芯片、关键软件等核心技术攻关，大力推动重点工程及项目建设，积极扩大合理、有效投资。

信创产业作为战略性新兴产业，中央及各地方政府出台的信创政策逐年增多，各地方政府对信创的重视程度也逐年增加。信创已成为国家经济数字化转型、促进产业链升级的关键，国内信创产业开始进入快速发展期，未来几年这个势头还将延续。

5.1.1.2 信创发展过程遇到的问题

1）信创生态供需不平衡

近年来，面临新形势，信创愈加受到国家、产业的重视，被寄予厚望，但一个产业生态的完整，需要供需双方的整合与发展，并非一朝一夕之功。信创生态产业涉及网络、安全、硬件、软件、第三方套件等软硬件领域与人才的有机结合。据相关资料统计，信创生态供需平衡差值高达11%，说明信创生态存在严重的供需不平衡问题，供给无法满足需求，在安全、基础设施、底层硬件层面问题尤其严重。

2）木桶效应[①]影响信创产业质量提升

随着信创工作的不断推进，我国自主创新的信创产业取得了快速发展。从技术成熟度与全球水平的差距来看，中国市场信创领域在网络设施、数据库、云服务平台三个方面是领先于全球水平的，值得大力推广实施。反之，在芯片、操作系统、中间件、工业软件、IAAS等领域存在明显技术短板（图5-3），与世界发达国家的先进技术水平还存在很大的差距，也给我国信创产业的稳健发展带来不确定性，需要加大技术攻关力度。

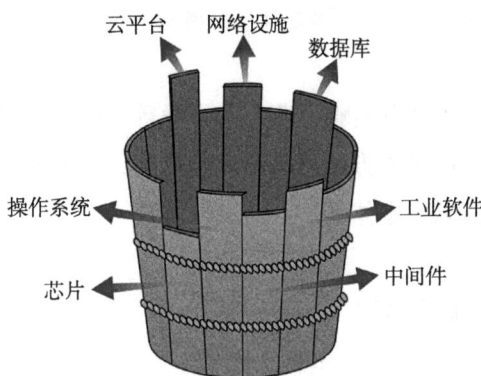

图5-3　木桶效应

信创之路还很长，机会也很多，需要所有信创市场创新主体同频共振、共同发力，打造各方合作、共赢的闭环生态，以科技创新驱动信创产业发展，避免出现因信创产业中的某一项短板导致资源浪费、推倒重来的局面。

5.1.1.3　信创应用与生态逐步完善

信创产业的生态包含底层硬件、基础软件、平台软件、应用软件、信息安全等领域，在政策加持之下，各个领域的技术创新能力大幅提升，结构优化升级取得实质进展。信创生态体系的构建已逐步完善，形成了信创产业上、中、下游的全产业链融合（图5-4）。目前信创生态主流的产品和代表厂家包括：国产CPU有鲲鹏、飞腾等，数据库有达梦、人大金仓等，应用系统有宏景、中软等，操作系统有统信

---

① 木桶效应，也称为短板效应，是指一只水桶能装多少水取决于它最短的那块木板。这个概念常被用于寓意一个短处对于一个组织或者一个人的重要程度，提醒人们要补足自我的短板，不能被短板限制。

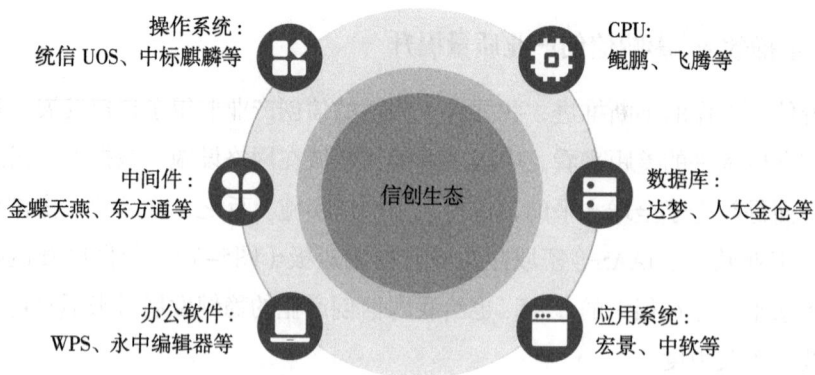

图5-4　信创生态

UOS、中标麒麟等，中间件有金蝶天燕、东方通等，办公软件有WPS、永中编辑器等。我国产品、方案、市场等方面开展全方位合作，不断相互兼容适配，日趋形成完整、稳定且成熟的信创生态体系。

5.1.1.4　信创实践案例分享

自2019年以来，党政信创作为工作进度较快的领域，一系列信创项目纷纷落地，信息技术行业企业不断为政府机关单位输出安全可靠的党政信息化解决方案。宏景科技结合多年在政务行业的经验，开发了自主知识产权的电子公文协同办公、无纸化办会以及工作督办等信创产品，并应用在不同项目场景中，下面分享宏景科技在此领域的三个案例：

1）某市电子公文系统信创项目

（1）项目背景

随着"电子政务"的加速推进，在线化、电子化已成为政企单位管理公文的重要手段。某市电子公文系统作为党政机关处理内部文件办公事务的运转中枢，承载全市及下属县、区、镇、街道的发文审批、收文流转、请示签报等重要流程流转处理、信息查阅等功能，是该市党政机关内部用户覆盖范围最广、使用频率最高、高峰期使用量最大的内部系统。根据上级部门统一工作要求，党政机关优先开展电子公文信创工作。基于此，该市提出了电子公文系统全面信创的项目。

（2）建设内容

该电子公文系统信创项目在软件方面主要包括综合办公门户、公文扫描软件、公文呈批系统、督查督办系统、公文登记系统、会议室预约系统、调度系统、即时消息平台、分布式文件同步等。

同时还包含以下建设内容：国产终端的采购包括国产电脑、服务器、操作系统、打印机、扫描仪等；基础设施的适配包括国产服务器、国产操作系统、中间件、数据库等；配套支撑软件主要指流、版、签，与电子公文系统和基础设施的适配；符合分保与等保安全要求。指采用国密算法等，对系统进行优化改造。

（3）项目成效

总体集成对于弥补质量短板管控有较为重要的意义，全程参与了终端的采集、软件适配、产品集成以及运维服务。市、县、镇、村四级全面实现了服务器、芯片、操作系统、中间件、数据库的全栈信创替换，完成全栈、单轨运行的目标，顺利完成上级部门下达党政机关电子公文全面实现信创适配的工作任务。

截至目前，国产终端设备已在该市党政机关得到全面应用，电子公文系统在信创环境下的运行稳定多次获得该市领导的好评。

2）某市会务一体化系统信息项目

（1）项目背景

某地级市市委办公室因会务工作需要，要求提高市委办公室会务管理的效率和质量，进一步提升保障水平和管理效能。该市市委会务科拟申请通过迁移上云、升级、改造的方式实现本市会务系统向信创环境迁移，进而保证数据安全、运行安全和业务安全，实现会务与会单位在信创平台下的业务协同。

（2）建设内容

完善当前会务系统的整体功能，提升系统的操作体验、系统性能并完善系统功能，同时增加基于移动端办公办会的渠道。以信创替代为标准进行项目建设，实现服务器、终端的信创全适配。提高工作效率，提供信创版排座软件，实现与会务一体化信息无缝对接，自动获取参会人员信息，实现人员信息收集、排座、座位票打印全过程服务。

（3）项目成效

信创版会务一体化平台适配主流国产芯片（龙芯、鲲鹏、飞腾）和操作系统（统信UOS、麒麟），支持SM2、SM3等国密算法，结合智能排座软件。现阶段，该平台已在该市各级政府部门正式上线使用，并多次成功辅助该市开展两会会务工作，包括会议排座、通知收发管理、领导排名等。并可自动识别错误排名、名单重名、错误安排座位、错误安排住房等多重异常情况，大幅减轻了会务人员的工作负担，备受该市会务管理部门的好评。

3）智能排座软件信创版

（1）项目背景

省、市各级党政机关的日常工作中众多重要会议的发布座位安排、效果图制作、座位信息分发等工作十分繁杂。

传统工作方式以手工操作为主，缺乏有效的系统软件支撑，且存在易发生操作错误、经验缺乏等问题。基于以上困境，某省人大常委会采购了一套智能排座软件信创版。

（2）建设内容

该智能排座软件包含以下五大功能模块。

会场管理：提供三种以上的会场初始化模板，包含圆形、椭圆、矩形等常见会场模板的设置。

参会管理：主要维护某次会议需要参会排座的人员名单，支持新建、修改、导入、删除，及手动拖动调整排序等操作。

人员划分：主要包括单位名单新增，单位人员资料创建、导入、参照排序、手动排序、查重、统计、创建区域，人员分配区域等管理功能。

区域排座：包括中左右、中右左、从左向右、从右向左、固定中左右、固定中右左、Z形排法、S形8种主流排法。

会场制作：通过图形化界面展示创建的会场图效果、座位安排效果，通过图形化拖拽、移动、对调等进行座位调整，支持文本备注、打印、导出等操作。

软件部署在国产服务器下的操作系统下，中间件为金蝶天燕，数据库为金仓数据库，管理系统为KingbaseESV8.0，于电子政务外网运行。

（3）项目成效

项目已顺利上线，并成功协助该省召开人大全体会议、主席团会议、召集人会议、分组会议等一系列会议的排座。该软件的应用让曾经需要耗费几天时间才能完成的座次表只需要十几分钟就能完成，大幅缩短了会务组织人员的工作时间。这意味着会议排座将轻松无忧、更加智慧，也意味着会务组织工作将迎来数字化、信创化办公的全新时代。未来智能排座系统将持续优化迭代，全力为用户带来最优体验。

宏景紧贴国家、省、市各级政府数字改革工作要点，通过"联合创新、产建融合"的模式，为各级党政机关提供信创全过程综合服务。同时，使用信创主流核心芯片的主机和服务器、操作系统以及信创第三方软件插件，搭建自主研发实验室，具有自主研发信创技术、信创项目低代码开发技术等特点。

在党政行业信创实践过程中，信创可控代码的综合办公平台主要面向党政机关。一方面，解决党政机关多类办公系统分批进行信创迁移改造时跨基础环境和应用集成困难的问题，并集成国产环境及X86环境上的应用系统，快速实现系统的统一机构、统一用户、统一认证、统一待办、统一消息、跨业务流程整合等管理，降低基础环境和复杂系统架构对应用系统业务整合的影响，实现综合办公，业务协同的目标；另一方面，可控代码综合办公平台在党政机关内部"办文""办事""办会""信息公开"等场景应用中，提供公文收发、个人文件柜、内部交换、数据统计、会议管理、即时通信、工作群组、通讯录、通知公告等功能支持。

5.1.2 专项二：智慧园林，建设绿色城市

智慧园林是智慧城市的重要组成部分，属于城市绿化与宜居的范畴。城市绿地、行道树、绿道、古树名木等是城市重要的自然资源和环境资源。这些资源的面积、数量及分布是否合理、均衡，都是衡量城市自然环境宜居性的基本指标。智慧园林不仅可以为城市管理者提供智慧化的管理工具，更是居民亲近自然、参与绿化、保护环境的平台。

5.1.2.1 园林绿化管理现状

随着城市园林绿化的建设与发展，园林绿化在城市管理中也遇到了新的机遇与挑战。由于园林绿化分类复杂、管理难度大，通过传统管理模式对园林绿化管理越来越困难，基础数据很难及时更新，更枉谈通过数据为规划和决策提供支撑。

目前的城市园林绿化管理还存在难以实现各类绿地、古树名木、公园、风景名胜区等信息的准确统计，绿化规划、评估等还是靠人工、靠经验，已收集的数据不能得到科学有效的利用，日常管理工作效率低，资源投入不合理等问题。无法及时、准确、动态地获取城市绿地资源的现状及其变化情况，缺乏实时数据更新，不能进行合理的空间分析，给园林绿化的科学合理规划带来很大困难。

园林绿化管理作为智慧城市的重要组成部分，是打造国家生态园林城市的重要管理内容之一，是国家智慧城市（区、镇）试点指标体系中的重要指标之一。随着国家"十四五"规划及住建部编写的《国家园林城市标准》等文件的陆续出

台，地方政府在城市建设中开始重视对园林绿化的规划布局。《国家新型城镇化规划（2014—2020年）》和2014年国家发改委等八部门联合印发的《关于促进智慧城市健康发展的指导意见》等相关文件要求以科技创新为支撑，着力解决制约城市发展的现实问题，建设绿色、低碳、智能城市。《城市园林绿化评价标准》（GB/T 50563—2010）和《国家园林城市系列标准》中也明确提出了建立城市园林绿化数字化信息库、信息发布与社会服务信息共享平台、建立城市园林绿化建设和管理实施动态监管机制，以及保障公众参与和社会监督的要求。因此，国内各地市迫切需要建立城市园林绿化专项数字化信息管理系统，通过智能化、信息化系统来提高业务水平和管理效率，并对城市园林绿化情况进行综合管理。

5.1.2.2 园林绿化管理问题

园林绿化管理作为智慧城管的重要组成部分，是打造国家生态园林城市的重要管理内容之一，是国家智慧城市（区、镇）试点指标体系中的重要指标之一。目前我国园林绿化管理中还存在如下问题。

① 园林绿化分类复杂，数据统计、更新慢，管理难度大。

② 园林绿化规划、建设、管理各自为政，自成体系；同质化严重，难以满足个性化需求；缺乏全局性、系统性、规范性的管理体制。

③ 对于绿地系统的格局缺乏系统考虑，"建筑优先、绿地填空"现象严重。

④ 民众城市园林绿化意识普遍不高，存在"政府热、公民冷"的现象。

⑤ 各地区园林管理部门和子系统相对独立，存在数据孤岛现象，智能化水平低。

⑥ 数据采集孤立，系统联动难以实现。

⑦ 应用可扩展性差，扩展成本较高。

⑧ 无法实现高效、便捷的集中式管理，运营成本高。

⑨ 重要设备运行状态无法实时监控，事故预警难以实现。

5.1.2.3 新技术在智慧园林的应用

智慧园林依托新一代信息网络，融合人工智能、大数据、云计算、物联网、5G移动互联、空间信息等前沿技术（图5-5），结合"互联网+"思维和生态园林管理理念，实现快捷、精准的园林信息采集、计算、处理，利用各种传感设备（环

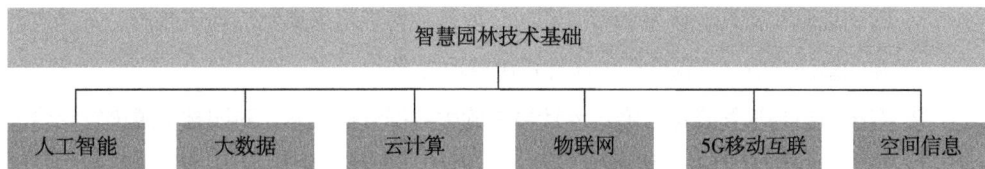

图5-5 智慧园林技术基

境温湿度、土壤水分、二氧化碳、图像等)、智能终端、自动化设备,把人与自然"智慧"地连接起来,实现园林管理的智能感知、智能预警、智能分析、智能灌溉、在线指导,为园林管理提供精细化培育、可视化管理、智能化决策等方面的技术支持,通过智慧化的管理与服务,使城市更宜居、环境更和谐。

1)人工智能技术在智慧园林建设中的应用

人工智能技术在智慧园林的建设中应用广泛,例如基于图像识别技术,对园林中的植物进行自动识别和分类,并提供植物形态、习性等信息,为园林设计和管理提供便捷和精准的方式;结合机器人、无人机等技术,实现园林清洁、修剪、除草等维护工作的自动化,提高工作效率和质量。

2)大数据技术在智慧园林建设中的应用

大数据在智慧园林建设中的应用涵盖地理数据、空间数据、业务数据、碳汇数据、专题数据、影响数据、三维数据等几十种数据类型,平台需要满足TB级数据的处理和挖掘。具体内容包括:利用大数据技术对这些数据进行存储、管理、挖掘、分析,为管理单位提供决策依据,提高决策效率,实现园林管养科学化、智能化;利用海量数据,对人工智能模型进行学习和训练,实现巡、管、养的全过程标准制定与过程管理;通过数据共享技术,打破数据孤岛瓶颈,完成业务系统数据联动,降低人工录入数据工作量,提高办公效率,加快审批速度。

3)云计算技术在智慧园林的应用

云计算技术是指通过网络将大量的计算资源和数据存储资源集中起来,对外提供服务,用户可以按需使用这些资源,并通过网络进行交互。在智慧园林领域,云计算技术也有着广泛的应用,主要包括以下几个方面。

① 智能化管理:利用云计算技术建设智慧园林管理平台,对园林资源进行全面、实

时的监测和管理。该平台可以实时获取各种传感器采集到的环境数据，并通过云端的算法分析，提供合理的园林资源管理方案。

② 数据分析与决策支持：通过云计算中的大数据分析技术，对园林资源进行综合分析，为决策者提供科学的决策参考。例如，结合历史数据统计预测天气变化趋势，制定出相应的灌溉和施肥计划。

③ 信息共享与交流：利用云计算技术建设智慧园林平台，设置在线社区、公告板等功能，方便园林从业人员之间的信息共享和交流，促进经验的积累和分享。

④ 系统升级与维护：云计算技术可以实现软件和硬件资源的可扩展性和可升级性，保证园林管理系统的高效、稳定运行。同时，通过云端的远程维护和监控，可以及时解决各种故障问题，提高园林服务质量。

4）物联网技术在智慧园林的应用

利用RFID、传感器、视频识别、全球定位系统等设备和技术，采集声、光、热、电力、化学、生物、位置等各种信息，通过各网络接入，实现物与物、物与人的连接，实现园林绿化相关信息与过程的智能化感知、识别和管理。减少人力资源投入，提高设备运行效率，增强数据的连续性。

园林绿化要实现精准智慧养护管理，前端物联智能感知设备必不可少。平台利用先进的智能设备、各类传感器，实现对园区内土壤、空气温湿度、土壤温湿度、CO_2、$PM_{2.5}$、pH值、病害、虫害等数据的监控感知，通过平台的图像分析算法、人工智能算法实现病虫害鉴定等相关监测内容，并将监测数据实时上报平台。

5）GIS技术在智慧园林的应用

地理信息系统（Geographic Information System，GIS）是一门综合性学科，包含了地理学、地图学、遥感学和计算机科学。GIS又是一种基于计算机的工具，可以对地理信息、空间信息、遥感影像进行分析和处理，把地图这种独特的视觉化效果和地理分析功能与一般的数据库操作（例如查询和统计分析等）集成在一起。智慧园林系统的基础数据都与地理、空间信息相关，因此GIS是实现智慧园林的基础和支撑，所有上层的业务均需要在GIS的基础上进行相应的操作。

5.1.2.4 智慧园林实践案例分享

目前，我国智慧园林建设还处于起步阶段，部分城市园林工作主管部门还没意识到智慧园林系统平台的重要性，存在信息化建设投入不够、业务系统重复建设、数据孤岛无法打通、人工数据采集投入很大、数据更新速度慢、多种数据无法聚合分析使用等问题。

因此，要建设绿色城市、园林城市、生态城市，就需要打造一个先进的智慧园林管理平台，通过平台为智慧园林奠定基础，为智慧园林管理赋能。逐步实现园林信息、数据、资料的统一获取、更新和管理；实现园林绿化业务全流程、精细化分析与管理，为领导决策提供信息和数据支撑；引入公众参与，提高民众对城市绿化的满意度。下面介绍某市林业和园林局智慧园林建设案例。

广东省某市林业和园林局为规范园林业务管理过程、升级智慧化管理手段，最终实现降低管理成本、提升管理效率、建设智慧园林管理体系的目标，以"智慧绿化、智慧管理、智慧生态"为目标，以信息技术为手段，启动智慧园林综合管理平台的建设，解决当前园林管理工作中存在的问题，实现园林管理工作的智慧化。

该项目历时一年半，对现有数据进行了汇总和梳理，对全市园林、绿地、绿道、古树名木等资源进行本底调查，形成园林绿地、城市公园、古树名木等资源数据库，并在此基础上通过智慧园林综合管理平台建设了城市绿地管理、公园景观管理、移动管养等十多个业务子系统；覆盖全市的园林、绿地、绿道、行道树、公园、古树名木等数十个林业和园林专题数据库；应用涉及市级、区（县）级林业和园林管理部门和下属单位等多级部门，业务覆盖资源管理、行政审批、行政执法、应急指挥等多个层面，覆盖用户数量近万人，形成全市园林行业的"大数据、大服务"综合管理平台。

平台以"图文一体化"数据体系为核心，以审批业务协同办公为突破，以生态园林大数据基础平台为支撑，以实现园林智慧化、精细化管理为驱动，以辅助决策支持为提升，以信息资源产业化为长效机制，建立涵盖全市园林绿化、森林资源、生态保护业务的统一业务平台，辅助实现全市园林决策智慧化、办公规范化、监督透明化和服务便捷化。

1）生态园林大数据平台

生态园林大数据平台是智慧园林得以实现的基础平台，包括基础地图、数据存储、数据分析、数据共享、数据接口等多项基础服务。

平台以"互联网+"为基础，结合物联网、大数据云计算、移动互联网、信息智能终端等先进的技术，集成林业园林核心业务，为生态园林的可持续绿色发展助力。生态园林大数据平台构成如图5-6所示。

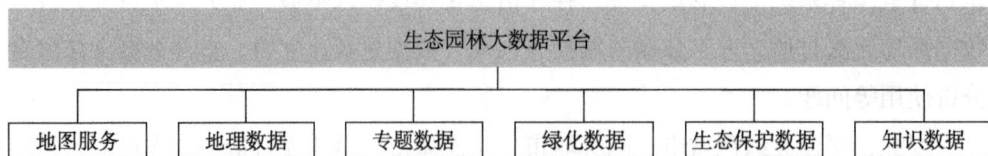

图5-6　大数据平台构成

（1）地图服务

地图服务采用GIS技术，提供电子地图访问服务。通过GIS软件，指定矢量和栅格数据源，创建专题图，设置注记，然后发布为地图服务。地图服务包括动态地图服务和瓦片地图服务，瓦片地图服务可以预先创建地图缓存以提高地图显示和访问效率。地图服务是最常见的GIS服务，除了提供基本的地图浏览功能外，基础地图服务功能还可用来实现地图查询、地图查找、地图编辑等服务。

（2）地理数据

建设能够提供多个园林绿化应用系统共享、所有相关园林绿化部门使用的基础数据库，制定相关数据标准，并将提供的城区1：10000、1：2000全要素数字化地形图、卫星遥感影像、数字高程模型（DEM）等数据整理入库。确保统一地理坐标、统一地理编码，数据格式与城市数字城市规划保持一致。

基础地理数据还包括城市多年度1：500电子地图、城市地势图、精品园林三维模型、人行天桥绿化三维模型、城市常见树种树木模型、重点古树名木、旅游景点的720度、360度全景数据等。

（3）专题数据

专题数据库主要包括园林绿化数据（含公园、城市绿地、城市绿线、天桥绿化、大树名木）、城市园林绿化从业单位数据库。园林绿化专题数据库建设包括空间数据、属性数据、文档数据、元数据等四类数据的整理与入库。

（4）绿化数据

平台通过对建成区内的绿地、行道树、古树名木、公园景区、绿道、天桥绿化及其他园林绿化数据摸底调查，采集绿地图斑、行道树数据，其精度可达到0.25m。

（5）生态保护数据

生态保护数据主要为全市野生动植物分布数据、各年度森林病虫害分布数据、森林防火设备设施数据、碳储量数据，以及视频监控、无人机等涉及生态保护方面的数据。

（6）知识数据

知识数据包括植物基础知识库，动物基础知识库，树木分类库，森林病虫害知识库，涉及林业园林的各类标准、规范，以及各单位的共享数据等。

生态大数据平台以林业园林业务为驱动，制定园林绿化空间数据标准、业务数据标准以及数据更新指引，规范各类数据的有序更新，保证数据的现势性、规范性、准确性。

2）智慧园林建设重点

（1）搭建智慧园林管理平台一体化

智慧园林管理平台依托空间信息技术、大数据分析技术等新一代信息技术将城市基础空间数据库、园林绿化专业数据库以及非空间数据库紧密集成管理，形成集园林绿化信息感知、辅助规划、综合管理、公众参与于一体的城市园林绿化专项数字化信息管理，实现园林资源的动态监测、深度管理、有效共享和共用，通过数据资源整合，打通数据孤岛，提高办公效率，减少人力投入，保证数据及时更新，充分利用现有数据和资源实现园林绿化工作的可持续性发展，加快园林管理智慧化进程，推动智慧生态城市建设。

智慧园林管理平台建设涉及地形图信息、园林规划绿化支持、园林绿地管理、实景影像信息、绿化项目工程监督管理、园林绿化空间数据、名胜古迹、公园、名树古木、权限分配、精细化处理、业务拓展建设管理等内容。以一体化的方式实现园林绿化查询检索与分析研判、辅助规划、流程制定与管理等，全面提升园林绿化数字化、信息化、智能化水平，促进园林绿化精细化管理职能化，大幅提高全行业的宏观管理和服务能力。智慧园林一体化管理目标如图5-7所示。

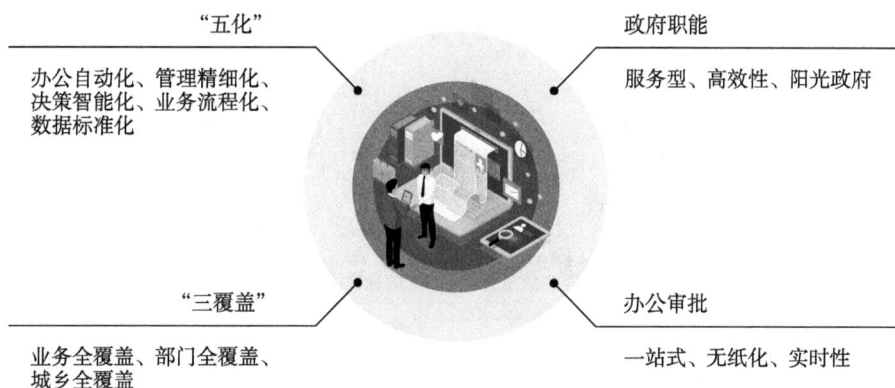

"五化"
办公自动化、管理精细化、
决策智能化、业务流程化、
数据标准化

政府职能
服务型、高效性、阳光政府

"三覆盖"
业务全覆盖、部门全覆盖、
城乡全覆盖

办公审批
一站式、无纸化、实时性

图5-7 智慧园林一体化管理目标

（2）完善管理制度，丰富管理手段，创新管理方法

园林绿化工作已经进入智慧生态园林时代。合理的园林规划建设，不但可以营造环保、生态的自然环境、带动旅游业休闲娱乐业等相关产业的发展，也是全面提升园林的管理与服务水平、树立城市名片的重要途径。

智慧园林管理平台通过管理制度、管理手段与管理方法的创新，以新一代信息网络为依托，以智慧生态园林大数据为基础，融合空间信息技术、云计算、大数据分析、物联网、移动互联等技术，构建管理标准化、监管体系化、决策智能化、服务全民化的城市智慧园林综合管理平台。从而对园林绿化事前、事中、事后的全过程精细化、智能化管理，提高市民对城市绿化工作了解和参与程度，全面提升园林绿化管理水平，实现"全市一张网，监管一条线，展示一平台"的城市智慧园林管理新模式，实现数据数字化、资源感知化、信息共享化、决策智能化、系统一体化、业务协同化、服务人性化的管理目标。

（3）大数据、辅助决策、数据共享、一体化办公多平台融合

智慧园林管理平台包括数据存储计算平台、辅助决策平台、大数据挖掘分析平台、数据共享平台、一体化协同办公平台等。平台通过对园林绿化的各种资源、数据的整合分析，构建园林绿化的"一图一库"，即时空数据一张图、园林资源一个库（图5-8）。具体内容如下。

① 通过建设一个强大的数据存储计算平台，保存、管理大量的园林基础数据，为园林规划提供数据支持，降低管理成本和管理复杂性。

② 通过构建以数学模型为基础的辅助规划决策平台，快速将数据和信息转变为决策依据，辅助园林部门快速、准确地完成相关规划和决策的制定。

③ 通过大数据挖掘分析平台，实现对风险的预防、预警、预案措施的有效管理，有利于集中精力开展创新工作。

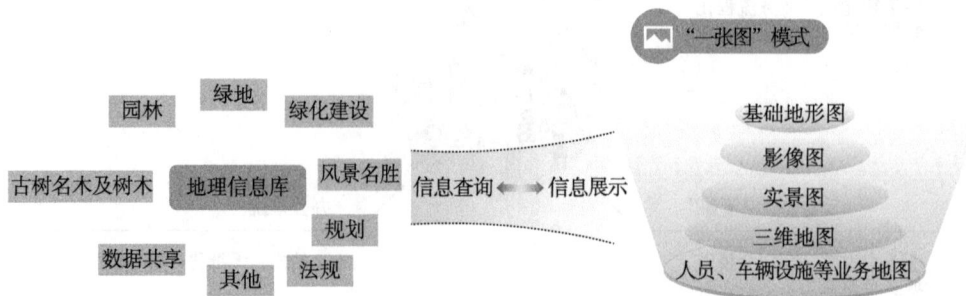

图5-8　平台实现"一图一库"

④ 建立数据共享平台，方便园林数据与其他平台数据对接交互，通过API接口方式实现平台数据信息的开放共享。

⑤ 通过一体化协同办公平台，完善和改进服务，提高植保水平，优化工作流程，提高管理快捷性。

5.1.3 专项三：智慧税务，助力税务业务升级

智慧税务是利用信息技术手段对税收管理、征收、监管等方面的工作进行数字化、智能化和数据化升级的新型税务管理模式，提高税务管理效率，加强税收征管，优化税收政策制定，提升税收服务水平以及推进数字经济发展。它是税收管理现代化的重要方向之一，对于促进税收工作的科学化、规范化和便民化具有非常重要的意义。

5.1.3.1 税务数字化发展遇到的问题及挑战

虽然我国在税务数字化方面已经取得了一定的成就，但仍然面临如下挑战和难题（图5-9）。

① 信息安全方面：税务数据的安全性非常重要，一旦数据泄露或遭到黑客攻击，可能会对税收征管工作造成严重影响。因此，政府需要加强对数据的保护和安全控制，加强安全技术研究和应用，提高信息安全保障能力。

② 技术创新和应用方面：随着新技术的不断涌现，税务数字化转型也需要不断探索创新，积极应用新技术提高税收征管效率和服务水平。但同时，这也要求政府和企业必须具备足够的技术实力和人才储备，以满足数字化转型的需求。

③ 用户体验方面：政府数字化服务的目标是为了更好地服务人民、提高人民的满意度。但是，如果数字化服务难以满足人民的需求或者用户体验不好，那么数字化服务的推广和应用就会受到限制。因此，政府需要更加注重用户体验，积极采集用户反馈和需求，不断优化数字化服务，提高用户满意度。

④ 数据标准化方面：税务数字化转型需要大量的数据支持，但由于不同部门、不同地区之间数据格式、标准不统一，导致数据的收集、整合、分析、共享等方面存在很多困难。因此，政府需要统一数据标准、格式、交换协议等，建立数据共享机制，实现数据互通、互用、互联。

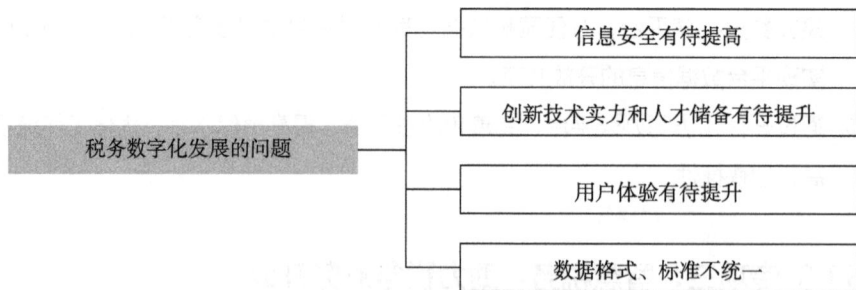

图5-9　税务数字化发展的问题及挑战

这些挑战和难题不仅存在于税务数字化转型方面，也存在于政府数字化服务的其他领域。政府需要制定科学的政策规划，加强跨部门、跨地区、跨领域的协同合作，不断创新和改进数字化服务，促进数字化转型取得更好的效果。

5.1.3.2　新技术赋能智慧税务的创新应用

针对税务数字化转型面临的挑战和问题，智慧税务与人工智能、大数据、云计算、区块链、移动互联网等新技术产生了新的交集点与创新应用。

1）人工智能在智慧税务领域的创新应用

利用人工智能技术，使一些重复性、规律性的工作自动化，如税收数据分析和处理、纳税人信息核查等，能够提高税务工作效率和质量，减少错误率和遗漏率。例如，可以利用人工智能技术开发税务智能系统，实现自动化的税收征管和服务，提高效率和质量。此外利用人工智能技术还能开发智能客服系统，提供更加便捷、高效、个性化的服务，满足用户不同的需求。

2）大数据在智慧税务领域的创新应用

税务系统需要处理大量的数据，而大数据技术可以帮助税务机构快速、精准地分析和应用这些数据，从而提高税收征管效率。税务机关可以通过大数据分析手段，加强对纳税人的核查和监管工作，减少不合法的税收行为。大数据技术能够对海量税务数据进行分析和挖掘，提取出有用的信息和规律，为税务决策提供科学的依据。

3）云计算在智慧税务领域的创新应用

智慧税务可以利用云计算技术，将税务管理系统迁移到云端，实现更加安全、稳定和便捷的信息化服务。税务机关可以通过云计算手段，提高应对突发事件的能力，保障税收征管工作的连续性和稳定性。

4）区块链在智慧税务领域的创新应用

区块链技术可以帮助税务机关建立更加透明、可信的税收征管体系。利用区块链技术，可以确保税收数据的安全和完整性，防止数据篡改和泄漏，提高纳税人和税务机关之间的信任度。利用区块链还可以解决信息安全问题，将税务数据存储在分布式账本上，并通过智能合约等机制对数据进行加密、验证和访问控制，从而确保数据的安全和隐私保护。

5）移动互联网技术在智慧税务领域的创新应用

移动互联网技术可以为智慧税务提供更加便捷、快速的服务，如手机App、微信公众号等。这可以使纳税人在任何时间、任何地点都能够方便地进行申报、查询、缴纳等事务，提升税收服务水平。

总之，新技术赋能智慧税务的融合与创新，可以帮助税务机关提高税收征管效率、建立可信的税收征管体系、自动化重复性工作、提高税收服务水平等。这些新技术的引入和应用，将进一步推动智慧税务建设的发展，促进税收管理现代化的进程。

5.1.3.3 智慧税务实践案例分享：智能客服产品赋能智慧税务数字化创新

1）项目背景

随着税收征管体制改革、减税降费、支持企业复工复产、个人所得税汇算清缴等工作的不断推进，纳税人和缴费人的咨询需求呈现出爆发式增长，话务量、座席人员数、语音通话量都处于持续增长状态，居高不下的人工咨询率严重影响了纳税服务工作的质量和效率。大连市税务局原有客服中心的按键式IVR①系统，由于菜单繁琐复杂、层级过深，面对越来越多的新增业务可扩展性降低，严重影响了用户体验，即使在不断增加客服中心人工座席的情况下，仍然无法满足话务量高峰时期的需求。不断上涨的人力成本产生了负面影响，使得客服中心面临着越来越大的挑战。

---

① IVR是交互式语音响应系统的缩写，全称是Interactive Voice Response System。IVR系统是一种自动语音应答技术，可以用于电话系统或其他通信系统中，通过语音和按键输入与用户进行互动和交互。

2）建设内容

为加快推进"12366"智能化、信息化建设步伐，结合本地实际情况，积极探索开发语音智能咨询功能，为纳税人提供更加高效、便捷的咨询服务。主要建设内容包括以下两大部分。

① 建设局企业号精准推送系统，把纳税人需要的咨询主动传递给纳税人，解决资源短缺和纳税咨询需求增长之间的矛盾。

② 通过引入智能语音IVR系统，使菜单扁平化，解决按键式IVR服务横向节点太多、纵向层次太深的问题，同时实现语音节点层级之间的任意跳转、智能中断和返回。基于大连市税务局现有的智能语音服务模式，拓展实现交互式自助语音服务，针对部分热点问题、常见问题进行语音预处理，利用智能语音识别引擎及语义分析引擎，对接语义理解模块，实现智能语音交互、智能分流、菜单导航等功能。

智能客服的架构分为用户、客服系统、后台服务等模块，如图5-10所示。
智能客服系统实现了数据整合和清洗、自然语言处理、机器学习和决策引擎、人工智能算法等功能的应用。

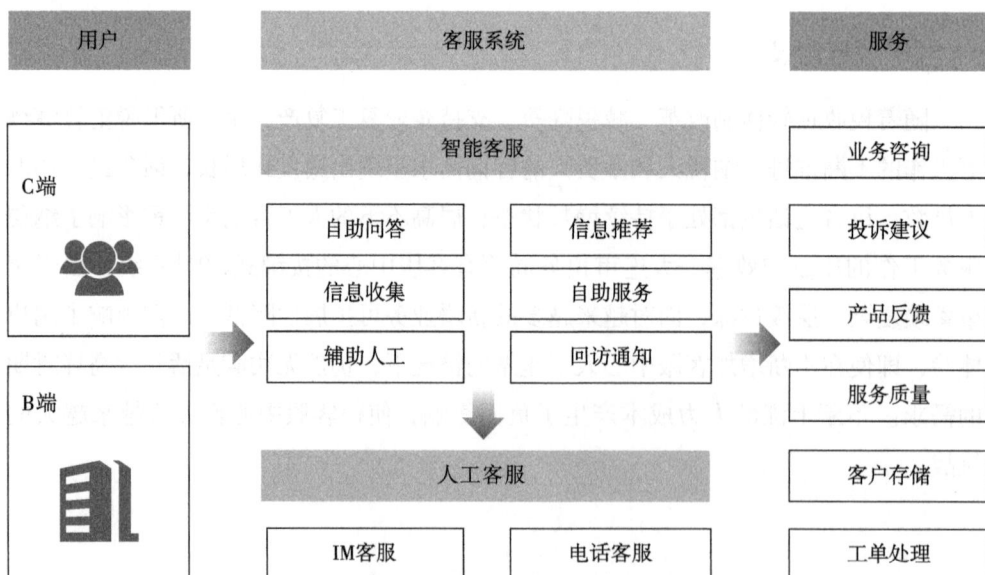

图5-10　智能客服架构图

利用大数据技术，对纳税人数据进行整合和清洗，保证数据的准确性和完整性。

利用自然语言处理（NLP）技术，对纳税人提出的问题进行处理，将其转化为计算机可以识别和处理的形式。自然语言处理技术包括分词、语义分析、文本分类、关键词提取等，可以让系统更好地理解纳税人的需求。

建立机器学习和决策引擎。智能客服系统集成机器学习和决策引擎技术，实现对大量数据的分析和处理，为纳税人提供个性化的服务。机器学习技术可以自动优化系统的性能，提高系统的准确率和效率，决策引擎则可以实现对问题的自动分类和回答，提高服务质量。

使用人工智能算法，包括神经网络、遗传算法、模糊逻辑等技术，对纳税人历史行为和趋势进行分析，提高系统的智能化程度。同时，建立人工智能算法的训练和测试体系，提高系统的智能化程度和准确性。

3）项目成效

目前，智能语音客服系统在国家税务总局大连市税务局上线运行，上线数据显示，机器人有效响应率达到85%以上；语音智能咨询准确率高于80%；人工话务量的明显降低，座席席次减少。通过使用过程数据持续教育，相关指标稳步上升。主要解决纳税行业咨询资源短缺和纳税咨询逐步增长需求之间的矛盾，在纳税服务降本增效中发挥了重要作用。

智能客服较传统人工座席客服提高了用户满意度，降低了税务局服务运营成本。同时，利用积累的数据赋予并延伸，更加有利于税务业务发展的大数据运营架构支撑体系，实现基于业务发展和用户数据的良性迭代，使得业务运营服务匹配能力越来越强。

5.2 智慧医疗：实现"健康中国"战略重要驱动力

2022年，在广州举办的一场心脑血管医学的专题交流会上，一名湛江的女患者说，她为了挂某知名三甲医院的号，找了很多的关系才挂上，最后看病的时间不到3分钟。这个话题引起了在场许多患者的共鸣，很多患者都有相同的遭遇。这些问题让很多花费精力、时间、金钱来大城市看病的患者感到不满。对很多患者来说，挂号难、看病时间短是在三甲医院就医的一个常态化现象。

2023年1月17日国家统计局发布的数据显示，中国人口总量有所减少，2022年年末全国人口比上年末减少85万人，人口自然增长率为-0.60‰，这是中国人口60多年来首次出现负增长，说明我国老龄化问题日趋严重。人口老龄化程度的加深伴随着不断增加的医疗服务需求，医疗保险和社会保障资金可能越来越多地向退休人群转移，因此医疗费用支出也逐年提高，居民"看病贵"的问题难以进一步缓解。

看病难、看病贵已成为国内最突出的民生难题之一，智慧医疗的建设可以说是这一问题的重要手段之一。智慧医疗对挂号、诊断、治疗、康复、支付、医院管理、区域医疗资源配置等各环节的运行都具有促进作用。利用人工智能、大数据、云计算、物联网、移动互联网等技术，可以建设以病人为中心的医疗信息管理和服务体系，实现医疗信息互联、远程诊疗、共享协作、临床创新、诊断科学等功能。各种技术的飞速发展推动了以患者为中心的医疗数据网络的形成，使得医疗产业迎来智慧医疗时代，也是实现"健康中国"战略的重要驱动力。

5.2.1 医疗服务与医院管理存在的问题

根据国家统计局数据，截至2022年年末全国共有医疗卫生机构103.3万个，其中医院3.7万个，其中公立医院1.2万个，民营医院2.5万个；基层医疗卫生机构98万个，其中乡镇卫生院3.4万个，社区卫生服务中心（站）3.6万个，门诊部（所）32.1万个，村卫生室58.8万个；专业公共卫生机构1.3万个，其中疾病预防控制中心3385个，卫生监督所（中心）2796个。我国共有三级医院3275个，在我国一至三级医院总量中占比12%左右，但三级医院诊疗人次数占比60%以上，且我国三级医院主要集中在北京、上海、广州等大城市，中小城市医疗资源相对不足。截至2022年年末，我国共有卫生技术人员1155万人，其中执业医师和执业助理医师440万人，注册护士520万人，而全年总诊疗人次为84亿人次，医疗供给也存在较大压力。在如此背景下，医疗服务与医院管理可能会存在以下问题。

1）医疗资源配置欠合理，难以满足人民的医疗需求

2017年4月，《国务院办公厅关于推进医疗联合体建设和发展的指导意见》发布，明确要求全面启动多种形式的医疗联合体（简称医联体）建设试点，三级公立医院要全部参与并发挥引领作用。医联体概念的提出其实就是为了解决医疗资源配

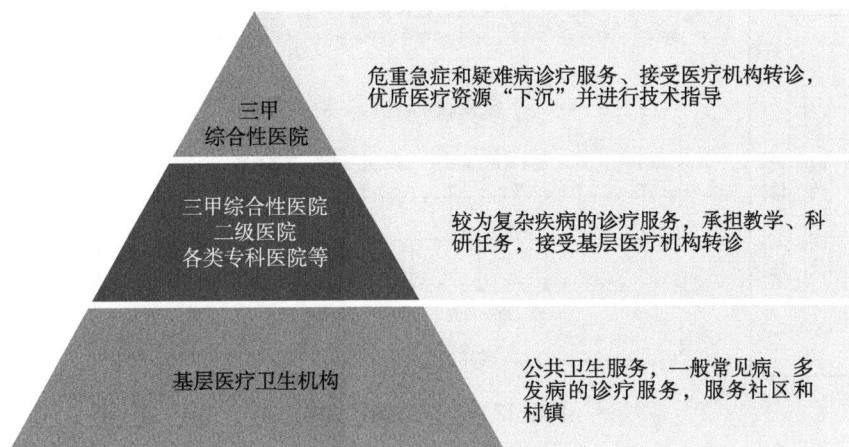

图5-11 医联体分级诊疗模式

置的问题，但是经过多年的发展，城市大型医院与小型医院的医疗资源配置仍然存在失衡，大医院门庭若市，基层医院或社区医院门可罗雀。资料数据显示，目前全国80%的医疗资源集中在大城市，其中有30%集中在大医院。每年到大医院就诊的人群中有80%左右所患疾病是在基层医院即可解决的常见病、多发病。医联体分级诊疗模式如图5-11所示。

2）"三长一短"的问题有所缓解，但是"大医院"依然人满为患

2022年11月，中华人民共和国国家卫生健康委员会（简称国家卫生健康委）、国家中医药管理局（简称国家中医药局）、国家疾病预防控制局（简称国家疾控局）印发《"十四五"全民健康信息化规划》，对"十三五"期间的主要工作进行了回顾。"十三五"期间，我国卫生健康行业大力推进，健康中国、数字中国两大战略融合落地，深入实施"十三五"全民健康信息化发展规划，加快健康医疗大数据规范应用和"互联网+医疗健康"创新发展。全国二级及以上医院全面推进落实"互联网+医疗健康"10项服务、30条措施，深化便民惠民"五个一"服务行动，全国各级医院普遍开展互联网健康咨询、分时段预约就诊、诊间结算、医保联网、检查检验结果查询、移动支付等线上服务，优化改造就医流程，看病就医"三长一短"问题得到了一定的缓解。但是由于三、四线城市人才缺乏、设备较差、医疗水平不高等问题仍然存在，并且短时间内是难以得到解决，使得患者的第一选择还是在大城市的三甲医院就医，导致"大医院"依然人满为患。优化就医流程模式如图5-12所示。

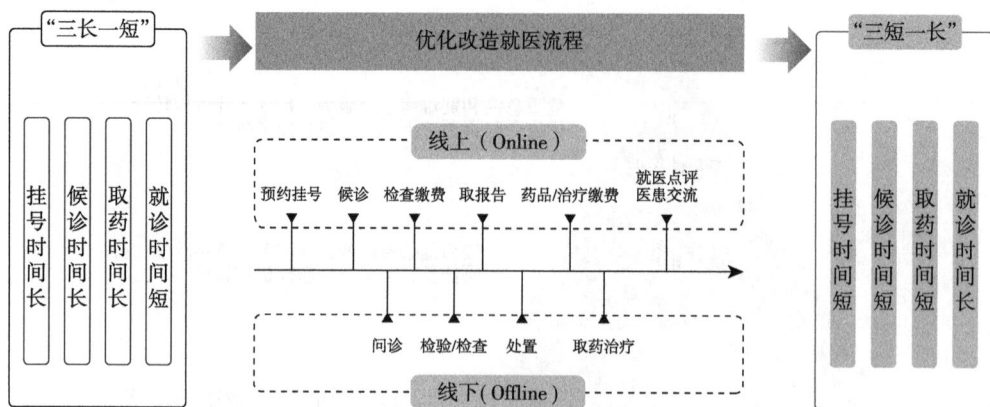

图5-12 优化就医流程模式

3）后勤运维管理信息化程度不足，难以满足医院的整体发展要求

医院后勤运维管理是医疗卫生服务系统的重要环节。医院后勤运维管理是为了整合院内所有业务流程的工作，并为患者提供更加优质的医疗服务，因此医院后勤管理的内部流程会对患者在医院的就诊体验产生重大影响。随着服务体验意识和消费者权益日益受到社会重视，改善医患关系、提高医疗质量和医护人员工作效率等方面对医院后勤管理提出明确要求，现阶段后勤运维管理信息化尚难以满足医院的整体发展要求。

医疗资源供需严重失衡以及地域分配不均、人口老龄化、慢病人口高速增长、医院后勤运维管理落后等问题，形成了对智慧医疗的巨大需求。当前社会发展形势对医疗卫生服务提出了新的要求，使得当前医院亟待改变运营方式，不断探索医疗数字化转型。

5.2.2 智慧医疗的发展历程

早在20世纪80～90年代，我国便引进了医疗信息化技术。当时，少数有条件的大型医院购置了计算机软硬件，建立互联网系统和数据库，用于改进医院管理工作流程，推动效率提升。医疗信息化的最初落地成果主要集中于医院的财务结算系统以及药品等医疗物资的管理系统，这就是最早的智慧医疗。可以说最早的智慧医疗是以收费为中心，解决非诊疗业务。

进入21世纪后，随着互联网技术的进一步成熟以及互联网技术的爆发，医疗信息化进入第二阶段。越来越多的医院开始自建机房和网络，购买和使用医院信息系统、电子病历、自助服务设备等信息化管理系统。这个阶段的智慧医疗已开始进入以业务为核心的阶段，致力于以患者为中心，服务于患者和医护人员，提升医疗资源利用效率。

2010年后，智能手机和移动互联网蓬勃发展，再次刺激了医疗信息化技术的升级和演进，医疗信息化进入第三阶段。越来越多的医院推出了手机App，提供挂号、查看报告等基于移动互联网的便利就医服务。这个阶段的智慧医疗着眼于互联互通，打造整体数据集成平台，致力于打破医疗系统内部的数据孤岛，整合不同系统的数据。

如今，在5G、人工智能、云计算、物联网、大数据等新技术的推动下，医疗信息化又进入了新阶段。大量的5G医疗场景出现，数字化、网络化、智能化的医疗设施和解决方案真真切切地来到了我们的面前。尤其是新冠疫情期间，各种互联网和通信技术融入传统医疗场景，赋能医疗机构和医护人员，为我们战胜疫情提供了巨大的帮助。智慧医疗发展历程如图5-13所示。

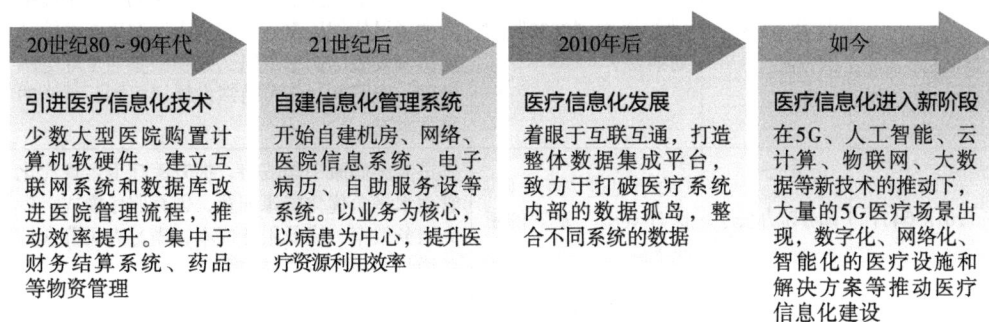

20世纪80~90年代	21世纪后	2010年后	如今
引进医疗信息化技术	自建信息化管理系统	医疗信息化发展	医疗信息化进入新阶段
少数大型医院购置计算机软硬件，建立互联网系统和数据库改进医院管理流程，推动效率提升。集中于财务结算系统、药品等物资管理	开始自建机房、网络、医院信息系统、电子病历、自助服务设备系统。以业务为核心，以病患为中心，提升医疗资源利用效率	着眼于互联互通，打造整体数据集成平台，致力于打破医疗系统内部的数据孤岛，整合不同系统的数据	在5G、人工智能、云计算、物联网、大数据等新技术的推动下，大量的5G医疗场景出现，数字化、网络化、智能化的医疗设施和解决方案等推动医疗信息化建设

图5-13 智慧医疗发展历程

5.2.3 医疗智慧化升级成为医疗高质量发展的关键

智慧医疗是数字技术在民生领域的重要应用，随着多项医疗数字化政策的出台和新医改的深入，我国相关政府部门积极响应智慧医疗的建设和投资，从新技术应用、政策激励等多个维度提高智能医疗技术，推动医疗信息化。人工智能、大数据、云计算、物联网、传感等技术的发展，使医疗辅助决策、辅助医疗手段得以实现。同时，医院联合医疗保险、社会服务等部门，在诊前、诊中、诊后及医疗支持等各个环节简化流程，使得医疗信息在患者、医疗设备、医院信息系统和医护人员间流动共享，极大地提高了医疗工作效率、医疗服务质量。

1）国家政策加快推进智慧医疗高速前进

中共中央、国务院于2023年2月17日印发的《数字中国建设整体布局规划》提出要夯实数字中国建设基础。一是打通数字基础设施大动脉。加快5G网络与千兆光网协同建设，深入推进IPv6规模部署和应用，推进移动物联网全面发展及应用，整体提升应用基础设施水平，加强传统基础设施数字化、智能化改造。二是畅通数据资源大循环，构建国家数据管理体制机制，健全各级数据统筹管理机构。推动公共数据汇聚利用，建设公共卫生、科技、教育等重要领域的国家数据资源库。智慧医疗是数字中国建设的重要一环，我国也推出了多项的政策推动智慧医疗发展。我国关于智慧医疗的政策如表5-1所示。

智慧医疗历年政策 表5-1

发布时间	发文单位	会议或政策文件	主要内容
2016年10月	中共中央、国务院	《"健康中国2030"规划纲要》	推进健康中国建设，是全面建成小康社会、基本实现社会主义现代化的重要基础，是全面提升中华民族健康素质、实现人民健康与经济社会协调发展的国家战略，是积极参与全球健康治理、履行2030年可持续发展议程国际承诺的重大举措
2018年4月	国务院办公厅	《关于促进"互联网+医疗健康"发展的意见》	推进实施健康中国战略，提升医疗卫生现代化管理水平，优化资源配置，创新服务模式，提高服务效率，降低服务成本，满足人民群众日益增长的医疗卫生健康需求
2018年12月	国家卫生健康委办公厅	《关于印发电子病历系统应用水平分级评价管理办法（试行）及评价标准（试行）的通知》	持续推进以电子病历为核心的医疗机构信息化建设
2019年3月	国家卫生健康委办公厅	《国家卫生健康委办公厅关于印发医院智慧服务分级评估标准体系（试行）的通知》	医院智慧服务是指医院针对患者的医疗服务需要，应用信息技术改善患者就医体验，加强患者信息互联共享，提升医疗服务智慧化水平
2021年3月	国家卫生健康委办公厅	《国家卫生健康委办公厅关于印发医院智慧管理分级评估标准体系（试行）的通知》	评估对象为应用信息化、智能化手段开展管理的医院。同时明确建立分级评估标准体系的目的：一是明确医院智慧管理各级别实现的功能，为医院加强智慧管理相关工作提供参照；二是指导各地、各医院评估医院智慧管理建设发展现状，建立医院智慧管理持续改进体系；三是完善"三位一体"智慧医院建设的顶层设计，使之成为提升医院现代化管理水平的有效工具

续表

发布时间	发文单位	会议或政策文件	主要内容
2022年3月	国务院办公厅	《"十四五"中医药发展规划》	推进智慧医疗、智慧服务、智慧管理"三位一体"的智慧中医医院建设
2022年11月	工信部办公厅等	《关于组织开展2022年智慧健康养老产品及服务推广目录申报工作的通知》	智慧健康养老服务,主要包括个性化健康管理、互联网+健康咨询/科普两类智慧健康服务,以及互联网+居家养老生活照料、互助养老、老年人能力评估、线上老年教育/购物四类智慧养老服务
2022年12月	国家发改委	《"十四五"扩大内需战略实施方案》	在智能交通、智慧物流、智慧能源、智慧医疗、智慧健康养老等重点领域开展数字化试点示范,大力发展第三方大数据服务产业
2023年2月	中共中央、国务院	《数字中国建设整体布局规划》	促进数字公共服务普惠化,大力实施国家教育数字化战略行动,完善国家智慧教育平台,发展数字健康,规范互联网诊疗以及互联网医院发展
2023年2月	财政部办公厅、国家卫生健康委办公厅	《关于组织申报2023年中央财政支持公立医院改革与高质量发展示范项目的通知》	着力加强智慧医院建设。推进电子病历、智慧服务、智慧管理"三位一体"的智慧医院建设和医院信息标准化建设,支持建立区域内检查、检验结果互通共享信息化规范

2)"三位一体"的建设方针,明确智慧医院建设方向

智慧医疗是生命科学和信息技术融合的产物,是现代医学和通信技术的重要组成部分。一般认为智慧医疗包括智慧医院服务、区域医疗服务和家庭健康服务等内容。可以说,智慧医院是智慧医疗的重要组成部分,也是智慧医疗发展的重要着力点。

智慧医院的范围主要包括三大领域,分别为面向医务人员的"智慧医疗"(以医院内部业务为核心)、面向医院的"智慧管理"以及面向患者的"智慧服务"。

智慧医疗领域,2018年12月国家卫生健康委办公厅印发《电子病历系统应用水平分级评价标准(试行)》,旨在建立适合我国国情的电子病历系统应用水平评估和持续改进体系,以电子病历为抓手,提升临床诊疗水平。智慧服务领域,2019年3月国家卫生健康委办公厅发布《医院智慧服务分级评估标准体系(试行)》,引导医院建设功能实用、信息共享、服务智能的智慧服务信息系统,改善患者就医体验。智慧管理领域,2021年3月国家卫生健康委办公厅印发《医院智慧管理分级评估标准体系(试行)》,指导医疗机构科学、规范开展智慧医院建设,提升医院管理精细化、智能化水平。智慧医院智慧服务与智慧管理评估标准如图5-14所示。

医疗、服务、管理"三位一体"的建设方针,明确了智慧医院的建设方向,使

2019年《医院智慧服务分级评估标准体系》		2021年《医院智慧管理分级评估标准体系》
基于医院的智慧医疗健康服务基本建立	5级	初步建立医院智慧管理信息系统，实现高级业务联动与管理决策支持功能
智慧医院服务基本建立	4级	依托医院管理信息系统实现中级业务联动
联通医院内外的智慧服务初步建立	3级	依托医院管理信息系统实现初级业务联动
医院内部智慧服务初步建立	2级	初步建立具备数据共享功能的医院管理信息系统
医院应用信息化手段为门、急诊或住院患者提供部分服务	1级	开始运用信息化手段开展医院管理
医院没有或极少应用信息化手段为患者提供服务	0级	无医院管理信息系统

图5-14 智慧医院智慧服务与智慧管理评估标准

得医院的业务从传统的医疗业务、后勤业务等独立运行，逐渐向线上一体化管理模式转变升级。

3）医联体与区域医疗中心的建设，推动医疗资源均衡布局

医联体是通过纵向或横向的方式对不同类型和层级的医疗机构的医疗资源进行整合，能够解决区域医疗资源分布不均、患者就医格局不合理、基层医疗机构服务能力薄弱等问题，具有促进优质医疗资源纵向整合、提高基层医疗服务能力、构建科学合理卫生服务体系的重要作用，也是推进分级诊疗的重要抓手。2011年1月28日，上海首个"区域医疗联合体"在卢湾区签约启动，由上海交通大学医学院附属瑞金医院领衔，带动、整合区域内的6个一、二级医疗机构，共同为医联体内的居民服务。

国家区域医疗中心主要负责区域内疑难危重症的诊断与治疗，示范和推广适宜、有效的诊疗技术，辐射和引领区域内医学发展和医疗服务能力提升；培养骨干人才和学科带头人；引领本区域内主要疾病的临床研究，及时做好研究成果的临床应用转化；整合现有资源，推动开展疾病预防保健服务，在区域内牵头构建医疗服务和疾病防治网络；与国家医学中心协同，加强学术交流和区域协作，完善我国医疗服务体系，提高区域医疗服务水平。2023年4月13日，国家卫生健康委在北京召开新闻发布会，介绍优质医疗资源扩容下沉和区域均衡布局有关情况。表示下一步将研究制定未来5年国家医学中心和国家区域医疗中心的设置规划，带动优质医疗资源定向流动。

可以说，医联体和区域医疗中心是当前优化医疗资源配置、提高医疗服务水平的重要举措。医联体、区域医疗中心的主要作用如图5-15所示。

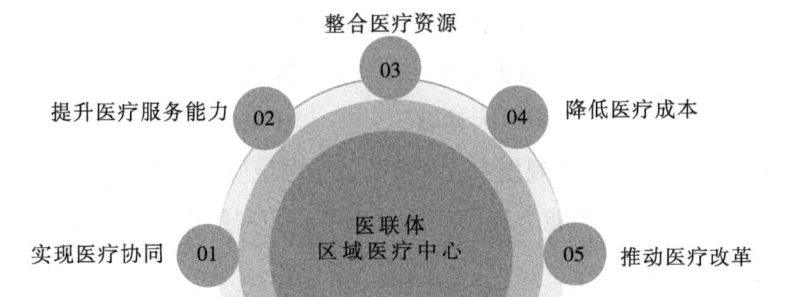

图5-15 医联体、区域医疗中心主要作用

① 实现医疗协同：实现不同医疗机构之间的医疗协同，加强医疗信息共享和交流，促进诊疗经验、技术和治疗方案的交流，提高医疗质量和效率。

② 提升医疗服务能力：通过整合医疗资源，实现分级诊疗、专业分工，可以提高医疗服务能力和水平，使患者在家门口就能够获得更好的医疗服务。

③ 整合医疗资源：整合区域内的医疗资源，包括人才、设备、药品等，避免医疗资源浪费和重复建设，提高资源利用率。

④ 降低医疗成本：通过优化医疗资源配置和管理，有效降低医疗成本，减轻患者负担。

⑤ 推动医疗改革：是医疗改革的重要举措，可以推动医疗服务模式、管理模式、运行机制和医保支付方式等方面的创新和改进。

2023年3月，中共中央办公厅、国务院办公厅印发《关于进一步完善医疗卫生服务体系的意见》，提出到2035年构建"富有韧性的整合型医疗卫生服务体系"的中期目标，"发挥信息化的重要支撑作用，为医疗卫生服务体系的高效运行提供保障"。该意见为破除数据孤岛，推动区域医疗信息化的整合式发展提供了一系列政策保障，包括推进智慧医院建设、推动医疗联合体建设和区域医疗中心建设，强化城乡基层医疗卫生服务网底，以及建设医疗领域的互联网平台等。

信息化作为医联体、区域医疗中心建设的辅助手段，是促进资源整合和信息共享的重要实现路径。医联体、区域医疗中心信息平台以信息技术为支撑，以信息化为抓手，以居民健康为中心，探索双向转诊、远程医疗、检验检查结果互认、慢性病管理、远程医疗等系统应用。通过各医疗机构间的线上和线下的业务协作，延伸并拓展医联体内服务链条，实现区域内连续性、一体化的医疗服务。

4）科技发展赋能智慧医疗建设

信息基础设施是数字经济快速发展的支撑。国家高度重视信息基础设施的发展，提出要加快新型基础设施建设，加强战略布局，加快建设高速泛在、天地一体、云网融合、智能敏捷、绿色低碳、安全可控的智能化综合性数字信息基础设施，打通经济社会发展的信息"大动脉"。

智慧医疗作为城市战略规划中一项重要民生领域应用，融合了多项新技术，有利于进一步提升医疗技术能力和医疗质量水平，切实解决当前医疗痛点、难点问题，是未来的发展趋势。

智慧医疗智慧化升级是医疗数字化转型的必由之路，智慧医疗的受惠者并非只有病患，医院和政府也将在数字化转型中获益。新技术能够进一步深入医疗核心，在临床和科研领域产生深远影响，在医院管理尤其是信息化管理方面贡献着价值。

（1）人工智能在智慧医疗中的应用

近年来，人工智能技术发展突飞猛进，并以不可阻挡之势进入了人们的生活领域。随着人工智能产业发展上升为国家战略，国家各部委及各地陆续出台相关政策，人工智能相关产业整体呈现快速增长趋势，陆续向智慧医疗等多领域应用场景拓展。

① 人工智能在临床医疗诊断的应用。人工智能在临床医疗诊断中常用于医疗专家系统，主要是运用专家系统的设计原理与方法模拟医学专家诊断、治疗疾病的思维过程编制的计算机程序。它可以帮助医生解决复杂的医学问题，作为医生诊断的辅助工具，继承和发扬医学专家的宝贵理论及丰富的临床经验。

概括来说，人工智能在医疗领域的作用包括以下几个方面。可以为医生提供完整和有效的信息，从而为疾病的诊断和治疗提供科学可靠的依据。可以极大地提高医学数据的测定和分析过程的自动化程度，从而大幅提高工作速度，减轻人的工作强度，并降低主观随意性。可以集中专家的知识，辅助医生作出更为可靠和正确的诊断；随着病例的增多，还可以丰富系统的知识，使其能够自动地或在人工干预下进行知识的积累和分析，提高医疗水平，还可以从大规模的医学历史数据中发现规律和知识，从而为未来疾病防控提供决策支持。

② 结构化视频分析，助力平安医院的建设。在医疗资源供给、人员配备不平衡的背景下，人工智能凭借其智能化、自动化的特点，在医学影像、药物研发、医院管理等多个医疗场景落地应用，能够辅助提高医院诊疗效率和运营管理水平，在一定程度上缓解我国医疗资源不足的问题。其中结构化视频分析在医院管理的各方面有非常广泛的应用。在异常事件发生时，通过智能分析可提供实时、智能的监测和告警提醒，为用户及时决策、正确行动提供支持。结构化分析技术原理如图5-16所示。

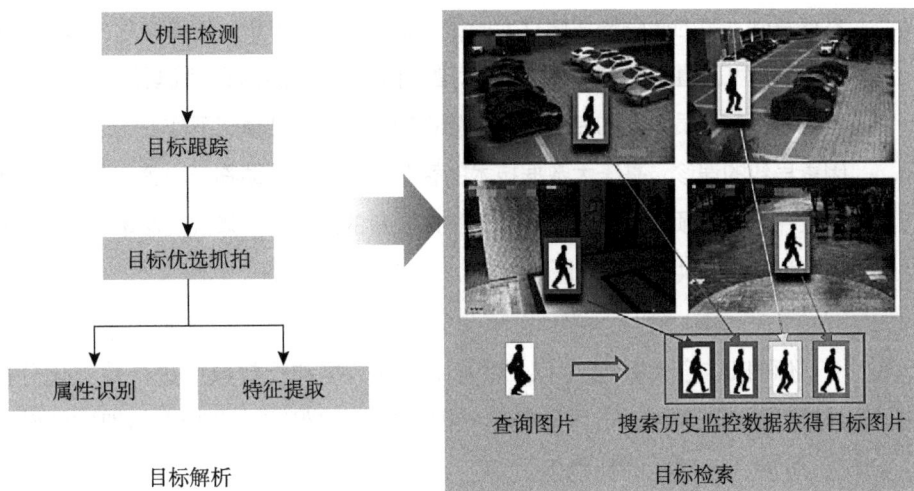

图5-16 结构化分析技术原理图

边缘智能分析是结构化视频分析技术的重要组成部分。边缘智能分析主要指将更多的感知计算能力赋予边缘节点，使边缘节点可以采集和传递场景内容并产生结构化数据。例如，边缘节点可对高危人群布控提供敏捷、及时的预警；在光线变化较大的复杂场景中，边缘节点可自主调整曝光、补光等条件；精确检测目标，以保留更多特征细节来进行前端无损建模等。边缘智能除了可敏捷、精确采集多样化数据外，还可大幅降低网络带宽压力、时延，为大规模的联网智能预留了网络带宽。

（2）大数据在智慧医疗中的应用

随着大数据技术近年来的迅猛发展和广泛应用，智慧医疗产业中涌现出多种创新医疗解决方案。现代医学依托先进的科学技术优势，具备智能化、互联化、便捷化的基本特征，智慧医疗的应用将实现远程医疗、平台预约、医疗信息移动等功能，对传统医疗的服务模式带来颠覆性改革，为医疗服务功能的发挥提供更加灵活、便捷的渠道，最终为我国医疗服务的发展提供重要动力。

① 医学检验数字化。例如，利用大数据技术分析近年医疗数据的结果显示，红细胞体积分布宽度的临床价值在非血液系统疾病中十分重要，红细胞体积分布宽度越高，普通个体的心血管疾病发病率以及死亡率越高，同时患者的预后越差。利用智慧医疗的大数据分析方式处理生物标志物数据，可以有效提升对于疾病的预警以及诊断能力，进而实现疾病早期诊断、改善远期预后的目标。

② 在临床决策支持系统中的应用。伴随互联网医疗及相关产业的高速发展，传统医疗信息管理系统已经难以满足医疗精细化管理的实际需求。在现有传统医疗信息

系统基础上，为医院搭建医疗云服务平台，存储、分析、挖掘医疗大数据，提升就诊效率和质量，是医疗精细化管理现阶段的核心目标。我国传统的医疗诊断方式对医务人员个人的专业水平依赖性较强，在这种模式下作业难以规避因人工因素导致的误诊。基于大数据技术的智慧医疗可以辅助临床决策，在术前诊断、效果评估以及预后预测等方面提高临床决策的准确性，降低误诊率，节约医疗成本，为社会提供更优质的医疗服务。

此外，还可以结合大数据技术，对人体生理数据和疗效数据进行精准化分析，构建个人健康医疗画像，对市民的健康状况进行密切跟踪，进行更加细致的健康管理，如疾病防治、合理性的药物发放等。

（3）云计算在医疗健康领域的应用

在传统的医疗信息系统中，服务器、网络和存储等都是由不同的医疗机构单独维护和使用的，医疗信息系统提供的服务也是千差万别。这些分散的系统无法为患者提供有效的就医指导和信息共享，无法提供方便的统计信息。云计算可以将不同医疗机构的信息系统整合，形成统一、标准的医疗卫生信息基础设施，并在这个基础设施之上提供整合的服务，大幅提升医疗行业的整体服务水平。

云计算可以为医药研发提供高效的计算资源，例如癌症的靶点药物计算，就涉及将癌细胞和几百万的蛋白质做匹配，找到亲和度较高的蛋白质。在当前运算速度最快的单台计算机上，找到这样一个靶点可能要花费几年甚至是几十年的计算时间，这对于迫切需要药物治疗的病人来说是无法接受的。在云计算的分布式计算场景下，这样的任务可以被分配到几千、几万到几十万台计算机上，每台计算机各自计算一部分蛋白质的匹配，那么在一两天，甚至几个小时之内就能得到计算结果，满足治病救人的需求[①]。

（4）物联网智慧医疗中的应用

2018年，国家卫生健康委规划与信息司、国家卫生健康委统计信息中心发布《全国医院信息化建设标准与规范（试行）》，其中明确提出应用物联网技术支持医院管理系统及临床医疗信息系统，为物联网医院的建设吹响号角。医院是否具有物联网接入能力作为重要考核及评分标准，平台化建设成为应用效果的重点评估对象，可见物联网互联设备已经开始影响整个医疗行业。全国医院信息化建设标准与规范指标体系如图5-17所示。

---

① 汤兵勇，徐亭，章瑞.云图·云途：云计算技术演进及应用[M].北京：机械工业出版社.2021:119.

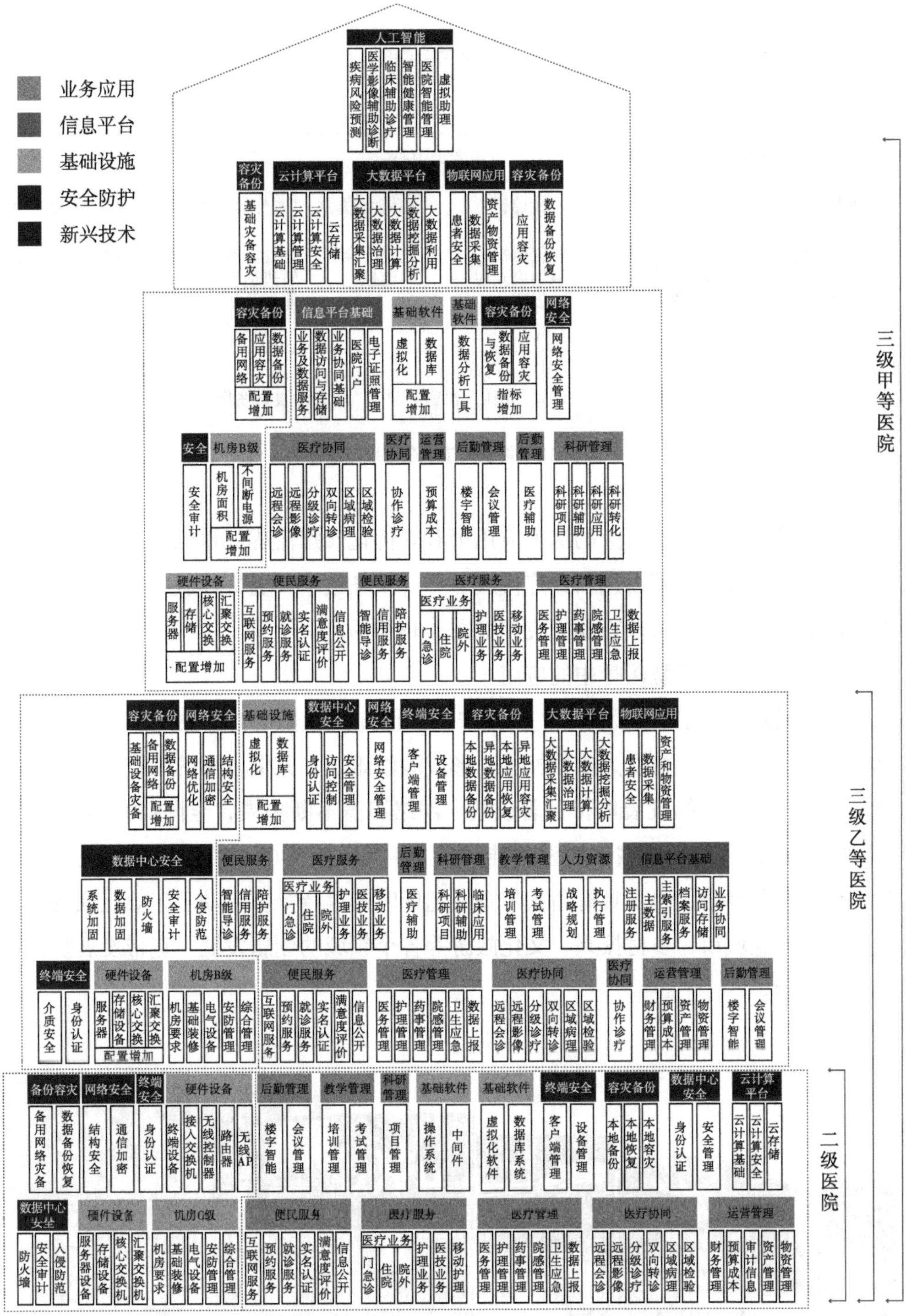

图5-17　全国医院信息化建设标准与规范指标体系图①

————————

① 《全国医院信息化建设标准与规范（试行）》

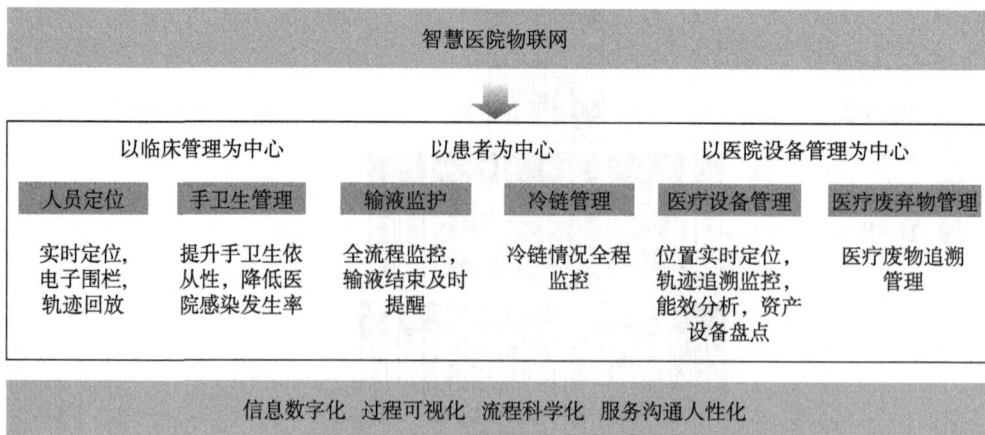

图5-18　物联网技术在医疗行业应用

物联网技术在医疗行业的深度应用可有效优化诊疗流程、精细化资产管理，节省资金及人力成本，帮助创新诊疗模式、提升服务效率，更好地服务于人民的身体健康。物联网技术在医疗行业的应用如图5-18所示。

（5）全光网络智慧医疗中的应用

"大带宽"的网络建设要求：近年来，工信部深入贯彻党中央、国务院决策部署，以"千兆城市"建设为重要抓手，形成破解难题、共促发展的工作合力，促进我国"双千兆"网络发展取得显著成效。网络覆盖不断拓展，全国110个城市建成"千兆城市"，达到千兆城市建设标准。在"千兆城市"中，由5G和千兆光网组成的"双千兆"网络，由于具有超大带宽、超低时延等特征，带动了工业互联网、智能制造、智慧城市、乡村振兴、文化旅游等各个领域的创新发展。宽带发展阶段如图5-19所示。

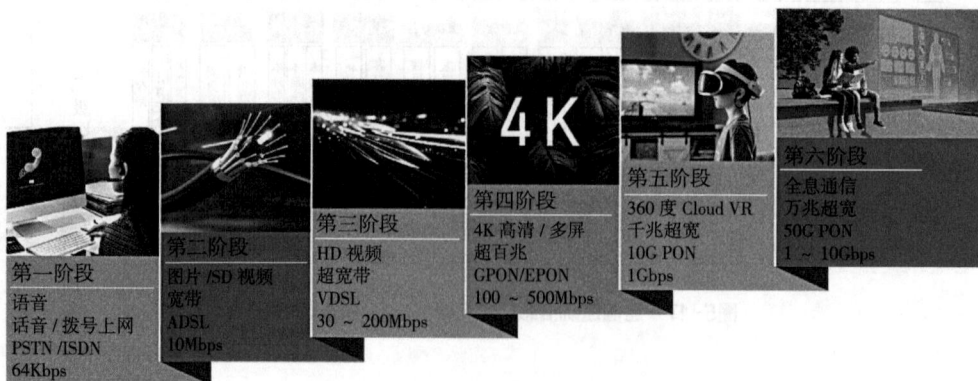

图5-19　宽带发展阶段

作为智慧城市的重要组成部分，智慧医院应不断提升"双千兆"网络覆盖深度和广度。而且随着智慧医院的发展，医院信息管理系统、电子病历、医学影像信息系统等各种信息管理系统并存，对各系统网络都有了更高的要求。全光网是一种创新性的全光网络，和传统的LAN网络比较，主要在系统架构和传输介质等方面进行了创新，利用全光网技术大带宽、低时延、高安全、易运维的重要特性，从本质上改变了医院的网络，高效地承载了智慧医院的应用建设。随着医院智慧化的趋势和全光网技术的发展与推广，全光网技术将在智慧医院建设中有更广泛、更深度的应用，进而更好地承载智慧医院应用需求，为患者和医护人员提供更优质的服务。

（6）"元宇宙"医疗应用——新型诊疗、医学研究

元宇宙里的医疗会是什么样？

未来医疗或许会发生巨大转变，元宇宙里的医疗又会是什么样？

在元宇宙中，患者不用在现实中挂号、排队，他们的虚拟分身可以进行智能预约和挂号；一些症状可以通过元宇宙反馈给医生，不严重的情况下可以直接进行诊断并开具处方，如有需要可以约定时间，在现实中到医院就诊。

在手术前可以根据患者的数据由内而外地模拟出结构解剖图，清楚地展现各部位，解决视觉盲区问题；还可以在术前模拟整个手术过程，避免各种问题，缩短手术时间，降低并发症的发生率和辐射暴露。手术前后，医生在向患者和家属进行讲解时也可以用交互式3D图像来说明问题，更好地消除他们的担忧。

在元宇宙中，专家参加会诊无须出差，可以在元宇宙中进行，以及问诊、检查患者，指导当地医师调整治疗方案，帮助患者康复。

元宇宙中的医疗可能超出我们的想象，不仅会颠覆目前的诊疗体系，还能对医疗教育水平的提高起到促进作用。这一切未来都有可能发生。

5.2.4 智慧医疗实践案例1：梅州市东山医院，打造百姓信赖的智慧医院

广东省梅州市东山医院是宏景科技承接的智慧医院设计与施工的大型综合性三甲医院，项目地位于梅州市中心城区。东山医院是一家以智慧医院和三级甲等医院为建设目标的大型综合性医院，其数字化建设从零开始，从现实应用与经济学角度出发，遵循"总体规划一步到位，具体方案分步实施"的建设原则，结合宏景数字化底座的扩展能力，通过系统不断地升级与方案完善，最终实现智慧医院发展目标。东山医院智慧医院综合管理平台示意如图5-20所示。

图5-20　东山医院智慧医院综合管理平台示意图

1）以患者为核心建立完善的就医体验

患者永远是医院的服务对象，因此智慧医疗最终的落脚点是患者，为患者带来更好的就诊服务和体验才是其终极目的。医院数量、从医人员数量与人口总数比例的失衡导致当今医院每日就诊患者数量巨大。加之医院面积的增长、科室的增多、布局的复杂也带来了更多突出的诸如"三长一短"，即挂号时间长、候诊时间长、取药时间长、就诊时间短等问题。为了应对这些问题，东山医院主要通过以下手段为患者带来了更优质的就医服务。

（1）针对就医流程的优化

据统计，每日门诊患者约有1/3会前往咨询台或随机寻找医护人员咨询求助关于科室位置的问题，超过九成的医护工作者遇到过患者问路的情况。虽然绝大多数医院设置了多个咨询站点，但导诊台的压力负荷依然超载，医护人员反复被求助、问路消耗了大量的时间精力，导致医疗资源的浪费。传统的人工叫号、导诊分诊流程效率低下，且院内固定的导向标识无法满足不同就诊人群的需要，如不能通过现代化、信息化的有效方式分流疏导，将难以缓解患者就诊的不便，无法减轻医护工作者的负担。

东山医院建设院内智慧导航系统，实现了就诊数据与地图导航数据互通联动（图5-21），为患者提供线上预约挂号、来院导航、自助导诊、科室导航、自助缴费、检查/取药导航、打印报告等就医全流程智能引导服务。实现了患者从家到医院、从停车场到门诊诊区、从门诊诊区到医疗辅助区域、从门诊区域到住院区域、从医疗区域到行政服务区域全覆盖的导航体系，让患者不再需要问路、不再走错

图5-21 就医流程与院内导航相结合

路，真正做到让信息多跑路、患者少跑路。在患者有多个目标地点的情况下，利用数据分析技术，为患者规划合理的进程、路线，让患者少排队、少等待。同时延伸了医院服务窗口，有效疏导及分流，提升了医院信息化形象，提高了服务质量，减少了导医工作咨询量，降低了医患矛盾的触发率。

（2）针对患者的住院体验优化

作为大型三甲医院，东山医院除了庞大的就诊量外，住院患者也是医院工作的重点之一。

床旁护理系统主要为医护人员与住院患者间的沟通交流提供了可靠、有效的途径，通过设备的屏幕状态及声、光相结合的方式，准确地将患者的需求转达给医护人员，提高了医护人员的工作效率，使其能够在这套系统的辅助下更好地为患者服务。

住院患者可以通过床头显示屏及呼叫手柄与护士站话机之间实现呼叫、对讲，在卫生间内实现紧急呼叫，同时门口、走廊设备会相应提示。护士站除设有话机外，还设有病员一览表，可实时查看各病房的呼叫、提醒情况。

床旁终端除了实现基本的医护对讲功能外，还能实现智能健康宣教、医疗安排查询、费用查询及结算、床旁营养点餐、生活娱乐服务、远程探视等功能。

病区输液监控系统能实现自动检测输液进程、中途自动换液、输液完毕后自动关闭输液管道、输液状态实时显示及提醒的功能，改善患者的就医感受，也避免因输液过程引起的医疗事故和医患纠纷。

2）为医护提供良好的办公体验

提高医护人员的工作效率、确保医护人员的人身健康也是智慧医疗机制的重点。东山医院为医护人员提供了高效、稳定的网络体验以及智能化的安防保障系统。

（1）高效稳定的网络体验

在东山医院的区域范围内，建设有F5G全光网络，为医护人员的高效医疗诊断工作提供了稳定的网络基础。

（2）F5G全光医院网络逻辑架构

东山医院全光网采用IP+POL（无源光局域网）的简架构组网，逻辑架构上分为四层，分别是出口层、核心层、汇聚层、接入层，如图5-22所示。

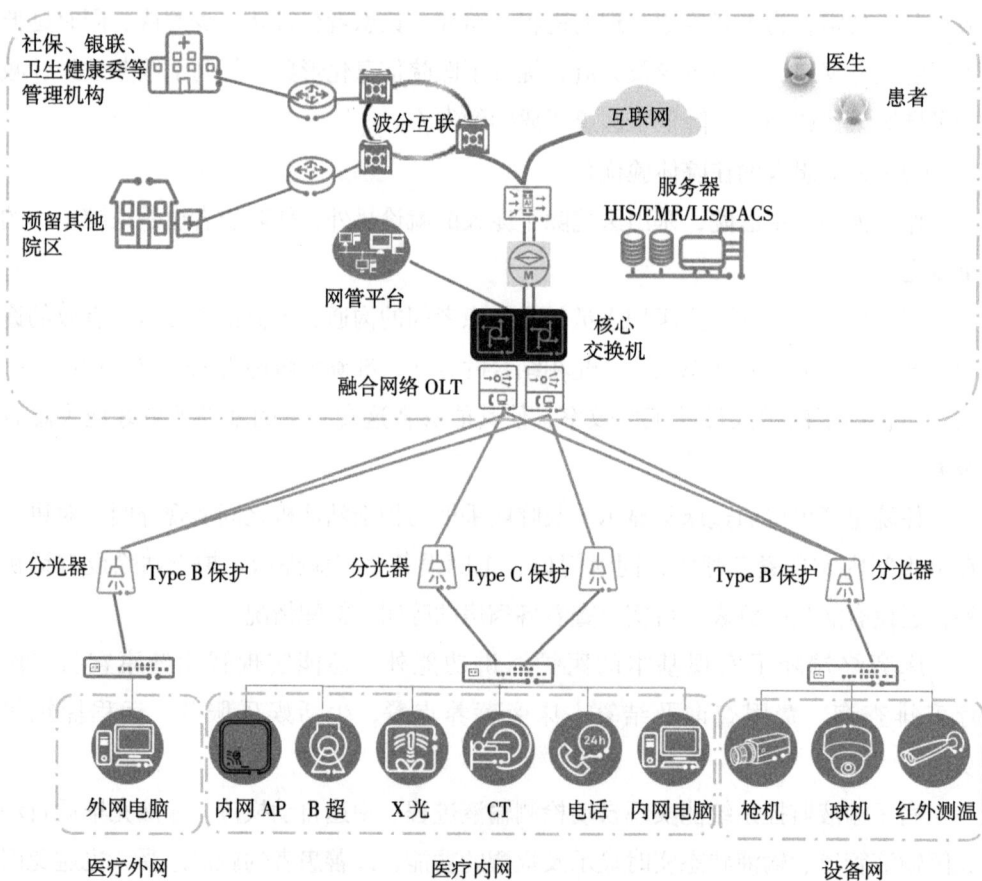

图5-22　F5G全光医院网络逻辑架构示意图

3）为医院管理者提供高效的运营管理方式

新形势下，医院从粗放式规模扩张发展模式，必然走向内涵、质量、效益精细化发展之路。精细化管理对于医院而言，是一种高度契合其工作要求的管理理念，指将精细化管理的思想、方法、工具围绕以人为本的核心品质，贯穿于医院的整个医疗体系之中的管理过程。对于院区内的人、车、物的细致管理，各个医疗系统间的相互连通、数据共享，对医院内各项运营数据的实时掌控，是实现医院精细化管理的前置条件。

东山医院通过建设智慧医院运营管理平台（图5-23），基于宏景科技物联网平台（ProBase），实现对前端智能设备的统一支撑管理，满足各类场景的应用。

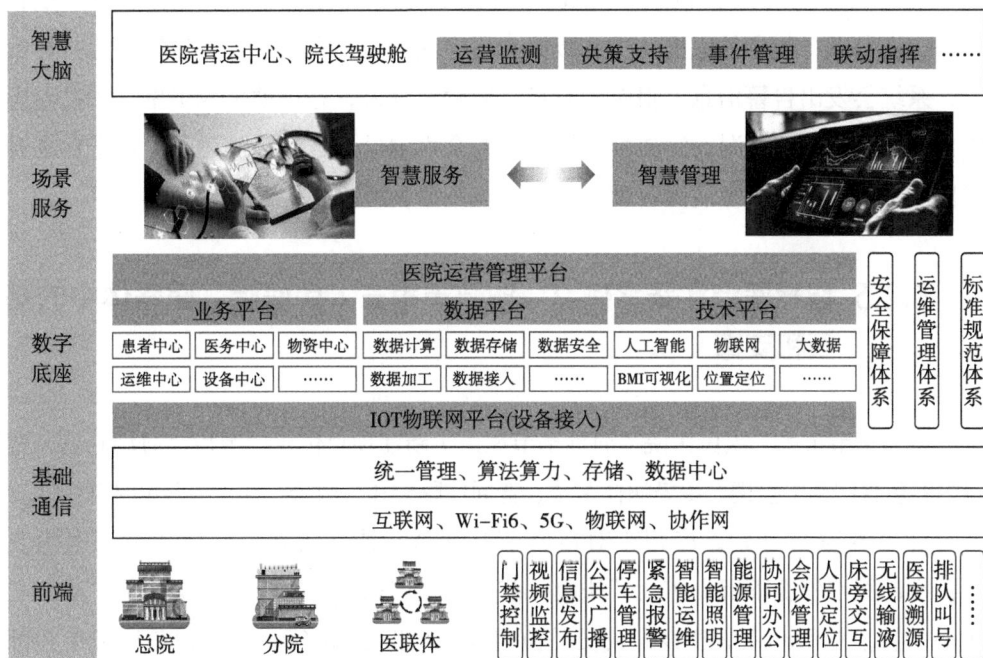

图5-23　智慧医院运营管理平台

（1）基于物联网平台对前端设备统一接入管控

物联网平台（ProBase）向下汇聚了东山医院各类智能子系统及传感器设备，将智能网关、传感监测设备、视频监控设备、智能控制设备、医疗专用设备等统一纳入平台管理；向上通过统一的OpenAPI接口，支撑智慧医院运营管理平台，实现各类应用场景"数据全融合、状态全可视、业务全可管、事件全可控"的智慧化管理需求。

（2）医院运营的全方位管理

智慧医院运营管理平台是一种基于信息化技术与医院业务流程结合的综合性管理平台，它是东山智慧医院建设中的重要内容，也是日后医院运营的核心。该平台可以帮助医院管理者实现对医院运营各个方面的全面掌控和管理，包括医疗服务、医院资源、人员管理、设备管理等。智慧医院运营管理平台对于提高医院运营效率、优化资源配置、改善医疗服务质量等方面具有重要意义，是医院数字化转型的重要组成部分。

智慧医院运营管理平台可为全院各级管理者提供统一的管理驾驶舱，向管理者直观展示全院多维度、多层级态势总览，将医院分散的智能化子系统和重要设备接入，实时采集重要运行参数和告警信息，将告警处理与专业服务管理流程关联，使管理过程形成闭环。对于异常情况的任何告警和处理都有完善的监管流程，全程记录可回溯，重要故障的处理过程和结果上报管理层。例如，院长和后勤管理人员通过手机App，即可了解院内就诊人数、床位数据、安防报警、能耗数据、资产设备分布、设备运行状态等数据。这些数据均可直观地展现在大屏上。当设备运行异常时，系统会发出告警信息上报医院院长、后勤管理人，并自动生成工单，派发给运维人员，排查故障情况，完成检修流程，并全程记录。智慧医院运营管理平台提升了医院整体管理效率，后勤管理人数可相应精简，减少了运营成本。

5.2.5 智慧医疗实践案例2：毕节市第三人民医院，医联体中的基石和支撑

贵州毕节市第三人民医院（简称毕节三医）新建项目位于毕节市金海湖新区，建设内容包含门诊医技楼、传染病住院楼、普通住院楼和行政楼，医院共设病床1000张。

自2016年6月开始，广州市对口毕节开展帮扶协作工作，并以毕节三医为支点，推动医疗资源下沉，扩大帮扶服务范围。在广东圣大医疗集团协助下，毕节三医心血管治疗中心完成建设，成员单位覆盖基层医院202家，基本覆盖毕节市全部基层医疗机构，形成紧密型医联体；落实优质医疗资源下基层，建立了"毕节市远程心电网络系统"；以"毕节市心血管专科联盟"作为中心，建立了远程心电网络系统连接毕节市各县、镇医院，推进连通23家乡镇医院（含村卫生室）搭建远程心电系统，形成了毕节市远程心电急救网络体系一张网，并借助广东圣大医疗集团的远程医疗专家后台，开展心血管疾病诊治、医生团队建设和培训、"互联网+远程医疗"等工作。可以说，毕节三医在医联体中担负着重要的角色，是医联体协作网络建设的基石和重要支撑点。宏景科技也参与了项目建设，主要建设成效如下。

① 提供良好的信息技术支持能力。项目构建稳定、安全、高速的内部网络和外部网络，使医院内部各个部门之间、各基础医院得以通畅互联、数据共享，同时保障网络安全，防范各类网络攻击和数据泄漏。

② 建立高可靠性、高安全性的主备数据中心。数据中心集中存储各类医疗数据，并通过云计算、大数据分析、人工智能等技术手段进行深度挖掘和应用。主备冗余机房示意如图5-24所示。

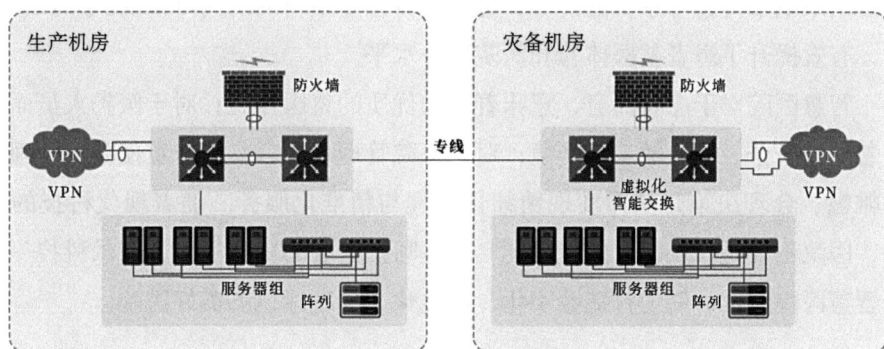

图5-24　主备冗余机房示意图

③ 数据安全和隐私保护。在医联体中，患者的个人身份和健康信息需要得到严格的保护。因此，医院信息系统必须具备较高的安全性和隐私保护能力，防止数据泄漏和信息被窃取。项目采用等保2.0三级的标准建设信息网络安全系统，保障信息系统的安全运行。等保2.0技术管理要求如图5-25所示。

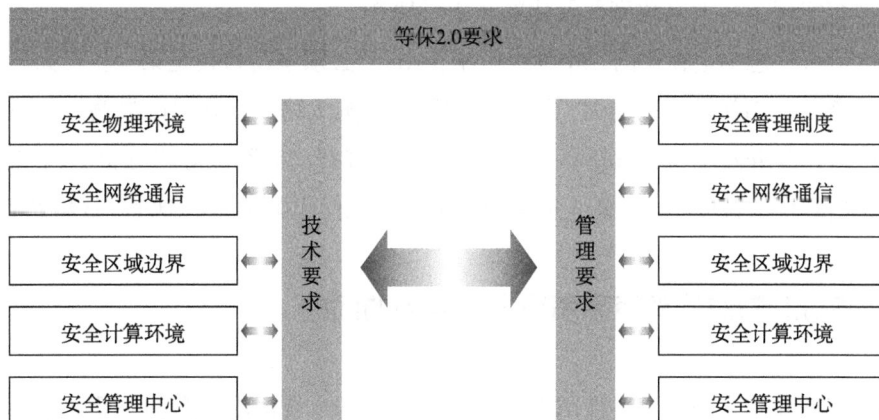

图5-25　等保2.0技术管理要求

④ 统一标准和接口。为了保证信息互通和数据共享的正确性和可靠性，项目遵循统一的信息标准和接口规范，以确保不同系统之间的数据可以相互传递和解读。

如今，医疗行业数字化、智能化进程不断提速，新一代数字技术向医疗行业纵深发展，驱动行业数字化转型和智能化升级。智慧医院将医院的物理空间和数字空间高度融合，利用数字化对物理空间进行重构与赋能，让院区"智慧"起来。江森自控《新时代智慧医院白皮书》中的数据表明，通过在线挂号、实验室自动分配、检验结果电子传递等系统的配合，患者等待检查报告的时间可以从3小时缩短到1小时，有效提升了患者就医体验和医院服务水平。

智慧医院对于患者而言，意味着更加优质的就医体验；对于医护人员而言，意味着更加安全、舒心的工作环境；对于医院管理者而言，意味着使院区管理工作运筹帷幄、合理决策，从而实现精细化管理与精准化服务。随着现代科技的快速发展，医院不再是"疾病"的代名词，而是呵护身心的重要场所，宏景科技一直赋能于智慧医院建设，助力打造数字化、绿色化、生态绿色的美好医院。

5.3 智慧教育：推进教育数字化，助力教育高质量发展

教育是国之大计、党之大计，全面推进中华民族伟大复兴离不开强大的教育力量支持。在全国上下的不懈努力下，近十年来，我国教育事业发展取得了巨大成就，截至2022年，全国共有各级、各类学校51.85万所，在校生2.93亿人，专任教师1880.36万人，新增劳动力平均受教育年限达14年。各级教育普及程度达到或超过中高收入国家平均水平，其中义务教育普及程度达到世界高收入国家平均水平，高等教育实现了从大众化到普及化的历史性跨越。

习近平总书记在党的二十大报告中指出："必须坚持科技是第一生产力、人才是第一资源、创新是第一动力，深入实施科教兴国战略、人才强国战略、创新驱动发展战略，开辟发展新领域新赛道，不断塑造发展新动能新优势。"党的二十大报告明确提出教育、科技、人才是全面建设社会主义现代化国家的基础性、战略性支撑。

5.3.1 新时代教育高质量发展遇到的问题

在党和国家领导下，伴随着国家教育改革和教育治理体系的不断完善，我国基础教育办学水平和质量不断提高，教育管理规范性日益增强，人民的教育获得感和

幸福感进一步增强，基础教育的公平、质量和效益也进一步得到保障和提升。然而，我国基础教育高质量发展中也逐渐突显出一些问题，例如教育焦虑剧增、教育资源配置不均、教育评价体系不健全、教育质量待提升、校园安全问题等（图5-26），在一定程度上影响了基础教育发展的进程和水平，对我国教育综合改革和提升基础教育治理体系建设带来负面影响。为促进基础教育高质量发展，提升基础教育服务国家和社会经济建设的功能，必须重视和解决我国基础教育高质量发展中的突出问题。

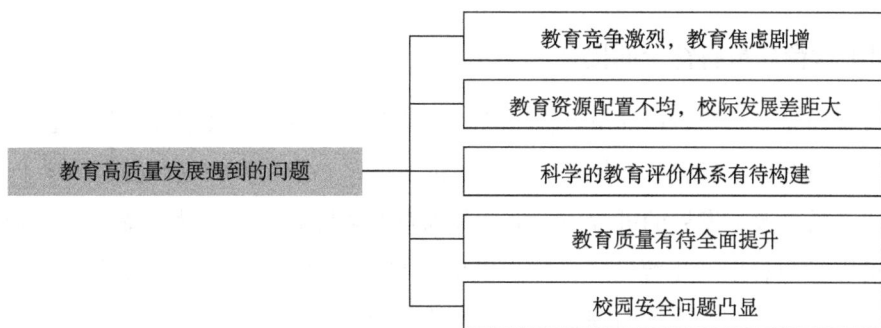

图5-26　教育高质量发展中遇到的问题

1）教育竞争激烈，教育焦虑剧增

近年来，不少家长经常抱怨现在的教育负担重，认为现在的教育成本高，经常会因教育产生焦虑。在家长过度焦虑的情绪和行动影响之下，学生通常会负担过大的学习压力，过早地陷入教育焦虑之中，严重的甚至产生厌学情绪，难以感受到学习的乐趣，学生的综合素质也很难得到全面提升。在家长的学业期待和社会的教育竞争意识之下，过度的外在功利性因素也加剧了教师的焦虑，教学也受到一定程度的干扰。

2）教育资源配置不均，校际发展差距大

由于社会经济发展水平的差异性，我国东部、中部和西部地区的经济发展水平差距较大，教育资源配置存在很大差异。城乡之间也存在较大的教育差距。我国的基础教育投入主要集中于城区，优质的教育资源，无论是师资还是硬件投入通常都会向大城市倾斜，甚至在同一个城市也经常出现教育资源不平衡的情况。而且，随着新课程改革的不断推进以及基础教育评价改革等政策的实施，许多农村学校在硬件资源不足的同时，还存在优秀教师外流现象，农村学校教师队伍结构性缺编问题

仍然明显，难以适应新课程改革理念的有效落实，校际的发展差距较大，制约基础教育高质量发展和育人模式改革。

3）科学的教育评价体系有待构建

当前我国基础教育评价仍然过于偏重教育评价的选拔性功能，这种取向在一定程度上偏离了我国基础教育的目标，不利于青少年的全面发展与个性发展。教育信息化助推教育评价体系建设的效果不够突出，如何以教育信息化建设、大数据建设推进教育评价体系的建设，仍然是一个亟待解决的重要问题。

4）教育质量有待全面提升

教育质量是学校发展的决定性因素，当前基础教育在发展进程中仍然表现出质量不高的问题。基础教育学校要实现高质量发展，必须切实在提升教育质量上下功夫。而在教育改革发展的进程中，部分基础教育学校的教学质量不高，已影响到了学校的办学声誉以及生源选择，出现了优质的学校"争着上"，普通学校缺乏吸引力的问题，与建立高质量的基础教育体系的目标存在较大差距。

5）校园安全问题凸显

学生是祖国的未来，校园安全是守护学生安全的重要环节，维护校园安全是社会各界的普遍共识。但近年来各类校园安全事故时有发生，如食品安全事故、交通安全事故、教学设施安全事故以及校园暴力等，给校园安全工作敲响了警钟，说明学校安全管理方面还存在着许多漏洞和薄弱环节。保障在校师生有一个安全舒适的教学环境，也是教育高质量发展的重要一环。

5.3.2 教育智慧化转型成为教育高质量发展的关键

由以上可以看出，我国教育事业高质量发展的道路上，还存在着许多亟待解决的问题。近年来，在国家政策大力支持以及人工智能、大数据、物联网、AR/VR等信息技术高速发展的背景下，越来越多的高新技术被应用在教育领域，如通过信息网络云技术可以让广大学子共享优质教育资源；通过AR、VR技术教学提升课堂活力，激发学生学习兴趣；大数据支撑精准教学，人工智能保障校园安全等。教育智慧化转型效益产出明显，而智慧教育也成为解决教育高质量发展所遇问题的一把利器。

目前我国教育事业迎来了智慧化转型的大规模发展期，教育智慧化成为我国教育信息化发展的重要目标和实践路径。在国家政策支持以及技术发展的背景下，智慧教育构建了我国教育高质量发展的新格局（图5-27）。

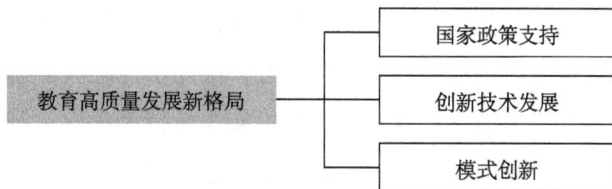

图5-27 教育高质量发展新格局

1）国家政策出台，加快推进教育智慧化转型

为支持智慧教育发展，近年来，国家不断出台一系列政策。2018年，"教育信息化2.0行动"开启了智慧教育实践的新阶段，即政府推动的智慧教育发展阶段。2018年4月，中华人民共和国教育部（简称教育部）印发的《教育信息化2.0行动计划》把"智慧教育创新发展行动"列为推进教育信息化八大行动之一。教育部先后确定了北京市东城区、海淀区，山西省运城市，成都市武侯区、成华区等18个智慧教育示范区。示范区在地方政府支持下，由教育行政部门统筹相关机构，充分发挥市场机制的作用，利用新一代信息技术为学生、教师和家长等提供个性化支持和精准化服务，采集并利用参与者群体的状态数据和教育教学过程数据，促进学习者在任意时间、任意地点，采用任意方式、任意步调进行学习，为该区域师生提供高学习体验、高内容适配和高教学效率的教育供给，以促进教育公平、提高教育质量。

2022年8月，为推进全民科学素质建设，科学技术部、中国共产党中央委员会宣传部（简称中央宣传部）、中国科学技术协会（简称中国科协）共同编制的《"十四五"国家科学技术普及发展规划》重点提出推动科普与学校教育深度融合。坚持科普要"从娃娃抓起"，构建小学、初中、高中阶段循序渐进，校内、校外有机融合的科学教育体系。系统考虑新科学知识、新学习需求、新教学手段，加大优质科学教育资源和精品科普课程的开发力度，切实增强教学科学性、系统性、适宜性和趣味性，丰富中小学科技教育内容。加强高等教育阶段的科学教育和科普实践，鼓励和支持高校教师、学生开展科普社会实践。

2023年2月教育部和中国联合国教科文组织全国委员会共同主办的世界数字教育大会上，中国教育科学研究院正式发布《中国智慧教育蓝皮书（2022）》与《中国智慧教育发展指数报告（2022）》。蓝皮书以智慧教育内涵阐释为主线，从环境、教学、治理、人才四个维度提出16个具体特征，总结中国智慧教育发展经验，向世界发出未来应重点关注的七个议题和五项倡议。

2）创新技术应用规模化落地，智慧教育打开新空间

智慧教育是对数智时代教育变革图景的一种回应和关切。以各类智能终端技术为载体的智慧课堂作为可感知的智慧教育形态，推动了传统教学模式的改变，让学生由被动接受者转变为主动学习者，使教师由知识传授者变为学习组织者，加速了智能终端课堂教学融合应用，课堂研究开始走向系统化，逐渐覆盖教学目的、教学过程、教学评价等。在这一动力助推下，智慧教育实践逐渐受到关注，多种创新技术应用规模化落地，为智慧教育打开新的空间。人工智能可以通过大数据分析、机器学习等技术手段，为学生提供个性化的学习方案和推荐课程，同时也可以支持作业自动批改、答疑解惑等功能，提高学习效率。虚拟仿真技术可以将学科中的复杂实验、场景等通过计算机技术模拟出来，使学生可以在虚拟环境下进行实践操作，提高学习质量和效果。元宇宙技术可以将虚拟内容与真实场景相结合，为学生提供更加直观、生动的学习体验，带来更好的教育效果。

（1）人工智能在智慧教育的应用

2021年7月，中共中央办公厅、国务院办公厅印发《关于进一步减轻义务教育阶段学生作业负担和校外培训负担的意见》（简称"双减"政策），强调要使学校教育教学质量和服务水平进一步提升，作业布置更加科学合理，学校课后服务满足学生需要，全面规范校外培训机构，消除学科类校外培训各种乱象。智慧教育通过技术赋能的新型教学模式，为"双减"政策落地提质增效。

① 把数字资源转变为精准教学的动态势能。在智慧教育的课堂上，可利用数据技术实时捕捉和挖掘教学进程中的海量数据，为教师呈现学生在认知、行为、知识掌握及情感动机等各维度的表现，有助于其基于细致的学情判断，调整教学内容，重构教学流程（图5-28），并以最优方式进行学科教学，提升课堂教学质量。例如通过智能点阵笔+MEC①运算能力+人工智能分析的组合模式，将答题笔记、思维轨迹等过程性数据和考试数据进行采集与整合，将学生思维可视化，以便快速找到学生失分症结，做到教学环节的减负、提质、增效。

② 赋能作业精细化分层，提升作业品质。为学生减轻作业负担是"双减"政策的一

---

① Mobile Edge Computing，即移动边缘运算。

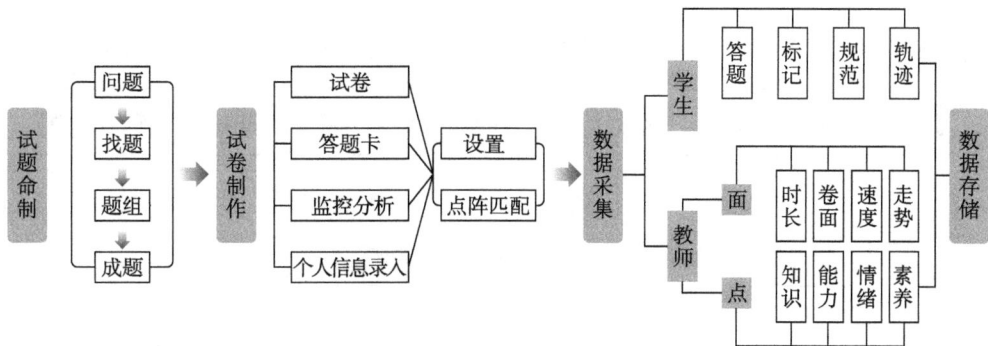

图5-28 基于数据驱动的精准教学流程图

项重要体现。这要求学校不但要从作业数量上做减法，还需要在作业品质、作业形式上做加法，真正发挥作业布置、诊断、巩固、学情分析等功能。人工智能技术、云计算等技术手段可以实现对海量数据的计算分析，并通过网络平台系统生成个性化作业和针对性练习。例如设置专门针对学生课后作业设置的作业管理系统，若作业分量超标会进行提醒。开设课后人工智能视频教学课，视频结束后推送练习，学生完成后系统会推送新的错题资源，就像游戏一样，层层递进，每个学生可以有针对性地进行练习。教师可以通过布置弹性作业、个性作业，促进作业"控量提质"更加精准，有针对性地进行教学指导。

（2）云计算在智慧教育的应用

在智慧城市教育领域中应用云计算技术，可以丰富教育资源，加强对学生学习的管理，从而提高学习效率和教学质量水平。具体来说，在教育服务领域应用云计算技术，可以实现以下几点。

一是打造云教育学习平台，汇集学习资源，丰富教学模式。构建市域教育云学习平台，汇集全市优质的教育资源，如各科目教学名师的讲课视频、优秀教案、试题集等，从而实现教育资源的拓展与共享，提高教育公平性。同时，云教育学习平台还能为学生提供全天候的多种学习服务，包括音/视频点播、智能问答、云直播等。通过云学习平台，学生可以摆脱传统课堂的局限，不再受空间、时间的限制，根据自身学习需求，合理安排学习时间。

二是分析学生学习行为，提供有针对性的教学服务。云学习平台可以记录、汇总学生的学习数据和考试数据，据此挖掘学生学习的规律和特点，及时掌握学生的学习情况，进而为学生制定个性化的学习计划，增强学生学习的针对性和有效性。

三是根据学生的反馈信息，提高教师的教学能力和水平。利用云学习平台对学

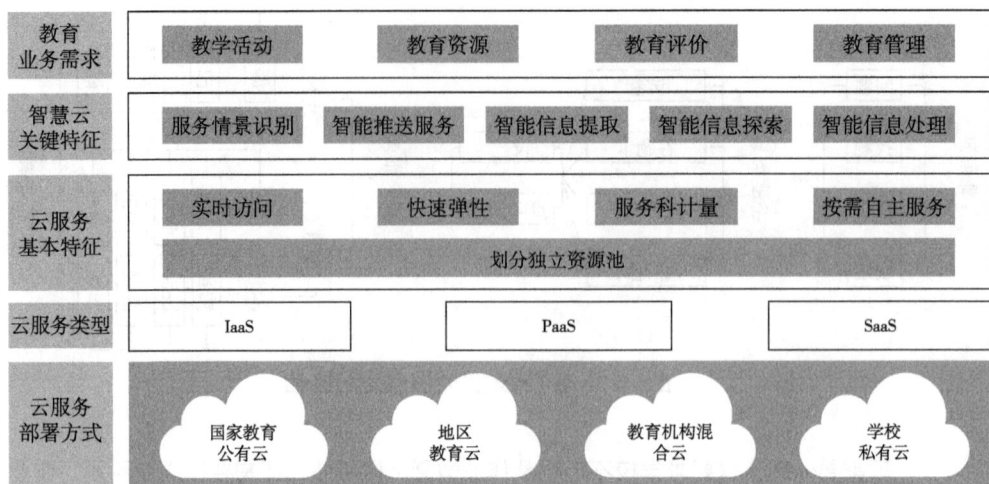

图5-29 智慧教育云服务整体架构

生的各种学习信息进行收集和统计，包括学习行为、学习成绩等信息，教师可及时对每位学生存在的问题进行科学诊断，并结合诊断结果，寻找自身不足，优化教学方案，改进教学方法，丰富教学手段，从而高质量、高效率地实现教学目标。

此外，可以通过利用云计算技术综合分析各类教育数据，包括教育经费分配情况、教育机构分布情况，以及学生入学、退学及转学情况等，为教育管理提供科学可靠的决策依据。智慧教育云服务整体架构如图5-29所示。

（3）数字孪生在智慧教育的应用

基于数字孪生的智慧校园，通过"云+人工智能+数字孪生"等技术的应用，可实现一屏观全貌、一网管全校。校区、宿舍的安全态势实时可看，公共教室、会议室、实验室等空间使用情况清晰可见，各场所用水、用电的统计、异常情况和处置一目了然，学风建设情况、科研成果全面呈现。校园内的"人、地、事、物"全面掌控，无论是常态化的运行监测，还是各项数据指标的分析研判，抑或是应急情况下的协同处置，可为校园管理者提供智能、高效的辅助支持。

（4）元宇宙在智慧教育的应用

元宇宙教育——沉浸式教学是指通过虚拟现实技术和其他技术手段，将学生置身于逼真的虚拟环境中，进行全方位的学习和体验。相比传统的教学模式，沉浸式教学具有更加直观、生动的特点，可以帮助学生更好地理解和掌握学习内容，提高学习效率。

元宇宙对教育行业的影响将会非常深远，可以从以下几个方面来看。

① 提供更加生动、直观的学习体验。元宇宙可以通过虚拟现实、增强现实等技术手

段，创造各种逼真的虚拟场景，让学生身临其境地进行学习和体验，从而提高学习的趣味性和吸引力。

② 增强学习效果。元宇宙可以提供各种多媒体学习资源，如3D模型、虚拟实验室、游戏化教学等，帮助学生更好地理解和掌握学习内容，从而优化学习效果。

③ 实现教育智能化和个性化。元宇宙可以通过人工智能等技术手段，根据学生的学习情况和需求，智能推荐学习资源和学习计划，实现更加智能化、个性化的教育模式。

④ 提高教师教学效率。元宇宙可以提供各种教学工具和资源，帮助教师提高教学效率和教学质量。

沉浸式教学架构如图5-30所示。

图5-30 沉浸式教学架构

总之，智慧教育使用了诸多创新技术，这些技术不断地推动教育行业向前发展。智慧教育的应用不仅可以提高教育效率和质量，也能够满足学生多样化的学习需求，促进整个教育领域的不断升级和变革。

3）创新模式的涌现，碰撞智慧教育新火花

2022年深圳市政府印发《深圳市全民科学素质行动规划纲要实施方案（2022—2025年）》，提出推动科普与学校教育深度融合，倡导启发式、探究式、开放式教

学，呵护学生的好奇心，激发其求知欲和想象力。加强中小学科学教育基础设施建设和配备，推动科学教育活动和资源均衡发展。推进信息技术与科学教育深度融合，推行场景式、体验式、沉浸式学习。随着我国教育事业的发展，教学模式不断变革，多种教学模式相继涌现，碰撞出智慧教育的新的火花。

① 大科学科普创新模式：以大科学计划为引领，建立面向未来和未知科学的早期科研实践内容，以一线城市主力科技馆为核心、县区级科技馆为主要节点、学校为网络终端的教学实践平台。通过建立标准化课堂和课程体系，搭建多样的技术平台，以虚拟和增强现实技术为支撑，弥补学校教学资源的空缺，实现原生创造力和想象力向科研能力的早期转化，建立青少年科学素质国家标准。

② 个性化教学：利用人工智能、大数据等技术手段，对学生的学习过程和行为进行分析和评估，从而实现针对性的个性化教学方案，提高学生成绩。

③ 混合式教学：将线上和线下的教学活动有机结合起来，充分利用数字化课程资源和在线学习平台，通过讲授、实践、互动等各种方式，优化教学效果。

④ 跨校联盟教学：利用网络技术，建立跨校之间的通信联盟，实现多校教师、多校学生之间的共享资源和交流合作，促进教育资源的整合和共享。

⑤ 实践教学：通过虚拟仿真、实验观察、社会实践、元宇宙等方式，实现知识与实践的结合，提高学生的实践能力和应用水平。

5.3.3 智慧教育实践案例：粤东首个"未来学校"——韩文实验学校

潮州市湘桥区韩文实验学校（又称韩文书院）属潮州市民生"六大工程"与重点建设项目，是粤东地区首个采用"书院制"办学的高端民办九年一贯制寄宿学校，亦是粤东地区首家按照由教育部学校规划建设发展中心联合未来学校研究院等单位共同主办的《"未来路线图"实验学校发展指南1.0》标准建设而成的书院制"未来学校"。

韩文实验学校旨在构建具有潮州文化特色和体现中华优秀传统文化传承发展的培养体系，引入开放式学习社区的设计理念，以"绿色校园、智慧校园、和谐校园"建设为基础，在校园设计上突出潮州"韩"文化和书院制特色元素，采取多维一体融合式布局，功能设计上满足国际化、开放性、兼容性、多元性原则。在校园内部深度应用人工智能，以物联网平台、数据平台为支持，结合以大数据运行为核心的智慧校园提供高效的教学、管理、生活服务与安全保障，为学生提供优质、高效的学习体验，立足建设粤东地区更具民族特色的"未来学校"，传承中国历史书院文化，自主特色办学，创新现代教育机制，办好人民满意的教育。

韩文实验学校智慧校园建设以数据网络为基础，以系统融合和数据分析为核心，基于区域网、互联网和物联网技术，构建智能化的教学环境、校园环境和社会环境。实现信息技术与教育教学的深度融合，促进教学、教研、教育管理和生活服务的系统重构与流程再造，提高教育教学质量和教育管理决策水平，形成"全感知、全互联、全智能"的新型校园生态。主要建设内容包括信息化基础建设、智慧校园信息化应用、智慧校园综合管理平台三个部分。

智慧校园综合管理平台以宏景科技自主研发的物联网平台、数据平台为支撑，联通了南北向的数据流，实现了智慧教育环境、智慧教学资源、智慧校园管理、智慧校园服务等多种应用（图5-31）。

作为一所新建校，韩文实验学校有着先进的办学理念与规划，希望利用互联网、云计算、大数据等信息技术，将育人目标、教学、科研、管理与校园生活充分融合，实现校园管理智能化、校园生活一体化、校园设施数字化、课堂教学生动化、家校沟通无缝化，推进韩文书院教育与科技共融的智慧化生活，为每一位韩文学子提供优质、高效的生活环境。

为了推进建校规划落地，一方面，韩文实验学校建立校园运营的日常管理机制

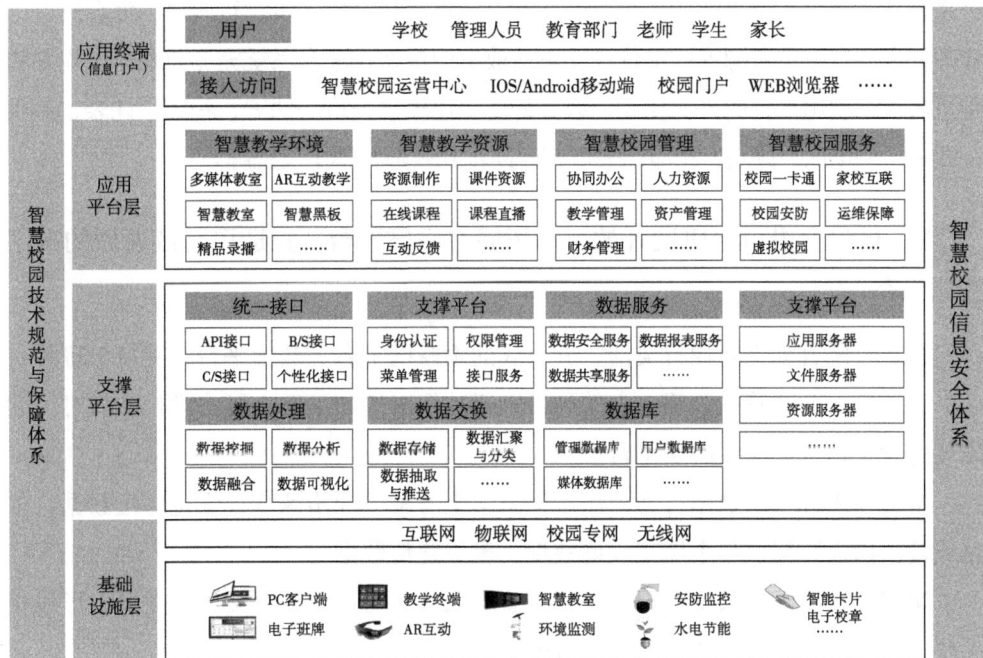

图5-31 韩文学校智慧校园综合管理平台

来保障学校工作高效运转，这是建校之基础；另一方面，在建设"未来学校"的目标下，信息化服务融入教学、科研、管理、校园生活、家校沟通等多个场景中，不同细分领域的信息化系统为学校提供不同的服务。因此，需要进一步做好各系统的数据对接与统一管理，保障校内信息化建设可持续发展。聚焦上述两方面的建设需求，宏景科技与韩文实验学校开展深度合作，共同携手将"未来学校"建设落到实处。

1）引入基于学校业务逻辑打通的智慧校园综合管理平台

学校是一个系统，有各种管理部门和明确的人员分工，各个管理部门的业务环节都会与其他部门的业务环节相关联，智慧校园综合管理平台通过对学校管理部门的各个业务环节进行逻辑打通，使每个环节产生的数据可以自动流转到下一个需要这个数据结果的环节，为行政管理人员大幅减轻重复性工作带来的负担，同时，平台的引入也让教务管理、德育管理、日常办公、家校协同等多方面的工作开展得更加轻松、高效。

例如在教务管理方面，韩文实验学校以学习者为中心，在高年级开展语、数、英走班教学，即学科教室和教师固定，学生根据自己的能力水平和兴趣选择适合自身发展的层次班级上课，提高学生学习主动性，开阔学生的思维，使其在走班学习的过程中逐渐学会如何正确评估自己的能力，提高学生核心素养。为了顺利开展分层教育，平台建设过程中宏景科技与校领导一对一沟通、深入研讨，共同制定走班方案，并通过系统算法确保走班方案切实可行。同时，通过平台完成走班、行政班的混合排课，让师资资源和教室资源形成最优比，不造成资源浪费。平台系统充分兼顾排课规则和走班需求，利用平台的排课功能，教务处能快速输出一班一课表、一师一课表、一生一课表、一场地一课表，相应课表可实时同步到教师、学生及班牌。

2）搭建宏景自主研发开放、可拓展的底层平台，打造可持续发展的数字校园生态

智慧校园管理平台拥有灵活、开放式的物联网平台、数据平台，支持与班牌、门禁、监控、物联管控等第三方软硬件进行数据对接与汇总，可为学校提供可持续发展的学校信息化建设底层平台。

平台与班牌系统数据打通，用于记录学生考勤，同步课室、学生座位数据，按格式输出课表数据、学生档案查询数据、班级宣传数据等。

实现与校园消费系统的单点登录，获取以学生为单位的消费流水数据，形成相关统计报表，并对异常消费情况向教师、家长作推送。

与门禁管理平台实现学生、教师基础信息的关联，按考勤段数读取门禁过程原

始数据，输出至班级档案、年级档案、教师档案、学生档案、德育管理档案，形成流水数据和报表数据，并通知相关人员。

与图书管理系统平台基础数据同步，读取学生特定时间段的借阅数据，整合到学生多维档案中，并向学生及家长推送信息。

3）打造"教学现代化、课堂趣味化、科技应用常态化"的校园硬件设施

韩文实验学校的硬件设施都以"让教学现代化、课堂趣味化、科技应用常态化"为目标进行配置。教室外部"电子班牌"可实现信息发布、德育管理、师生互评、课表管理、作业发布、考勤管理、家校留言等日常教学活动一体化管理，可轻松实现家校互联，从而更好地促进家校合作共育。

教室内部配置"智慧黑板"与"交互智能平板"，实现多媒体授课智能化。智慧黑板可支持粉笔书写，防水防爆，并集成防眩及高光过滤技术，保护学生视力。交互智能平板利用纸和笔的数据技术，可保持传统书写体验，教师可选择习题与学生进行互动，系统可快捷统计课堂互动中的错题，归纳成错题集。该交互智能平板上的每一笔书写均可重现书写轨迹，利于学生检查自己的书写情况和解题思路，提高师生课堂互动的频率与学习评估的质量。

4）建设云桌面办公，提升校园办公效率，保障数据安全

韩文实验学校建设了云桌面办公系统，将校园办公桌面集中在数据中心，通过虚拟化技术组建资源池，提供业务用户使用瘦终端、软终端、智能终端等移动接入，打造一种全新、安全、便捷、高效的工作方式。云桌面功能架构如图5-32所示。

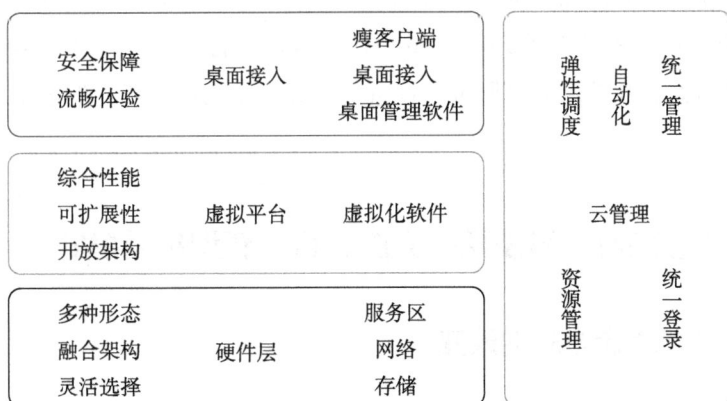

图5-32 云桌面功能架构图

① 通过数据与用户隔离提升安全性：将原本分散在各PC上的用户桌面数据集中到数据中心，实现统一的安全管控，用户可访问的仅仅是桌面图像变化量，数据无法带出数据中心。

② 通过资源大集中提升运维效率：从分散的运维向集中化运维过渡，管理员通过后台便可处理用户的大多数问题，降低运维工作量并提升维护效率。

③ 通过网络接入提升办公灵活性：用户在任何时间、任何地点通过网络都可以接入自己的桌面办公。

④ 先进架构支撑未来演进：基于服务器虚拟化架构，集约建设一个高效优化、易管理的桌面云架构。

5）引入"大科学科普创新"理念，结合元宇宙技术，打造粤东教学实践平台

韩文实验学校注重科学科普以及传统文化的教学，通过引入多系列文化科普、教育等互动内容，打造粤东首个"AR+科普+文化"数字研学基地。学生可一站式打卡涵盖红色党史、卫生健康、文物、植物、动物、非遗、安全教育、垃圾分类、太空科学、现代文学、中国历史、汉字起源等多重知识的趣味互动科普学堂。

在韩文实验学校设立"AR+科普研学"数字互动体验区中，韩文学子可体验智慧党建、超人学霸、卫生健康、科普教育、酷玩世界、数字非遗6款AR互动系统以及数字AR动物园，体验丰富的数字互动体验。

进入数智时代，推进教育数字化转型、探索智慧教育受到世界各国共同关注。伴随着现代科技的发展与应用，"互联网+"与教育的融合渗透不断深入，信息化教育在内涵、深度和质量上也不断发展，教育教学系统的结构和形态正在发生变革与转型，逐步形成新的教育理念与模式——智慧教育。智慧教育将以全体学生的学习与发展为中心，利用"互联网+"的思维和技术，打造富有智慧的学习环境，为学习者提供智慧、高效的教育服务，促进传统教学结构性变革，促进学生个性化成长和智慧发展。

5.4 智慧旅游：科技赋能文旅，打造新型旅游模式

5.4.1 传统旅游方式的改变

全球旅游业近年受到了极大的冲击。2020年之前，全球国际游客总人次超过

15亿。而2020~2022年，三年全球国际游客总人次比2019年减少了70%~75%。2023年，旅游业迎来回暖，2023年第一季度国际游客人数达到2020年前水平的80%。

全球旅游行业受到了前所未有的冲击，同时也催生了许多新的趋势和改变。

① 数字化和在线化。数字化和在线化技术变得尤为重要，在线旅游平台，如虚拟旅行和在线预订平台，呈现出大幅增长。许多旅游景点也推出了在线的互动和虚拟体验。

② 自驾游和本地旅行。由于国际旅行的限制和风险，许多人选择自驾游和探索本地景点，这推动了人们对本地环境和社区的重新认识和欣赏。

③ 对健康和安全的重视。近年来，旅行者对健康和安全的重视度大幅提高。许多旅游机构和酒店都提供严格的清洁和消毒措施以及灵活的预订和取消政策，以吸引客户。

④ 可持续和生态旅游。人们开始重新思考自身与自然的关系，因此可持续发展和生态旅游得到了更多的关注，越来越多的旅行者会选择那些对环境影响较小，对当地社区有积极影响的旅行方式。

⑤ 个性化和定制旅游。现今，旅行者更加注重个性化和定制的体验。旅游公司需要提供更加独特和私人化的服务，以满足客户的需求。

总的来说，人们的旅行方式已经发生了深刻改变，未来的旅游行业将会更加侧重于安全、可持续和个性化的体验。

5.4.2 文旅痛点明显，智慧旅游带来新生机

文旅行业面临的痛点，包括运营绩效低、体验同质化、消费黏性低、服务缺乏吸引力、游客满意度低等。而"智慧旅游"正好可以帮助解决这些问题，为行业带来新的生机。

智慧旅游通过整合新一代信息技术，为目的地、政府、景区、游客等提供基于全流程服务和管理的智慧旅游应用，推动旅游服务、旅游体验、旅游管理、旅游营销、旅游资源利用、产业促进等方面的协同发展。智慧旅游在决策、客户体验、运营效率、可持续发展和危机管理方面都具有积极的赋能作用。

① 数据驱动的决策。通过大数据分析，旅游公司可以更好地了解客户的行为和需求，制定更精确的市场策略。例如，可以通过数据分析来预测旅游热点，优化资源分配，提高服务质量。

② 增强的客户体验。通过移动应用、虚拟现实（VR）和增强现实（AR）等技术，旅游公司可以为客户提供更丰富、更加个性化的旅游体验。例如，客户可以通过移动应用预订酒店、购买门票、导航和获取当地的旅游信息。

③ 改善运营效率。数字化可以帮助旅游公司改善运营效率、降低成本。例如，可以通过自动化工具来简化预订和管理过程，通过人工智能（AI）和机器学习（ML）技术来提高客户服务的效率和质量。

④ 可持续发展。数字化还可以帮助旅游行业实现可持续发展。例如，可以通过数据分析来评估旅游活动对环境和社区的影响，制定更可持续的旅游政策和实践。

⑤ 加强危机管理。在疫情等危机中，数字化可以帮助旅游公司进行更有效的危机管理。例如，可以通过实时的数据追踪和分析，及时了解情况的变化，快速做出反应。

总的来说，智慧旅游能帮助旅游业更好地适应变化，满足客户需求，提高效率，实现可持续发展。

5.4.3 政策与科技驱动智慧旅游，紧抓未来新趋势

为发展智慧旅游，国家与地方旅游政策同步支持智慧旅游高速发展，而随着通信技术、传感器技术、空间信息技术、云计算技术的发展，未来信息化呈现出新的建设方向和发展模式，旅游信息的精确采集、旅游信息资源化应用成为可能。以服务游客与旅游管理部门、促进旅游营销为核心应用的智慧旅游系统也必将迎来快速发展时期。

1）国家政策推动旅游业智慧化发展

2020年11月，中华人民共和国文化和旅游部（简称文化和旅游部）、国家发展改革委等10部门联合印发了《关于深化"互联网+旅游"推动旅游业高质量发展的意见》，以利于全面推进"互联网+旅游"发展，推动旅游业发展质量、效率和动力变革。

2021年4月，文化和旅游部印发的《"十四五"文化和旅游发展规划》提出深

化旅游业供给侧结构性改革，深入推进大众旅游、智慧旅游和"旅游+""+旅游"，提供更多优质旅游产品和服务。加强旅游信息基础设施建设，深化"互联网＋旅游"，加快推进以数字化、网络化、智能化为特征的智慧旅游发展。推进预约、错峰、限量常态化，建设景区监测设施和大数据平台。推进文化和旅游数字化、网络化、智能化发展，推动5G、人工智能、物联网、大数据、云计算、北斗导航等在文化和旅游领域应用。

2）新技术为智慧旅游建设提供良好技术支持

以数字化为代表的现代科技正在深刻改变着大众的生活方式，改变游客在旅游目的地的信息收集、出行决策、组织方式以及消费等方面的行为。交通基础设施的完善、科技进步和文化变迁，让人们的旅游需求越来越趋于个性化和碎片化。当前人工智能、大数据、云计算、物联网、元宇宙等新技术、新场景日新月异，为智慧旅游建设提供了良好技术支撑。

（1）人工智能在智慧旅游的创新应用

人工智能技术在智慧旅游中的应用，可以改善旅游体验和提高服务质量，并优化景区资源配置和利用，主要的应用场景如下。

① 智能导览：通过人工智能技术，将景区地图、导游信息、游客喜好等数据进行分析和处理，为游客提供个性化的线路推荐和详细的导游解说。

② 智能贴身服务：通过人工智能机器人等技术，为游客提供24小时无间断的贴身服务，包括行李搬运、交通指引、疑难解答等。

③ 智能语音交互：通过语音识别和自然语言处理技术，实现游客与设备、系统之间的智能语音交互，方便游客查询和咨询。

④ 智能安保监控：通过人脸识别和视频监控等技术，对景区内的游客和物品进行智能化监测和管理，提高景区安全性和游客满意度。

⑤ 智能推荐营销：通过大数据分析和机器学习等技术，对游客的兴趣爱好和消费行为进行深入了解，为其推荐合适的产品和服务，提高景区旅游收益。

（2）大数据分析在智慧旅游的创新应用

大数据分析技术在智慧旅游中的应用可以帮助景区管理者更好地了解游客需求和行为，优化景区资源配置和利用，提高旅游服务质量和收益水平，主要的应用场景如下。

① 游客画像：通过大数据分析技术，对游客的人口特征、兴趣、消费等信息进行分析和挖掘，构建出游客精细化画像，以便更好地了解其需求和行为。

② 景区流量预测：通过历史数据分析和趋势预测模型，对未来一段时间内的景区游客流量进行预测，为景区资源配置和服务准备提前作好安排。

③ 智能推荐：通过大数据分析技术，将游客的个人喜好和历史消费纪录与其他游客数据相结合，为游客智能推荐合适的景点、餐厅、住宿等旅游产品和服务。

④ 资源优化：通过大数据分析技术，对景区内的资源使用情况进行监测和分析，并根据游客流量和需求的变化，调整景区内的资源配置和利用。

⑤ 智能价格策略：通过大数据分析技术，对不同时期、不同类型游客的消费水平和消费习惯进行分析和研究，制定出更加合理的价格策略，提高景区旅游收益。

（3）物联网在智慧旅游的创新应用

物联网技术是指通过互联网将各个设备连接起来，实现设备间的智能交互和数据共享。物联网技术在智慧旅游领域的应用可以帮助景区提供更加智能化和便捷化的服务，提高景区管理水平和游客满意度，从而促进旅游经济的发展，主要的应用场景如下。

① 景区安全监测：通过物联网技术，对景区内的人员、车辆、设施等进行实时监测和管理，防止意外事件发生。

② 景区气候监测：通过物联网技术，实时监测景区内的气象状况，为游客提供准确的天气预报服务，以便游客提前作好旅游计划。

③ 景区资源管理：通过物联网技术，实现景区资源的自动化管理，包括门票售卖、游客导览、餐饮住宿等服务。

④ 智能停车场管理：通过物联网技术，实现景区内停车场的智能化管理，为游客提供更加便捷的停车体验。

⑤ 景区环保监测：通过物联网技术，实时监测景区内的环境污染情况，采取相应的措施保护生态环境。

（4）元宇宙技术在智慧旅游的创新应用

元宇宙技术是指通过虚拟现实技术、区块链技术、人工智能技术等，构建一个以数字世界为基础的虚拟现实空间，可以帮助景区提供更加真实、丰富、多彩的虚拟体验，同时优化景区资源配置和利用率，提高景区运营效率和游客满意度，以下是具体的应用场景。

① 景区虚拟展示：利用元宇宙技术，为游客打造真实感极强的景区虚拟展示，方便游客在线参观景区。

② 景区互动体验：利用元宇宙技术，为游客提供丰富多彩的景区互动体验，包括虚拟导览、虚拟互动游戏等。

③ 艺术品虚拟展览：利用元宇宙技术，为景区内艺术品打造虚拟展览空间，方便游客在线欣赏和学习。

④ 旅游商品展示：利用元宇宙技术，为景区内商品打造虚拟展示空间，方便游客在线选购和购物。

⑤ 景区数字化管理：利用元宇宙技术，将景区内的各类信息进行数字化处理和管理，方便景区管理者对景区各项工作进行全方位监控和管理。

3）把握未来方向，紧抓智慧旅游建设趋势

随着政府支持力度不断加大，技术应用需要更为综合、集成，以实现更为精准化、个性化的服务，使商业模式更为创新、可持续。智慧旅游运用智慧城市相应技术，让旅游的智慧渗透方方面面。

通过智慧旅游建设，做好三个服务，即服务供给侧企业、服务游客、服务政府侧主管单位（图5-33）。从而提高旅游业务的综合管理和运营能力，创建优质的旅游生态环境，提升旅游的服务品质，进而推动地区旅游经济的快速、健康发展。

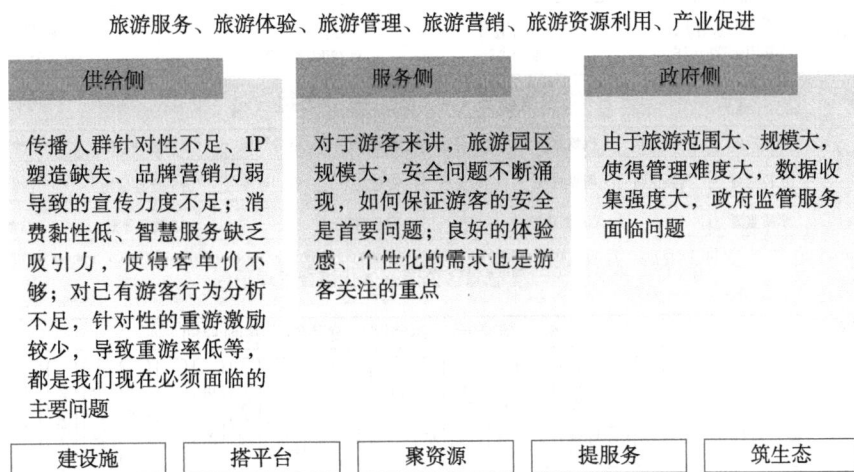

旅游服务、旅游体验、旅游管理、旅游营销、旅游资源利用、产业促进

供给侧	服务侧	政府侧
传播人群针对性不足、IP塑造缺失、品牌营销力弱导致的宣传力度不足；消费黏性低、智慧服务缺乏吸引力，使得客单价不够；对已有游客行为分析不足，针对性的重游激励较少，导致重游率低等，都是我们现在必须面临的主要问题	对于游客来讲，旅游园区规模大，安全问题不断涌现，如何保证游客的安全是首要问题；良好的体验感、个性化的需求也是游客关注的重点	由于旅游范围大、规模大，使得管理难度大，数据收集强度大，政府监管服务面临问题

建设施	搭平台	聚资源	提服务	筑生态

图5-33 通过智慧化进行精准赋能，打造智慧旅游

① 服务运营主管单位。一方面，通过优质的体验和服务，打造企业品牌，提升形象，拓展企业的营销宣传渠道，为企业发展创造更多机遇。另一方面，通过智慧旅游建设，提高对游客及工作人员的安全检测和保护能力，提高景区综合管理监控能力，提高旅游业务的管理和服务能力，使运营更加简单便捷、高效有序。

② 服务游客。通过智慧旅游建设将旅游带动地区经济发展所涵盖的六大元素（吃、住、行、游、购、娱）进行有序整合，为游客提供便捷的服务，使旅游经济效应最大化。"能否快速购票入园？""园区里有什么好玩的？""发生紧急事件怎么办？""秩序和安全如何保障？"游客的疑问通过智慧旅游都将被很好地解决。从游前、游中、游后，不同时段、不同维度、不同主体角度定制个性化旅游方案，满足各自需求。

③ 服务政府。基于构建省市级全域文旅大数据平台，可以提供文旅行业监测、管理、指挥调度等技术保障和信息服务。汇聚景区、游客等数据，打通数据壁垒，打造当地旅游IP。

4）智慧旅游方案：数字化转型为依托

智慧旅游通过对景区内的人、车、物、环、时间进行管理，与智慧场景业务进行价值匹配。践行旅游产业转型理念，助力旅游业高质量发展。覆盖开放及运营，从景区资源、人车安全、景区运营、消防、应急等全要素入手，打造从指挥中心运行、管理措施执行到落地数据分析的全链路。以管理促服务，以服务促体验，以体验促营销。智慧旅游架构如图5-34所示。

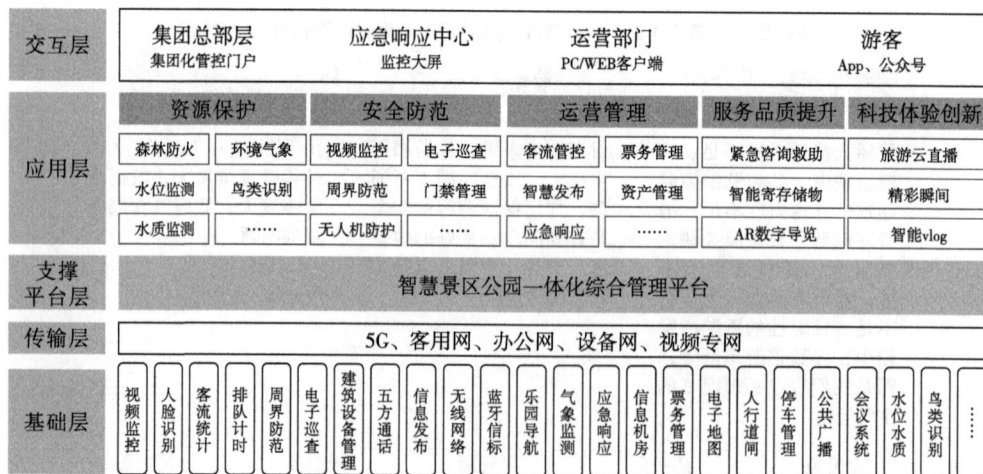

图5-34　智慧旅游架构图

智慧旅游以资源保护为基线，以旅游安全为基础，以运营管理为核心，以品质服务为使命，以科技体验为活力。主要应用包含以下部分。

（1）资源保护管理

资源是旅游核心吸引物的核心主体。智慧旅游以视频监控、物联感知实时监测旅游资源状态，监测预警保护，包含森林防火、水位监测、水质监测、环境气象、鸟类识别等，实现对森林资源、水域湖泊、环境气象、动植物的智能监测感知。

（2）安全防范管理

安全是景区运行之基，全方位、全天候、全时段视频智能具备自动告警、周界防范等功能，确保景区安全，保障旅游者安全，助力安心游览。

通过视频监控系统、客流系统等进行人员管理，通过停车场管理系统、车位引导进行交通管理。通过视频监控、周界防范、无人机防护等手段进行全方位、一体化的安防管理，包括大场景监控、夜晚监控、防溺水声光警戒等。利用无人机查得准、盯得住、传得快的特性，结合可视化的管控平台，整合各系统资源，打造智慧型的面向过程化、实时化、智慧化的景区管理。推动安检智慧化，实现"提效率、保安全、促监管"的景区安全防范管理。

（3）运营管理

通过人工智能智慧管理，提升工作人员管理效率；通过数据分析流控智能化报警，提升整个景区响应处置机制，提升业务效率。另外还包括票务管理、资产管理、广播及信息发布、应急指挥、微信服务、一卡通等。

（4）服务品质升级

充分利用人工智能技术与能力，辅助旅游者安心游、舒心玩，感受美好旅游品质，包括紧急咨询救助、智能寄存储物、AR数字导览、数智交互体验等品质化功能。

（5）科技体验创新

智能科技融合旅游全场景，创新旅游过程交互与互动，增强科技体验。覆盖游玩前、游玩中、游玩后全链路，与时俱进，与年轻人需求与习惯紧密挂钩。可以具备旅游云直播、精彩瞬间拍照、智能vlog等功能。

5.4.4 智慧旅游实践案例：某全球最大室内主题乐园

某全球最大室内主题乐园是宏景承建的智慧旅游项目。它位于珠海横琴，拥有世界最大的鱼类展览池、世界最大的亚克力玻璃观景窗、世界最大的活体珊瑚缸、世界最大的鲨鱼展示缸、世界最大的海洋生物维生系统，铸就多个世界第一，汇集了珍稀海洋动物、新奇大型演艺、顶级游乐设施，并为游客带来智慧化的旅游体验，由中国创意主导，整合全球资源设计、建造而成。

整个建筑是双首层+夹层结构，总长约650米，总建筑面积超过40万平方米，从远处眺望仿佛一艘来自外太空的超级飞船。该室内主题乐园内有千姿百态的动态雕塑，配以声、光、电特效，"深海潜艇"和"百慕大历险"球幕动感平台影院等丰富的娱乐项目为游客提供身临其境的震撼游览效果。内部15个科普共享空间中最大的"海洋大学堂"能同时容纳5000人观赏，运用多媒体技术，实现寓教于乐的效果。

但同时，因人流量大、游客涵盖年龄范围广等，其面临安全、个性化等多重考验。在建设上由于设备庞杂、乐园需求复杂，要做到性能与美观兼备，在建设和运营上都有一定难度，具体如下。

① 人流量大，安全隐患多。乐园建筑面积超过40万平方米，包括珊瑚秘境、海洋之歌、海洋大学堂等多个主题游览区，预计正式营业后每天可接待超过5万名游客参观游览。如此高的接客量，要保证每一位游客的安全必然是个难题。

② 游客涵盖年龄范围大，个性化需求多。"周末了好不容易有时间陪陪家人，太远的旅行不方便，带孩子来这里，就是个周边游的不错选择。"喜欢旅游的张先生如此说，"在这里吃住行游购娱一体，既轻松又能让他们学到知识，不会走马观花，很好。"该室内主题乐园开放后将接待大量亲子游游客，年龄涵盖范围非常广。不同年龄段的游客有不同的需求，定制个性化路线，让游客有沉浸式游览体验是建设中的重点。

③ 设备庞杂，运营管理困难。管理方面，庞杂的设备、庞大的信息点位使现场的网络和设备管理成为场馆面临的巨大挑战。

④ 乐园需求复杂，性能与美观难以兼备。场馆整体建筑结构复杂，首层大面积采用高阔空间设计，部分层高标高达13.85米；儿童乐园、大鱼看台区域采用钢结构顶覆盖，挑高最高达25米。由于建筑结构复杂，且设有各种夹层、平台，所以项目只能以标高（-6h、0.0h、5.5h、13.85h、20.95h、27h、32h、45h）的形式，代替楼层标识。场景需求众多，涵盖预演厅、歌舞剧院、动感影院、主题参观通道、主题餐厅、轨道车站台、室内沙滩、游乐园、科普教室、旋转坡道、后勤办公，以及大小各异的66个海工环境水池和大型游乐设备，最大看台可容纳5000名观众。场景装饰特点、照明条件、设备类型、环境特点各异。同时场馆内

面客区域顶棚及墙面基本被彩绘、造型包装、装饰吊顶覆盖，因此客区域的设备选型和安装必须要与装修专业高度匹配。

面对如上问题，宏景对这个全球最大室内主题乐园采用5层架构、3个平台的方式进行设计（图5-35），服务于游客方和运营方，带给人们智慧旅游新体验。

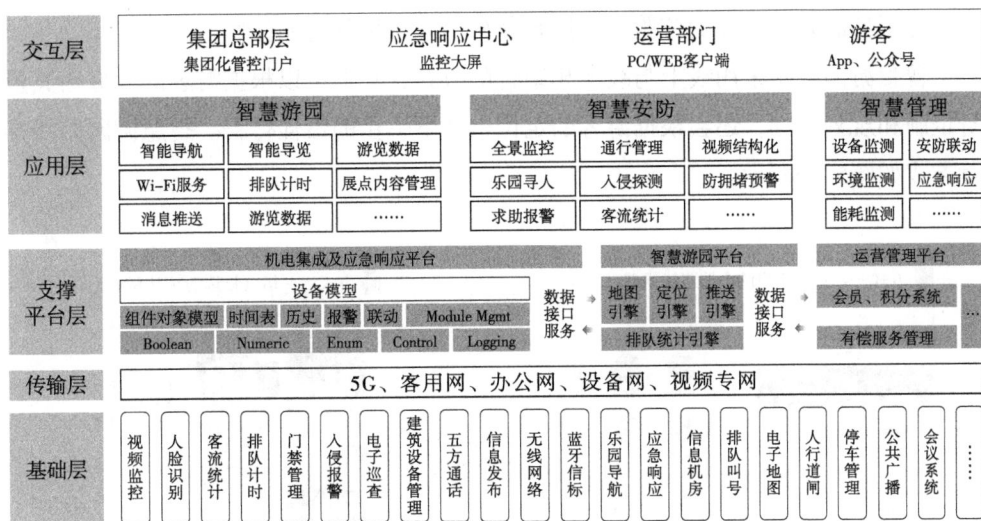

图5-35 某全球最大室内主题乐园整体架构图

以此顶层规划设计出如下功能，主要分为两部分。

1）服务于游客方：为游客开启开心游、省心游、安心游的旅游体验

为客户提供更加优质的服务，从安全性、体验感等多方面考虑，提供更加智慧的游园解决方案。

（1）安全无死角，无感化管控

基于该乐园的高阔空间施工、错层设置的复杂线缆路由情况，为了不影响人们的游坑体验以及兼顾面客区美观、视野覆盖的需求，全馆共设置了3000多个监控点位进行隐藏部署。针对各类场景、各需求部门侧重点不同，选用19种监控摄像机，对场馆进行覆盖布点，其中面客区实现监控视野全覆盖，确保无盲区。

由于面客区大部分墙面、顶棚被彩绘及造型包装覆盖，为兼顾面客区美观与视野覆盖需求、降低设备安装对整体美感造成的影响，与业主、装修设计单位在现场逐一核对点位，结合摄像机特性，确定安装位置。

其中，结合场馆高阔空间场景特性，选用大覆盖、超广角、远视距的摄像机；主要通道及景点出入口设置客流统计摄像机，对客流进行分析，实时掌握馆内的客流信息，为客流高峰应急处理提供依据；通过人脸抓拍摄像机，实现黑名单提示、馆内找人、快速人员定位等；后台与公安系统对接，对公安人脸库进行人脸比对，保证游客在园安全。

（2）智慧游园，提升游园体验

为了使游客有更好的体验，打造智慧游园系统增强游园体验。

智慧游园系统采用线上与线下相结合的方式，不但可以根据游客的偏好为其量身定制和规划行程，还会根据游客的定位推送下一步的最佳行程。智慧游园路线推荐方式如图5-36所示。

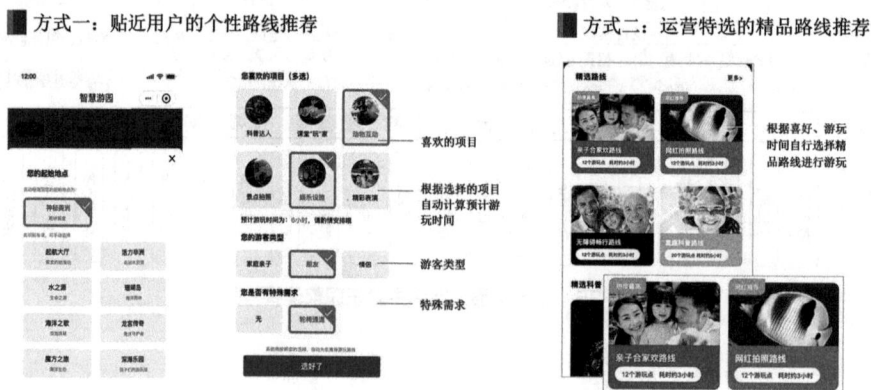

图5-36　智慧游园路线推荐方式

不但可以展示馆内所有静态设施的位置和导航，而且还能根据摄像机的人工智能算法实时为游客提供各个区域的人流和排队情况。除了自动为游客提供实时讲解服务，还能与游客语音互动，解答相关问题。这些应用都基于宏景科技室内高精度位置服务技术、视频人工智能和NLP等人工智能的技术。

（3）一部手机游乐园，开启新型旅游革命

乐园通过App、微信小程序两大产品形态，从游览出发开始，对游览过程进行全过程管理，实现用一部手机即可畅玩全园。在入口扫码即可进入微信导览小程序；在游览的路上，可以扫描二维码或者使用线上地图查看周围景点，可选择辅助语音介绍，快速定位并分享自己想去的地方；以通过预约方式安排下一个行程，使游览井然有序；游玩期间获得积分还可兑换相应优惠券，增加用户黏性。智慧游园五大应用场景如图5-37所示。

09: 10	10: 00	14: 00	15: 00	18: 00
开始旅程 规划探索游玩路线	**导览助手 全程陪伴**	**地图 查询与分享**	**等待、预约 并然有序**	**参与越多 奖励越多**
到达海洋科学馆，在入口扫码进入了导览小程序。场馆很大，在首页看到了贴心的路线推荐，为了孩子能够尽可能学习科普知识，选择了尽可能多地游玩科普点的科普达人的路线	在游览的路上，每经过一个景点都可以扫描二维码或者在地图上查看周围离我最近的景点；进入新的区域，"水精灵"立刻推送了最好玩的景点，点击可以聆听"水精灵"的语音介绍	在游览的路上，想要查看科普课堂，可以打开地图分类检索，快速定位到离自己最近的科普课堂，并且立即导航前往，同时将位置点共享给走散的小伙伴	一层的探索即将结束，发现精彩表演将在16: 00开始，提前20分钟好了表演提醒。表演结束来到了二层自由娱乐空间，搜索"游乐设施"可以清晰知道排队的时间，让一切井然有序	游玩期间，通过线上景点打卡来获得积分，游览完成后收到体验调研问卷，轻松完成便又可获得门票优惠券！愉快的一天结束了，下次还要再来玩哦
智能 导航	消息 推送　智能 导览	智能 导航	智能 导航	游客意 见收集　智能 导览

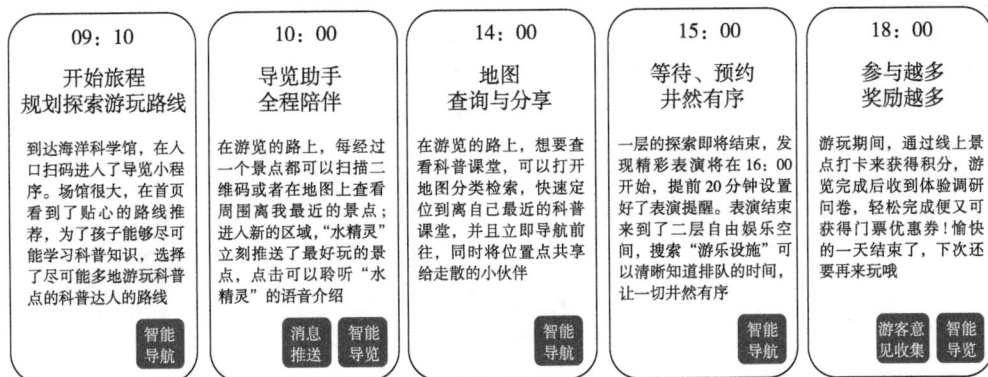

图5-37　智慧游园五大应用场景

2）服务于运营方：打造易用、故障少、易维护的管理体验

由于业主需求部门多（涵盖安保部、游客服务部门、餐饮部、工程设备部、厨房部、财务部、商品部、园区服务部、总值运营部、维生系统部、动管部、演艺部、景点运营部、数字与信息化部、总务部），施工时还需面对多个专业施工单位，宏景科技针对现场的实际问题及需求情况，进行逐一点对点深化设计；结合各部门、各场景需求，将智慧化管理融入运营，打造全方位、高效、便捷的运营体验。多维度地对场馆进行运营管理，提升场馆服务质量。

运营管理包含多种功能，包括游览线路管理（图5-38）、地图管理（图5-39）、展位及动物内容维护（图5-40）、游园数据展示及分析（图5-41）。

■基础信息

1. 在后台标注 POI 位置
2. 在后台配置 POI 基础信息，维护动物、课堂、演出、餐厅等多个分类的 POI 信息，如图片、开演时间、刺激程度、标签等

■POI 二维码

1. POI 自动生成对应二维码，支持批量下载，供运营团队进行现场使用
2. 游园小程序扫码展示景点详情页，并针对统计分析

■后台提供路线修改能力

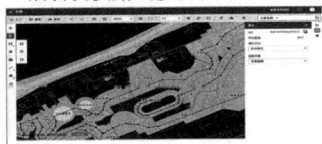

后台：
可调整设施展区的开关状态，如果临时关闭，前端可以及时触达

■小程序路线调整

"水精灵"亲切提醒：景点临时维修（无法进行游玩）特殊情况，可以一键更新 导航路线自动调整 路线

图5-38　游览线路管理

地图元素

- 1. 支持修改地图元素的基本属性（如颜色、名称、编号等）
- 2. 支持修改地图元素的位置、标签

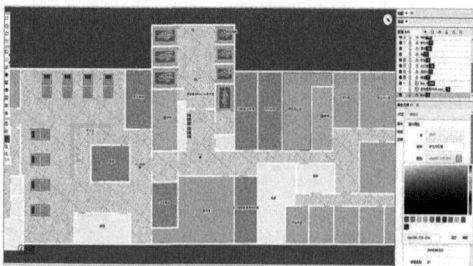

POI 二维码

- 1. 支持增加 / 删减地图内模型，调整模型方位
- 2. 支持修改地图内模型样式、大小
- 3. 支持大型 3D 模型定制化

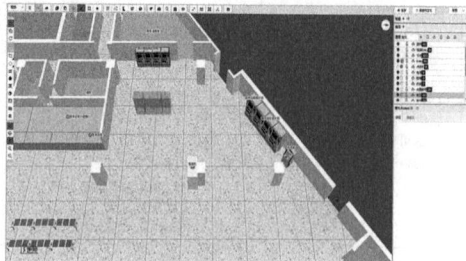

图5-39　地图管理

展品动物

- 对展品及动物信息进行管理

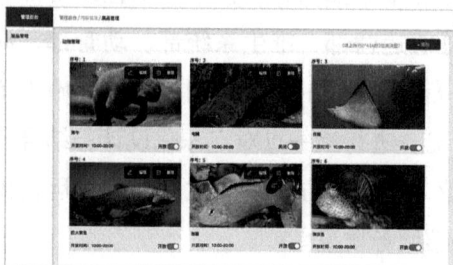

文本转语音

- 1. 在后台输入文本信息，自动生成语音信息
- 2. 语速、音调可调节，满足个性化需求
- 3. 提供风格多种音库

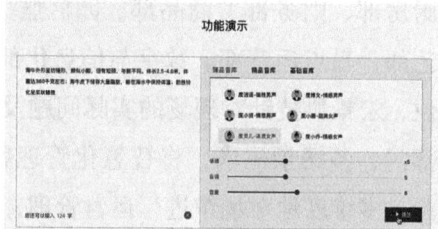

图5-40　展位及动物内容维护

POI 分析

支持POI的搜索、点击、排名情况等分析

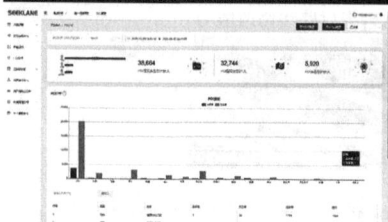

轨迹分析

支持回溯用户导航轨迹，查看逗留时间最长的兴趣点

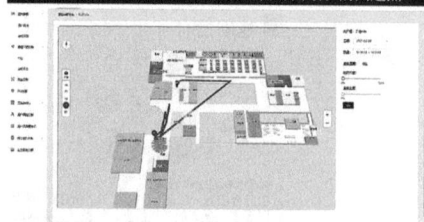

活跃度分析

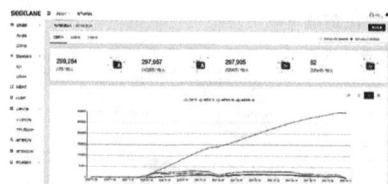

支持用户活跃度分析，了解用户活跃情况

属性分析

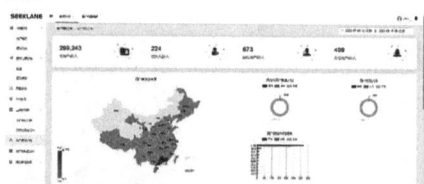

支持用户属性分析，统计用户年龄段、性别、来源等信息

图5-41　游园数据展示及分析

5.5 智慧能源：助力"双碳"目标，实现可持续发展

5.5.1 智慧能源，危机之下诞生的概念

危机是智慧能源概念形成的关键推动力。这些危机来自多个方向面，包括资源稀缺、环境压力、能源供应的不稳定性等。因此，我们必须在诸多困难面前，寻找到一种可持续、高效的能源解决方案。

① 资源稀缺。随着人类对于传统化石能源的过度依赖，地球的资源逐步枯竭，这不仅导致能源供应的不稳定，还使得我们对传统能源的使用方式和能源消耗的态度产生了深思。

② 环境压力。化石能源的消耗给我们带来经济发展的同时，也给环境带来了巨大压力，国际社会对通过减排减碳应对全球气候变化已达成共识。从1992年达成的《联合国气候变化框架公约》，到1997年通过的《京都议定书》，再到2016年签署的《巴黎协定》，全球共同构建了应对气候变化的政治和法律基础。[①]这些文件都旨在推动各国减少化石能源的使用，增加可再生能源的利用，以此来减少温室气体排放，缓解气候变化。

③ 能源供应的不稳定性。政治因素（如战争、政权更迭、贸易冲突等影响能源供应的事件）会触发能源供应危机。同时，在全球经济一体化的背景下，能源供应的不确定性造成能源价格波动，给各国经济带来了巨大的挑战。

智慧能源作为一个在危机下诞生的概念，是对于能源、环境和经济挑战的解决方案。智慧能源是利用新一代信息和通信技术对能源生产、传输、分配和使用各个环节进行监测、控制、管理和运营，提高能源效率，保障能源供应，降低环境影响，提高服务质量，并帮助形成可持续的能源系统。智慧能源的主要意义和作用包括以下几个方面。

① 提升能源效率。通过新一代人工智能和人数据分析技术，智慧能源叫以对能源生

产和消费的模式进行优化，减少能源浪费，从而提升能源使用效率。

② 保障能源供应。智慧能源系统可以预测和管理能源需求，确保在高峰时段和紧急情况下的稳定供电。

③ 减少环境影响。智慧能源可以更有效地整合可再生能源，例如风能和太阳能，减少对化石能源的依赖，从而减少温室气体排放，对抗气候变化。

④ 提高服务质量。智慧能源系统能够更准确地为用户计费，提供定制化的服务，例如需求响应和能源效率咨询，从而提高用户满意度。

⑤ 助力可持续发展。智慧能源是实现可持续发展的重要手段之一，它可以帮助我们在满足当前的能源需求的同时，不损害未来几代人满足自己需求的能力。

总的来说，智慧能源的目标是建立一个可持续、高效、安全、灵活和环保的能源系统。

5.5.2 智慧能源的未来发展方向和应用

2020年9月，习近平总书记在第七十五届联合国大会一般性辩论上指出：中国将提高国家自主贡献力度，采取更加有力的政策和措施，二氧化碳排放力争于2030年前达到峰值，努力争取2060年前实现碳中和。"双碳"目标随后被写入"十四五"规划，将碳达峰和碳中和正式上升到国家战略层面。近年来我国出台的"双碳"目标与能源数字化智能化转型相关政策如表5-2所示。

"双碳"目标与能源数字化智能化转型相关政策一览　　　　　　　表5-2

发布时间	发文单位	政策文件	主要内容
2020年12月	生态环境部	《碳排放权交易管理办法（试行）》	规范全国碳排放配额分配和清缴，碳排放权登记、交易、结算，温室气体排放报告与核算等活动
2021年2月	国务院	《关于加快建立健全绿色低碳循环发展经济体系的指导意见》	健全绿色低碳循环发展的生产体系、流通体系、消费体系，加快基础设施绿色升级，构建市场导向的绿色技术创新体系，完善法律法规政策体系
2021年3月	国务院	《中华人民共和国国民经济和社会发展第十四个五年规划和2035年远景目标纲要》	明确"制定2030年前碳排放达峰行动方案"的工作任务；实施以碳强度控制为主、碳排放总量控制为辅的制度，支持有条件的地方和重点行业、重点企业率先达到碳排放峰值

发布时间	发文单位	政策文件	主要内容
2021年5月	生态环境部	《碳排放权登记管理规则（试行）》《碳排放权交易管理规则（试行）》《碳排放权结算管理规则（试行）》	进一步规范全国碳排放权登记、交易、结算活动，保护全国碳排放权交易市场各方参与合法权益
2021年9月	国家生态工业示范园区建设协调领导小组办公室	《关于推进国家生态工业示范园区碳达峰碳中和相关工作的通知》	明确优化能源结构和产业结构、推动低碳技术创新应用转化、构建双碳目标管理平台、强化绿色低碳理念宣传教育四项重点任务
2021年9月	中共中央、国务院	《关于完整准确全面贯彻新发展理念做好碳达峰碳中和工作的意见》	提出构建绿色低碳循环发展经济体系、提升能源利用效率、提高非化石能源消费比重、降低二氧化碳排放水平、提升生态系统碳汇能力五个方面主要目标，确保如期实现碳达峰、碳中和
2021年10月	国务院	《2030年前碳达峰行动方案》	到2025年，非化石能源消费比重达到20%左右，单位国内生产总值能源消耗比2020年下降13.5%，单位国内生产总值二氧化碳排放比2020年下降18%，为实现碳达峰奠定坚实基础
2022年1月	国家能源局	《"十四五"现代能源体系规划》	提出加快推进能源数字化智能化发展，推动数字技术与实体经济深度融合，赋能传统产业数字化智能化转型升级
2022年5月	国务院办公厅	《关于促进新时代新能源高质量发展的实施方案》	提出加快推进新型储能、智慧能源等方面的措施；推动计量、检测和试验研究能力达到世界先进水平，积极参与风电、光伏、海洋能、氢能、储能、智慧能源及电动汽车等领域国际标准
2023年3月	国家能源局	《国家能源局关于加快推进能源数字化智能化发展的若干意见》	针对电力、煤炭、油气等行业数字化智能化转型发展需求，通过数字化智能化技术融合应用，急用先行、先易后难，分行业、分环节、分阶段补齐转型发展短板，为能源高质量发展提供有效支撑；到2030年，能源系统各环节数字化智能化创新应用体系初步构筑，数据要素潜能充分激活，一批制约能源数字化智能化发展的共性关键技术取得突破

在"双碳"主线行业版图中，在"1+N"政策体系（图5-42）碳达峰、碳中和的顶层设计指导意见下，形成各领域、各行业政策措施，包括能源、工业、城乡建

1	**《关于完整准确全面贯彻新发展理念做好碳达峰碳中和工作的意见》** 是党中央对实现碳达峰、碳中和进行的系统谋划和总体部署，覆盖碳达峰、碳中和两个阶段，是管总管长远的顶层设计，在碳达峰、碳中和政策体系中发挥统领作用

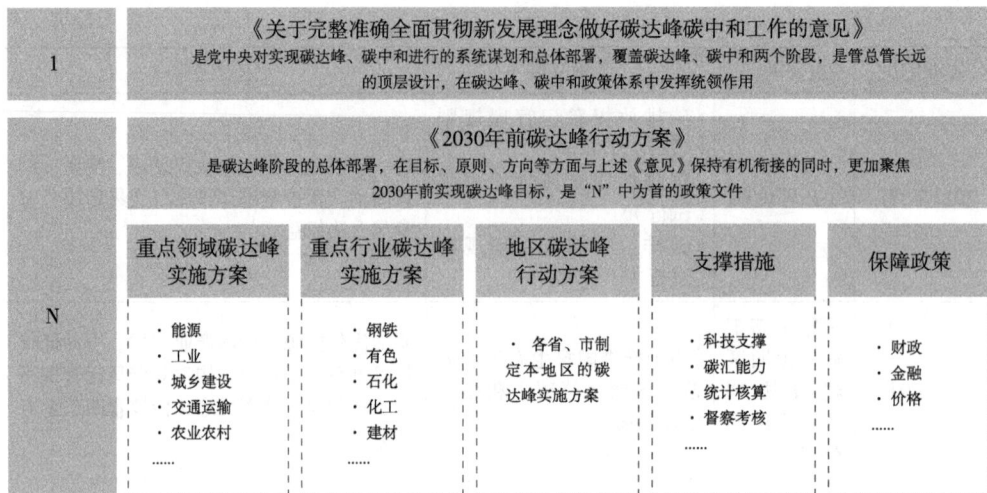

图5-42 "双碳""1+N"政策体系

设（建筑）、交通运输、农业农村等重点领域、重点行业碳达峰实施方案，以及科技支撑、碳汇能力、财政金融价格政策等支撑措施和保障政策。在政策指引下，应加速转型和创新，要构建以新能源为主体的新型电力系统，推进工业电动交通和提高能源利用效率，推动产业和工业优化升级，推进节能低碳建筑和低碳设施，构建绿色低碳交通运输体系，发展循环经济和提高资源利用效率，推动绿色低碳技术创新，为中国实现碳达峰、碳中和，为全球加速低碳、零碳转型贡献方案和智慧。

中国作为世界上最大的能源消费国和碳排放国之一，同时又是最大的可再生能源生产国之一，以及电动汽车制造与使用量全球遥遥领先的国家。根据中国碳核算数据库（CEADs）数据显示，2022年中国碳排放量累计110亿吨，约占全球碳排放量的28.87%，是全球气候挑战解决方案的重要组成部分。

结合上述情况，在国家相关政策指引下，智慧能源未来的发展方向和应用应包含以下四个主要方面。

① 智慧能源网络化。从能源应用的实际需求出发，集成各类能源管理系统，构建起全面的系统体系；涵盖多种能源形式，如常规能源、新能源和分布式能源等；未来的能源体系将成为一个集中式与分布式发电储能并存、发输配售用协同、风光氢储多能互补的智慧能源网络。

② 新一代信息技术推动能源全链路精细化管理与升级。新一代人工智能、大数据、云计算、物联网和区块链等技术，将推动包括能源生产、传输、消费等各个环节

的动态精益优化与管理，使能源电力系统实现"智慧化"的转型升级。在此模式下，信息技术在能源电力行业的应用将加速，从而实现信息技术与能源电力产业的深度融合，引领能源电力行业向数字化、智能化的方向发展。

③ 智慧能源将带来能源供应模式的变革。未来的能源供应将从过去的单一化供应转变为多元化供应，涉及供应主体的多样化、能源产品的多元化以及业务结构的多样化。此外，智慧能源还将推动智慧电厂、智能电网等新业态的发展，提供更安全、更智能的能源生产和传输服务，有效优化能源生产和供应模式，提高新能源在总能源供应中的比例。

④ 智慧能源将强化电网的柔性和可调度性，从而支持大规模可再生能源的接入。同时通过提高电网的安全性和稳定性，智慧能源将为电力市场化改革提供重要的技术支持。

智慧能源未来的发展方向和应用将使能源系统更加高效、环保、安全，更加适应未来社会和经济的需求。

5.5.3 智慧能源，数字化转型是核心

1）技术赋能能源管理数字化转型

数字经济和实体经济的深度融合，将为能源行业带来全新的机遇和挑战，结合新一代信息技术的发展，实现零碳技术在各环节的融合应用，包括生产运行优化、安全环保管控、设备智能维护和数字化设备监测等。数字化转型是实现智慧能源的核心，需要运用多种技术手段，建立起数字化、智能化、高效化的能源管理系统，从而为实现能源可持续发展和绿色发展作出贡献。

① 人工智能技术应用。人工智能技术可以帮助能源系统快速诊断故障，优化运营管理，提高系统效率。

② 大数据分析技术应用。通过大数据分析技术，对采集到的数据进行深入挖掘和分析，从而提高能源管理系统的效率和精度，为决策提供支持。

③ 云计算技术应用。云计算技术可以实现能源数据和信息的集中存储和管理，为能源管理提供强有力的支撑。

④ 区块链技术应用。区块链技术可以保证能源数据的安全性和可信度，防止数据篡改和泄漏，提高能源交易的透明度和公正性。

⑤ 物联网技术应用。通过各种前端物联网设备、传感器等手段，对能源生产、传输、分配和使用过程中的各种数据进行采集，构建全面、精准的数据基础。

通过建设智慧能源双碳服务平台，设定评价指标体系，结合统计分析、动态优化、预测预警、反馈控制、碳交易支撑、需求响应、绿电交易等功能，实现企业能源信息化集中控制、设备节能精细化管理和能源系统化管理。

打造碳生态圈全场景、全链路支撑服务。着力集聚绿色低碳生活方式，带动产业链、供应链上下游，共同推动能源电力从高碳向低碳、从以化石能源为主向以清洁能源为主转变。

2）智慧能源数字化业务平台

通过搭建能源大脑即智慧能源数字化业务平台，解决以往的用能孤岛、能耗数据不全、管理者无法全览纵向及横向能耗数据问题；多能供给未与用能实际情况结合、各自为政，没能做到按时、按序、高效应用问题；能耗浪费严重，未能从平台层实现各区域用能监测分析，未能对下一步节能改造提供数据支撑等问题。通过管理耗能，进行供能增效，完成节能优化。

平台基于边端边缘计算+云端数据及人工智能等技术，打通供能端和用能需求端，对用能消耗情况进行分时、分区域的智能监管，结合供能情况（市电/光伏/储能）配置以及当地政府峰谷用电政策，利用智慧用能算法策略，实现用能最优及效益最高的目标。同时，通过碳管理，为实现"双碳"目标提供数字化工具支撑。

智慧能源数字化业务平台架构如图5-43所示。

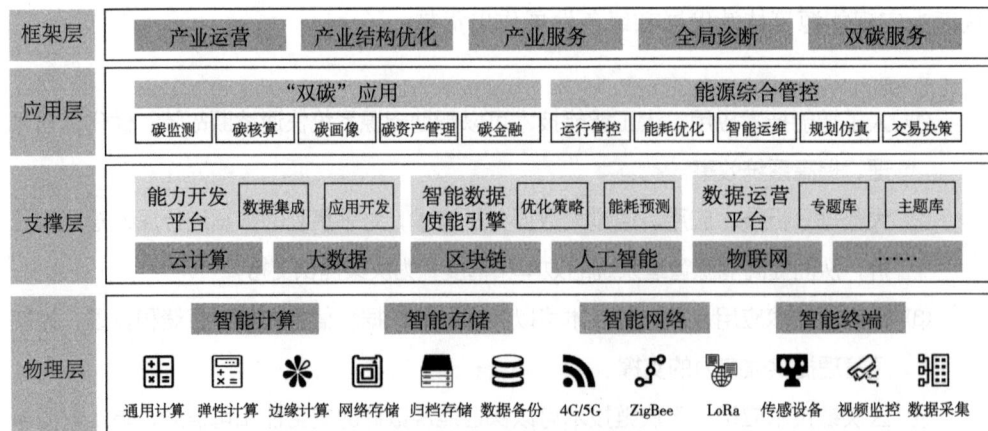

图5-43　智慧能源数字化业务平台

平台主要包含"双碳"应用和能源综合管控两大应用、十大功能，下面主要介绍其中的三个功能模块。

（1）运行管控

运行管控包含用能运行管控和供能运行管控两个方面。

① 用能运行管控：包含用能实时监测、用户用能总览、用能单元分析、能效指标分析、能效服务等功能（图5-44）。

用能实时监测	用户用能总览	用能单元分析	能效指标	能效服务
中央空调 光伏系统 水蓄冷系统 ……	水、电、气、 热、冷 近期总能耗	中央空调 照明系统 ……	物理指标 经济指标 生态指标 传输指标	优化建议 优化策略
设备实时监测	总体用能分析	设备层面分析	基于指标层面	社会效益

图5-44 用能360度监测

② 供能运行管控。一方面，负荷预测功能为大数据平台提供精准的发电和负荷预测，辅助微电网优化调度，主要包括发电短期预测、发电超短期预测、负荷短期预测、负荷超短期预测。依据负荷特性，对各类负荷进行多类型分类，结合计划以及天气影响因素，对分类负荷（稳定负荷、冲击性负荷、间歇性负荷、离散负荷等）采用相似日、回归、神经网络等算法，对负荷进行中、短期预测。另一方面，分布式光伏管理功能可综合分析光伏出力特性、负荷特性以及储能系统特性，以及分布式光伏储能的收益受其调度策略的影响。在每个时段，光伏功率首先供给负荷，储能充放电大致策略包括：光伏出力充足且是峰价时段，剩余功率先给储能充电，如有多余则向电网售电；光伏出力充足且是谷价时段，剩余功率先给储能充电，如有多余则向电网售电，若光伏剩余功率不能满足储能充电需求，则从电网购电；光伏出力不足且是峰价时段，储能向负荷放电，如不足从电网购电；光伏出力不足且是平或谷价时段，储能从电网购电；在电价为平价时段，储能不充电也不放电。其最终的目的是保持功率平衡约束和蓄电池约束。

（2）能耗优化

通过构建人工智能专家数据库，对耗能情况进行分析提出优化建议。

① 能耗基线：自动查询历史上天气、人流等因素相似的近似日，生成能耗基线，让能耗对比更加科学。

② 故障诊断：针对机电系统常见问题、人员行为问题进行诊断，分析原因，评估影响，提出详细的运维指导建议，发掘节能优化潜力。

③ 负荷预测：对未来时段能耗负荷进行精准预测，为提前部署控制策略提供依据。

④ 节能分析：实时动态评价节能性能，评价指标主要包括能源管理、环境舒适度、设备运行三个方面，每个方面设立分项指标和参数查询功能。对于每一个指标根据历史数据分析、行业标准和项目规定设定科学阈值，对于超出范围的指标给出提示。最后对节能性能水平给出总体评价。

（3）碳资产管理

构建碳循环全生命周期的碳资产管理服务，支持查阅碳循环全生命周期各环节的碳足迹、碳配额、碳排放等数据。为用户管理配额资产和减排资产提供有力抓手，为碳交易提供信息决策分析。

5.5.4 智慧能源实践案例：南宁重点耗能企业能源实时监测系统

宏景科技基于智慧城市的云边端协同技术与应用创新理念，为南宁市重点耗能企业能源实时监测系统项目开发了城市能源管理系统（图5-45），通过对南宁市重点能耗企业的能耗动态监测和能耗诊断，实现对企业能源的全方位掌控，采取针对性的措施降低能耗，助力南宁市节能精准调控、能源智慧发展、产业生态打造，实现便民便企服务，逐步实现碳中和目标。

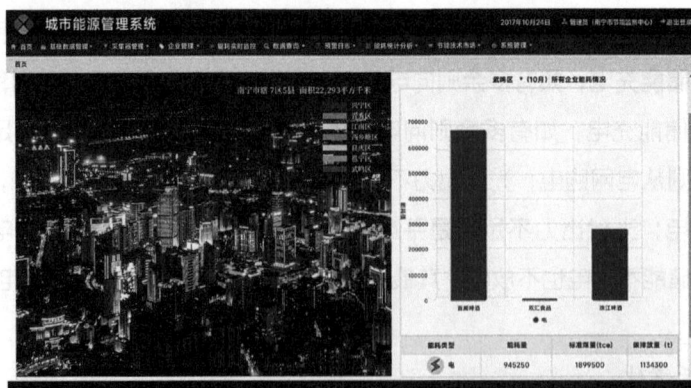

图5-45 南宁市重点耗能企业能源实时监测系统项目城市能源管理系统

1）项目总体架构

南宁市重点耗能企业能源实时监测系统是以企业为单位、基于数据采集的，集数据展现、分析于一体的节能平台。软件平台包括市级区域平台、企业级能耗计量平台两部分。企业自身的能耗数据在实现企业本地存储的同时，也可实时传输到市级节能监察中心系统服务器、企业端能耗数据调用本地服务器，为企业开放用户权限，提供高效、可靠的能耗监管平台。在提升企业能耗节约意识的同时，通过信息化手段进一步提升节能主管部门的效能。为全市节能考核、节能监察、能效对标、节能产品推广等提供依托。其采集传输系统架构如图5-46所示。

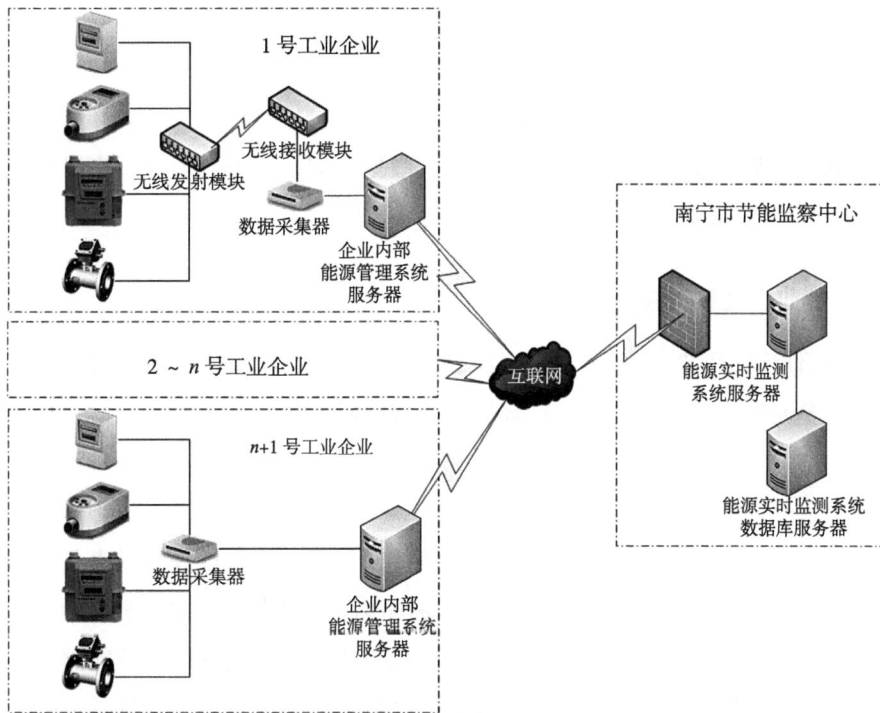

图5-46 采集传输系统架构

2）市级区域平台

用户访问系统的功能和数据采用严格的用户角色分级授权管理。登录用户仅能够查看对应的授权范围内的功能和数据，确保系统数据访问的安全性和合法性。

市级区域平台由市级进行管理，系统主要包含企业管理、企业分布图、能耗实时监测、能耗统计分析、区县能耗对比分析、用能行为分析、能耗时日月分析、节

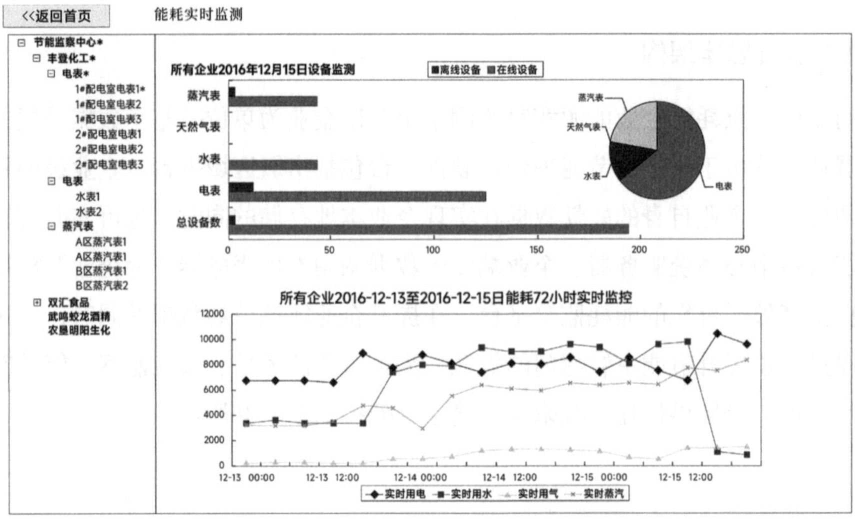

图5-47 市级区域平台能耗实时监测图

能技术市场、基础数据管理、采集器管理、数据查询、预警日志等。市级区域平台能耗实时监测图如图5-47所示。

3）企业级能耗计量平台

企业用户可以实时掌握企业的当前能耗状况以及系统给出的比对分析结果，有利于快速、准确定位企业的高能耗环节，采取针对性的措施降低能耗，达到节能的目的。

（1）企业端能耗采集设备

通过对工业企业厂区内的智能电表、智能燃气表、流量计等计量表具，实现对机电设备、电气设备、工艺设备等能耗设备的能源状况实时感知，避免能源的不合理使用，提高能源的使用和利用效率，构建以节能监管体系支撑的节能服务。通过横向、纵向二维比较，建立电、气、煤等分类模型，为能耗监管系统的节能管理和节能改造提供科学支撑，为用户提供个性化的节能指导建议。

（2）企业级能耗计量平台

企业级能耗计量平台主要实现功能如下。

① 实时能耗数据采集：基于物联网技术，通过数据采集器对多种能耗（如电、水、燃气、煤等）计量装置数据或工业企业现有系统数据库数据进行实时采集，采样周期可根据需要设置为1天、6小时、1小时、15分钟，最低可达到秒级。底层硬

件设备实现能耗数据实时采集，然后通过RS485通信传输至数据网关，经过协议转换后上传至系统数据库，各级管理人员在办公室里就可以根据平台权限浏览全部或部分相关能源计量信息。能耗数据的实时采集图如图5-48所示。

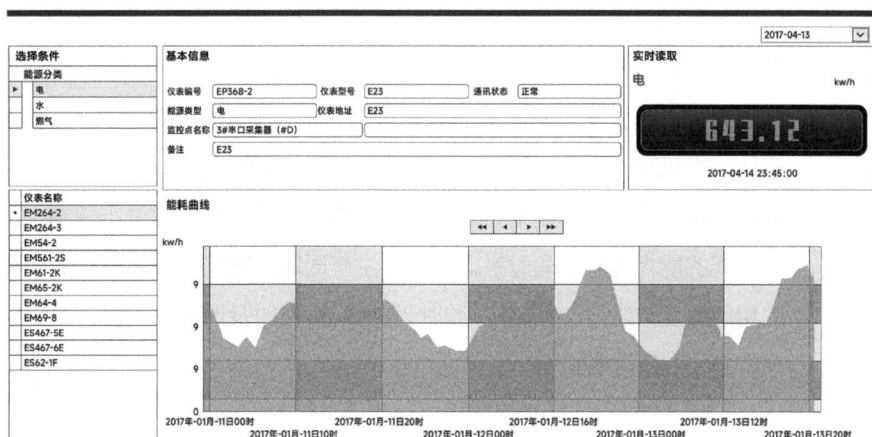

图5-48　能耗数据的实时采集图

② 能耗监测方案概览:通过三维动画的方式（图5-49），展示对某个企业进行能耗监测时的总体布局，并对计量点设置进行说明。

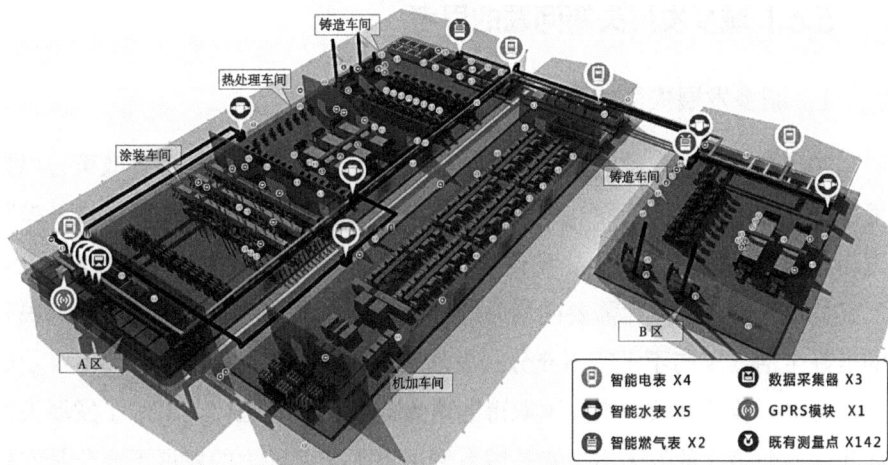

图5-49　工业企业数据采集情况预览图

③ 能耗数据统计与分析：为能耗数据统计与分析模块，提供各分类、分项能耗数据的逐时、逐日、逐月、逐年的统计图表和文本报表，以及各类相关能耗指标的图

表，进行历史数据同比、环比分析。企业管理人员可以对本企业能源用量进行同比或环比分析，分析能源使用过程中的漏洞和不合理情况，达到能效审核、节能降耗的目的。

④ 能耗数据查询：提供企业实时及历史能耗数据查询功能。自动采集的能耗信息可以精确到小时级，支持年度、月度和每日查询，同时支持年度数据和月度数据的同比、环比分析。

⑤ 能耗报表管理：平台支持企业能耗报表导出。支持的报表格式有pdf、doc和xls三种。能耗对比分析结果支持以图片报表导出的方式。

⑥ 能耗预警:为每个用户的总能耗或任意分类、分项能耗数据进行建模，预测未来一段时间的能耗走势，同时考虑季节和生产周期的影响，使用户能够准确把握自己的用能特点与趋势。当用户用能行为出现异常时及时发出警告，提示用户及早发现问题，完善用能制度。

除上述主要功能外，还可提供节能技术管理，支持政府部门推送各类节能政策与技术支持信息等更多功能。

5.6 智慧城乡：技术赋能乡村振兴，促进共同富裕

5.6.1 城乡发展失衡问题的思考

1）城乡发展失衡的表现

20世纪以来，在破解城乡二元结构问题上，国家出台了多种政策，以控制城乡发展不平衡不协调的局面，并取得了一定成效，但由于历史遗留的城乡差距固化严重，"三农"问题依然突出。党的十九大报告中指出，我国社会主要矛盾已经从"人民日益增长的物质文化需要同落后的社会生产之间的矛盾"转化为"人民日益增长的美好生活需要与不平衡不充分的发展之间的矛盾"。从我国社会主要矛盾的转化可以看出，改革开放以来我国取得的重大成就，同时也由此带来了发展失衡问题，而我国当前最大的发展不平衡是城乡发展不平衡，最大的发展不充分是农村发展不充分。

城乡发展失衡主要表现在人口结构失衡、经济发展失衡、生态环境失衡、基础设施供给失衡、公共服务失衡五个方面（图5-50）。

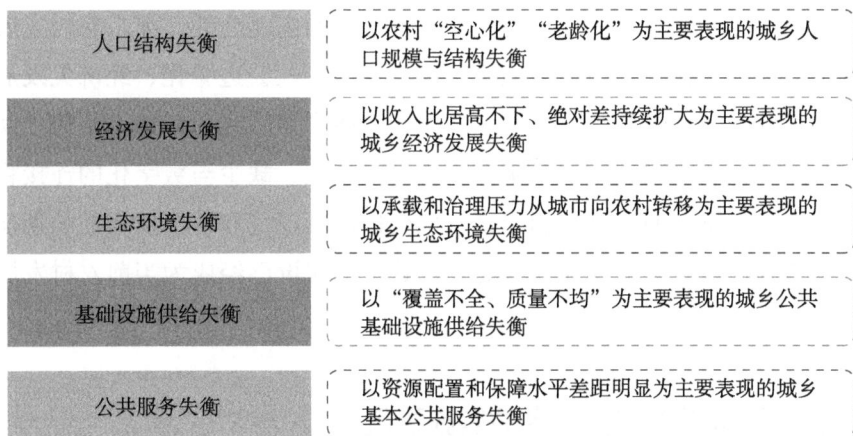

图5-50 城乡发展失衡的主要表现[①]

2）数字鸿沟带来新的城乡发展差距

随着数字技术的不断演进，对于技术发展和数字社会的讨论经常具有较强的城市偏好和城市立场，农村常被置于相关讨论的边缘，城乡之间逐步形成了数字鸿沟。同时随着智慧城市的建设，在技术基础和技术应用两个层面上进一步扩大了城乡数字鸿沟，即由原来的手机、电脑、互联网、电子商务、数字普惠金融等ICT接入鸿沟和使用鸿沟，拓展至基于物联网、云计算、大数据、人工智能、区块链等新一代信息技术的产业鸿沟、改革鸿沟、治理鸿沟和公共服务鸿沟。这些数字鸿沟将导致智慧城市建设对城乡居民收入产生影响，农村居民无法像城市居民那样分享到数字产业化、产业数字化、数字化改革、治理数字化和公共服务数字化所带来的新型数字红利[②]（图5-51）。

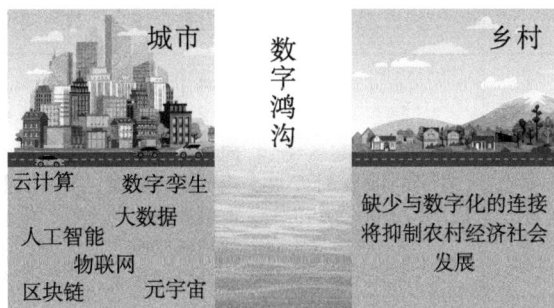

图5-51 数字鸿沟带来新的城乡发展差距

---

① 茅锐，林显一. 在乡村振兴中促进城乡融合发展——来自主要发达国家的经验启示[J]. 国际经济评论，2022（1）：155-173.

② 曾亿武，孙文策，李丽莉，等. 数字鸿沟新坐标：智慧城市建设对城乡收入差距的影响[J]. 中国农村观察，2022（3）：165-184.

如果农村持续被排斥在信息交换和技术创新的主流之外，那么农村发展所面临的一系列经济、社会、环境的危机，比如贫困、社会边缘化、经济欠发展、环境污染、基础设施和服务匮乏、低水平的经济能力等，将会与技术弱势之间产生"涟漪效应"，城乡之间的发展不平衡将进一步扩大，缺少与数字化的连接将会成为农村经济社会发展的重要抑制因素，也会造成其经济和社会发展的长期压力。因此，以提升技术连接程度为核心的乡村数字化建设已经成为当前农村发展的迫切议题。[①]

5.6.2 技术赋能城乡融合的实施路径

为解决城市和乡村发展不均衡、城乡要素流动不顺畅、公共资源配置不合理等问题，2017年党的十九大报告提出"实施乡村振兴战略""建立健全城乡融合发展体制机制和政策体系"。2018年，《中共中央 国务院关于实施乡村振兴战略的意见》《乡村振兴战略规划（2018—2022年）》先后印发，首次提出"数字乡村"概念。其后多部数字乡村、城乡融合发展等相关政策文件的发布，为城乡融合发展和乡村转型提供强有力的政策支持（表5-3）。

城乡融合及数字乡村相关政策支持 表5-3

发布时间	单位	政策文件	相关内容
2019年5月	中共中央办公厅、国务院办公厅	《数字乡村发展战略纲要》	加快推进农业农村现代化，着力发挥信息化在推进乡村治理体系和治理能力现代化中的基础支撑作用，构建乡村数字治理新体系；着力弥合城乡"数字鸿沟"
2019年12月	农业农村部、中央网络安全和信息化委员会办公室	《数字农业农村发展规划（2019—2025年）》	以产业数字化、数字产业化为发展主线，以数字技术与农业农村经济深度融合为主攻方向，着力建设基础数据资源体系，加强数字生产能力建设，加快农业农村生产经营、管理服务数字化改造，推动政府信息系统和公共数据互联开放共享，用数字化引领驱动农业农村现代化，为实现乡村全面振兴提供有力支撑

① 吴越菲.技术如何更智慧：农村发展中的数字乡村性与智慧乡村建设[J]. 理论与改革，2022（5）：94-108.

续表

发布时间	单位	政策文件	相关内容
2020年7月	国家发展改革委办公厅	《国家发展改革委关于加快落实新型城镇化建设补短板强弱项工作 有序推进县城智慧化改造的通知》	针对县城基础设施、公共服务、社会治理、产业发展、数字生态等方面存在的短板和薄弱环节，利用大数据、人工智能、5G等数字技术，在具备一定基础的地区推进县城智慧化改造建设，着力补短板、强弱项、重实效
2021年1月	中共中央、国务院	《中共中央 国务院关于全面推进乡村振兴加快农业农村现代化的意见》	发展智慧农业，建立农业农村大数据体系，推动新一代信息技术与农业生产经营深度融合；加强乡村公共服务、社会治理等数字化智能化建设
2021年3月	国务院	《中华人民共和国国民经济和社会发展第十四个五年规划和2035年远景目标纲要》	建设智慧城市和数字乡村，以数字化助推城乡发展和治理模式创新，加快推进数字乡村建设，构建面向农业农村的综合信息服务体系，建立涉农信息普惠服务机制，推动乡村管理服务数字化
2021年7月	中央网信办秘书局、农业农村部办公厅等	《数字乡村建设指南1.0》	围绕"为什么建、怎么建、谁来建、建成什么样"的问题，系统搭建了数字乡村建设的总体参考框架，明确了各类应用场景的建设内容、建设主体任务、注意事项等关键要素
2022年1月	中央网信办、农业农村部、国家发展改革委等	《数字乡村发展行动计划（2022—2025年）》	着力发展乡村数字经济，着力提升农民数字素养与技能，着力繁荣乡村网络文化，着力提高乡村数字化治理效能，为推动乡村振兴取得新进展、农业农村现代化迈出新步伐、数字中国建设取得新成效提供有力支撑
2022年3月	国家发展改革委	《2022年新型城镇化和城乡融合发展重点任务》	促进城乡融合发展，以县域为基本单元推动城乡融合发展，推进城镇基础设施向乡村延伸、公共服务和社会事业向乡村覆盖
2023年1月	中共中央、国务院	《中共中央 国务院关于做好2023年全面推进乡村振兴重点工作的意见》	发展现代设施农业，实施设施农业现代化提升行动；深入实施数字乡村发展行动，推动数字化应用场景研发推广；加快农业农村大数据应用，推进智慧农业发展

建立健全城乡融合发展体制机制，加快推进农业农村现代化，加快推进数字乡村建设，实现智慧城市建设与数字乡村建设协同发展，是弥合新型城乡数字鸿沟、促进城乡融合发展的有效途径。

通过数字技术的驱动，促进乡村社会资源的高效利用，统筹数字乡村与智慧城市发展，利用数字经济以城带乡，为乏力的乡村发展赋予数字引擎，焕发农村数字化发展新活力，不断扩大城乡融合发展深度与广度，破解城乡失衡问题，助力乡村振兴和城乡融合发展。城乡融合发展思路如图5-52所示。

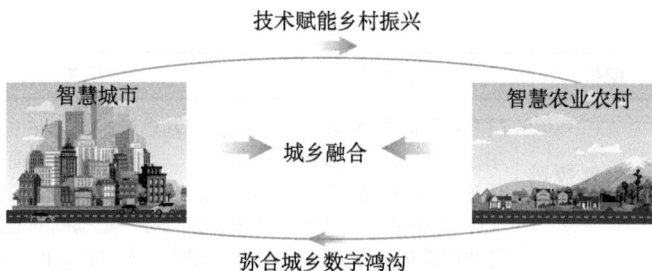

图5-52　城乡融合发展思路

1）云边端协同体系下的智慧农业农村应用架构

基于云边端协同技术集成与应用框架的智慧农业应用架构，进一步融合智慧乡村应用，更全面地为乡村振兴和城乡融合发展提供数字引擎。基于云边端协同体系的智慧农业农村应用架构如图5-53所示。

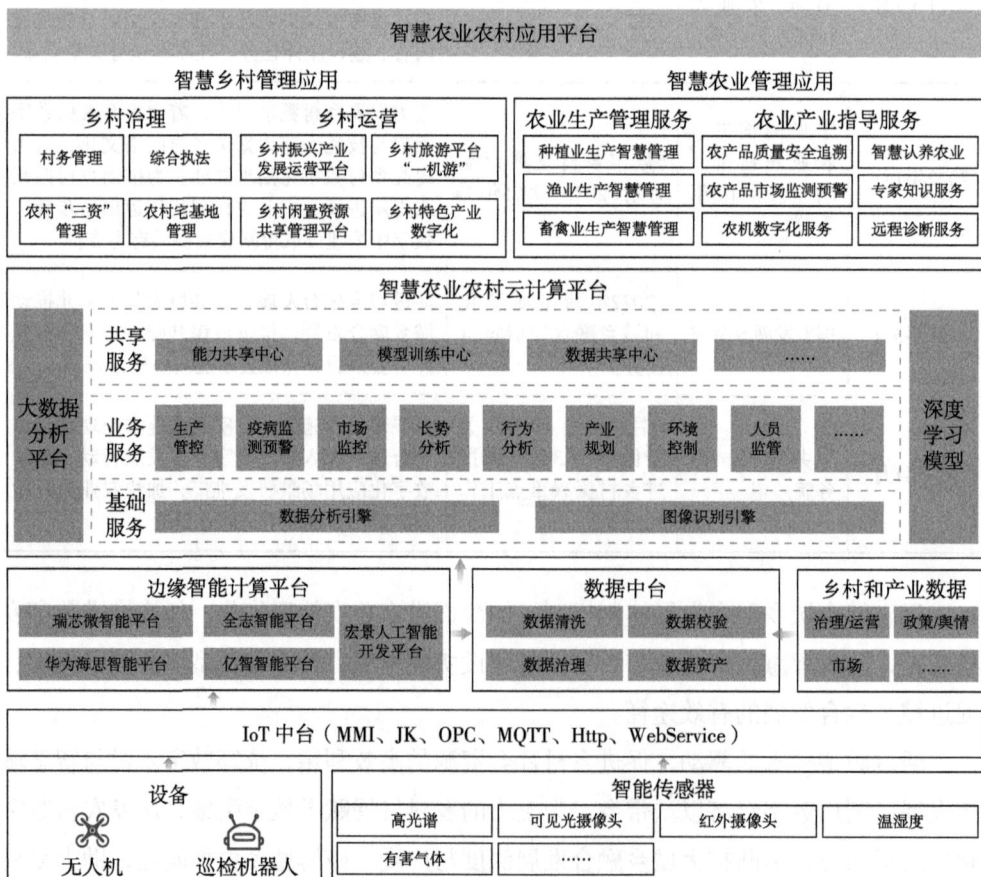

图5-53　基于云边端协同体系的智慧农业农村应用架构

通过运用云计算、大数据、人工智能、物联网等信息化技术，构建云计算平台、大数据分析平台、数据平台、物联网平台、边缘智能计算平台，实现数据精准采集、预警、分析，实现农业农村数据互联互通、资源共建共享、业务协作协同，实时、全面掌握农业农村发展情况，提高乡村管理工作质量和效率，同时有效进行农业资源优化配置，推动数字农业农村的应用与创新可持续发展，用数字化引领驱动农业农村现代化，为实现乡村全面振兴提供有力支撑。

以下分别从智慧乡村和智慧农业两个方面分享如何通过技术赋能城乡融合，实现农业提质增效、农民增收致富、农村治理有效，缩小城乡数字鸿沟。

2）智慧乡村：乡村治理与运营数字化，缩小城乡数字鸿沟

在数字技术支撑下，智慧乡村通过乡村治理和乡村运营提高乡村管理效率、盘活乡村资源，焕发乡村发展新活力。智慧乡村建设内容如图5-54所示。

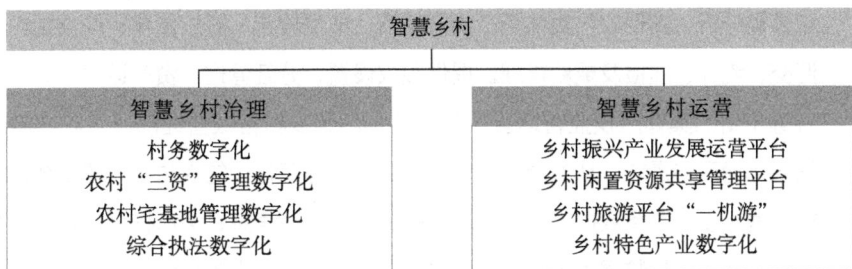

图5-54 智慧乡村建设内容

（1）智慧乡村治理：以数字化提高乡村治理水平

① 村务数字化。构建包括信息公布、村务办理、乡村治理、闲置资源、邻里互助、产业发展和公共服务等模块应用，加强乡村治理、服务群众、为民便民，是村民委员会（简称村委会）发布信息动态、村务预约办理的官方渠道。村民可通过微信小程序或App查看三务公开、最新动态、办事指引等信息，也可以使用线上预约、视频监控、爱心活动、法律咨询、闲置资源对接、房屋租赁和农业科普等应用，让乡村群众办事更快、服务更多、体验更好。

② 乡村综合执法数字化。利用无人机技术，为违章建筑查处、水旱灾情防治、农田作业巡查、占道经营整治等乡村综合执法事项提供智能化、高效便利的管理手段（图5-55）。

违章建筑查处	占道经营整治	农田作业巡查	水旱灾害防治
无人机高空巡查，可帮助执法人员迅速发现屋顶、街巷、两岸违建等地面违建情况，结合无人机巡查应用平台，可以直观地计算出违章建筑的面积、体积、高度等相关数据，为执法工作提供有力保障	使用无人机进行空中巡查，可以借助无人机宽广的视角，在较大区域内迅速识别、锁定占道经营情况，并进行实时录像、拍照取证。无人机可做到随时起飞作业，并快速到达目标区域上空，从而帮助执法人员锁定最佳时机	定期运用无人机采集技术，对辖区重点农田进行全面排查，重点巡拍积存垃圾、脏乱棚架、乱建设施、乱架杆线、失管农田、秸秆焚烧等问题，确保排查全覆盖、不遗漏。相比平面巡查考核，无人机可全方位、多角度巡查农田作业情况，能有效突破平面巡查的盲区	无人机作为一个空间数据获取的重要手段具有影像实时传输、高危地区探测、成本低、高分辨率、机动灵活等特点，是卫星遥感的有力补充，也是对地面常规水利信息监测、突发灾害应急处理的重要补充手段

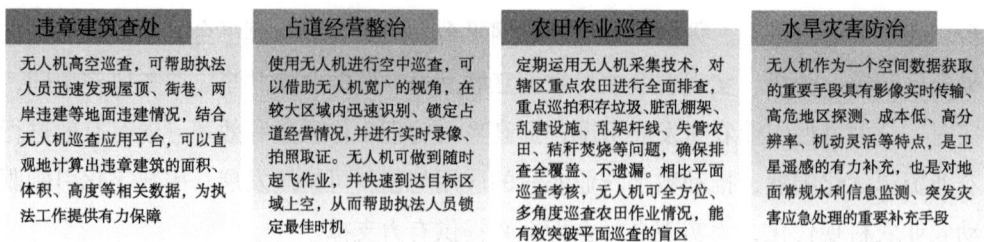

图5-55 综合执法数字化

③ 农村集体"三资"管理数字化。为推进农村集体资产清产核资信息数字化，建立集体资产登记、保管、使用、处置等管理电子台账，构建农村集体资产大数据库，加强对农业资产占有、使用、收益和处置的监管，引导农村产权规范流转和交易，规范数据收集、传输、利用与共享标准，促进农村集体资产数据与国土资源基础数据、人口基础资源库等数据对接共享。提供全面的农村集体资产、资源、资金监管和预警分析，实现农村集体资产清产核资、成员界定、股权量化、成立组织等数据汇交、统计、质检及更新管理。提供股权设置、分红管理、资产运营监管、统计分析等丰富的集体产权监管运营业务流程，满足乡村各级管理部门对农村集体产权信息化管理的需求。从多个维度对农业经济管理工作中的农村土地资源数据、合作社数据、农村财务数据、家庭农场数据、三资公开信息、清产核资信息、股权改革信息等多源异构数据进行全面的汇总、分析、展示，为农村经济管理工作提供多角度、全方位的数据呈现，为农村经济管理决策提供数据依据。

④ 农村宅基地管理数字化。通过建设农村宅基地管理系统，实现农村宅基地申请、报建、审批、发证、管理、查处等信息上下联动，同时有机融合土地利用现状数据、土地利用规划数据、城乡规划数据、村庄规划数据、不动产权籍调查数据以及股员信息、户籍信息等，提高宅基地审批效率，实现宅基地审批建库与管理一体化。利用第三次全国国土调查、卫星遥感等数据信息，结合房地一体的宅基地使用权确权登记颁证、农村宅基地和农房利用现状调查等资料，构建农村宅基地数据库，涵盖宅基地单元、空间分布、面积、权属、限制及利用状况等信息。推进宅基地分配、审批、流转、利用、监管、统计等信息化建设，及时完善和更新基础数据。

（2）智慧乡村运营：为乡村振兴打开乡村产业运营新格局

① 乡村振兴产业发展运营平台。乡村振兴产业发展运营平台是围绕乡村产业新业

态培育和管理、夯实乡村产业利益联结机制、创新乡村产业收益分享新模式，为实现提升村集体收入、促进村民增收而创新的新一代数字化平台。平台围绕乡村新产业（庭院经济、集市经济、乡村新零售等）等新业态运营，是以乡村产业振兴为导向、乡村新业态培育发展为核心、乡村产业数字化运营为目的而构建的乡村产业发展线上、线下融合的全面解决方案。实现统一收账、物流配送、自动分账和数据分析的功能，通过数字化平台连接村委会、村办企业和村民，打造线上、线下一体化运营模式，实现产业有效结合。乡村振兴运营模式如图5-56所示。

② 乡村闲置资源共享管理平台。乡村闲置资源共享管理平台是帮助农村实现村集体和个人所有农房等闲置资源管理的数字化平台。由村委会与第三方运营公司共同积极探索农村闲置资源多元化利用模式，加大农村民居民宿开发力度，加快促进农商文旅体融合发展，鼓励、引导有条件的农户将闲置农房通过租赁方式，流转给经营能手发展庭院经济、民宿经济、乡村休闲养老等项目。

③ 乡村旅游平台"一机游"。在全面数字化发展机遇下，国内各地积极开展智慧农文旅的探索与实践。其中"一机游"作为全新生态模式引领下的旅游平台，在深耕村域文旅智慧服务地方管理者更加有效监管以及推动当地农业产业转型升级等方面，都有着更突出有效的表现。

④ 乡村特色产业数字化。通过数字营销和电商平台，为乡村特色产业开辟助农新模式：数字营销包括建立区域合作短视频库、短视频制作培训中心、数字营销榜单等内容；数字电商包括构建品牌直播平台、数据共享平台、产品对接系统等，实现农产品全链条对接。

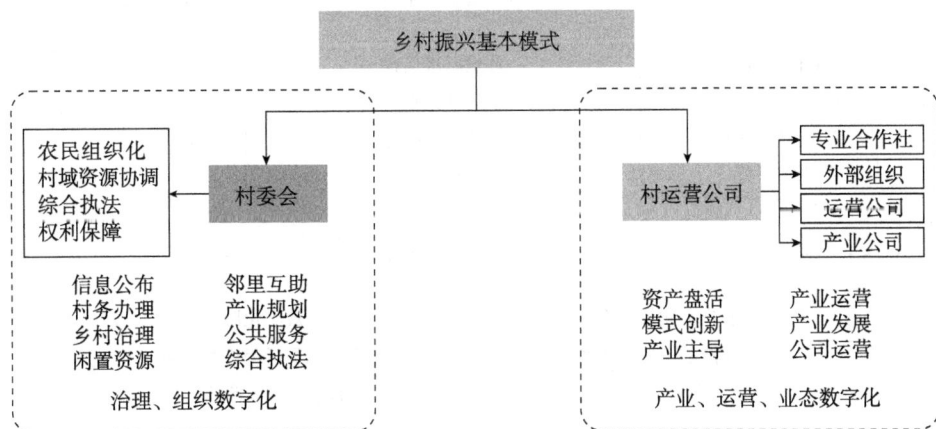

图5-56 乡村振兴运营模式

3）智慧农业：数字技术助推农业生产提质增收

传统农业客观存在农业劳动成本偏高、农业产品缺乏科学管理、农业劳动力趋紧、劳动生产率较低、农业创新力不强等制约农业发展的问题。因此，亟须向农业数字化、智慧化转型，依托物联网、大数据、区块链、云计算、人工智能等技术予以破解，将高新技术与地理学、农学、生态学、植物生理学、土壤学等基础学科有机地结合起来，构建智慧农业体系和模式，应用于农业生产的全过程中，包括对农作物的规划、投入、生产，到农产品收获、加工、营销等全过程的模拟、监测、判断、预测和建议等，达到提高资源利用率、降低成本、提高农业生产效率和产品质量的目的。

智慧农业建设内容如图5-57所示，以下从智慧养殖、智慧种植、智慧渔业三大农业板块以及农业产业创新几个方面分享如何实现农业智慧化。

（1）智慧养殖：智能化精准养殖，提高畜禽养殖产量和品质

通过建设环境控制、精准投喂、疫病防控等系统，提高智能感知、智能分析、智能控制技术与装备在养殖业上的集成应用水平，实现对畜牧养殖全生产过程的有效管控，提高养殖生产效能。

① 精准环境监控。通过自动化精准环境控制系统的建设，实现畜禽养殖环境的自动控制，代替人工手动调节，提高环境控制精确性，并通过环境数据与生产效率数

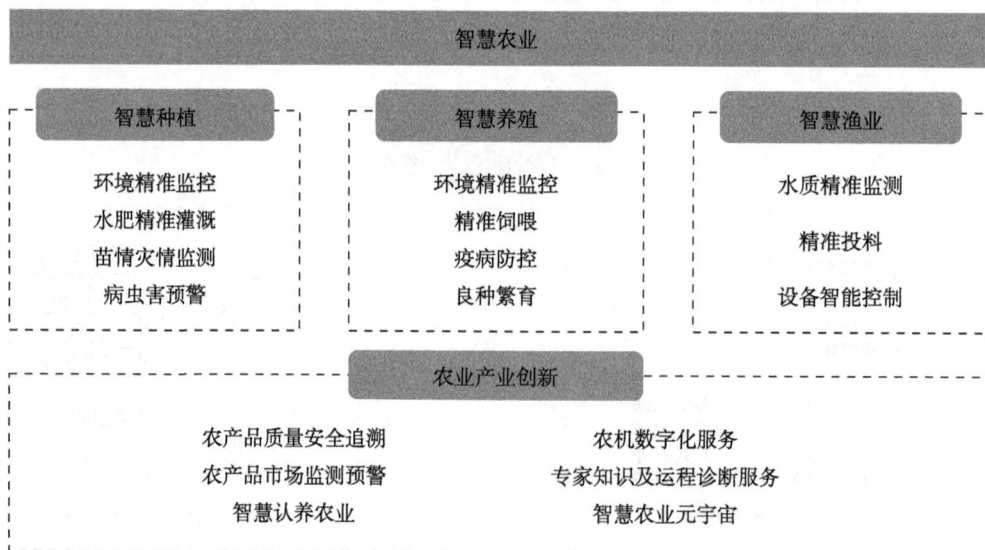

图5-57 智慧农业建设内容

据的耦合分析，构建农业生产环境调控模型，挖掘最佳耦合值，并反馈控制相关设备，保证舍内温度、湿度、氨气浓度等环境控制在利于畜禽生长的最佳范围，提高生产性能。自动化精准环境控制系统硬件部分由水帘、风机设备、传感器、环控器、照明系统等设备组成。系统通过传感器对温度、氨气、光照度、二氧化碳浓度进行监测，联动控制养殖舍内风机、水帘、照明设备等，为畜禽提供最佳的生长环境。其环境监控逻辑如图5-58所示，智慧照明在养殖方面的功能如图5-59所示。

② 精准饲喂。通过建设数字化精准饲喂系统，以自动化送料模式代替传统人工送料模式，饲料储存、运输采用散装料形式，配置设备送料，减少饲料包装和袋装料搬运工序；采用自动喂料，实现同时下料和定位、定量饲喂，提高喂料的效率，有效减轻畜禽应激反应。同时，系统通过采集饲喂设备采集到的饲喂及称重数据，将喂养及称重数据上传至数据中心，对其进行数据分析，指导精准化饲喂配比，提高喂食体重比。由于畜禽在不同生产阶段及生产水平对饲料配比和用量要

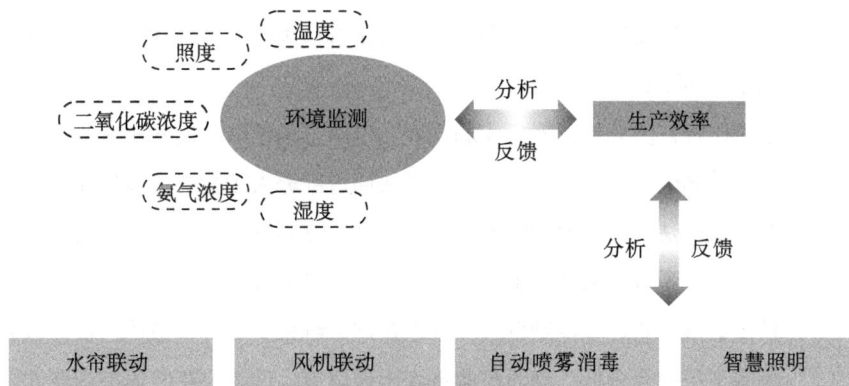

图5-58　精准环境监控

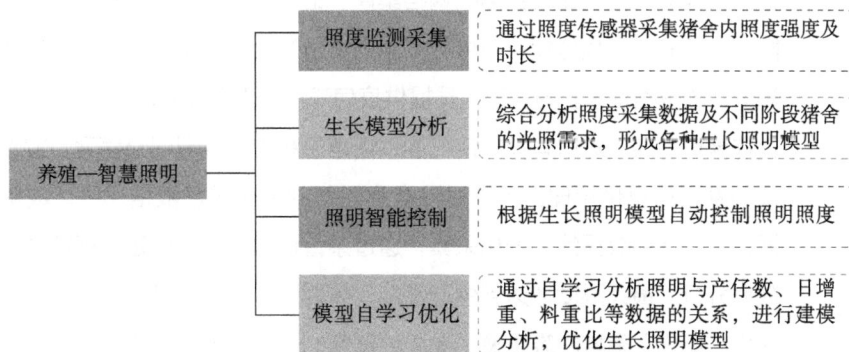

图5-59　精准环境监控——智慧照明（以养猪为例）

图5-60　精准饲喂

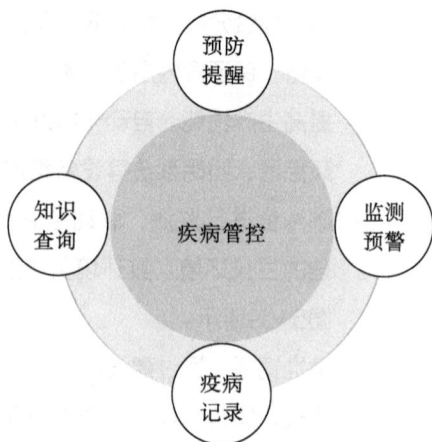

图5-61　疫病防控

求不同，系统可通过分析料肉比和畜禽生长记录情况，自动生成饲喂计划，自动提醒投料品类，并通过饲料智能称重自动控制饲料投放量，同时生成饲料需求计划，自动关联饲料加工管理系统。并可通过前端智能称重设备和饮水量监测设备，采集采食量数据，从而综合分析猪群料肉比、疫病状况等。精准饲喂功能如图5-60所示。

③ 疫病防控。具体包括疫病监测预警、疫病记录管理、疫病知识管理和预防提醒等模块（图5-61）。疫病监测预警模块通过部署人工智能监控摄像机，利用智能视频分析算法，对畜禽的行为、体温、排泄物等情况进行实时监测，通过大数据分析，自动识别畜禽感染疫病情况，并对异常情况及时预警提醒，有效防止疫病的扩散。系统对环境控制系统与饲喂管理系统采集的环境数据、食量数据、饮水数据等进行融合分析，判断畜禽是否出现异常。动态测算各项指标波动情况，出现异常情况时，通过系统平台进行预警提醒，以便及时对畜禽疫病进行控制。疫病记录管理模块提供建设畜禽疫病档案库、记录疾病发病情况和疫苗接种情况等功能，为疫病监测预警模块提供更多源的分析数据。知识查询功能可通过疫病专家知识库的数据积累，为管理人员提供疫病知识的查询服务。

④ 良种繁育。通过对所有畜禽亲代的系谱信息和生长情况记录管理，实现对畜禽繁育的系谱信息化管理。系统对种畜禽的各种生长环境数据、生长数据、喂养数据、生产性能数据的无纸化采集，通过系谱信息分析，制定平衡育种方案，利用数据分析，最大限度地达到生产性能、体能、料耗等指标的最优化，提高种畜禽繁育（孵化）率与幼雏质量，提高种畜禽的生产性能和遗传的稳定性，实现精准育种。以养猪为例，良种繁育功能如图5-62所示。

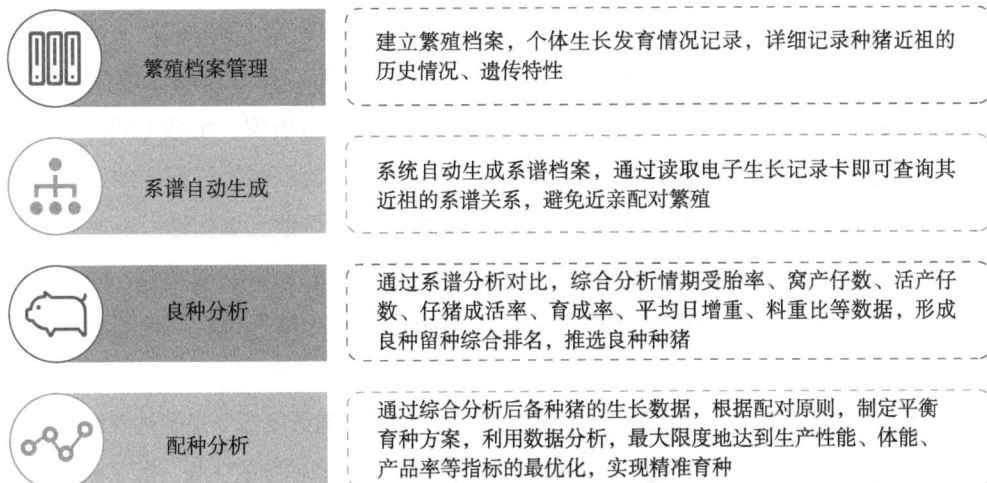

图5-62 良种繁育（以养猪为例）

（2）智慧种植：科技下田改"看天吃饭"为"知天而作"

智慧种植基于区块链、物联网、人工智能等技术，建设环境监控、水肥药精准施用、病虫害预警等系统，实现从传统农业的"看天吃饭"转变为智慧农业"知天而作"，动态监测土壤墒情、作物长势、灾情虫情，及时发布预警信息，提升种植业生产管理信息化水平，提高农作物产量和品质。智慧种植平台如图5-63所示。

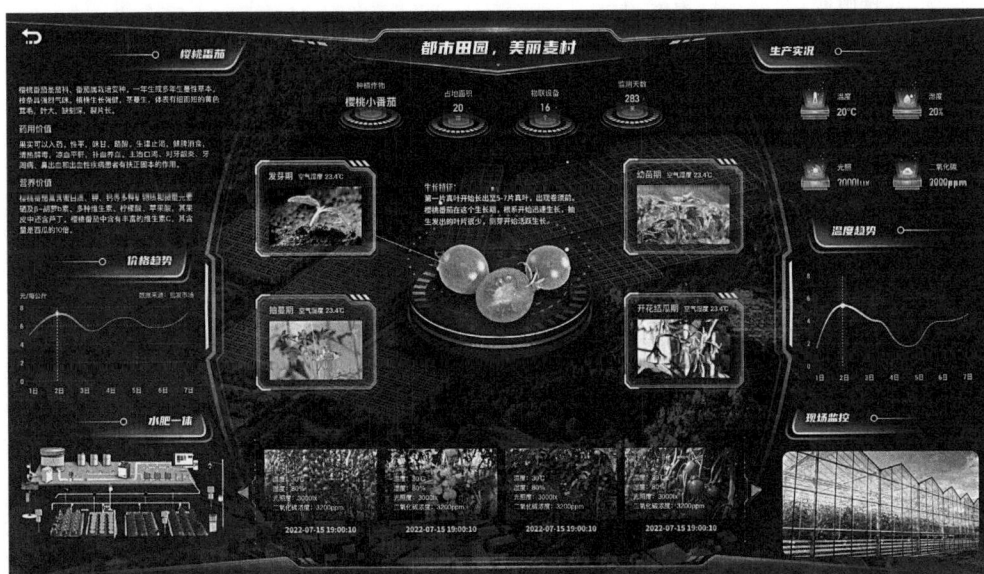

图5-63 智慧种植平台示意图

① 土壤墒情监测。土壤墒情自动监测主要是针对土壤水分含量进行监测，通过墒情传感器测量土壤的体积含水量。同时，还可以扩展配置土壤温度传感器、土壤电导率、土壤紧实度仪、土壤原位盐分分析仪、土壤（肥料）养分速测仪等监测其他土壤参数的设备。土壤墒情的监测能为种植作业提供有效的指导。例如在贡柑种植中，若土壤偏酸性则会导致土壤板结以及贡柑黄化的问题，因此通过智能化科技手段，实时精准监测土壤的酸碱度，能及时提醒农民对土壤进行"降酸""减肥"，或联动水肥一体系统自动控制土壤酸碱度，以保障农产品的品质。

② 小气候精准监测及预警。在传统的农业种植中，"看天吃饭"是困扰农民的最大问题之一，干旱、高温、霜冻等自然灾害都会影响农作物的生长。除了极端天气的影响，光、热、水、二氧化碳浓度等因素也时刻影响着作物的发育。因此，针对多变的气候环境做好预测监测工作尤为重要，可做到未雨绸缪，最大限度地避免经济损失，并且对提高作物的产量和品质都有很大的帮助。小气候精准监测系统通过前端传感器，对当地降雨量、空气温度、空气湿度、大气压、风速、风向等要素进行实时监测，结合全球气象卫星组织数据拟合，实现对本地小气候环境的精准监测和预警，同时还可结合病虫害发生规律及生长环境需求，建立预警机制，指导生产（图5-64）。

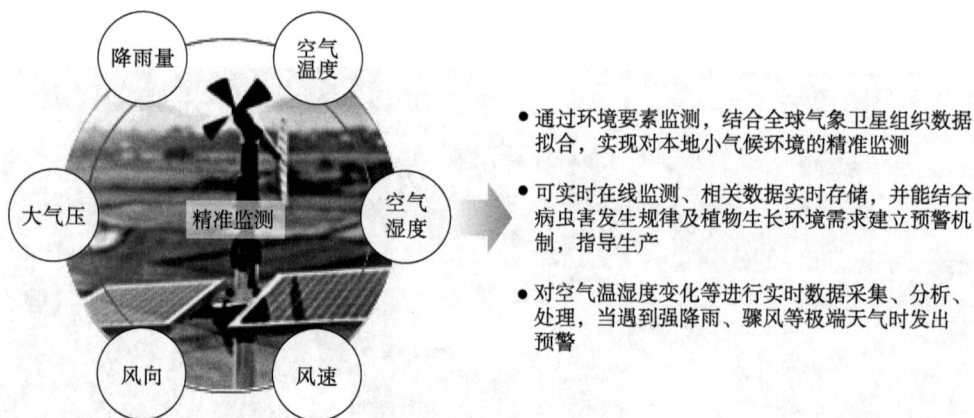

图5-64　小气候精准监测及预警

③ 精准环境监测与控制。针对温室大棚种植，建设精准环境监测与控制系统。温室环境监测内容主要包括大棚室内温度、湿度、光照度、二氧化碳等，为室内环境调控设备的控制提供数据支持；环境控制系统提供手动控制、阈值控制、自动控

制等多种控制，控制设备包括风机、内遮阳网、外遮阳网、湿帘、喷淋、补光灯等设施。采用信息融合技术完成环境数据、土壤墒情数据、长势信息等数据的融合分析后，制定环境调控策略，对水肥设备、风机、湿帘和遮阳等控制设备自动下达相关控制指令，从而实现设施农业的精准调控。

④ 病虫害预警防治。通过部署虫情监测设备，实现害虫的诱集、分类统计、实时报传、远程检测、虫害预警和防治指导的自动化、智能化。系统通过图像识别算法，匹配大量病虫害图库，可快速、精准地识别出害虫，并输出相关的防治方法，达到识别、防治，减少损失的目的。

⑤ 水肥一体精准灌溉。水肥一体化技术是将灌溉与施肥融为一体的农业新技术。运用物联网、大数据、云计算与传感器技术相结合的方式，根据土壤墒情和环境气候监测数据，对作物用水、用肥进行分析预测，预设阈值作为灌溉设备运行的控制条件，制定适时的灌溉及施肥策略，实现智能化灌溉，强化用水管理力度，杜绝用水的跑冒滴漏，从而减少渠道输水损失，实现科学调度、合理配水施肥，实现精细灌溉、适时灌溉、解放劳动力发展高效农业。水肥一体化系统智能控制系统架构如图5-65所示。

水肥一体化：通过安装智能水肥机与田间灌溉网络进行有效对接，根据农田土壤墒情、气象降雨预报的分析及人工智能算法对作物营养需求的分析进行智能水肥一体化灌溉，实现精准灌溉和施肥。系统通过可控管道系统供水、供肥，使水肥

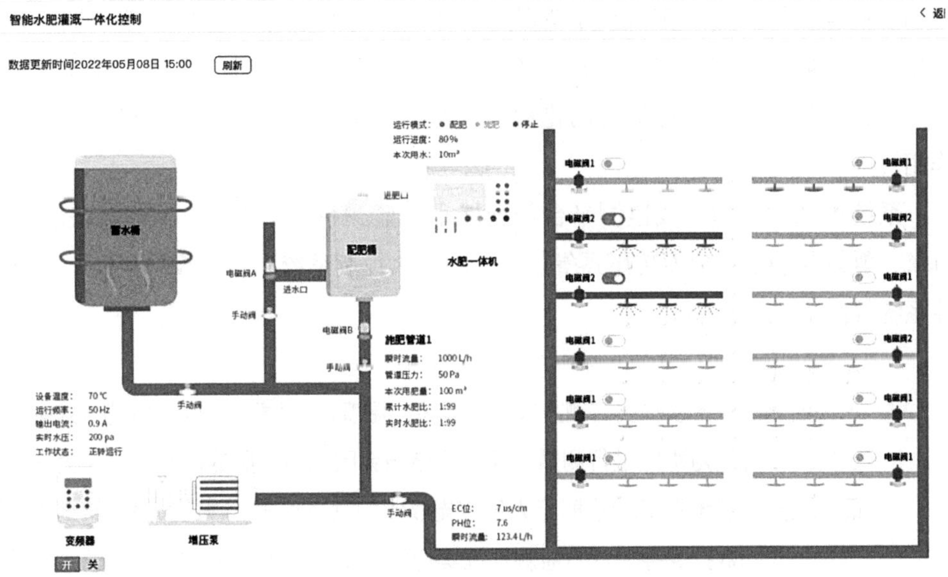

图5-65 水肥一体化系统智能控制系统架构

相融后通过管道、喷枪或喷头进行喷灌，均匀、定时、定量地喷洒在作物生长区域，使主要生长区域的土壤始终保持疏松，具有适宜的含水量，同时根据不同作物的需肥特点、土壤环境和养分含量状况，把水分、养分定时、定量、按比例地直接提供给作物。

精准灌溉：通过传感器采集传回的信息，判断分析土壤需水量并自动浇灌，达到设定的阈值时便停止浇灌，达到节约用水、精准灌溉的目的。

远程集中控制：支持远程控制、手动控制、自动控制、定时控制等多种工作模式，可对所有灌溉设备进行控制，节约人力。

⑥ 苗情灾情监测。通过部署视频监控系统，结合人工智能算法，对作物长势、病害情况进行分析、识别，实时掌握作物生长状况。结合人、物识别算法，还可对人员异常行为、鼠害等异常情况进行识别检测，保障生物资产的安全。视频监控包含高清摄像头、人工智能摄像头两种设备，高清摄像头主要起到安防及视频巡查作用，人工智能摄像头用于苗情灾情识别监测。

（3）智慧渔业：助力水产品高质量发展

我国的水产养殖业发展迅速，但在精准养殖、科学管理、疫病控制、产品安全方面以及高效水产养殖基地管理方面还与国际先进水平存在很大差距。通过构建基于物联网的水产养殖生产和管理系统，由传统粗放型、经验型的养殖模式转变为精细化、网络化和智能化管理的现代水产养殖模式，在水质监控、精细投喂、病害防治、质量溯源等环节实现科学管理，可以有效增加产量、缩短养殖周期、减少养殖风险、降低生产成本、提升水产品品质控制能力，同时降低劳动强度、扩大生产规模、提高生产管理的自动化程度，对现代水产养殖业发展具有重要的推动作用。

系统由水产养殖在线监测平台与智能水质监测系统（水温、水位、pH值、溶解氧、氨氮、盐度、浊度传感器等）、增氧/新水控制系统、自动投料系统、智能监控系统等组成（图5-66）。

① 水质监测。在各项水质监测方式（溶解氧、温度、pH值）方面，传统方式需要人工定时去现场对水质进行测量，而且测量值会因测量人员的操作产生人为误差，而水质监测系统采用24小时无人值守无线监控测量水质，并定时对测量结果进行自动记录和数据保存。水质监测系统实现24小时实时监控溶解氧、水温、氨氮、pH值、盐度、ORP等数据，数据精准，并可通过手机App实时查看。如出现数

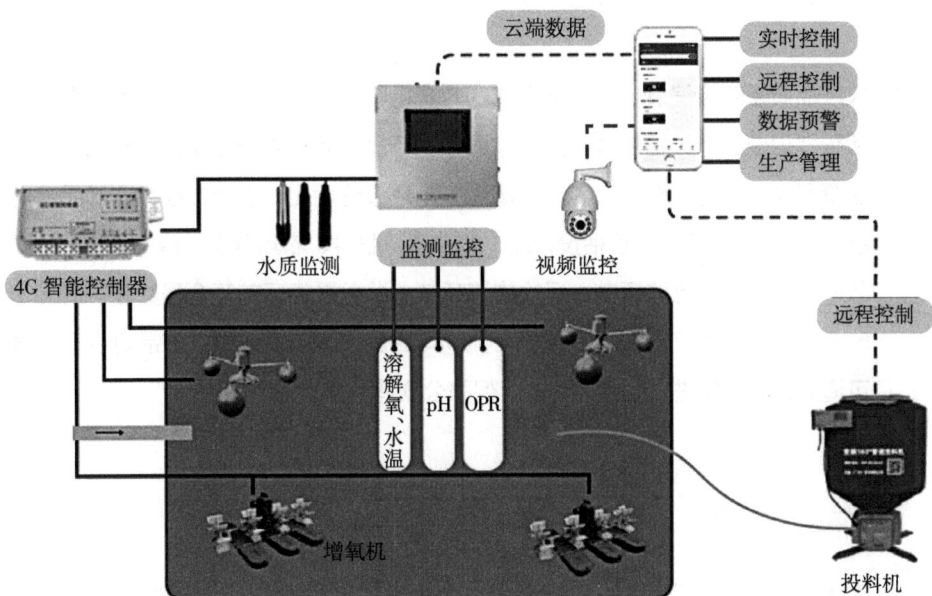

图5-66 智慧渔业系统图

据异常可及时报警，并可连接智能控制器，自动控制开关养殖设备。

② 精准投料。在养殖投食方式上，传统人工播撒方式需要耗费大量人力，且播撒不够均匀，投放总量控制不便，造成饲料浪费。精准投料系统由于采用自动投食设备，根据系统设定对鱼塘定时、定量地投食，投食总量、投放时间和匀称度都可得以控制。系统采用风送投料机，以风送方式输送物料，投料设备浮在养殖池塘的水面上，向四个方向均匀投料，引导水产均匀散开，避免其成群堆积，破坏养殖基地，同时实现精准投喂，减少饲料的不必要损耗。

③ 智能控制。智能控制系统控制层主要包括增氧泵控制、循环泵控制、摄像头控制以及投料机控制等。通过智能控制系统自由配置自动化模式，通过循环水模式实现对水产养殖池塘内环境的集中、远程、联动控制。在增氧设备的开停方式上，传统方式因为不能实时得知水体的含氧量情况，只能根据经验开启增氧识别，可能会因为长时间开启而浪费大量的电力。智能控制系统根据设定和测量值对增氧设备进行智能控制，延缓设备损耗，减少生产损失，节省大量的电力。当传感器监测的数据超出设置的安全阈值，可以自动联动多个设备启停，不需要人为的干预就可以确保水质的安全。实现根据养殖预设条件自动控制换水、增氧、增温、喂料等设备的运行，满足严苛的水产养殖环境条件要求，减少不必要的损失，同时可以节省用电，降低生产成本。

（4）科技创新为农业全产业链高质量发展提供新动能

① 农产品质量安全追溯。运用信息化的方式，将农产品全部流程纳入追溯系统，包括跟踪记录生产经营主体、生产过程和农产品流向等农产品质量安全信息，满足监管和公众查询需要，让农产品每个生产环节透明化，生产过程和农产品流向信息（以种植业为例），包括投入品（如种子、肥料、农药等）—植保环节—采收环节—加工环节—仓储环节—运输物流环节—批发零售环节等全程数据可追溯（图5-67），实现农产品来源可追溯、流向可跟踪、风险可预警、产品可召回、责任可追究，有效促进农业绿色生产，保障公众消费安全。

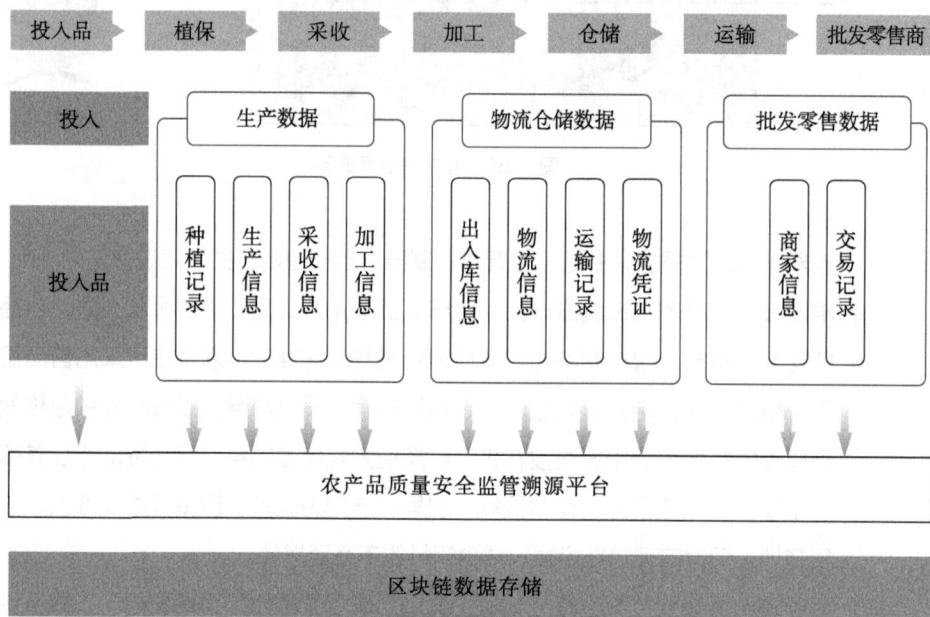

图5-67　农产品质量安全追溯（以种植业为例）

② 农产品市场监测预警。结合行业数据、农业统计资料、权威网站公开数据等构建产地、各品种的市场指数体系，包括价格指数、供需指数、产业健康指数等，并进行大数据分析，全面感知市场动向。同时基于行业政策、行业研究报告、突发事件、专家评论等，构建农产品舆情监控体系，感知市场状态变化，汇集分析报告（日报、周报、年报、专业报告），实现对农产品价格及变化趋势的监测预警，为市场监管主体、农业生产经营主体和消费者提供决策依据。多源数据融合的市场监测预警如图5-68所示。

价格预测

区域综合指数构建

①舆情监控

数据：行业报告、新闻资讯、市场评论、行业研究报告、政策、病/灾情等

方法：文本分类　市场情绪值　观点抽取　报告生成

②分析决策

日报：借助 NLP 技术数据自动生成报告

周报、供需形势：行业专家报告

自动生成

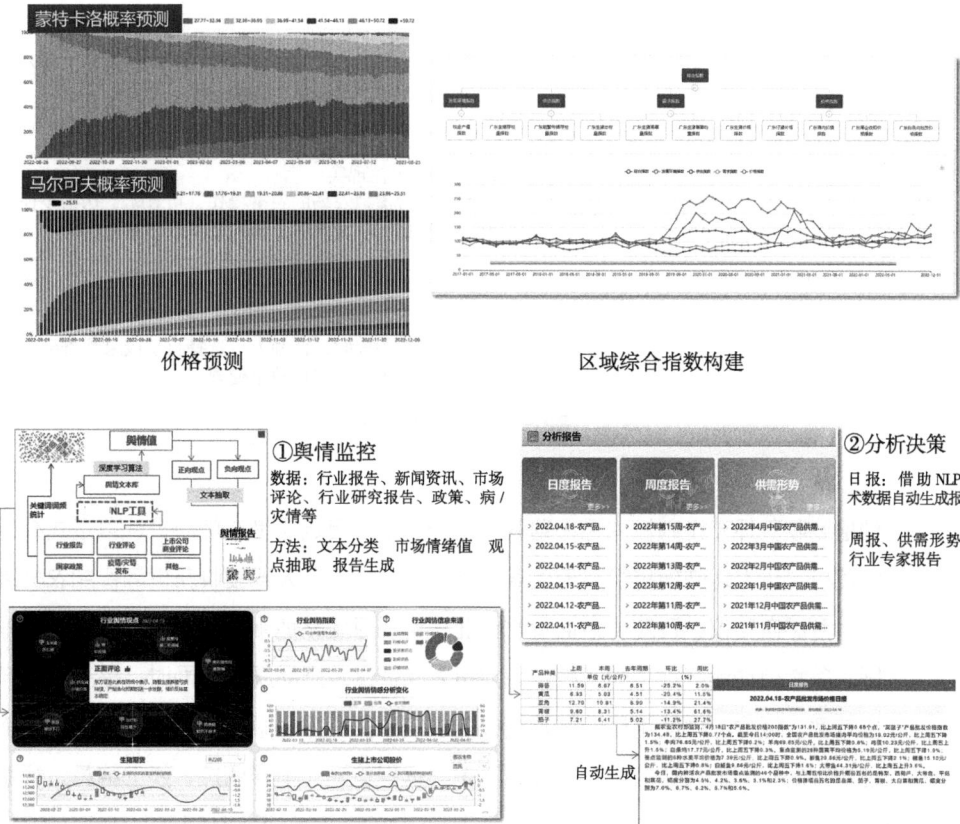

图5-68　多源数据融合的市场监测预警

③ 智慧认养农业。智慧认养农业是一种消费者预付生产费用，生产者为消费者提供绿色、有机食品的乡村新业态，通过在生产者和消费者之间建立风险共担、收益共享的合作模式，实现农村对城市、土地对餐桌的直接对接。智慧认养农业经营主体依据自身实际开展数字化改造，实现农业耕作、养殖的智能化、数字化和远程控制，将农业对象、环境以及生产全过程进行可视化表达、数字化展现和信息化管理。消费者可利用App、微信小程序等，实现田园种植、畜禽、果树、鱼塘的在线认养、实时监控和成果配送等。[1]智慧认养农业功能如图5-69所示。

④ 农机数字化服务。农民合作社、家庭农场、牧场、渔场、涉农企业等经营主体在

———————

[1]　中央网信办秘书局，农业农村部办公厅，国家发展和改革委员会办公厅，等.《数字乡村建设指南1.0》.

耕地	撒种	**AR实时监控** 认领人可实时监控认领的地块情况，随时随地了解农作物的生长态势，增强用户体验感
浇水	施肥	**虚拟农场/可控现实** 认领人通过虚拟农场的农事操作，可真实下达指令任务给现场打理人，并将任务执行情况反馈至认领人
采摘	配送	**成果尝鲜/数字变现** 农作物成熟收成时，认领人可选择自享成果邮寄到指定地址或线上出售，实现数字变现

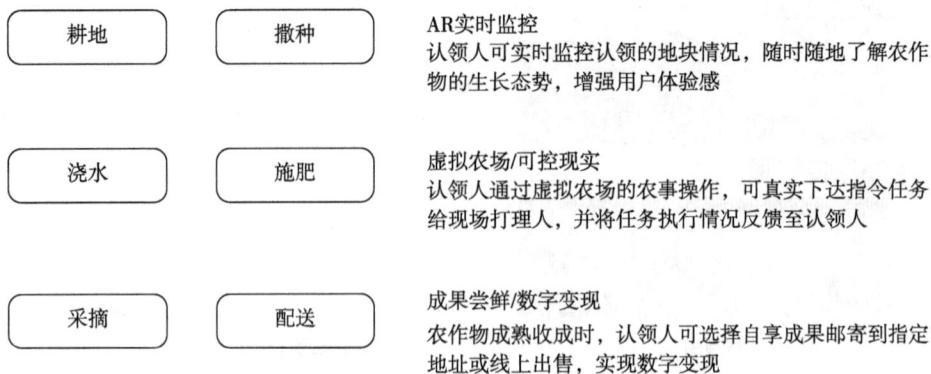

图5-69　智慧认养农业

种植或收获环节投入植保无人驾驶航空器、遥控自走履带式旋耕机、自走式绞盘喷灌机、无人驾驶拖拉机、无人驾驶水稻插秧机、无人驾驶收获机等智能农机装备，开展自动仪、智能仪耕地管收作业，实现卫星整地平地、精准喷药、变量施肥、谷物自动测产等功能，减少人力投入，在保障产品质量的同时，提高投入产出效率。经营主体使用移动终端发布需求信息，社会化服务机构或农机手接单前往指定的田间地头作业，实现在线下单、远程监测、精准调控、线上结算，帮助农户"足不出户"完成作业。[①]

⑤　专家知识及远程诊断服务。通过数字化技术，联合专家资源，形成"平台+专家+服务"的业务模式，宣传农业科普知识，提升线上培育的普及性。建立生产技术知识库、防治知识库、专家资源库、品种知识库等，为农户提供生产农技知识查询、自然灾害防治知识查询、病害防治知识查询等专业指导服务。同时，针对农业种植、养殖生产过程中出现的病虫害与疫病等问题及需求情况，农户和农户之间、农户与专家之间可以通过留言、语音、图片、视频等在平台线上互动交流。用户可通过平台向专家提问和求助，并查看其他用户对该专家的评价，还可以查看常见问题。专家可以通过平台远程诊断和指导农民解决问题。专家知识及远程诊断服务功能如图5-70所示。

⑥　智慧农业元宇宙

在农业种植方面，通过元宇宙可以模拟植物的整个生命周期过程，模拟虫害和在短时间内就可以收集到所需要的植物生长数据，通过量化的指标，改变农业传统

---

① 中央网信办秘书局，农业农村部办公厅，国家发展和改革委员会办公厅，等.《数字乡村建设指南1.0》.

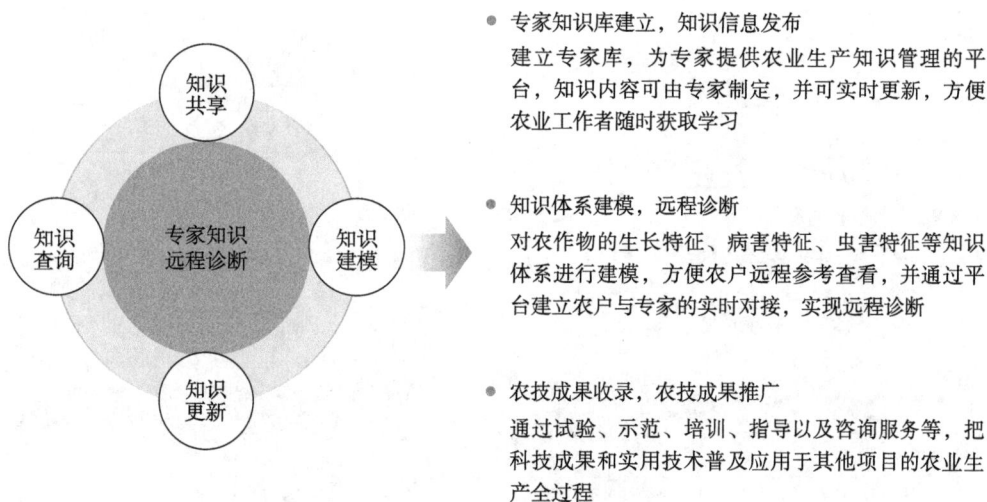

- 专家知识库建立，知识信息发布
  建立专家库，为专家提供农业生产知识管理的平台，知识内容可由专家制定，并可实时更新，方便农业工作者随时获取学习

- 知识体系建模，远程诊断
  对农作物的生长特征、病害特征、虫害特征等知识体系进行建模，方便农户远程参考查看，并通过平台建立农户与专家的实时对接，实现远程诊断

- 农技成果收录，农技成果推广
  通过试验、示范、培训、指导以及咨询服务等，把科技成果和实用技术普及应用于其他项目的农业生产全过程

图5-70　专家知识及远程诊断服务

生产方式，使其走向智能化。

在畜牧业的育种方面，可以通过元宇宙模拟遗传相关信息。从器官、组织、系统到整体都可以通过数据调控，模拟不同养殖方式下的生长速度、反应，对育种乃至养殖过程都有极好的借鉴作用。

在智慧农业元宇宙里，还可设置元宇宙虚拟数字人，真实世界里的人们可以与虚拟农业世界里的数字人进行交流互动，打造农产品宣传IP，数字人可以作为农业产品的代言人、形象大使，既可以帮助销售，又可以形成农业产品的品牌影响力。还可以开发周边产品，甚至考虑与农文旅产业的联动发展。

5.6.3　智慧城乡融合实践案例：数字技术赋能生猪养殖

由农业部于2017年批复立项的广东省东瑞食品集团股份有限公司数字农业建设试点项目，位于河源市致富林牧场，占地面积1745.04亩，采用高床发酵型生态养猪模式，养殖规模为年出栏10万头商品肉猪。项目将传统猪舍改造为高床发酵型养猪及粪污处理一体化猪舍，建设自动化精准环境控制系统、数字化精准饲喂管理系统、安全生产视频监控系统、无害化粪污处理系统、食品安全溯源系统、数字农业养殖信息化管理系统等系统。东瑞数字农业综合化信息平台如图5-71所示，现场建设效果如图5-72所示。

图5-71　东瑞数字农业综合化信息平台

1）生猪养殖全生产过程的科学管控

本项目从猪舍的环境控制到数字化饲喂，再到粪污的处理，实现了生猪全养殖生产过程的智能化、智慧化管控。

① 自动化精准环境控制。通过前端传感器的部署，对猪舍的温度、湿度、氨气浓度、二氧化碳浓度、照度等参数自动采集监测，并根据不同阶段猪只对环境的不同需求，自动联动控制现场风机、水帘等设备，对现场环境进行最优化自动调节，有效提高猪只生长性能。

② 数字化精准饲喂管理。采用精准饲喂设备实现同时下料及定时、定位、定量饲喂，提高喂料的效率，同时将饲喂数据进行融合分析，实现猪生长过程模拟预测、猪生长过程喂养调节及料肉比效益评估，达到科学饲喂、精准饲喂。

③ 无害化粪污处理系统。通过新型高床发酵型生态养猪模式，将养猪生产与废弃物处理相结合，利用微生物好氧发酵原理，采用自动翻堆设备和刮粪设备，对猪粪进行自动翻堆处理和自动刮粪处理，将养猪废弃物转化为固体有机肥料，实现无废水排放，解决养猪废弃物的污染问题。

④ 食品安全溯源系统。对生猪养殖全过程进行信息记录，从养猪的源头开始，

将养殖期间各个有关流程和批次猪的详细生长相关信息记录在系统中，直至批次猪出栏售卖，保留批次猪详细信息，让批次猪养殖信息直接对接溯源接口。

⑤ 高度集成的数字农业信息平台。通过数据接口的无缝对接，对自动化精准环境控制系统、数字化精准饲喂管理系统、无害化粪污处理系统、食品安全溯源系统等各子系统进行高度集成，对生猪养殖的全生产过程进行有效管控，并对数据进行融合处理分析，实现数据集中管理及可视化，实现智慧养殖，提高生产效能。

图5-72　分娩舍现场照片

2）建设成效：精准养殖提高生猪生产效益

项目通过数字技术赋能生猪养殖，实现了生猪养殖智能化、经营管理信息化、管理数据化、服务在线化，提升了生猪生产效益，降低了疫病风险，提高了养殖管理和工作效率。

在养殖管理效率上，根据2017年机械工业出版社出版的《走进物联网》一书中提出的数据，普通农户用传统方法养猪，一年出栏1000～2000头猪就已经忙得不可开交。而通过智慧养殖，平均一名员工即可轻松养殖出栏1万头猪，通过智能化数字化养殖方式，有效提高了养殖管理和工作效率。

各大互联网公司也看到了智慧养猪在生猪生产效益上的提升空间，纷纷布局智慧养猪行业，例如，京东的人工智能养猪提出有望把生猪出栏时间缩短5～8天，把每头猪的饲养成本降低80元。虽然智慧养猪行业在近年来才开始发展，其带来的生产效益数据还不够充分，但我们相信，未来经过数据的沉淀，能更好地证实数字技术为养殖行业带来的巨大效益。

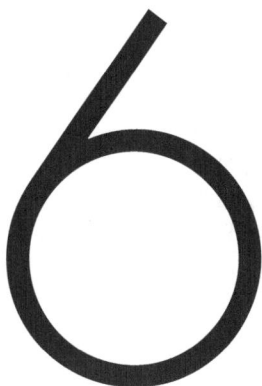

6 智慧城市规模应用

6.1 智慧建筑：从"智能"到"智慧"的演进

20世纪80年代，随着计算机技术与通信技术的发展，智能建筑最早在美国诞生，迅速影响世界各国并引领建筑行业的发展趋势。美国智能建筑学会（AIBI）将其定义为"将结构、系统、服务、运营相互联系，全面综合，并达到最佳组合，所获得的高效率、高功能与高舒适性的建筑"，舒适、功能、高效是当时人们对智能建筑的主要追求方向。20世纪90年代开始，中国的经济开始腾飞，全国的城市都在大规模建设，房地产行业更是蓬勃发展，传统建筑已经无法适应社会的发展，人们对建筑提出了更高的要求——安全、舒适、自动化、高效。开发商为了保证市场竞争力，将智能化技术应用到建筑中，视频监控和入侵报警等安全防范系统成为建筑的标准配置；空调与新风系统成为人们舒适生活与办公的基础必备；建筑设备管理系统实现了定时或条件触发的设备自动启停，同时还实现了对设备的远程监控和故障报警等功能，大幅提高了管理和运维的效率。

然而，随着建筑行业的深入发展，人们逐渐发现智能建筑同样存在很大的局限性，无法解决人们对建筑更进一步的功能需求。

建筑智能化行业经历了从自动化阶段发展到智能化阶段发展，而现在正迈向智慧建筑的发展阶段（图6-1）。《智慧建筑设计标准》（T/ASC 19—2021）和《智慧建筑评价标准》（T/CECS 1082—2022）的颁布为智慧建筑的发展提供了标准基础。

自动化
机器设备、系统或过程（生产、管理过程）在没有人或较少人的直接参与下，按照要求，经过自动检测、信息处理、分析判断、操纵控制，实现预期目标的过程

智能化
《智能建筑设计标准》（GB 50314—2015）定义智能建筑必须具备建筑自动化、办公自动化和通信网络系统的设施平台，并同时拥有融合了建筑结构、系统、服务及管理的优化集成，为使用者提供高效、舒适、便利和安全的建筑环境

智慧化
《智慧建筑评价标准》（T/CECS 1082—2022）定义智慧建筑采用人工智能、大数据分析、云计算、物联网等多种前沿的新技术，为人们日益增长的物质和精神需求提供了更优越的基础环境

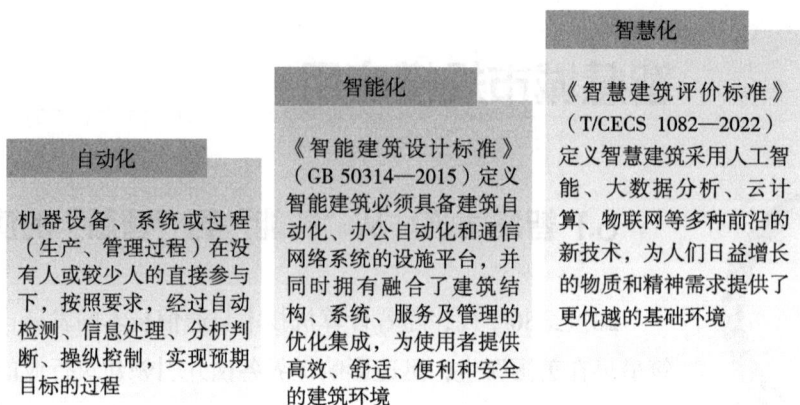

图6-1 从智能建筑到智慧建筑的现在进行时

6.1.1 缺少智慧的智能建筑

① 只看不做的监控。在安全防范方面，视频监控是智能建筑里不可或缺的系统，但是传统的视频监控系统只是起到被动的监控作用，只能通过事后查看监控录像来还原事件的始末，效率低且缺少预警功能，无法在安全事件发生前进行识别和警告，以减少损失或者阻止事件发生。

② 不识变通的设备监控。目前智能建筑主要通过建筑设备管理系统对照明、新风、冷热源和给水排水等系统进行监测和控制。这些系统按照预先设定好的固定程序执行，只要程序的运行条件和参数没有修改，系统的运行效果将一直保持不变。而且系统运行效果与编程人员的调试经验息息相关，系统参数的设定也没有通过科学的测算与论证，所以可能会导致智能建筑的用能系统运行不节能或不好用的问题。例如智能照明系统通常按时段开关和亮度调整，程序默认设定中午时分为日光照度最大，照明按程序在每天固定的时间全部关闭，如果没有设置照度探测器，或者设置了照度探测器但是窗帘全拉上不能自然采光，这样在遇到阴暗天气或不能自然采光时，都必须人工操作开灯；又如系统默认晚上9点为员工下班时间，若到时间自动关灯必然会影响到加班人员，因为系统只是在准确地执行程序，无法结合实际情况作出条件判断并执行正确的操作。

③ 不懂节能的建筑。舒适是智能建筑的一大特点，建筑内各处明亮的灯光能带给人敞亮的心情；冬暖夏凉的空调和不断提供新鲜空气的新风系统能让人保持高效的工作状态。而为了保持这种舒适的环境需要消耗大量的电能，根据有关数据统计，商业建筑三类主要耗电设备中，空调耗能占比约47%，照明耗能占比约

45%，电梯耗能占比约8%。结合建筑内部功能区域的分布以及应用场景，消耗的电能有多少得到了充分、有效的利用呢？会议结束后，系统设备、空调、灯光仍然满负荷运行；非用餐时间的餐厅里，空调、电视、背景音乐播放器继续工作；凌晨的地下停车场、走廊、公共区域一直灯亮如昼……这些能耗仅通过人工很难及时、有效地控制。

6.1.2 具备多元耦合、多源计算、多维思考的智慧建筑

从传统建筑到智能建筑，人们获得了安全、舒适和高效的环境，智能建筑的下一次技术革新又会带来什么呢？2017年，由阿里组织召开的一场智慧建筑峰会提出智慧建筑引领建筑3.0新时代的到来，将智慧建筑的概念展现在人们眼前。相较于当下更为人所熟知的智能建筑，人们不知道智慧建筑的区别在哪里，甚至会认为这只是同一个事物的两种说法而已。所以阿里在其发布的《智慧建筑白皮书》中对智慧建筑进行了新的诠释，使其区别于当下的智能建筑，提出随着大数据时代的来临，智慧建筑将成为一个具有感知和永远在线的"生命体"、一个拥有大脑的自进化智慧平台、一个人机物深度融合的开放生态系统，可以集成一切为人类服务的创新技术和产品。相较于传统的智能建筑，智慧建筑更像是一个会思考的"生命体"，能够分析和学习大量的数据，并进行自我成长；而智能建筑则更多的是具备储存信息的能力，无法进行独立的数据分析和学习。此外，智能建筑系统更多强调的是技术层面的内容，侧重于信息通信技术、自动化技术等方面的发展和应用，而智慧建筑的关注点则转向了绿色节能环保，以用户体验为发展重点，更多地关注用户生活质量的提升、环境友好和节能等方面。

2021年，由中国房地产业协会等发布的《智慧建筑评价标准》（T/CREA 002—2020 T/CBIMU 14—2020）对"智慧建筑"作出定义：利用物联网、云计算、大数据、人工智能等技术，通过自动感知、泛在连接、及时传送和信息整合，具有自主学习、自主诊断、辅助决策和执行能力，实现安全可靠、绿色生态、高效便捷、经济节约的建筑环境。

2021年，中国建筑学会发布公告，批准《智慧建筑设计标准》（T/ASC 19—2021）为中国建筑学会标准，定义了"智慧建筑"是以构建便捷、舒适、安全、绿色、健康、高效的建筑为目的，在理念规划、技术应用、管理运营、可持续发展环节中充分体现数据集成、分析判断、管控决策，具有整体自适应和自进化能力的新型建筑形态。

2022年，中国工程建筑标准化协会公告，批准发布《智慧建筑评价标准》（T/CECS 1082—2022），其中对"智慧建筑"的术语定义是：基于新一代信息技术的综合应用，构建智慧建筑综合管理平台，实现自动感知、泛在连接、自主学习、自主推断、主动决策等功能，形成人、建筑、环境相互协同，与智慧城市的功能互融，为人们提供安全、健康、低碳、便捷环境的高质量建筑。

以上的术语定义虽然在描述上有差异，但是具有共同点，即智慧建筑具有自主学习、分析和决策能力，构建更安全、绿色、便捷的空间环境。

物联网、大数据、人工智能等技术的发展赋能建筑从智能化向智慧化的演进，使建筑具备多元耦合、多源计算、多维思考的能力（图6-2）。

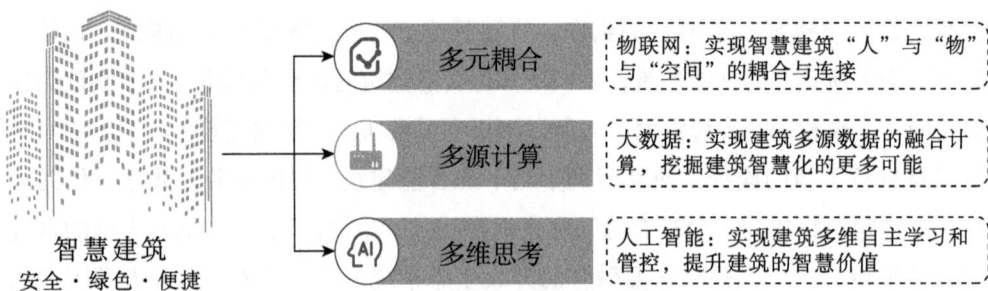

图6-2 智慧建筑的智慧能力

1）物联网：实现智慧建筑"人""物""空间"的耦合与连接

目前，物联网已经渗透到各行各业，其与建筑的结合也越来越紧密，为建筑行业的发展提供了巨大的推力，成为智慧建筑的感觉神经末梢。

不同于智能建筑以符合用户最佳意图为目标对系统进行编程，智慧建筑具有适当的传感和处理能力，可以自行检测周围环境，并对获取到的数据进行分析计算，然后自行编程以执行其认为最佳结果的操作。建筑要实现智慧管理，前提是要先获得足够多的建筑基础数据和外部环境数据。为了实现这一点，建筑必须具有相关的感知能力，物联网的出现让建筑能够实现对内部信息的全面感知和自我认识，知道建筑当前的状态指数，如环境的温湿度、照度等，并将这些数据传输回建筑的"大脑"，利用"大脑"中的机器学习算法来处理得到的信息，从而联动调节空调和照明设备。

在智慧建筑中，各个智能化系统和设备都需要通过物联网来实现信息的互联互通与远程共享，包括传感器、摄像头、触发装置、智能水电气表、消防探头等，以网络化结构形式组成建筑"智慧化"控制系统的传感网络。而后将其不可见的状态通过数据可视化的形式清晰明了地呈现给用户，让用户对建筑及设备的状态有更加直观的感受。

智慧建筑与物联网在互相促进中发展，智慧建筑的各种需求为物联网产品的研发提供了基础，而联网产品又让智慧建筑的功能更加完善和系统化，大幅提升智慧建筑整体水平。基于物联网平台，能够将建筑内部信息全面感知、可靠传送和智能处理，构建"人"与"物"与"空间"的耦合模型，实现智慧建筑的多元协同（图6-3）。

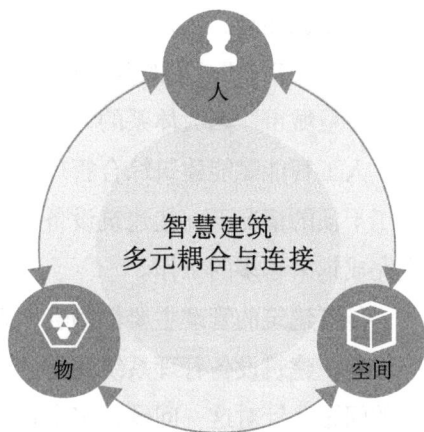

图6-3　智慧建筑物联网的多元耦合与连接

2）大数据：实现建筑多源数据的融合计算，挖掘建筑智慧化的更多可能

在建筑中存在着大量数据源，包括建筑基础数据、物业和固定资产等相对稳定的数据，也包括物联网采集到的动态数据，如设备运行状态参数、人员与车辆信息、人脸库、监控视频等。这些孤立的数据如果不能加以利用，就只是毫无意义的数字。智慧建筑管理系统需要对这些采集到的数据进行处理和分析计算，将原来各自独立的系统数据开放共享，运用数据处理能力挖掘这些数据背后的关系与规律，帮助管理者获得有价值、可操作的指导意见，从而作出科学的决策，最大限度地保证建筑的运营效率，安全可靠地利用数据资产，提升人在建筑空间里的体验。

在智慧建筑里，每个数据都不是孤立地存在，必然存在系统间的相互关联，其意义可能是作为参照对象影响系统的运行策略，也可能是重要指标同时关联多个系统，产生一连串的反应。以人脸数字化为例，当人脸摄像机识别到人员身份之后，立即开启通道闸机同时联动考勤系统打卡，梯控系统自动停到员工办公楼层，到达预约的共享工位后，自动注册占座，并在工位液晶屏上显示员工信息，智能照明默认将灯具调到员工偏好的色温和亮度。智慧系统关注到了你的每一个习惯和爱好，并默默地为你安排好了一切。

3）人工智能：实现建筑多维自主学习和管控，提升建筑的智慧价值

2019年8月在上海举行的"2019世界人工智能大会"中的"AI赋能—智慧建筑"论坛上，上海市楼宇科技研究会发布的《智慧楼宇评价指标体系》首次把智能化

建筑、绿色建筑、云计算等科技和建筑综合管理融合集成在一起，形成了"智慧建筑"（Smart Building）的概念，并形成绿色建筑、自动化集成、现代物业管理和融入"智慧城市"四大体系的评价方法与内容，获得了海内外广泛的关注。

人工智能赋能建筑综合管理，使建筑能够自我学习和自主管理，让系统在没有人工干预的情况下，让建筑设备以最佳状态和最节能的方式运行，并且能够替代人类完成越来越多的工作。

传统建筑的管理主要依赖管理人员的操作，通过调整系统参数来达到一定的节能效果，建筑设备管理系统只是僵硬地执行设定程序，无法很好地解决能源损耗过高的问题。针对这一问题，多个智慧建筑管理设备厂商都提出了通过人工智能节能的解决方案，首先通过仿真工具对建筑内的各种能耗进行预测，然后利用建筑过往数据和其他建筑不同时间的数据来训练模型，人工智能结合学习掌握的用户习惯和建筑内外部的数据进行实时仿真，在不断对比和优化中选择最佳参数，自行调整系统运行状态以达到最好的节能效果。例如会议室会根据预约时间提前打开灯光、空调以及系统设备，但若到了开会时间，系统没有探测到会议室人员就会解除预约，变成空闲状态，同时自动关闭系统和环境设备。

在智慧建筑时代，人工智能也越来越多地被应用在了会议上，甚至逐渐改变了会议的模式。例如在传统的政府部门日常会议上，会专门设置两个特殊的席位，一个是会议室管理员，专门负责系统设备的切换和操作；另一个是文书或秘书，专门记录会议纪要。而现在这两个人员都已经被人工智能语音识别所替代，会议设备控制不再需要专门的培训，每个参会人员只需通过语言表达意图，如"打开投影""切换电脑画面""拉上窗帘""散会关机"等，系统就会识别并执行相应的操作。会议纪要也无须录音和笔记内容，智能语音转写系统能够将会议发言自动转成文字，识别准确率达到99%以上，并且能够精准识别不同发言人的声纹并分配不同的角色代号，自动生成的会议纪要既全面又准确，极大地提高了会议的效率。人工智能甚至还能够识别英语和方言，将英语翻译后在大屏上显示中文字幕，以后涉及外宾的会议再也不需要配置同声传译系统和翻译人员。

6.1.3 智慧建筑实践案例：腾讯探索智慧物联协同建筑

腾讯广州总部大楼位于琶洲互联网创新集聚区，建筑高度206.75米，总建筑面积173975.1平方米，大楼部分地下4层、裙楼2层、北塔楼8层、南塔楼38层，其中在第十四层、二十三层、三十二层和三十八层设有四道单边大悬挑平台，又以第三十八层的外挑宽度最大，达28米，面积共1657.6平方米，约4个标准篮球场大小，重达750吨，是国内最大的单边悬挑结构。

大楼为自用科研类办公建筑，以"生活·交流·开放"为设计理念，包括科研办公区域、员工餐厅、运动设施、教育学院，以及咖啡厅、酒吧、便利店、充电桩等商业配套设施。该项目作为广州市重点工程，已纳入广州市精品工程培育项目，并将争创国家优秀工程奖、中国建设工程鲁班奖、二星级绿色建筑、美国LEED建筑金奖认证等荣誉奖项。

1）腾讯智慧物联协同建筑建设特点

（1）物联协同对接需求特殊

腾讯广州总部大楼以智慧物联协同建筑的要求进行建设，需要将本地智能化系统通过腾讯的标准规则接入腾讯总部（图6-4）。其对接的全国安防系统点位就多达2万多个，平台明确规约各个子系统/设备的接口与协议。

例如，本项目部署的热成像摄像机、智能摄像机等监控视频画面通过网络接入腾讯的智慧管理平台，监控显示端不用视频解码器，而是采用软解码的方式将监控图像从平台上解码出来。项目采用的摄像机内置有部分智能分析功能，但以智慧管理平台的视频分析功能为主，通过平台能力实现人工智能监控，例如统计客流量、设置黑名单、聚众监测、车辆违停、防区入侵、人员徘徊、违法攀爬、火灾预警等功能。当识别到异常事件后，平台会自动预警并联动本地相关系统作出响应。

此外，腾讯广州总部大楼项目对安全管理非常重视，特别是涉及外来人员进入核心办公区域的，需要经过多道安全防线，包括道闸、梯控、门禁等。本项目的门禁一卡通和访客管理直接接入腾讯智慧管理平台，不需要设置独立的门禁和访客管理软件，全部由平台授权和联动控制。

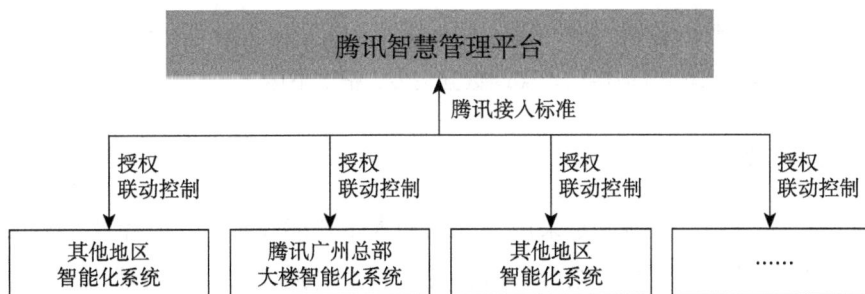

图6-4 腾讯物联协同对接示意图

（2）网络布线需求复杂，保障数据传输的安全稳定

① 综合管网复杂：室内布设包含移动信号覆盖线槽、通信网络线槽、智能化线槽三种路由的复杂线槽，室外设置小市政管网，同时还有配合顶棚、地面垫层线槽，同时要解决距离超长的问题，如楼板穿管、垫层下线槽等。

② 建筑空间、楼层平面布局复杂：根据人流动线进行安防防区划分、设防等级设置，具有独特性。

③ 网络需求复杂：包含办公/测试网、无线网，IP电话网，控制网。

④ 稳定性要求高：主要针对数据机房、主干光缆、办公路由。

（3）会议要求高且特殊，打造便捷且人性化的办公环境

① 会议室数量众多：包括多功能厅（面积300平方米）、会议室（115间）、大培训室（4间）。

② 会议室需要基于精装设计方案的声学模拟：声学指标按《厅堂扩声系统设计规范》（GB 50371）"多用途类一级"标准设计。

③ 会议室的多专业协调：智能化、配电、空调、LED屏等需要互相协调配合。

④ 会议系统对接平台：会议系统需要对接腾讯会议Rooms平台，由平台进行统一的管理。

（4）BAS接口多，为实现绿色节能建筑提供基础

① 采用两层分布式体系架构，I/O模块以BACnet/Lon Works通信协议接入DDC，DDC通过TCP/IP传输，接入控制网。

② 通过标准接口集成第三方系统/设备，包括智能照明、建筑能效监管、冷源群控、FCU、多联机空调、智能开窗、电梯等。

③ 3BAS向上提供开放接口，实现数据上传、指令下达。

2）建设成效

腾讯广州总部大楼项目是采用物联网和人工智能技术，集数字化、智能化于一体的智慧物联协同建筑，结合腾讯智慧管理平台强大的分析处理能力，建设完善的智能化系统，将成为具有代表性的安全高效、舒适便利、绿色节能的智慧建

筑。大楼建成后，塔楼大堂层、二层大平台、负一层艺术长廊和一层架空层将会向市民全面开放，成为市民观景、休闲的大花园，让更多市民感受到智慧城市的魅力。

6.2 智慧园区："数字中国"战略的重要落脚点

2023年2月中共中央、国务院印发的《数字中国建设整体布局规划》指出，建设数字中国是数字时代推进中国式现代化的重要引擎，是构筑国家竞争新优势的有力支撑。加快数字中国建设，对全面建设社会主义现代化国家、全面推进中华民族伟大复兴具有重要意义和深远影响。

园区作为城市的基础单元，连接个体、企业、政府，是"数字中国"战略的重要落脚点。园区是最重要的人口和产业聚集区，但是目前我国园区管理范围越来越大，管理对象越来越多，承载的业务也越来越复杂，园区有限的基础设施和服务能力与人们日益增长的生产生活需求之间的矛盾愈发突出。园区在安全、体验、成本和效率等方面都面临挑战。智慧园区的建设则是解决以上问题的有效途径。

由住建部指导，全国智能建筑及居住区数字化标准化技术委员会联合国内近20家"产、学、研、用"单位编制的《智慧产业园区标准体系研究报告（2022）》提出对智慧园区的定义：智慧园区是将云计算、大数据、物联网、人工智能、5G、数字孪生等新一代信息技术与产业深度融合，集成园区制造资源与第三方服务能力，实现圈层资源共享、产业联动发展、环境实时感知、事件全程可视、生产自动适应、设备全时利用、社群价值关联，推动产业价值链延伸，提升园区智能化管理和社会化集成能力。2021年12月，国务院印发的《"十四五"数字经济发展规划》明确提出推动产业园区和产业集群数字化转型，标志着园区作为新型基础设施建设和数字经济建设的重要组成部分进入新阶段。

在国家战略的指引下，近年来，各国家部委和行业机构相继颁布了一系列与智慧园区相关的政策和指导意见，为园区的智慧化建设和数字化转型提供了指引，并创造了良好的政策环境。新一代信息技术迅速发展，成为智慧园区的核心要素，为园区内的人员、企业和设备等提供了新的赋能。

6.2.1 园区智慧化建设中遇到的问题

园区类型众多，考虑到园区智慧化建设、升级、改造均需运营主体统一协调、全面把控，因此按照运营主体对智慧园区进行分类，即分为政府主导型开发型智慧园区、产业地产主导型智慧园区、大企业智慧园区、小微型智慧园区。

智慧园区的本质其实是打造"智慧化"的园区，是以信息技术为手段、智慧应用为支撑，全面整合园区的内外资源，建设基础设施网络化、建设管理精细化、服务功能专业化和产业智能化的载体和平台。然而智慧园区在发展过程中所面临的痛点也愈发突出。

1）缺乏顶层设计

园区的智慧化建设是一项复杂的系统性工程，是从不确定性到确定性，将复杂对象简单化、具体化、程式化的过程，涉及多层面的技术融合、服务联合、管理联动及实施协作，顶层设计的核心价值是从园区实际情况和业务发展需求出发，帮助园区所有者梳理和明确项目建设目标。但是现实的项目建设中，不同类型的园区建设思路侧重点不一，部分园区在建设规划过程缺乏顶层设计，没有以满足用户需求和商业价值为目标，没有综合考虑园区的各组成业态、各类角色以及各种影响因素，没有从统筹全局的战略视角出发对园区的智慧化进行蓝图规划和场景设计，导致后期一系列问题的出现。

2）数据缺乏共享，管理效率低

传统园区各部门业务、企业之间的信息系统独立运行，缺乏统一系统管控，烟囱式的系统部署使数据不共享、业务不联动、服务不高效，难以实现信息化管理，园区服务存在"孤岛效应"，不同服务在不同部门主导下，容易导致用户体验割裂。

随着各类智能化应用服务的增多，尤其是物联网的普及和应用，一方面将产生大量的数据，这些数据面临如何管理、存储和应用的问题；另一方面，各类数据格式及数据接口缺乏标准，业务系统之间的数据难以共享，给各系统应用的信息协作处理带来困难，无法提供便捷的数据交换服务。

3）产业运营管理缺失，导致产业运行效率低下

当前，众多园区在建设发展过程中只注重招商引资项目的引进和园区基础配套设施建设，却没有顾及园区产业的运营管理，忽视了产业运营的服务，服务资源少，导致经济增长缓慢。多数园区发展面临低效困境，强建设、弱运营是当前园区的通病。如何提升园区整体的服务水平，推动整体园区运营管理体系的智慧化，让产业园区实现高效发展，是众多园区建设面临的一大挑战。

4）无法实现集中管理，导致运营成本高

在传统园区中，园区管理平台和入驻园区的企业平台无交互，园区缺乏统一的信息化平台系统，对园区企业的数据采集处于孤立状态，对信息难以全局掌握，难以实现对整个园区企业的信息数据系统联动等。另外，如此，除了给日常工作中增添大量重复性劳动外，还极容易造成对企业运行监测的误判。因此，需要一套完整的智慧园区运营系统为园区开辟可行的运营模式和盈利空间。

5）缺乏高效招商管理，导致运营周期较长

由于对园区产业没有整体的运营规划及智慧监测，多数园区仍以传统的方式进行招商。如今，传统招商模式效果大打折扣，成本却不断上升。由于招商方式落后、招商手段滞后，导致引进企业的招商周期长，招商过程复杂，以至于整个招商环节的运营周期较长。因此，如何创新招商引资方式成了摆在人们眼前的一道难题。

智慧园区发展遇到的问题如图6-5所示。

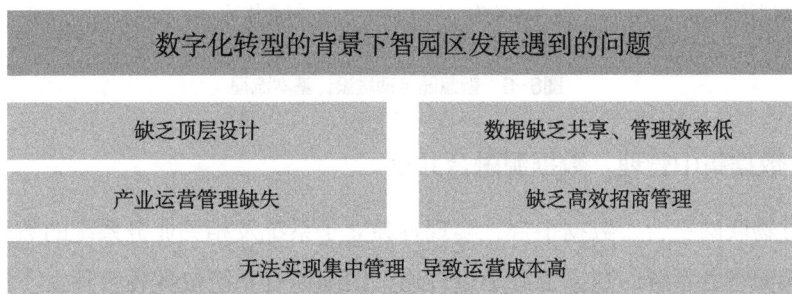

图6-5 智慧园区发展遇到的问题

6.2.2 园区智慧化的建设要点分析

各类园区虽然在数字化转型、智慧化建设中存在产业基础、区域位置、功能匹配等多种差异，但也有很多共同的需求。新时代园区数字化转型应从根本上改变"形式主义"，分阶段、落任务，做好顶层规划设计，在有限资源的约束下走具有园区特色的数字化转型道路。

针对智慧园区在建设发展中遇到的问题，结合宏景科技近年来的产业园区、场馆、商业综合体等园区建设经验，总结得出园区智慧化的建设要点如下。

1）顶层设计为蓝本，以高效运营为目标

智慧园区的顶层设计，就是关于园区信息化、智慧化建设的未来5年到10年智慧化发展方向的构想和行动目标。智慧园区需要以顶层设计为蓝本，以高效运营为目标，由建设主体组建充满活力的组织，凝聚联合广泛的生态资源，基于开放式架构和以用户为中心的服务理念，有条不紊地实施落地。智慧园区顶层设计基本流程如图6-6所示。

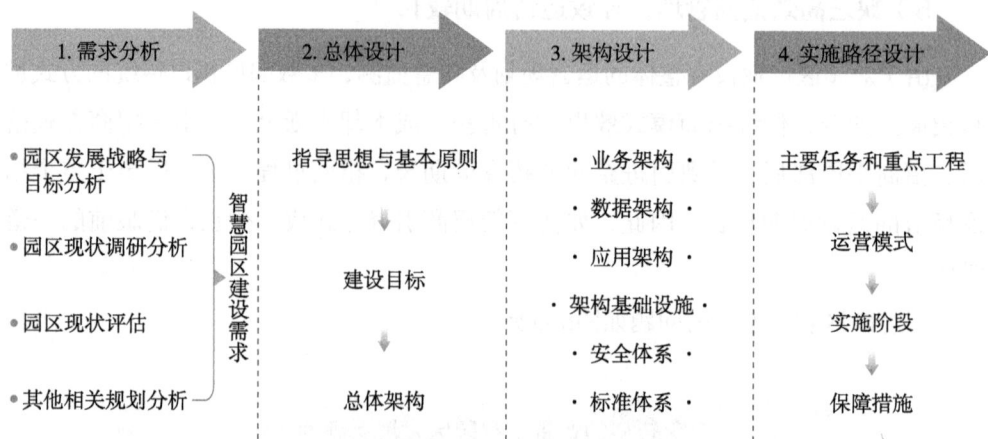

图6-6　智慧园区顶层设计基本流程

2）数据集中管理，数据源融合共享

通过物联网平台、数据平台，实现各独立子系统及相关业务系统的数据对接，在数据层面将各系统的数据资源予以打通，消除原有系统数据各自独立不能互通的格局。与各独立子系统异构数据进行对接和数据集成，建立数据共享机制及规范；通过统一的数据服务接口，实现各系统间的数据交换共享。通过数据平台，对各子系统的数据进行采集、管理、存储，实现数据集中管理，为数据查询、统计、分析、展现等功能实现奠定基础。

智慧园区的建设要能使分散、孤立的数据流动起来，在流转中产生价值。保障数据的安全性、一致性，提供统一的数据服务，使各类应用能够广泛、便捷地调用。实现智慧园区建设的主要障碍不再是技术，而是思维和方法。在建设智慧园区的过程中，要从工程项目建设的视角，基于数字化转型的维度去思考、筹备及建设。工程建设应更多关注建设的内容、成本、周期，数字化转型则应更多关注建设的目标和业务价值。

3）实现"双碳"目标，智慧园区是主要落脚点

2021年9月、10月，《中共中央 国务院关于完整准确全面贯彻新发展理念做好碳达峰碳中和工作的意见》和《2030年前碳达峰行动方案》先后发布，作为碳达峰、碳中和"1+N"政策体系中最为核心的内容，进一步明确了我国实现达峰总体目标，以经济社会发展全面绿色转型为引领，以深度调整产业和能源结构调整、交通和城乡低碳建设、生态系统增汇为关键手段，以科技创新为核心驱动力，推行城市绿色低碳建筑和整个社会经济的深度节能。园区作为人们生产生活的主要载体，是实现国家战略的主要落脚点。2021年1月，科学技术部印发的《国家高新区绿色发展专项行动实施方案》提出提升园区绿色发展治理能力，降低能耗及碳排放，部分高新区率先实现碳中和。可见，有序建设零碳园区已经被正式提上日程。

借助信息技术及园区大数据，实现对园区人员活动的精准预测及高效管理。通过信息流有效牵动能源流，能源供给侧与消费侧自动匹配，使园区分布式电源、储能、空调、充电桩等各类能源基础设施实现各个时空尺度下的智能调度，降低能耗，减少碳排放，进而促进园区企业节省现金流，助力碳中和实现。同时通过综合能源服务，也可以增加园区自身的运营收入。

4）运营管理是园区全生命周期的落地阶段

智慧园区的运营是园区全生命周期的落地阶段，是园区服务提供、价值创造和智慧化赋能的实现阶段，也是最重要的阶段，可以解决传统园区管理靠人、员工体验不好以及日常设备、设施运维成本高等问题。园区运营方需要围绕业务场景，依托融合共享的园区数据开展持续运营，才能更好地使智慧园区价值显性化。

5）新技术的应用

智慧园区可以应用人工智能、大数据、数字孪生、物联网等多种新一代信息技术，提高园区治理效率，优化产业结构布局，加强基础设施建设，改善环境。

（1）人工智能在智慧园区中的应用

园区企业逐渐向高（高技术）、新（新领域）、专（专业性）方向发展。未来园区将成为高新企业群集集中研发、产品孵化和生产的基地。园区规模大、业态多，智慧园区将从向使用者供水、供电、供气及供其他配套设施的经营管理模式逐渐转变为打造布局合理且能够满足从事某种特定行业生产和科学实验需要的标准性建筑物或建筑物群体。在此要求下，智慧园区建设搭建人工智能平台，整合各类资

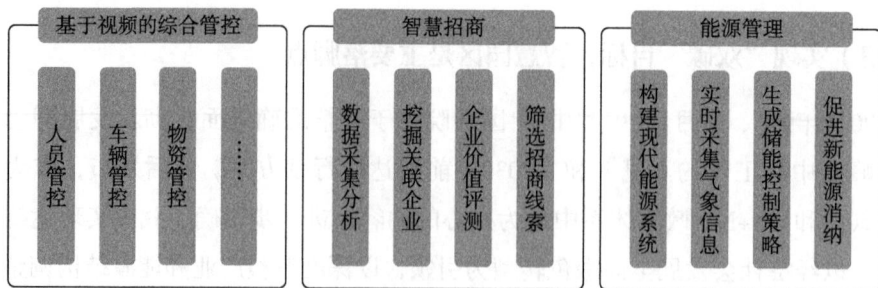

图6-7 人工智能在智慧园区的应用

源，助力园区数字化转型，实现运营智慧化、工作智慧化和提质增效的目标。人工智能在智慧园区的应用如图6-7所示。

① 基于视频的综合管控。通过视频系统与其他业务子系统的融合处理，借助于机器视觉算法，实现人员、车辆、物资数据的可视化，并对其进行统筹管理，方便用户分析决策，有效地改进用户信息化进程中资源利用率低、管理难、利用复杂等问题。更为重要的是与用户实际业务有机结合，实现业务流程优化，提高园区整体管理水平，帮助用户优化传统的安防管理方式。

② 智慧招商。精准招商一直是园区招商引资的核心诉求，如何精准获取招商线索成为招商引资的关键。智慧招商可以对产业情报、行业展会、投（融）资情报、专利数据等数据信息进行采集和分析，从中挖掘高价值关联企业。获取到招商目标企业后，借助企业价值评测模型可以对企业进行全方位评测，全面、客观地评测企业综合实力和潜在风险，最终筛选出高价值招商线索。

③ 能源管理。"十四五"规划中提出，加快能源产业数字化、智能化升级是实现"双碳"目标的支撑途径。园区作为城市碳排放最集中的空间之一，业态类型丰富、业务模式多样，是落实能源数字化、低碳转型的重要落脚点。借助人工智能算法围绕清洁低碳、安全高效、智能开放等能源数字化特征，构建以电为中心的园区现代能源体系。实时采集气象信息并输入功率预测模型，提高光伏发电功率预测精度，结合光伏发电以及负荷运行情况，自动生成储能控制策略，促进新能源消纳，获取最大收益。

（2）大数据在智慧园区中的应用

智慧园区充分利用大数据实现园区的智慧化管理，促进园区的经济发展，提升园区的服务质量和管理能力，同时为企业提供智慧的数据应用及服务，提升园区

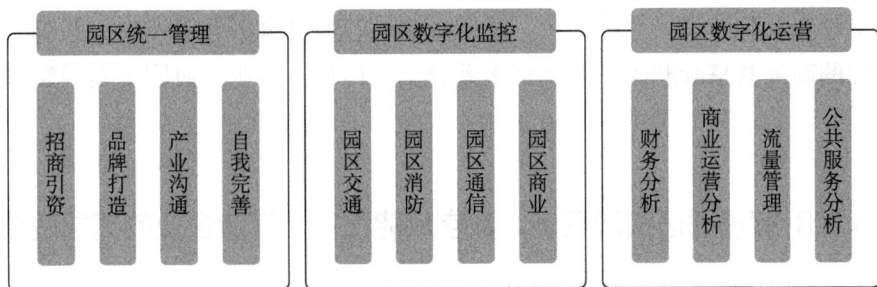

图6-8 大数据在智慧园区的应用

企业的综合竞争力，实现产业聚集和产业升级。大数据在智慧园区的应用如图6-8所示。

① 园区统一管理。通过建立智慧园区展示体验中心，将招商引资、品牌打造、产业沟通、自我完善融于一体，同时还能彰显园区国际化定位和追求创新的理念。短时间的批量接待可以提高招商效率，同时新型的体验方式可以使潜在用户更好地了解智慧园的优势，从而提高招商的成功率。

② 园区数字化监控。通过跨平台、跨部门、多类型的数据融合，园区将各系统数据打通，用于综合管理监控园区整体运行态势，包括园区交通、消防、通信、商业等方面数据的融合呈现。通过分析特定领域的关键指标，为园区运行态势提供可视化的监控，提高处理问题的效率，合理调度园区资源。

③ 园区数字化运营。构建多个指标体系，支持对园区运营管理数据进行多维度分析，包括财务分析、商业运营分析、流量管理、公共服务分析等，实现对园区运营管理数据的动态监测，为园区智慧化管理提供了数据支撑。

（3）数字孪生园区应用

数字孪生园区能够在有效整合园区各类运营信息资源的基础上，基于数字孪生场景，对园区外部环境、建筑、产业分布、楼宇内部结构以及具体设备运行情况进行精准复现，对园区综合运营、安防、交通、设施、能效、环境空间等管理业务的关键指标进行综合监测分析，对园区人、事、物进行统一管理，可以辅助管理者对园区运行态势的全面感知、综合研判，实现管理精细化、决策科学化和服务高效化。

（4）物联网在智慧园区中的应用

智慧园区通过物联网技术将园区建筑、安防、能耗、设备、办公等各项基础设施与信息系统相融合，构建安全、高效、便捷的信息资源交换网络，实现园区各类资源的高度共享和利用，并能在多系统、多用户、多业务协同下实现管理的智慧化。

6.2.3 智慧园区实践案例：数字赋能归谷，打造企业的高端载体

1）案例特点：数字化底座联结基础系统，智慧园区业务创新

广州归谷科技园是由美国硅谷科技协会、广东中环投资集团公司和硅谷科技咨询委员会共同发起建设的。该科技园位于广州开发区科学城开泰大道与科丰路交叉口，交通便利，总占地面积为73522平方米，总建筑面积为30.4万平方米。作为广州开发区的重点产业项目之一，该园区包含公寓、办公和商业配套三种业态。

宏景科技负责承接归谷科技园智能化和智慧化平台的深化设计与实施。通过收集和整理项目各角色的智慧化需求，规划了归谷科技园智慧化的愿景、业务服务场景、运营和服务平台、技术解决方案以及实施策略和计划。归谷科技园定位为一个集智慧、互联、共享、融合于一体的示范性园区。

除了基础的数据中心和建筑智能化设施外，归谷科技园在智慧化建设方面采用了"3+1"的理念（图6-9）。其中，"3"代表园区运营管理服务平台、物联网平台和大数据分析平台三个平台，"1"代表一个园区可视化系统。基于这一理念，项目实现了设备与设备、人与设备、人与人之间的开放连接和全面融合，数字化底座与

图6-9 归谷"3+1"的理念打造智慧园区

基础系统的充分融合，以及智慧园区业务与运营的创新结合。

（1）创新的数字化基础设施，夯实基础

基于Wi-Fi6、无源光网络、以太网三种连接技术，实现架构融合，减少网络层级，降低部署成本。统一部署轻量网管，实现运维管理融合，通过统一认证、无缝漫游实现用户连接体验提升。

人工智能技术的应用保障园区安全运营。安全管理是园区运营的重要保障措施，归谷科技园建设的智能安防系统可以通过图像识别技术、人脸识别技术等手段实现园区的安全监控，实时感知安全隐患并及时进行预警和应对，在保证安全的基础上实现无感通行。

数据中心可视化管理。数据中心是智慧园区主要服务器的运行环境，通过可视化的管理方式保障数据中心的正常运营是非常有必要的。

（2）物联网平台，让数据从孤立走向融合

归谷科技园以物联网平台作为联接核心，向上通过服务化支撑各个业务应用，向下联接各个终端，改变了传统园区智能化集成方式及系统架构，通过"联接+平台"对传统集成方式进行解耦、重构，以此改变传统各智能化子系统间蜘蛛网状的应用集成关系。物联网平台支持多网络接入、多协议接入，解决设备接入复杂多样和碎片化难题，实现设备的快速、统一接入和控制。通过条件触发，基于预设的规则，可引发多设备的协同反应，实现设备联动、智能控制。构建起归谷园区自身物联标准规范，简化设备集成，为园区建设大幅节约时间和成本。

归谷科技园物联网平台支持常见的MQTT（消息队列遥测传输）协议、HTTPS（超文本传输协议安全）协议、COAP（约束应用）协议、NB_IOT（窄带物联网）设备连接等，支持各种协议集群。物联网架平台架构如图6-10所示。

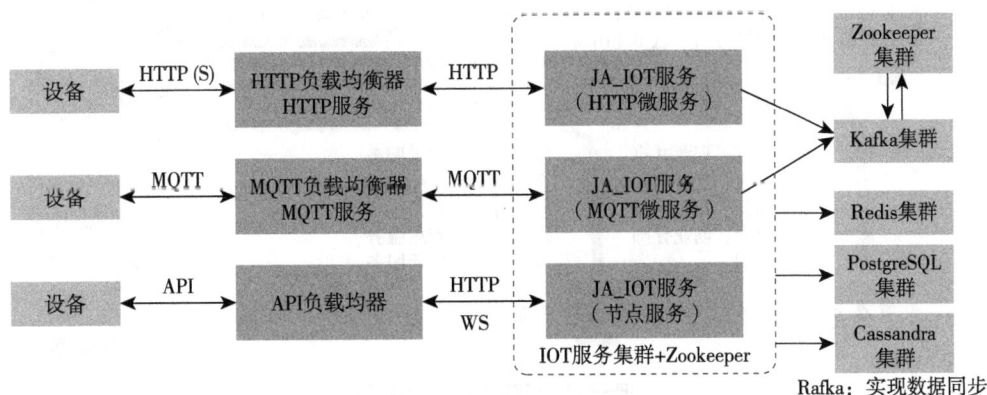

图6-10 物联网架平台架构设计图

（3）运营管理服务平台，让园区具备可持续发展力

归谷科技园运营管理服务平台融合园区数据和通信，支撑项目多维度的智能化分析和处理以及全媒体的通信协同。为管理工作人员、企业、公众等创造平安、高效灵活、绿色节能的创新环境，使项目管理运营可视、可管、可控，更加智能、环保、高效和精细化。运营管理服务平台内容如图6-11所示。

运营管理服务平台（内部管理）

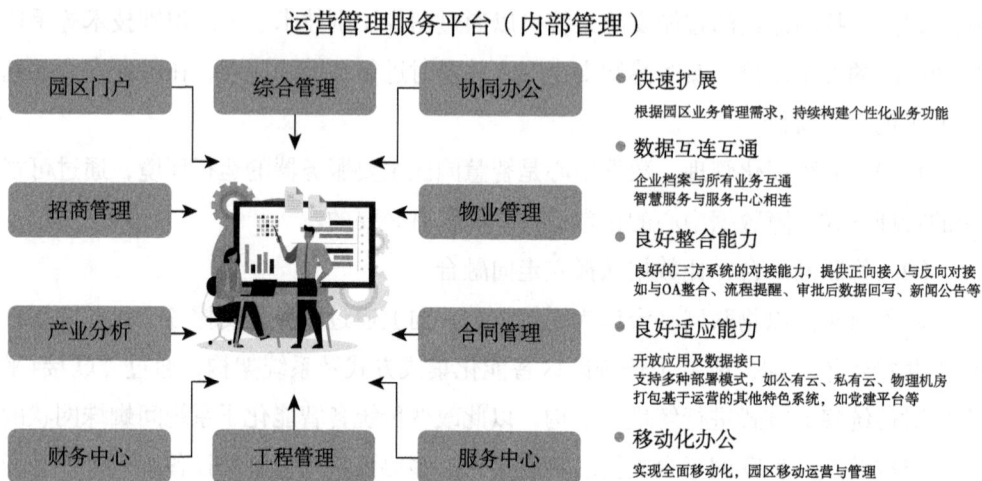

- 快速扩展
  根据园区业务管理需求，持续构建个性化业务功能
- 数据互连互通
  企业档案与所有业务互通
  智慧服务与服务中心相连
- 良好整合能力
  良好的三方系统的对接能力，提供正向接入与反向对接
  如与OA整合、流程提醒、审批后数据回写、新闻公告等
- 良好适应能力
  开放应用及数据接口
  支持多种部署模式，如公有云、私有云、物理机房
  打包基于运营的其他特色系统，如党建平台等
- 移动化办公
  实现全面移动化，园区移动运营与管理

运营管理服务平台（公共服务）

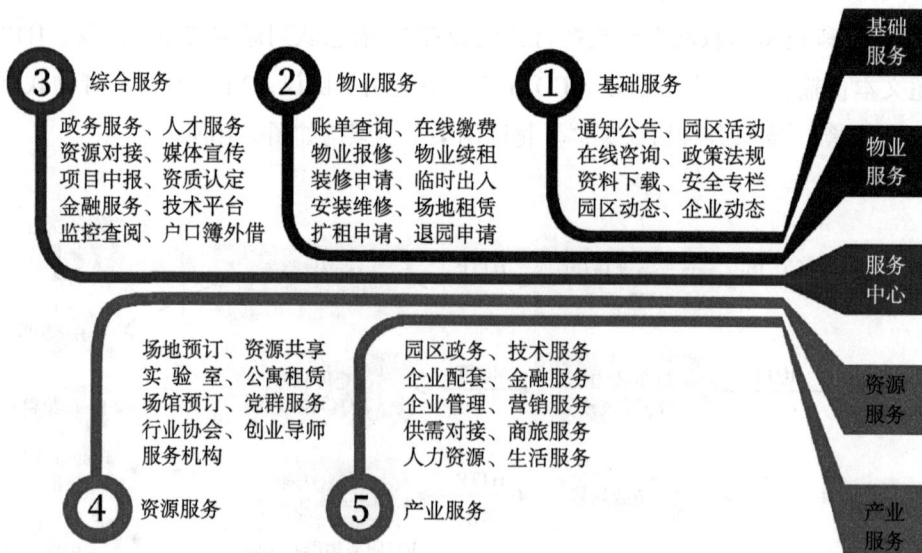

图6-11 运营管理平台架构图

运营管理平台主要具备以下几项主要功能。

① 园区信息管理。分为园区内部信息和园区外部信息两个方面。园区内部信息主要反映了园区的基本现状和园区内的经济活动信息。其中，园区状况信息包括人员、财务、物资等方面的情况以及园区的规模等，经济活动信息则包括供应、生产、销售以及财务核算等内容。园区外部信息则包括宏观社会环境信息，如政治、经济、文化、社会状况以及法律环境等。这些外部信息对于园区的发展和运营具有重要的影响。

② 产业服务。主要集聚在科技中介和现代服务业领域，主要涵盖园区政务、技术服务、企业配套、金融服务、企业管理、营销服务、供需对接、商旅服务和人力资源等。服务平台以服务门户为基础，提供通知公告、新闻动态（包括行业动态和企业动态）、政策法规、园区活动、在线咨询、安全专栏、资料下载等内容。根据园区需求，内容可以进行更改和增加，并支持切换所在园区、全文检索、账号登录、企业信息显示和安全退出等功能。

③ 园区服务。包括园区产品展示、园区活动、园区圈子、保洁服务、绿植服务、办公用品集采服务等，还支持会议室预订、场馆预订、广告位出租，为园区企业、公众提供多方位服务体验。

④ 招商管理。招商引资模块显示商业的招商项目、招商产业和招商优惠政策等信息，还包含有办公室或商铺的位置、面积、楼宇号、编号、是否入驻、租户姓名、租金、资产等所有基础信息。

⑤ 物业管理。为物业管理业务部门的用户提供一套功能齐全的服务，包括物业总览、出租情况、即将到期合同、逾期未付款、物业续签情况、物业费用缴纳情况等内容，并以直观的图表形式展现。用户可以通过点击下拉菜单来查看相应的信息。此外，该系统还包括房源管理、能源管理、合同管理、租赁管理等功能，以满足物业管理业务部门的需求。

⑥ 智慧办公。实现园区内部日常业务管理和审批流程审批线上化，使内部工作更加便捷、更加高效和历史可追溯，提升园区管理方办公效率。

⑦ 管控平台化、公众服务平台化。园区管理平台化和移动化是基于园区各职能部门的工作管理和企业服务要求而设计的。该平台提供从日常办公、消息提醒、内部交流到跨部门业务协作以及招商管理、物业管理、服务中心、产业分析、设备管理等常用业务功能。通过实现全面信息化和移动化，使园区运营工作更加高效。公众服务平台（包括App、微信公众号、微信小程序）以人为本，满足公众在园区内工作生活的需求，提供优质的服务，提高公众在园区的幸福感和安全感。采

用平台+运营的模式，实现园区功能由管理向服务的转型，提升园区的软服务能力。通过服务公众促进企业发展，以企业发展带动产业升级，并以产业升级推动地方经济的繁荣。

（4）数字孪生，让园区充满生命力

归谷科技园项目基于智慧园区数字化底座与数据连接的建设，使园区空间及设备可以通过数字孪生的方式进行数字化管理，高效支撑基于一张图管理的运营目标实现。项目全量接入园区配套所有设施设备，包括四大类工程、二十多个子系统、1万多个设备终端。

利用大数据分析及预测等技术实现归谷产业园区智能化管理，辅助园区管理方对园区基础数据、产业情况、招商管理、物业情况、运营情况、园区流量情况、财务情况进行决策分析。

园区采用的是UE4搭建的三维建筑模型，将现场的设施设备数据、视频等导入这个三维模型，将园区现实环境在数字世界构建孪生体，这个孪生体不是固化的，而是有生命力的，在平台上可以直观地看到人、车、场、产业等实时数据。归谷智慧园区三维可视化界面如图6-12所示。

图6-12 归谷智慧园区三维可视化界面

2）建设成效：安全、绿色、智慧的园区

宏景科技一直非常重视园区板块的解决方案研究，并在具体场景的设备、方法和系统应用上突出创新性。

广州归谷科技园着眼国际一流水准，树立科技园区标杆，立足于新型智慧园区运营、管理、服务需求，以园区智慧化作为规划切入点，建设"1"个统一信息入口（数据中心、可共享）、"3"大主要服务对象（园区管理方、园区企业、园区公众）、"1"张图（三维仿真图）、"1"套统一管控体系（园区运营管理服务平台、物联网平台、大数据分析平台、可视化系统）。着力打造包含智慧管理、智慧办公以及智慧生活的多元化智慧园区，以开放性、前瞻性的思路引领智慧园区的创新发展。

围绕安全园区建设目标，归谷科技园构建了园区物理空间和信息空间的立体安全防御体系，以物防为基础、技防为支撑、人防为主导，形成可视、可管、可控的园区安全综合态势，确保园区安全。采用平台+人工智能设备实现事前预警、事中控制、秒速精准定位异常事件，服务园区安全管理，提升园区安全形象。常规园区应急响应时间是7分钟，归谷科技园应急响应时间能缩短到1.5分钟，极大提高了效率。

归谷科技园围绕建设绿色园区目标，从降碳、节碳方向探索园区综合能源运营新模式，实现降碳过程数据化，助力园区实现"双碳"目标。通过打造物联网平台，统一接入园区能源设备，可实现精细化管理，降低经营成本。通风空调智能化控制方面，结合室内外环境，综合调控暖通系统运行，保障环境舒适、健康的同时提升节能效率；照明设备方面，提供基于人体体验的调节策略，控制照明设备状态，实现最优运行；供电系统保障方面，通过遥测、遥信、遥控、遥调及视频监控功能，实现变配电室无人或少人值守；能耗监测方面，可自动记录、汇总和分析建筑能耗情况，专家系统可提供用能优化建议；设备异常处置，通过多种检测器的综合使用提供智能报警，保证在第一时间发现系统异常并及时处置。

对归谷科技园区的空间和设备进行数字映射，实现空间数据的孪生，基于智慧园区的统一数字化底座，支持业务系统数据的统一集成接入、统一管理和统一应用。这为园区管理和运营提供了多维视角，使管理人员可以实时了解园区运行状态，优化运营机制和策略，提高资产管理效能，降低整体运营成本。

6.3 智慧城市：提升城市管理成效、改善人民生活质量

6.3.1 城市病的形成

在城市化的快速发展过程中，政治、经济资源集中的现状吸引和驱使着包括财政、教育、医疗等在内的公共资源集聚于大城市，导致人口和社会经济活动向大城市倾斜。在城市发展到一定程度时，人口规模超过城市最大可承载规模，城市发展

规划、基础设施、公共服务配套以及城市管理能力跟不上城市实际的发展速度,逐渐出现交通拥堵、住房紧张、看病难、就业难、上学难、环境污染等"城市病"。

6.3.2 智慧城市是解决"城市病"的最佳途径

近年来,随着我国物联网、云计算、大数据、移动互联网等新一代信息技术的快速发展和创新应用,我国城市现代化进程迎来了新的发展机遇。如何加大信息技术在城市管理、服务和运行中的创新性应用,提升城市综合竞争力和可持续性发展能力,提高城市运行管理和社会治理能力,提高社会管理和公共服务水平,成为各地城市建设者与管理者亟待解决的关键问题。

随着现代化城市的建设和发展,通过人工管理城市的传统方式已逐步被淘汰。城市管理创新已成为现代城市管理的新课题,而智慧城市是全球城市发展的新理念和新模式,是解决"城市病"问题的最佳途径。根据国家标准《智慧城市 术语》(GB/T 37043—2018)的定义,智慧城市是运用信息通信技术,有效整合各类城市管理系统,实现城市各系统间信息资源共享和业务协同,推动城市管理和服务智慧化,提升城市运行管理和公共服务水平,提高城市居民幸福感和满意度,实现可持续发展的一种创新型城市。

智慧城市是现代城市发展的必然方向。以信息化、网络化、数字化、自动化、智能化科技应用为特征的现代化城市"大城管"模式应运而生,信息化正大力推动城市的管理体制和管理流程的创新与变革。通过城市要素信息资源的整合,可使物理分布的数据逻辑集中,在数据层面满足现代城市的发展需要,快速地获取城市各方面的信息,以便进行综合分析与决策。

图6-13 智慧城市目标

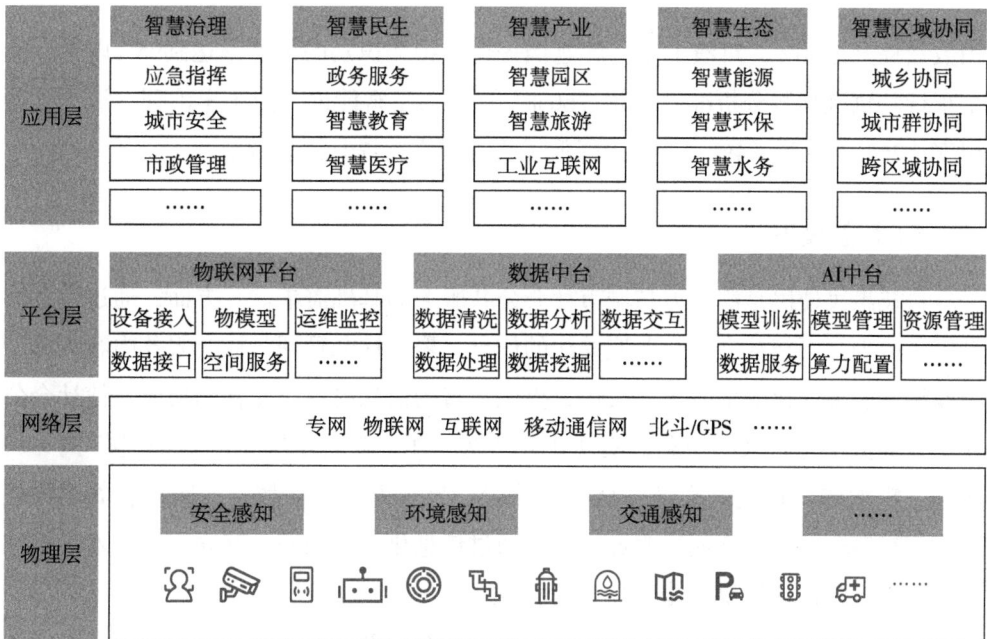

图6-14 智慧城市建设内容

智慧城市以城市高效治理、惠民便民服务、产业发展兴旺、绿色生态宜居、区域协同发展为目标（图6-13），应用新手段、新技术、新模式、新体制，实现城市信息基础和资源的统一管理，提高城市治理能力，保障城市可持续高效发展。

智慧城市是一项庞大的系统工程，其应用涉及方方面面，小到每个人的衣食住行，大到城市的规划管理，而且其在发展过程中还会不断地扩展和丰富。根据智慧城市的发展目标，可将智慧城市的应用归类为智慧治理、智慧民生、智慧产业、智慧生态、智慧区域协同五大方面。由于智慧城市涉及面广，而且各地区自身的特点和需求不一样，所以各地的智慧城市发展方向会有不同的着重点，应因地制宜地进行规划建设。智慧城市建设内容如图6-14所示。

1）智慧治理

智慧城市的高效治理是指在城市安全、应急、市政管理等方面，对政府各部门信息资源进行梳理，理清各自业务和资源数据，打通各部门数据壁垒，实现城市运行综合体征的动态监测，为全面掌控城市良好运行态势和严格管控政府机构的健康运转提供综合性、可视化的管理工具，为政府管理职能转变和城市管理水平提升创造积极条件，提高城市管理效率。

例如，北京市海淀区通过人工智能算法对渣土车进行识别分析，实现渣土车抓拍数量提升近30%，对渣土车号牌遮挡等违法特征识别的准确率达到95%以上，渣土车行驶轨迹预测分析准确率超过60%。通过人工智能助力渣土车治理，渣土车违规率从26%下降到了4%，并有效降低了管理成本，提升治理效能。

2）智慧民生

科技惠民便民是满足智慧城市社会公共服务的基础需求。一方面，通过政务信息资源梳理，围绕社会公众普遍关注的信息，聚合社会管理与社会服务内容资源，建设统一、多元化的信息服务渠道，提供丰富的信息内容、完善的功能，使社会公众享受到数字化带来的便利，实现业务"网上办、掌上办"，由"多次跑"向"一次跑、零次跑"转变，改善群众办事体验。另一方面，在教育、医疗、养老、就业、停车等公共服务和便民服务领域，通过信息化、物联网、互联网等技术，打破信息壁垒，为群众提供便捷、高效的服务。

例如，杭州市"城市大脑"推出的便捷泊车、舒心就医、欢乐旅游等场景就体现了以人民为中心的发展思想。例如，舒心就医提供手机预约挂号、"先看病后付费""最多付一次""亲情账户""互联网医院"等服务，大幅改善了就医体验。

3）智慧产业

产业发展的兴旺是城市经济社会发展的重要力量。一方面，通过对城市各个产业模块产生的数据进行融合分析，构建产业集中管控体系，为区域产业集群和产业活力分析画像，辅助政府决策，使产业集群效应不断释放，激活产业活力，促进产业全面发展，促进社会经济运行体系的协调、稳定、持续、和谐发展。例如，广西横州市被誉为"世界茉莉花都"，重点推进茉莉花全产业链信息化建设，通过"数字茉莉"大棚、"数字茉莉"交易平台、"数字茉莉"供需系统、"数字茉莉"大数据平台等数字化建设，实现横州市茉莉花种植、生产、销售全产业链高质量发展。2020年，横州市茉莉花（茶）产业综合年产值突破125亿元大关，综合品牌价值达到206.85亿元。

另一方面，基于互联网、物联网、云计算、人工智能等信息技术，促进产业数字化升级，带动新兴产业发展，提升产业智能化水平，增强城市发展的内生动力。建立以企业为主体、市场为主导的技术创新机制，加快传统企业转型和结构优化，通过技术创新、组织创新和服务创新等方式来提升相关产业和企业的核心竞争力。[①]例如，贵州茅台酒股份有限公司作为传统实体制造企业，在数字创新转型上积极开辟新赛道，"i茅台""巽风数字世界"App一经上线就成为焦点。"i茅台"探索S2B2C线上、线下融合酒类销售模式，"巽风数字世界"则依托虚拟现实研发技术基础，应用互动体验引擎、数字孪生等核心技术，在虚拟世界深度还原茅台酿造环境、挖掘茅台历史文化和工艺工法，打造属于茅台和用户的"平行世界"，形成链接茅台上下游产业链的数字生态，通过数字化转型提升用户社交体验，创造数字价值。

4）智慧生态

城市的可持续发展是智慧城市建设的基本任务，需要将生态城市与智慧城市有机融合，将可持续思想渗透到城市发展建设中，构建绿色、低碳、和谐、宜居、生态环境友好的可持续发展体系，为城市持续、健康和高质量发展带来新机遇。低碳城市、智慧能源、智慧水利、智慧水务、智慧环保等成为当前生态智慧城市发展的主要方向。通过科技赋能，解决生态环境管理问题，创造更加健康和宜居的城市环境。

例如，中新天津生态城通过"无废城市"信息管理平台，形成"源头减量、分类收集、密闭运输、综合处理"的智慧化、全流程管控体系，可精确掌握每一户家庭的生活垃圾分类投放数据，基本实现智能物回终端区全覆盖，生活垃圾分类由点及面、全面铺开。同时，搭建再生资源回收公共服务平台、公众参与平台和社会资源合作发展平台，打通资源类垃圾线上、线下专业化回收处理渠道，推动垃圾分类+资源回收落地，推出垃圾分类App，通过手机即可体验垃圾分类投放、大垃圾预约、查询回收终端、参与公益活动等功能，让居民生活更加智能、环保。并引入智慧信用评价体系，增加了居民的"文明市民"荣誉感，提升了居民群众的幸福感、获得感，真正做到人与人、人与自然、人与经济活动既和谐共存，又智慧共享。[②]

5）智慧区域协同

智慧城市的内涵不只是针对单一城市的内部发展而言，更是从宏观、跨区域性地考虑，形成优势互补、高质量发展的区域经济布局和国土空间体系，解决区域发展不平衡问题，实现各区域之间的智慧协同发展。在城乡协同、城市群协同、跨区

① 国家工业信息安全发展研究中心，中国产业互联网发展联盟，工业大数据分析与集成应用工信部重点实验室等.《依托智慧服务共创新型智慧城市——2022智慧城市白皮书》.
② 中新天津生态城网信办. 中新天津生态城：打造智慧城市建设的国家级标杆区［J］. 中国建设信息化，2022（1）：42-45.

域协同等方面，通过信息技术助力要素跨区域合理流动，加强区域之间的基础设施衔接和产业配套协作，增强区域发展的整体协调性，形成具有全局性、总体性的区域发展战略。

例如，在城乡协同方面，成都市小石村的城乡融合模式包括产业、市场、文化、生态四个维度。坚持农业优先发展，在发展大农业的同时对农业与工业、城镇化和乡村发展整体谋划，挖掘本地优势与特色产业间的联系，培育农业观光旅游、露营产业等，拓展农业生态功能和经济功能；通过市场化建设不断激发远郊乡村商业活力，以"共享经济"理念发展民宿，变闲置资源为特色资产；通过不断健全基层组织，强化和提升村民的主体地位，开发新型农村社区管理与服务功能，不断缩小村民与市民在生活方式、就业方式等方面的差距；引入城镇化数字治理理念，研发"三智能系统"，实现全村人员信息精准化智能管理，全面提升乡村治理服务水平及工作效率。[1]

6.3.3 新技术赋能智慧城市的建设

在人工智能、大数据、云计算、区块链、物联网、元宇宙等数字技术融合的背景下，智慧城市迎来了跨越性的发展。新技术融合下的智慧城市在政务、交通、环保、能源、医疗、物流等方面都形成了一系列实践创新与典型案例，并由此产生了显著的社会、经济和生态效益。

1）人工智能在智慧城市的应用

随着我国城镇化进程的不断推进，城市面临越来越多的挑战，如人口增长、交通拥堵、资源紧张等。为了更好地解决这些问题，人工智能技术逐渐在智慧城市建设中得到广泛应用。

① 智能城市交通：通过人工智能技术，对城市交通流量进行监测和管理，实现智能交通信号灯、智能公共交通等服务。

② 智能城市环境：通过人工智能技术，实时监测城市内的环境污染情况和气象状况，为城市环保决策提供支持。

---

[1] 吴晓婷. 超大城市远郊村落城乡融合发展模式及启示——基于成都市小石村的实践考察 [J]. 北京农业职业学院学报，2023，37（2）：38-44.

③ 智能城市安全：通过人工智能技术，实现城市公共安全监控和预警，帮助城市及时发现和解决安全隐患。

④ 智能城市管理：通过人工智能技术，实现城市内设施的自动化管理和监控，如路灯亮度、噪声监测等。

⑤ 智能城市民生：通过人工智能技术，为城市居民提供便捷服务和智能化生活体验，如智能家居、智慧社区、智慧园区等。

2）云计算和大数据在智慧城市交通治理领域的应用

对于城市建设和发展，交通的重要性不言而喻，它是保障一个城市正常运行的必不可少的基础设施，因此，非常有必要对城市交通进行科学化、合理化的管理。交通拥堵、交通事故是城市交通运转过程中经常出现的问题，在一定程度上影响了城市发展。智慧交通可以在很大程度上减少以往城市交通中存在的问题。在城市交通管理中可以应用云计算+大数据技术，对城市交通中的各类信息（包括道路信息、车流量、GPS等信息）进行全面分析，预测城市出行规律，并将预测结果信息上传至相关管理部门，相关管理部门以预测信息为依据，制定与之相符的应对措施，进一步改善及优化城市交通情况，全力打造智慧型城市交通。

云计算技术在实际应用中，通过实时监测城市交通运转过程中的各类信息，掌握城市交通中每个时间段的车流量，从而对交通信号灯的响应时间进行合理调整。即便在无人调控的情况下，也依然可以实现对交通信号灯的智能配时，进而充分发挥交通信号灯在城市交通中的疏导作用，提高智慧交通管理效率，缓解城市交通压力。

此外，利用云计算+大数据技术，还能对整个城市的交通情况进行实时监控及智能分析，从而对城市中某一局部路口的道路交通情况进行精准预测，并根据系统反映的实时路况信息，为市民出行提供最便捷的路线。在出行过程中，市民可根据实时路况信息，自行选择行车路线，绕开交通拥堵路段，确保出行畅通。这不仅可以节省大量出行时间，而且能最大限度地降低出行成本，同时还可为停车提供有效引导。对于交通事故，可通过大数据做出提前预警，为交警处理突发事故提供可靠的数据支持，以此提高交警部门应急处理能力，及时治理因交通事故引发的道路拥堵问题。

同时，还可以通过云计算+大数据技术，对历史交通运行数据进行全面统计与分析，将事故多发路段等应急信息及时发布到交通平台上，以便第一时间对车辆进行合理分流。可对智慧城市中的交通路网进行完善与优化，为城市居民日常出行提供及时、准确的交通信息，提高城市交通管理水平和质量。

3）数字孪生在智慧城市的应用

数字孪生城市能够在充分整合城市各领域信息资源的基础上，将大规模的城市各领域管理要素进行精准复现，并对细分业务领域数据指标进行多维度可视分析，实现从全域视角到微观领域对城市运行态势的全息动态感知。例如城市管理者可以更加高效、便捷地了解到城市各区经济发展情况、早晚交通流量差异、城市区域人口热力对比等情况。

① 数字孪生警务应用。综合运用5G、大数据、云计算、人工智能、物联网、数字孪生等技术，基于数字孪生底座，贯通各警种业务系统，实现多维度数据互融互通、警务全要素对象智能管理。聚焦实战应用需求，构建多业务专题，满足公安指挥中心进行情报监测预警、警情行动处置、警力指挥调度、情报分析研判等实战业务需求提供智能、高效的"最强大脑"。

② 数字孪生应急应用。基于数字孪生技术的智慧应急应用可有效结合物联网、云计算、大数据、数字孪生、人工智能等多项技术，充分发挥现代科技在防灾、减灾、救灾中的支撑作用。覆盖城市安全监测、生产安全监测、自然灾害监测、应急处置等多业务领域，实时收集环境数据，通过大数据分析和人工智能算法，对自然灾害（如地震、洪水、台风等）进行实时监测和预警，为政府部门提供及时的防灾、减灾信息。在应急情况下，数字孪生技术可以实现对应急资源（如人员、物资、车辆等）的实时监控与调度，确保各类资源得到合理利用，提高应急响应效率。基于数字孪生技术，政府部门和企业可以制定针对性的应急预案，通过模拟演练检验预案的有效性，不断优化应急响应流程。

③ 数字孪生交管应用。智慧交通数字孪生平台能够充分整合地理信息、交通路况、接处警信息、车驾信息等多类型数据，为交通态势综合监测主题、122接处警监测、路况态势监测、重大活动交通保障等业务场景提供支持。通过指挥作战"一张图"，为用户进行交通监管、态势研判、勤务运作、警务督导等业务应用提供有力支撑，实现交通态势全方位、全天候、全过程动态感知。例如，智能信号控制功能通过实时监测交通流量、拥堵状况等数据，数字孪生平台可以实现智能信号控制，自动调整红绿灯时长、优化交通流线，有效缓解交通拥堵，提高道路通行效率。交通数据分析与优化功能通过对历史交通数据的分析，数字孪生平台可以识别交通拥堵的原因和规律，为城市交通规划提供有力支持，有针对性地改善交通状况。

④ 数字孪生管网应用。数字孪生技术能够以三维地理信息系统为底座，实现大规模管网整体分布到局部管廊的三维展示。并能够集成管网运行多源数据，对各类管网的地上、地下分布态势、坐标、走向、管网实时运行情况、管廊管线健康状态、部件工况等信息进行实时监测分析，实现管网"点、线、面"运营管理全域、全程可视，辅助用户高效掌握大规模管网运行态势，由被动化管理向主动化、智能化管理转变，有效提升管网安全管理水平。

⑤ 数字孪生流域应用。构建实景三维流域，对流域全景、全要素态势进行精细化复现。整合水利各部门现有信息系统的数据资源，结合CIM底座与动态仿真推演能力，将信息、技术、设备与水利管理需求有机结合，覆盖流域总览、流域防洪监测、水库监测、水利调度等多个业务领域，全面赋能用户业务应用，有效提升水利跨部门决策和资源协调效率。

4）元宇宙在智慧城市中的应用

元宇宙技术可以用于城市应急演练，提高应急救援效率和安全性。例如，在火灾应急演练中，可以使用虚拟现实技术构建一个真实的火灾场景，让参与者在虚拟环境中进行演练，从而达到提高演练效果，降低演练成本的目的。

另外，元宇宙技术还可以用于模拟各种应急情况，如地震、洪水等自然灾害，以及恐怖袭击、火灾等人为灾害，帮助应急救援人员进行演练和培训，提高其应对各种灾害的能力和水平。

元宇宙技术在地震应急演练中具有重要作用。地震是一种不可预测的自然灾害，发生地点、时间和规模难以预测，地震应急演练能够有效提高应对地震的能力和水平。而元宇宙技术正是实现这一目标的重要工具。

具体来说，利用元宇宙技术可以构建一个真实的地震场景，并模拟地震发生时的各种情况，例如地面震动、建筑物倒塌等，让参与者在虚拟环境中进行地震应急演练，提高其应对地震的能力和水平。同时，利用元宇宙技术，还可以模拟不同地区的地震情况，让参与者了解不同地区的地震特点，提高其应对地震的综合能力。

除此之外，元宇宙技术还可以用于开发地震应急救援的虚拟培训系统，让更多的人参与到地震应急救援中来，提高整个社会的应急救援能力。同时，还可以利用元宇宙技术进行地震应急演练的数据分析和统计，对应急演练过程中存在的问题和不足进行分析和总结，进一步提升地震应急演练的效果和水平。

6.3.4 智慧城市实践案例：智慧城市建设助力昆明空港经济提速发展

昆明空港经济区智慧城市信息化建设项目通过加大信息技术在城市管理、服务和运行中的创新性应用，提升了城市综合竞争力和可持续性发展，有效解决和避免了建设过程中存在的诸如城市人口增长与承载能力不协调，政府公共管理与公众需求之间的矛盾，提高了城市运行管理和社会治理能力，提高了社会管理和公共服务水平。

宏景科技以建设数字中国、智慧社会为导向，立足经济社会发展需要，以改革的思路和创新的举措，针对本项目建立大数据、物联网、人工智能驱动的物联，对城市管理治理服务新模式进行探索，推进信息资源整合和深度开发，促进政务信息和物联网数据融合共用和业务流程协同再造，高标准打造"数字政府"，建设基于

城运中心	城市管理智慧节点	城市精细化管理专题	委办局信息化配套建设
城市运营管理中心（基础设施建设）+城市数据共享中心（数据建设）+城市运行管理平台（应用建设）	实现对辖区内各社区小区、村居、园区全覆盖、全过程、全天候的运行监管	重点建设智慧交通、智慧防控、智慧应急、智慧社区、智慧政务、智慧环保、智慧旅游、智慧党建、智慧园区专题	各委办局围绕城市精细化管理专题要求，对现有信息化系统进行配套升级、改造、扩容

图6-15 昆明空港经济区智慧城市总体规划

大数据、人工智能的物联大数据中心，融合全区政务、物联网和互联网数据，在此基础上推进数据治理和数据开放，推动政府治理体系和治理能力现代化。总体规划的"1+N+9+N"概念（图6-15），即1个城市运营中心，N个城市管理智慧节点，9个城市精细化管理专题和N个委办局信息化配套建设。

项目总体架构如图6-16所示。

① 汇聚感知资源，建立感知统筹体系。实现对各类行业专网、内网、互联网、物联网等多网络体系下的感知资源的统合，建立城市感知的规划、建设、评价体系，

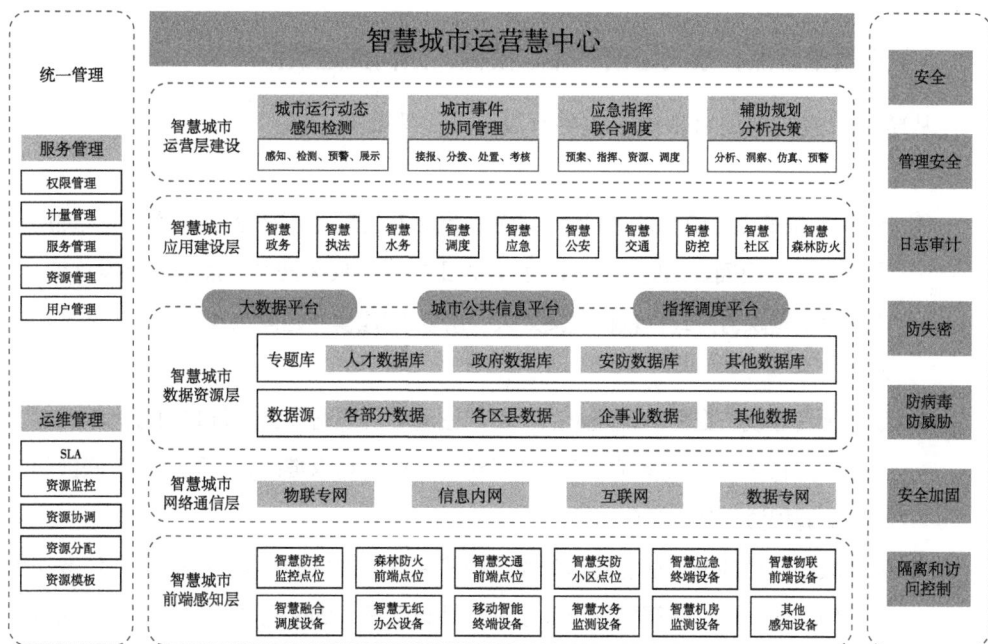

图6-16　昆明空港经济区智慧城市总体架构

持续规范和牵引城市的感知建设。

② 治理感知资源，夯实基础可靠应用。对各类感知设备、系统的建设年代、技术标准、时空标准、场景属性进行统一管理，基于统一的基础和标准进行感知。感知数据统一、可靠、准确，为上层智能感知应用提供有效支撑。

③ 集中智能感知，灵活调度持续扩展。统一、汇聚、整合各委办局的针对感知智能应用的需求，统筹进行感知智能分析资源的建设、管理和调度。提高城市智能建设和应用的效能，让更多领域、委办局轻松使用高门槛、高技术难度的人工智能、深度学习等智能手段。

④ 形成开放能力，支撑城市智慧应用。基于云计算、大数据、人工智能、物联网等先进技术构建城市物联网设备共享平台，实现感知数据资源的治理、共享、分析和挖掘，将相关感知能力开放给各类上层智能感知应用，通过运营、管理等手段保障能力中心可靠、安全、稳定地运转，持续释放感知资源和数据的价值。

⑤ 融合物信数据，探索城市创新应用。围绕智慧防控、智慧应急、智慧社区、森林防火、智慧水务等城市业务应用需求，提供城市级感知数据和政务数据融合能力。在公共开放感知能力和通用应用框架方面，通过数据支撑跨部门、跨层级、跨区域、跨系统的融合性创新应用。

1）建设重难点：禁飞建模、需求模糊，如何创造数据价值

从整个智慧空港项目来说，主要有以下四个重难点。

① 3D建模是难点。由于禁飞规定，常规的无人机方式不能在空港使用；如果使用车辆或者人工扫描，则时间周期太长，人工扫描建模无法及时反映基础设施变化；如果用卫星映射方式，颗粒度又太大。所以3D建模问题尚未找到合适的技术解决方案。

② 数据平台建设、数据治理是难点。目前空港经济区管委会的行政划分比较模糊，上级部门有多个，职能划分和功能不明确，业主需求难确定，同时各关联部门的相互协调和资源共享存在问题。

③ 智慧城市自身拥有造血功能是难点。应将各单位提供的数据利用起来，让数据创造价值。而目前很多智慧城市建设好后缺乏数据，即使有数据也要有适合的运营模式持续发展。

④ 前端设备选点难。由于昆明空港经济区的辖区范围广，如何合理地选取前端设备（如监控摄像机）的点位是本项目难点。需要根据地理条件和实际需求综合分析考虑，选择最佳点位和适配最佳的设备选型，通过合理的选点和选型发挥系统的最大作用和效果。

2）建设路径：夯实基础、快速推进、提升创新分阶段建设

智慧城市的建设是一个长期持续的过程，昆明空港经济区智慧城市的建设按照夯实基础、快速推进和提升创新三个阶段进行分期建设。

① 夯实基础阶段。建设重点工作为夯实基础、促进资源整合。该阶段主要围绕城市运营指挥中心建设，同时加强城市运营指挥中心基础网络设备建设、空港经济区大数据中心建设、空港经济区专题应用建设、建立信息安全防护体系等；对已建系统和城市基础数据资源进行整合，实现资源利用最大化，推动相关标准规范和政策的制定，为后续项目建设提供有效支撑与保障作用。对内加强跨部门、跨行业数据资源共享，规范数据交换标准体系；对外提供便民服务移动入口，增强市民幸福感和获得感。

② 快速推进阶段。以深化应用、提升智能化建设成效为主要工作目标。在夯实基础阶段建设的基础上，完善城市操作系统，加强数据驾驶舱、一网统管、一网通办

等业务场景建设，扩大智能化应用的使用范围和受用人群，实现全方位、多维度的社会管理与公共服务体系，优化空港经济区营商环境，辅助政府提升决策的科学性。由此提升城市综合竞争力，为空港经济区可持续发展提供不竭动力。

③ 提升创新阶段。重点发展智慧化应用场景的创新，在城市大脑项目深入应用的基础上，进一步加强智能应用服务的场景细化。更加贴近空港经济区民众的实际生活需要，提供更加精准化、个性化的智能服务，提升用户使用体验和满意度；提高城市运行综合治理精细化水平，促进产业结构升级转型，助力空港经济区数字经济创新发展。

3）建设成效：提升空港城市综合竞争力和可持续性发展

通过空港经济区运营指挥中心、大数据中心和专题应用的建设，实现空港经济区各委办局业务系统数据资源和物联感知系统数据资源的归集与共享，提高市域治理管理体系和治理能力数字化水平，树立全国空港经济区数字政府建设典范。

数智城市

未来展望篇

根据美国未来学家雷蒙德·库兹韦尔的预言，2045年将是人机合一的奇点时刻，人们与人工智能和智能机器将实现更加深入、广泛的融合和交互。基于此，奇点建筑、奇点社区和奇点城市将可能成为人机合一的空间延伸和功能扩展，进一步促进人、机、建筑、社区和城市的合一和互动。奇点建筑、奇点社区和奇点城市将成为未来智慧生活的关键节点，极大地提高人类生活的智能水平、融合度和品质。

在奇点时刻到来之前，城市将首先进入智慧城市发展创新阶段建设中的新形态——数智城市。数智城市未来的具体场景可以从基础设施、应用领域和技术三个维度来进行探索，包括以数字政府3.0和产业数字化转型作为基础探索，以个性化、智能化的公共服务和数据开放共享推动创新和社会经济发展。应用探索方面，数据要素、建筑空间服务与数字化运营将优化决策、提升效率，并实现可持续发展和运营。关键技术方面，元宇宙和AGI将开创新商业模式和经济形态，为解决现实问题和推动社会进步提供巨大动力。这些发展趋势将深度融合，为未来智慧城市带来更高水平的智能化和可持续发展。

7 基础展望

数字政府3.0和产业数字化转型是对数智城市的基础探索。数字政府3.0将更加个性化、智能化，通过公共服务和公共决策过程数字化，使政府能更好地为公民和企业服务。同时，数字政府的发展也是推动数据开放共享的重要方式，能够促进创新和社会经济发展。

产业数字化转型是未来城市发展的重要课题，新一代信息技术的广泛应用为产业数字化转型带来了强大动力。企业依托科技手段可以优化组织和业务流程、提高生产效率、创新业务模式，特别是产业"链主"企业[①]和国有企业，其数字化转型不仅关乎企业自身的发展，更对国家构建现代化经济体系具有重要作用。

7.1 服务型政府的进阶是数字政府 3.0 模式

2018年2月，党的第十九届中央委员会第三次全体会议审议通过《中共中央关于深化党和国家机构改革的决定》，并提出"全面提高政府效能，建设人民满意的服务型政府"。随着国家机构改革的深入，我国服务型政府建设也步入新时期。自2019年10月中国共产党第十九届中央委员会第四次全体会议首次提出"推进数字政府建设"以来，中央层面在加强数字政府建设方面不断深入布局，政策规划加快出台，顶层设计和机制建设日益完善，把满足人民对美好生活的向往作为数字政府建设的出发点和落脚点，打造泛在可及、智慧便捷、公平普惠的数字化服务体系。2022年6月23日，《国务院关于加强数字政府建设的指导意见》发布，系统阐明新发展阶段是加强数字政府建设的战略支点、改革方向，对全面开创数字政府建设新局面作出战略谋划以及系统部署。

---

① 链主企业是在产业链上起到主导企业的简称。其在整个产业链中占据优势地位，对整个产业链大部分企业的资源和应用具有较强的直接或间接影响力，对整个产业链的价值实现予以高度关注，且肩负着提升整个产业链绩效重任的核心企业。

7.1.1 政府服务模式的演进

数字政府是一种现代化的数字管理模式，它以信息技术为基础，重新构建政务信息化管理架构、业务架构和技术架构。通过建立新的政务机制、平台和渠道，优化政府内部的组织结构、运作程序和管理服务，全面提升政府在经济调节、市场监管、社会治理、公共服务和生态环境等领域的能力。数字政府的目标是实现数据对话、数据决策、数据服务和数据创新。其中，数字政府的服务模式经历了1.0、2.0阶段，即将进入3.0阶段，如图7-1所示。

图7-1　服务模式升级

数字政府1.0解决的关键问题是"业务上线"，即把线下的政务办事窗口搬到网站和手机上，是互联网和政务在物理层面的连接，完成了政务服务的网络化与移动化。

数字政府2.0解决的关键问题是"业务集成""让数据多跑路、群众少跑路"，即以数据为核心要素，通过系统打通和数据协同，再造整个政务流程。例如，以前办一件事要跑5个政府部门窗口，而数字政府2.0模式只需在一个窗口就办好了，其背后是数据化运营和政府部门的流程再造。它解决了重复办理、跨系统办理难的问题。

数字政府3.0解决的关键问题是"数字融合"，采用新一代信息技术（包括云计算、大数据、区块链、人工智能、物联网等新技术的治理模式融合）。这种融合也是数字政府2.0向数字政府3.0模式的转变过程。

数字政府3.0是以业务数据化、业务化为着力点，运用新一代信息技术，通过数据驱动重塑政务信息化管理架构、业务架构和组织架构，形成用数据决策、用数据服务、用数据创新的现代化治理模式。打造"数字化、服务式、治理型、特色化"服务，实现线下数字化全覆盖，线上通办。

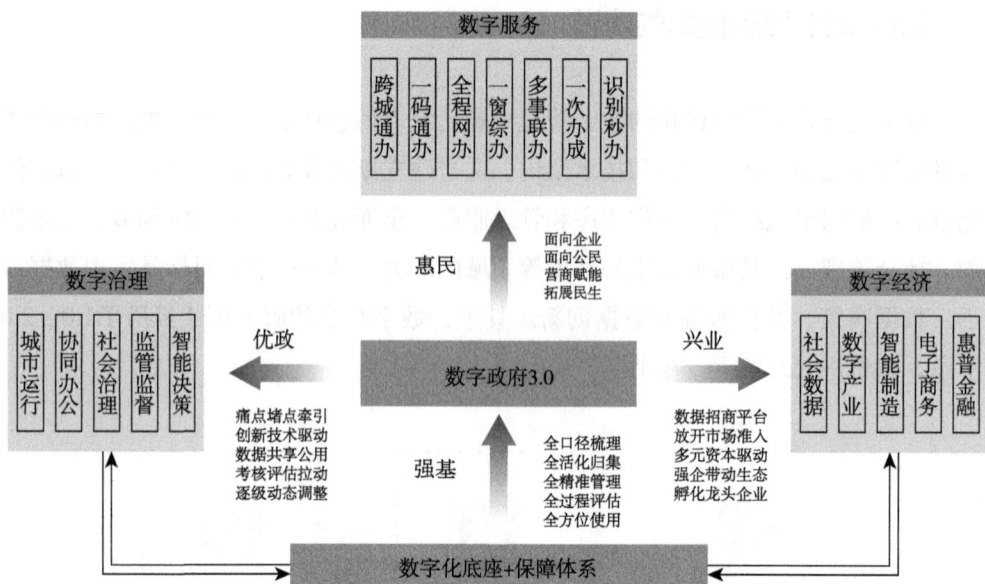

图7-2　数字政府3.0总体框架图

数字政府3.0的体系以加强数字底座的建设、加强保障体系、加强数字治理的建设、便捷数字服务和提升数字经济为主要任务，建设整体协同运行高效、服务精准和管理科学的数字政府，注重协同化、云端化、智能化、数据化和动态化。数字政府3.0总体框架如图7-2所示。

7.1.2 数字政府 3.0 的技术路线

改革开放以来，我国行政体制改革取得重大进展。目前基层治理处于从"管理型和权力型"政府治理模式向"服务型"社会治理模式的过渡阶段。信息化的发展为政府履行职能提供了新型的方式[①]，Web3.0技术作为新一代的信息化技术为政府履行职能提供了新的技术路线。

以往的Web1.0技术是"阅读式互联网"模式，主要是指用户通过互联网（浏览器）以"只读"模式获取信息，互联网内容是由特定编辑和维护人员推送的，只能浏览不能交互。它解决了人对信息、聚合的需求，但没有解决人与人之间的沟通、互动和参与的需求。它的核心价值是平台创造、平台所有、平台控制、平台受益。

---

① 赵国俊. 电子政务教程（第三版）[M]. 北京：中国人民大学出版社，2015：44-45.

之后的Web2.0技术是"交互式互联网"模式，不但结合了音频、视频、图像，运用多媒体模式，还实现了用户交互。用户既是浏览者，也是内容的生产者，在模式上既可"读"又可"写"，由被动地接收互联网信息变成主动创造互联网信息，满足双向沟通、互动和参与的需求。它的核心价值是用户创造、平台所有、平台控制、平台受益。

而目前的Web3.0技术是"价值式互联网"模式，除了拥有Web2.0的技术能力外，还能保护数字内容价值，即用户创造的数字内容的所有权归用户所有，不依赖中心化平台。所以，它的核心价值就是用户创造、用户所有、用户控制、协议分配利益。

所以，Web3.0新技术的加持对政务服务的参与者产生了重要的影响。它影响的不仅是应用的服务模式，也重组了整体系统的元素，这将为人们提供更加便捷和人性化的服务体验。Web3.0数字化应用如图7-3所示。

Web3.0是信息化发展的新的阶段，在Web3.0分布式网络数据信任特性的联结下，庞大的终端资源可以在局部领域中构建起只与自己最核心相关的分布式应用，从效率和资源来说都是最优的。

以Web3.0技术信任为基础，可以在数字政府服务方面构建起新的基础应用，如身份认证、数字产权以及面向领域服务的去中心化的分布式应用。

在Web3.0技术支撑下，数字政府3.0实现以下三个可行技术路线。

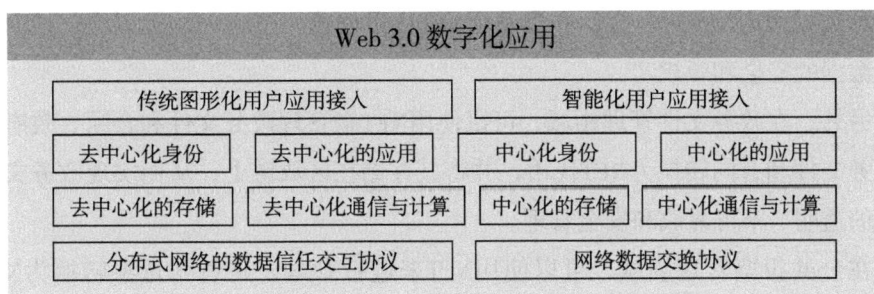

图7-3 Web3.0数字化应用

1）中心化数据去中心化补充

政府服务发展和应用积累至今，其核心运作方式就是中心化，并已积累了大量的数据，如电力、金融、水利等关键基础设施的应用，与国计民生息息相关的居民个人数据、政务数据等。

但是，政府服务在拥有海量数据的同时，也存在相当程度的数据安全风险，包括数据丢失、数据滥用以及敏感数据非授权访问等。

传统的安全机制在解决政务安全问题方面已显乏力，未来以区块链技术作为各应用之间的桥梁，可实现应用定向数据共享。数据的使用单位通过"身份数字替身"能够根据自己的需要按照规范从数据块中提取数据。区块链技术将数据读取并安全分离出来后，再将数据按照实际情况统一上链。在这种情况下通常使用联盟链结构，在联盟链中有着完整的授权机制和具有管理功能的既定节点。这种模式符合单位中心化管理的性质，又不破坏分布式的存储和去中心化的运行结构，同时也能促进系统业务界面清晰划分，提升业务的可扩展性和灵活性。

2）可信数字权益凭证NFT与数字资产融合

NFT（非同质化代币）是一种基于区块链技术的数字资产，可以用于在区块链上创建和交易独特的数字资产。NFT在电子政务领域可以结合公共资源管理、政务数据保护、政务文件管理和公共投票管理等方面，实现政务管理的透明、高效和安全。

在公共资源的管理领域，政府可以使用NFT来管理公共资源，如国家公园、自然保护区等。政府可以将这些资源划分为特定的区块，并创建相应的NFT代币，实现公共资源的精细化管理和流通。

可使用NFT保护政务数据的版权和安全，构建机器可读的安全唯一标识。可以将政务数据作为NFT的内容，并为每个NFT代币创建一个唯一的标识符，从而保护政务数据的安全和版权。

另外，在政务文件管理领域，可以使用NFT来管理政务文件和合同。政府可以将政务文件和合同转换为NFT代币，并将其存储在区块链上，从而实现政务文件和合同的透明、不可篡改和安全管理。

在公共投票管理领域，可以使用NFT来进行管理，将每张选票转换为NFT代币，并将其存储在区块链上。这样可以确保每张选票的唯一性、不可篡改性和安全性，同时还可以实现公共投票的透明和公正。

3）富终端应用领域分布式应用出现

分布式应用程序是基于区块链技术的应用程序，具有去中心化、安全、可靠、可编程等特点。分布式应用在电子政务领域可以结合政务数据管理、政务合同管理、政务审批管理和公共服务提供等方面，从而实现政务管理的透明、高效和安全。

在政务数据管理方面，使用分布式应用来管理政务数据。政府可以将政务数据存储在区块链上，并通过分布式应用来实现政务数据的共享和查询，从而提高政务数据的安全性和可靠性。

在政务合同管理方面，使用分布式应用来管理政务合同。政府可以将政务合同转换为智能合约，并存储在区块链上。通过分布式应用，政府可以实现政务合同的自动化执行和监控，从而提高政务合同的透明性和效率。

在政务审批管理方面，可以使用分布式应用来管理政务审批。政府可以将政务审批的流程和规则转换为智能合约，并存储在区块链上。通过分布式应用，政府可以实现政务审批的自动化处理和监控，从而提高政务审批的透明性和效率。

在公共服务提供方面，使用分布式应用来提供公共服务。政府可以将公共服务的流程和规则转换为智能合约，并通过分布式应用向公众提供服务，从而提高公共服务的效率和便利性。

7.1.3 数字政府 3.0 的预见

Web3.0技术的发展为元宇宙的发展提供了强大的技术支撑和理念引导，将推动元宇宙向更加开放、自由、互动的方向发展。

首先，Web3.0的分布式网络和区块链技术可以为元宇宙提供安全、可信任的数据存储和交易平台，使得元宇宙中的虚拟资产可以被真实、可靠地记录和交易。其次，Web3.0的个性化和智能化服务可以提高元宇宙的用户体验。最后，Web3.0强调的用户驱动和创建的特性，与元宇宙的理念高度吻合。在Web3.0的支持下，元宇宙的用户可以自由地创造和分享内容，构建自己的数字世界。

政务元宇宙可以建立在现实政务的基础上，现实政务与虚拟空间的相互映射、融合和动态交互可广泛应用于政务各领域。可利用政务元宇宙开展学习型组织建设，通过虚拟现实、增强现实等技术辅助人们进行学习，获得身临其境的感受，产生更好的学习效果。

从数据融合的角度来理解，政务元宇宙构建业务场景的能力可以概括为以下三种形态。[1]

---

[1] 孟庆国，严妍，赵国栋. 政务元宇宙 [M]. 北京：中译出版社有限公司，2022：111-120.

① "数字孪生"：将现实政务复制到虚拟空间，实现现实政务的数字化和虚拟化。

② "数字原生"：虚拟空间产生的新的活动反过来影响现实政务，需要在现实政务中建立相关规则体系，重塑现实世界的政务业务体系。

③ "数字融生"：现实政务和虚拟空间实现高度融合和紧密联动，政务已不分虚实，虚中有实、实中有虚，两者实现高度同步、联动和融合。

政务元宇宙的发展是探索式和演化式的，在不断的试验和实践中推进。以孪生、原生、融生为三种不同的视角，形成要素共通发展和相互影响，推动元宇宙在政务现实应用中的发展。

政务元宇宙将助力政府实现更高效协同的运行、更科学合理的决策、更便捷高效的服务以及更精准智慧的监管。政务服务、社会治理、监测监管是当前政务元宇宙优先探索与应用的重要场景。

元宇宙可以为政务提供一个开放、透明的平台，使公民可以更直接地参与政府决策。例如，可以在元宇宙中建立一个虚拟城市，让公民能够在线上参加市政厅会议、提出建议和投票表决，这样可以更好地了解公民的需求和意见，提高政策制定的准确性和民主性。此外，元宇宙也可以为政府机构提供一个更加公平和透明的选举平台，让选民可以通过加密技术和智能合约参与投票，从而保证选举结果的可信度。

元宇宙也可以提高政务公共服务的效率和便利性。可以通过元宇宙建立一个虚拟的行政服务中心，让公民可以在线上完成政府相关的各类手续，这样可以节约时间和成本，同时提高服务质量和效率。例如，美国加利福尼亚州政府已经在元宇宙中建立了一个虚拟的房屋买卖平台，使得房屋交易可以更加快速和安全地完成。

元宇宙中的加密技术和智能合约可以使政府信息得到加密和验证，避免信息被泄漏和篡改。同时，政府机构可以利用区块链技术建立一个可追溯的信息管理系统，让公民更加清晰地了解政府数据的来源和使用情况。

随着元宇宙技术的不断发展，其在数字政府3.0的应用前景将会越来越广阔，通过加强技术创新和应用，为公民提供更加高效、透明、安全的公共服务。

7.2 产业数字化转型是中国经济增长的新赛道

目前，全球经济形势倒逼产业数字化转型加速推进，国家已出台多个政策方针为产业数字化转型指明发展方向。中共中央提出了"数字中国""中国制造2025"

和"互联网+"等重点战略，旨在推动产业转型升级和数字经济发展。相关政策如下。

2017年7月，国务院印发了《新一代人工智能发展规划》，明确将人工智能作为引领未来发展的重要技术和产业方向，指导国有企业在人工智能领域的数字化转型发展。

2019年4月，中共中央政治局召开会议，提出要加大对国企数字化转型的支持，进一步推出数字经济政策，推进建设"数字中国"。

2019年11月，国家发改委、工信部等15个部门印发《关于推动先进制造业和现代服务业深度融合发展的实施意见》，提出加快工业互联网创新应用，深化制造业服务业和互联网融合发展，推动重点行业数字化转型。

2020年8月21日，国务院国有资产监督管理委员会（简称国资委）印发《关于加快推进国有企业数字化转型工作的通知》，就推动国有企业数字化转型作出全面部署。

数字经济已是继农业经济、工业经济之后的主要经济形态。数字化技术正在重塑产业格局和商业模式，发展数字经济已成为国家战略。2022年1月12日，国务院印发《"十四五"数字经济发展规划》提出至2025年，数字经济核心产业增加值占GDP比重达到10%。

产业数字化指应用数字技术和数据资源，对传统产业进行升级改造，从而实现产值增加和效率提升，是数字技术与实体经济融合的过程，是利用现代信息技术对传统产业进行的全方位、全角度、全链条的数字化改造。它是数字技术促进生产力、提升要素配置效率的表现，是数字经济覆盖面与影响力的重要指标。

企业是产业数字化转型的主体，企业的数字化转型是数字经济发展的微观基础。产业数字化转型又以"链主"企业为主。"链主"企业资源雄厚、规模庞大、技术实力过硬，能够带动整个产业链的数字化转型，推动供应链的优化和协同，提高产业效率和竞争力。它们承担着引领和推动行业数字化的重要责任，为其他企业提供数字化转型的示范和引导，促进整个产业的可持续发展。本章节主要从企业数字化转型方面进行阐述。

7.2.1 数字化转型的目的除了降本增效，还有运营创新

数字化转型指根据企业自身实际，依托大数据、物联网、人工智能等数字基础设施，以业务为导向，以数据价值深挖为手段，辅助企业流程再造，提高企业应对

变革的能力，实现优化生产、管理和销售流程，提高办公和生产效率，提高产品质量，提高产品利润。同时，通过数字化技术可以帮助企业探寻市场新机遇、发现新业务模式和运营模式，提高企业的前瞻性和适应性。

7.2.2 数字化转型短板是缺乏数字世界入口

目前大多数产业企业在数字化转型中最大的短板是信息基础建设水平较低、企业数字化吸收能力欠缺、数字化服务和平台能力落后、数据共享和互联互通受限，主要有以下现象。

第一，信息基础建设水平较低。随着经济社会生活对网络、数据和计算的需求激增，对数字化服务的要求显著增加，信息基础设施压力激增。一些企业可能因资金约束趋紧而大幅减少数字化投资等关乎长期竞争力的支出，导致基础设施可靠性较差。

第二，企业数字化吸收能力欠缺。目前很多组织的人才数字素养难以满足需求，数字化平台和服务还有很大提升空间。一方面，数字化转型中缺乏数字化人才和技能，需要具备数字化技术、数据分析、人工智能等方面知识的人才。而现状是具备产业经验和业务能力的人才不具备数字化技术、数据分析、人工智能等方面知识，懂数字化技术的人才，却缺乏产业经验和业务能力。所以，既懂业务又懂数字技术的人才储备严重匮乏，使得业务数字系统应有的效能发挥受限。例如，ERP、MES等数字化系统无法即插即用，需要数字化人才进行定制化开发和维护，企业管理、业务和技术人员如果没有适配好，业务系统使用将受到限制。

第三，传统产业数字化服务和平台配套服务不完善。目前传统产业与数字技术对接的能力较弱，限制了定制化、创新性的数字化解决方案和服务的实施和利用，无法很好地为用户提供数字化解决方案、应用程序、在线服务等，使其无法在数字世界中进行较好地获取信息、交互和业务操作。例如，工业企业数字化转型不仅要解决沟通问题，更要解决协同问题，从办公协同到业务协同、由人与人之间的协同向人与机器的协同、由内部协同向产业链协同发展。

第四，数据共享和互联互通受限。很多企业战略规划不清晰，"零敲碎打"式地进行数字化建设。由于数据无法实现高效共享和协同，导致部分系统功能存在冗余，出现了大量孤立的应用系统。这些孤立的应用系统数据很难共享和治理，从而增加了企业数字化转型的难度。

7.2.3 数字化转型方法与路径

数字化转型是推动企业向现代化经营和管理转型的重要手段，也是实现企业竞争优势的重要途径。如何补齐数字化转型短板，让产业"链主"企业或国有企业加快数字化转型，应从以下路径和方法着手。

数字化转型路径"四部曲"：明确愿景和战略、评估当前状态和识别机会、制定详细的数字化转型计划、执行和监控（图7-4）。

在数字化转型路径的基础上应该注重以下五个方法的使用。

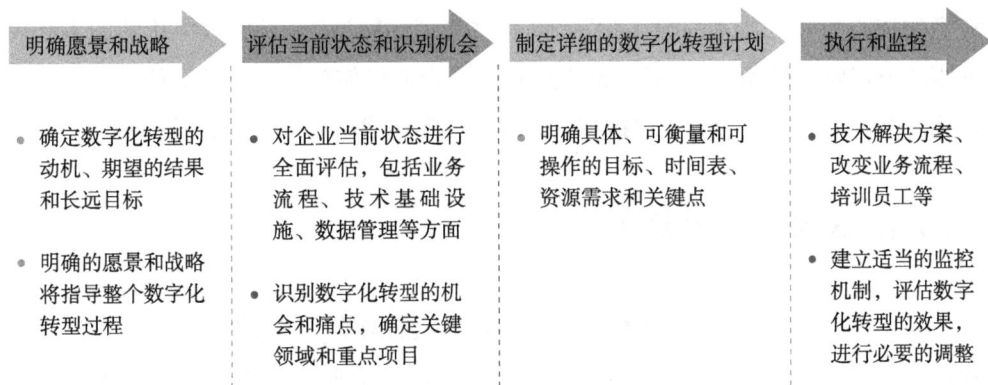

明确愿景和战略	评估当前状态和识别机会	制定详细的数字化转型计划	执行和监控
• 确定数字化转型的动机、期望的结果和长远目标 • 明确的愿景和战略将指导整个数字化转型过程	• 对企业当前状态进行全面评估，包括业务流程、技术基础设施、数据管理等方面 • 识别数字化转型的机会和痛点，确定关键领域和重点项目	• 明确具体、可衡量和可操作的目标、时间表、资源需求和关键点	• 技术解决方案、改变业务流程、培训员工等 • 建立适当的监控机制，评估数字化转型的效果，进行必要的调整

图7-4　数字化转型路径"四部曲"

7.2.3.1 进行数字化转型诊断

数字化转型不是简单的IT（互联网技术）系统建设，而是包括战略、业务、组织和技术多方面的系统性设计与建设。它是管理的转型，其本质是管理模式与运营机制的再造。所以，建议委托专业的咨询单位对企业进行数字化转型的摸底，主要从以下三个方面进行。

① 梳理企业健康状态，包括企业战略、公司组织架构、业务架构、业务运营、财务情况、人员组织、创新研发、生产流程、供应链关系、销售网络、营销模式、盈利模式、销售手段、商业创新、基础保障等方面。

② 评估现有数字化基础能力，包括已有的信息化应用系统、IT架构、网络及安全系统、硬件设备、数据存储方式、IT人才储备及擅长领域等方面。

③ 梳理企业对数字化转型的需求，包括研发、生产、测试、营销、销售、人事、办

公、采购、客服、运维等全流程与全部门。[①]

通过上述三个方面的梳理和评估，能够明确企业的核心需求，为企业数字化转型提供方向，输出数字化转型诊断报告。

7.2.3.2 成立"数字化转型专项小组"

企业在输出数字化转型诊断报告后，应成立"数字化转型专项小组"，由企业的第一责任人担任总负责人，同时团队成员须是企业内所有相关高管，因为数字化转型的核心并非"技术的数字化"，而是"管理的转型"，是以数字化的能力和思维驱动公司管理转型。[②]另外，该小组独立于企业任何部门，不受职能部门约束，直接由企业第一责任人负责和指挥，以服从数字化战略为宗旨和行动指令。

7.2.3.3 制定数字化战略

成立"数字化转型专项小组"后，企业应该根据数字化转型诊断报告，同时结合企业当前的业务和现状，以及数字技术的应用场景和发展趋势，"因地制宜"地制定适合自己的数字化战略，明确数字化转型的方向和目标。在制定的过程中，企业必须与全体员工和合作伙伴进行充分的沟通和协作，确保数字化战略能得到有效的实施和保障。

另外，在制定数字化战略时，还需清晰明确战略在"转"什么？[③]

① "转"竞争合作关系，由单纯关注竞争关系转向构建多重竞合关系。
② "转"业务场景，由职能分工型的固化业务场景转向灵活柔性的动态业务场景。
③ "转"价值模式，由基于技术创新构建商业壁垒的长周期价值获取模式转向资源共享和能力共建的开放价值生态模式。
④ "转"管理模式，从管理保障的视角，加快由过去封闭式的自上而下管控转向开放式的动态柔性管理，在统筹推进数字化治理、组织结构调整、管理方式变革和组织文化创新等方面提供管理保障。

---

① 艾瑞咨询研究院. 2020年中国企业数字化转型路径实践研究报告 [R], 2021.
② 刘涵宇. 数字化思维：传统企业数字化转型指南 [M]. 北京：机械工业出版社, 2021.
③ 点亮智库. 2021国有企业数字化转型发展指数与方法路径白皮书 [R], 2021.

7.2.3.4 加强数字化基础建设

企业可以通过以下技术能力来加强数字化基础建设。

1）混合云部署系统，加强和提升企业数字技术基础能力

基于云部署是企业数字化转型的重要基础和前提。而标准的公有云应用无法完全匹配企业业务模式、运营模式和管理模式的个性化需求，无法体现企业差异化的竞争优势。今后，混合云是企业数字化转型的趋势。混合云既兼顾公有云的便捷和私有云的安全，同时又能满足个性化需求，实现高效、安全的应用和数据连接。

在混合云环境下，标准化的PaaS和SasS的创新应用会越来越多，可提供多方系统，支持更加灵活多变的业务应用，形成可组装的业务引擎，满足差异化竞争需求，同时又能满足数据安全和治理需求，打造极致的用户体验。

2）数字化PaaS平台，加强支撑灵活多变的业务应用

PaaS平台是数字化的技术基础，在混合云架构下进行适配，能形成统一的技术底座和可组装的业务引擎，形成可以互联互通的低代码建模能力、大数据处理能力、多维分析能力以及数据智能、AI建模能力。这样，在PaaS平台上创建业务应用时，便可以使用通用的引擎能力进行快速组装和部署。

3）DevSecOps开发理念，系统安全和灵活应用的保障

DevSecOps（Development Security Operations）是一种融合了开发、安全及运营理念的安全管理模式。在软件开发生命周期的每个阶段，包括计划、代码、构建、测试、发布、部署过程中，都要严格遵守和执行安全标准。

数字化PaaS是所有应用程序的技术底座，应用程序在PaaS平台上生产出来时，就需要确保其安全性。所以，在研发PaaS平台时，就必须基于DevSecOps的理念来控制整个平台体系的安全性。

4）数字中台建设，激活业务价值的技术平台

企业为满足发展的需求会建设越来越多的信息化应用系统，形成多样性的系统，就会产生更多的多源异构的数据，导致出现"系统烟囱""数据孤岛"的情形，使得底层数据无法产生连接，数据标准不统一，无法形成标准的数据资产体系，有效利用的数据价值较低，数据价值不能很好地释放和充分利用。所以，需要构建数据中台，将企业的基础数据、各系统业务数据、运营数据、行为数据、运维数据以及外部互联网数据进行全域统一管理，通过数据集成、数据清洗、数据挖掘、数据服务等过程处理，形成企业的数据资产①，数据中台统一管理所有的数据API，通过数据服务将数据业务化，激化数据的业务价值，更好地为业务应用提供数据价值服务。

7.2.3.5 推进数字化技术应用

强化在线连接能力是业务增长持续性的保障。实时在线连接的交易和协同是企业业务发展的需要。企业需要以客户为中心，打造一个满足所有渠道客户需求的供应网络，能充分利用供应链上的合作伙伴资源和能力，提供满足客户所需要的响应速度和灵活性。同时要求企业将供应链上的信息共享给合作伙伴，同时还要求其在需求规划、库存管理、供应和补给计划、销售和运营控制、分布式订单管理等方面作出更贴近客户需求的决策。

所以，企业应根据自身需求，在供应链端、生产端、销售端有序推进数字化技术应用，建立一套更加弹性灵活的供应、生产、端到端的应用系统。例如以下几个方面。

1）建设全链路的在线生产和销售管理系统

企业可以利用5G、大数据、物联网、云计算等技术，把生产设备、销售数据、订单数据、产品研发数据、采购数据、物流数据、仓储数据都打通，形成以生产设备数据为驱动的端到端业务闭环管理能力，建立联通"产、供、销"的端到端智能销售体系。

2）利用协同工具提升人与人的在线协同效率

企业日常运作的本质是基于事件驱动的人与人的协同工作，员工之间的协同效率反映了企业生命力及竞争力。在移动互联网等数字技术的支持下，"去中心化""扁平化"组织成为企业组织变革的方向，通过构建一个以"业务事件"为导向的网络化组织，有效提高企业整体运营效率。所以，"在线"是工作的基本需

---

① 中国信息通信研究院泰尔终端实验室，北京元年科技股份有限公司. 企业数字化转型技术发展趋势研究报告（2023）[R], 2023.

求，"协同"是工作目标，企业需要通过协同工具，把数据、流程、任务、事件等结构化信息文字与图片、语音、会议、视频等非结构化信息相互融合，强化员工间的"强连接"，例如企业微信、钉钉等协同工具。通过这些协同工具，可以实现即时通信、会议协同、文档协同、对象协同、共享协同、内外协同。

3）通过数据智能助手实现数据找人

当企业各种信息化应用系统越来越多，数据类型将变得很复杂。员工要查找数据、利用数据查找问题会变得很吃力。例如要"查找上个月销售量下降的原因"，员工便只能在已知输出的报表中去找，而且还很难发现异常数据的关联情况。所以，企业可以建设数据智能洞察分析系统，在海量数据里提取关键信息，通过设定的算法模式，完成自动化分析，输出数据报告。通过自然语言驱动的数据查询，可以轻松实现"人找数"场景，还可以通过数据预警功能为"数找人"场景提供实时、精准的推送。

总之，数字化转型是企业应对日益激烈的竞争的必要手段，可以为企业带来巨大的商业机会和竞争优势。在明晰方法与路径后，还需要确定具体的规划流程，确保企业数字化转型具备一定的抓手。

7.2.4 融合创新：企业数字化转型的未来大舞台

企业数字化转型已成为不可忽视的趋势和必然之举。本节将深入探讨企业数字化转型的未来大舞台，其中包括技术融合与创新、产业协同与创新、数据融合与智能制造，以及人才融合与组织创新四个关键方面。这些领域的融合与创新将引领企业走上新的高度，探索企业数字化转型的无限可能性和潜力。

1）技术融合与创新

① 大数据分析与区块链的融合。大数据分析和区块链技术在供应链管理中的融合为企业提供了一个更加透明、可追溯和高效的供应链。这不仅可以增加消费者的信任，还可以通过优化资源配置和提高响应速度来突出企业的竞争优势。举例来说，如果餐饮连锁企业想要追踪其产品从田间到餐桌的完整过程，那么通过使用区块链，每个生产和运输环节的信息都会被记录和验证；通过大数据分析，企业可以预测哪些产品在哪些地区的需求量，从而优化生产和分配资源。

② AIGC和信息安全技术的融合。随着AIGC（生成式人工智能）这项技术的出现，

未来信息安全应用场景将被重塑和定义。通过AIGC技术和信息安全技术联合应用可对企业数据进行全面保护，包括数据的安全监控、自动化的安全预警和问题解决，以及数据治理自动化等，通过实现对数据资产的盘点、查询、申请、授权、追踪等操作，提高企业的信息安全水平和数据治理效率。通过实现精准防御和高效响应，可以提高数据治理效率，加强数据安全保障，提升企业的数据价值链分析和业务规则管理能力。例如，AIGC在信息安全方面的应用能实现精准防御、高效响应[①]（表7-1）。

AIGC在信息安全方面的应用　　　　　　　　　表7-1

模块	核心价值	AIGC可赋能环节	赋能方式
合规审查	自动审查	合规审查	通过自然语言处理和模式识别技术，分析文本和数据，快速检查是否符合相关法规和政策，提高审核效率并降低人工审核的错误率
风险管理	辅助风险评估	风险评估机制、风险响应机制、应急管理制度	辅助风险评估和预测：通过风险建模和预测分析技术，对潜在风险进行量化评估和预测，提高评估精度并提前预警
组织管理	访问策略辅助	访问准入策略、安全问责体系	生成访问控制策略：通过访问策略生成和自适应调整技术，智能生成并调整用户访问权限，提高安全性并降低人为错误风险
反馈修正机制	持续改进	反馈修正机制	持续改进策略：通过智能诊断和持续优化技术，分析系统运行情况，提出优化建议，提高改进效率并降低运维成本
安全事件监控	实时监控	安全事件监控	辅助安全事件监控：通过实时监控和异常检测技术，自动检测并报告安全事件，提高监控效率并降低漏报误报风险
效果评估机制	量化评估	效果评估机制	辅助效果评估：通过数据分析和效果建模技术，量化评估安全措施的效果，提高评估准确性并优化安全措施
安全事件审计	自动分析审计	安全事件审计	辅助安全事件审计：通过审计自动化和深度分析技术，自动分析审计数据，提高审计效率并发现潜在问题
网络安全	实时监测流量	入侵检测、防火墙配置、网络流量分析、网络安全态势感知	网络流量分析：通过流量模式识别和异常检测技术，实时监测网络流量并分析异常情况，提高流量分析效率并实现实时监控
数据安全	自动识别风险	数据加密、内容审计、数据防泄漏、安全态势感知	辅助数据泄漏检测与预防：通过数据泄漏预测和防护策略生成技术，自动识别潜在泄漏风险并生成防护策略，提高数据保护效果

① TE. 企业AIGC商业落地应用研究报告［R］. TE智库，2023.

续表

模块	核心价值	AIGC可赋能环节	赋能方式
设备安全	自动识别注册	设备锁定、设备验证、设备注册、设备加密	辅助设备注册：通过智能注册和自动验证技术，自动识别设备并完成注册，提高设备注册效率并减少人工操作
应用安全	识别风险应用	应用部署与分发、应用生命周期管理、应用审核、应用加固	自动应用审核：通过模式识别和风险评估技术，自动分析应用程序的安全性，提高审核效率并准确识别风险应用
身份认证	生物特征分析	身份认证	人工智能驱动的身份认证：通过生物识别和行为分析技术，对用户的生物特征和行为进行综合分析，提高认证准确性并降低被盗风险

2）产业协同与创新

产业协同是数字化转型的关键一环。企业需要与各种产业链上的合作伙伴建立紧密的联系和合作，形成产业生态圈，以实现资源的共享和优势的互补。通过产业协同，企业可以更好地响应市场变化，降低成本，提高竞争力。例如以下几个方面。

① 汽车制造商与科技企业的合作。智能驾驶是汽车企业赢得未来竞争优势的战略制高点，面临投入周期长、场景复杂度高、技术难度大三大挑战。传统汽车制造商与科技企业合作，将车联网、人工智能和地图导航技术相结合，为用户提供智能导航、交通管理和车辆安全的创新服务，为驾驶者和乘客提供更加舒适和安全的出行体验变得愈发重要。未来有望看到更多创新性的服务和应用，推动汽车行业的发展。

② 传统零售商与互联网企业的共赢。通过多个数字化渠道进行产品的销售和推广，可以帮助企业打破传统的销售渠道和市场营销模式，还可以实现对市场营销活动的实时跟踪和评估，从而更准确地把握市场情况，及时调整市场策略。特别是有数字化基础条件的企业可以在AIGC技术的加持下，采用以云为基础、以模型为中心的MaaS（Model as a Service）模式，使云和模型深度绑定，提供预训练基础模型，针对营销创新应用场景进行定制化服务。AIGC环境下的营销将是一种全链路的营销支持工具，包括市场认知、线索运营、客户培育、客户转化和营销优化等环节，为企业提供广告创意与投放优化参考、线索评估与优化策略、邮件营销、视频营销和活动营销的策略建议、精准需求分析、策略生成建议，以及

协助企业进行营销动作分析、营销策略复盘等服务。例如，AIGC在营销方面的
应用成为从认知到复购的全链路策略助手[①]，如表7-2所示。

AIGC在营销方面的应用　　　　　　　　　　　表7-2

阶段	核心价值	AIGC可赋能环节	赋能方式
市场认知	创意参考	广告策略、品牌传播、市场分析、CEM、SEO、DSP、SSP	生成广告创意与投放优化参考，包括广告设计、广告内容、投放渠道策略和投放分析，从而提高广告效果和投放效率
线索运营	评估与优化	渠道导流、活动吸引、流量检索、流量分配	快速生成线索评估与优化策略，帮助企业提高线索质量和转化率
客户培育	营销策略建议	EDM、内容营销、视频营销、忠诚度分析、活动营销、商机分析	生成邮件营销、视频营销和活动营销的策略建议，为客户提供更具针对性的内容
客户转化	营销策略建议	精准需求分析、近场营销、会员管理、策略分析、CRM、CDP、SFA、渠道管理	生成精准需求分析和策略生成建议，提高销售业绩；协助企业实现精细化线索管理、公私域运营等，进一步提高转化率
营销优化	分析与复盘	网站分析、策略复盘分析、营销计划控制、营销动作分析、媒介监测和分析、营销预算分析	协助企业进行营销动作分析、营销策略复盘；更好地评估营销活动的效果，并为未来的营销活动提供有力的数据支持
复购与增购	分析与优化	复购原因分析、复购策略营销、客服、售后服务、用户成长、社交网络传播	生成复购原因分析和复购策略营销，帮助企业更好地了解客户需求，还能运用社交网络传播分析，发掘潜在的客户资源

③ 数字产业生态企业助力传统企业数字化转型。数字产业化、产业数字化是数字经
济的重要组成部分和核心内容。产业数字化是对传统行业进行数字化改造，数字
产业化是为产业数字化提供相应的数字技术、产品、服务、基础设施和解决方案
的产业。所以，两者相互融合和依赖，产业数字化转型过程中，不可缺少数字产
业化企业的助力和赋能。宏景科技在科技赋能传统企业数字化转型实践中形成了
一套完整的解决方案，联合国内知名数字企业及地方区属国有企业，共建本地化
的数字经济产业基地，为当地产业形成集聚创新、集聚人才、集聚项目、集聚产
业的创新创业生态，共同努力通过数字化技术推动当地产业链升级，实现"链主"
企业数字化能力的提升，推动"链式"企业数字化转型实践。

---

① TE. 企业AIGC商业落地应用研究报告［R］. TE智库，2023.

3）数据融合与智能制造

数据融合与智能制造是近年来工业生产和制造领域的热点话题。数据融合指的是从多个数据源收集和整合数据，以提供更全面和准确的信息。而智能制造则是通过应用信息技术和制造技术的融合，实现制造过程的自动化、智能化和优化。

在智能制造中，数据融合起着至关重要的作用。首先，通过收集和整合来自生产线、设备、传感器和其他来源的数据，制造商能够更准确地监控生产过程。例如，通过实时监测设备的运行状态和性能，制造商可以及时发现和解决潜在的问题，从而提高生产效率和产品质量。

其次，数据融合还可以用于生产过程的优化。通过对生产数据的深入分析，制造商可以发现生产过程中的瓶颈和不足，从而调整生产计划和流程，以达到优化生产效率和降低成本的目的。

此外，数据融合还有助于实现制造过程的智能化。利用人工智能和机器学习算法，制造商可以根据历史和实时数据预测生产过程中的各种变量，如需求、产量和故障。这种预测能力使制造商能够更灵活地调整生产计划和资源配置，以应对市场变化和不确定性。

数据融合还可以加强供应链管理。通过整合来自供应商、物流和仓储的数据，制造商能够更有效地管理供应链，以确保生产材料的及时供应和产品的及时交付。

4）人才融合与组织创新

人才与组织创新是数字化转型的基石。企业需要建立具有数字化技能和创新精神的团队，以适应数字化转型带来的变革。此外，企业还需要构建灵活的组织结构，以支持快速的决策和响应。

综上所述，企业数字化转型融合创新是一个系统性的过程，涉及技术、产业协同、数据融合和人才与组织创新四个方面。通过数字化转型，企业不仅可以提升自身的运营效率和竞争力，还可以开创新的商业模式，抓住更多的市场机会，从而实现更大的商业价值。在这个过程中，企业需要不断学习和适应，以应对数字化转型带来的挑战和机遇。

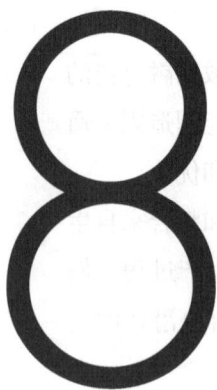

8 应用展望

数据要素、建筑空间服务与数字化运营是我们对数智城市的应用探索。数据要素作为新的生产要素，数据的价值更体现在数据流通的广度和深度，其不仅可以优化决策、提升效率，也成为推动创新的关键要素。未来，数据的收集、整合、分析和使用将更加规范和智能。而建筑空间服务与数字化运营则从"建筑智能化"转向"以人为中心的空间运营及服务"，更有效地提高建筑效率、优化空间布局、提高体验质量，实现可持续发展和运营。

8.1 数据驱动数字经济创新起航

8.1.1 数据要素是数字经济核心要素

处于数字时代的今天，数据已成为数字经济生产要素，其作为生产要素，需要融入生产、分配、流通、消费和社会服务管理等各个环节。一方面数据要素直接参与生产、交换和分配过程，催生新的生产方式甚至创造新的需求，促进经济增长；另一方面，数据要素可以赋能其他要素，优化供给，进一步促进增长。所以，数据要素已具备流通、定价、交易的金融属性，因此需要发挥数据价值。根据数据规模及其发挥的作用，数字经济的发展可以分为3个阶段[①]（图8-1）。由数据萃取得到信息，再升华成为知识，为企业决策、商品服务、社会治理带来新的价值增值。数字经济的发展核心就是在万物数字化、数据化的基础上，充分挖掘和释放蕴藏在数据中的价值。根据国家工信安全发展研究中心数据，预计2025年我国数据要素行业市场规模将达到1749亿元左右。数据要素运营蓬勃发展，产业链上下游积极参与，存在无限的创新可能。

---

① 黄朝椿. 论基于供给侧的数据要素市场建设［J］. 中国科学院院刊，2022，37（10）：1402-1409.

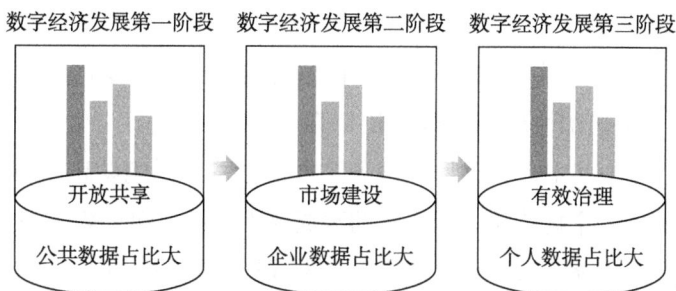

图8-1 数字经济的3个发展阶段

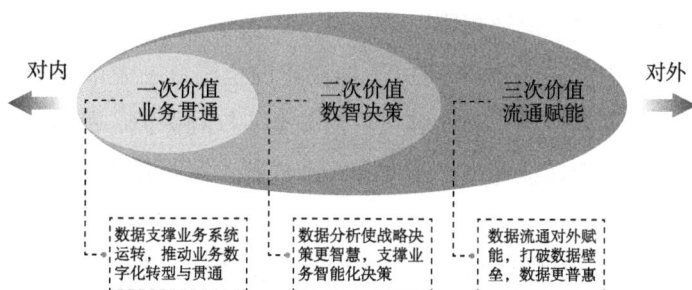

图8-2 数据价值释放①

从价值角度分析，数据会经历业务贯通、数智决策、流通赋能三次价值释放②（图8-2）。目前，我国正处于数据第二次价值释放阶段。数据的第二次价值释放强调了对数据的挖掘和分析，通过对数据进行加工、分析和建模，帮助政府和企业作出智能化决策。

数据价值化是指以数据资源化为起点，经历数据资产化、数据资本化阶段，实现数据价值化的经济过程。其中，数据资源化即将基础信息加工成为高质量数据，实现数据支撑业务贯通；数据资产化的本质是形成数据交换价值，是数据通过流通交易给使用者或所有者带来经济利益的过程；数据资本化是通过数据交易、流通等实现数据要素的社会化配置，实现对外流通赋能，主要包括数据信贷融资与数据证券化③两种方式。

国家针对数据要素市场政策布局的不断深入，出台了以下相关政策。

2019年10月，中国共产党第十九届中央委员会第四次全体会议首次提出将数据

① 数字化转型战略指南. 大国战略 |"数字中国"迈出了影响未来中美格局的重要一步！. https://mp.weixin.qq.com/s/Fq4l1Txjwv1lBM6MoGN4Dw.
② 中国信息通信研究院. 数据要素白皮书（2022年）[R]，2023.
③ 中国信息通信研究院. 数据价值化和数据要素市场发展报告（2021年）[R]，2021.

作为生产要素参与分配。

2020年4月,《中共中央 国务院关于构建更加完善的要素市场化配置体制机制的意见》发布,提出加快培育数据要素市场。

2021年1月,中共中央办公厅、国务院办公厅发布《建设高标准市场体系行动方案》,提出建立一个规范化、合规化的数据要素市场迫切且势在必行。

2021年3月,国务院发布"十四五"规划,提出数据要素市场将是驱动"十四五"经济发展的持续强劲动力。

2021年12月,国务院办公厅发布《要素市场化配置综合改革试点总体方案》,明确"探索建立数据要素流通规则"。

2022年4月,《中共中央 国务院关于加快建设全国统一大市场的意见》发布,提出加快培育数据要素市场,建立健全数据安全、权利保护、跨境传输管理、交易流通、开放共享、安全认证等基础制度和标准规范,深入开展数据资源调查,推动数据资源开发利用。

2022年12月,《中共中央 国务院关于构建数据基础制度更好发挥数据要素作用的意见》发布,提出建立合规高效的数据要素流通和交易制度,完善数据要素市场化配置机制。

2023年1月3日,《工信部等十六部门关于促进数据安全产业发展的指导意见》,提出加速数据要素市场培育和价值释放,夯实数字中国建设和数字经济发展基础。

在国家层面,我国对于数据的立法主要集中在数据安全和个人隐私、重要数据保护层面。相关条例主要面向公共数据或者政务数据领域,围绕数据采集共享、开发应用、安全管理三大方面,力图促进数据有序流通与利用。

我国数据要素市场未来通过数据价值挖掘和利用,将大幅提升人类社会对信息的驾驭水平,对企业发展、产业协同、社会经济发展具有重要的影响。如何针对海量数据提供准确的信息和洞察,支持决策、优化业务、洞察客户、管理风险,提升企事业单位创新能力和提高竞争力,是本章节探讨的主要内容。

8.1.2 数据要素的发展现状是结构失衡,数据流通是趋势

8.1.2.1 数据要素市场体系结构失衡

我国数据要素市场处于高速发展阶段,我国已在数据采集、数据标注环节初步形成产业体系,但数据作为生产要素进行流通仍面临一些问题。当前我国数据要素

市场体系有待进一步健全完善，数据供需失衡、不同数据要素质量差异较大、数据使用和权益不清晰、数据垄断、不正当竞争及数据泄漏风险等问题阻碍了数据价值潜力的充分释放。[①]因此，数据要素分布不均、结构失衡的问题比较突出。同时，国内外已有企业展开数据资本化创新性探索。[②]

8.1.2.2 数据资源化过程的机遇与挑战并存

数据资源化包括数据采集、数据整理、数据聚合、数据分析等。根据中国信息通信研究院专题报告，数据资源化框架图如图8-3所示。

数据资源化在新一代信息技术加持下将迎来一些机遇和挑战。

机遇是"国资云"平台具备从开发商到运营商的角色转型能力，政务、央国企数据等"国有"数据将是未来数据要素市场中的重要组成部分。根据计世资讯数据，2021年中国"国资云"市场规模已达约36.5亿元，预计到2025年将达146.48亿元。"国资云"是指由各地国资委牵头投资、设立、运营，建设高安全防护水平的数据安全基础设施底座，并搭建以汇聚国有企业数据为核心的数据治理体系及云平台，包括IaaS、PaaS和SaaS。"国资云"建设方有望承担起国有数据资源"一级开发商"的角色，有望发展成助力政府、央国企进行数据资产开发+数据资产运营的一体化平台。

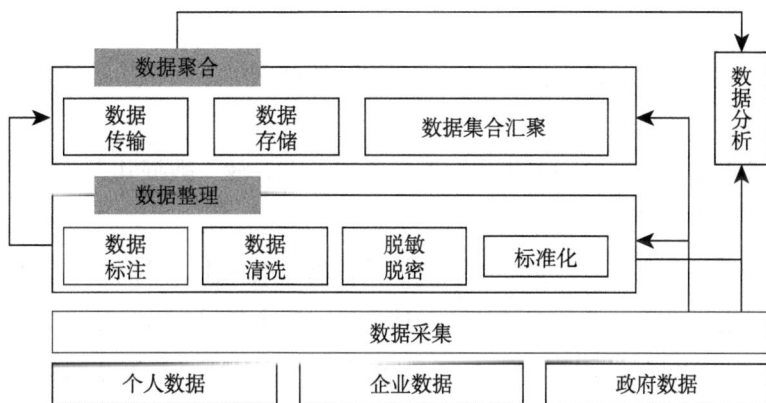

图8-3 数据资源框架图

---

① 高技术司. 推动数据高效流通促进数据要素市场高质量发展. https://www.ndrc.gov.cn/xxgk/jd/jd/202212/t20221219_1343662.html.

② 中国信息通信研究院. 数据价值化和数据要素市场发展报告（2021年）[R]，2021.

挑战包括：企业数据合规成本高昂，部分企业因为过度收集、过度使用用户个人数据等违规现象而面临巨额罚款甚至停产停业的危机；数据质量问题突出，很多单位在数据收集、存储和处理方面存在一致性缺失或错误等问题，导致分析结果误差，影响决策；数据使用边界不清晰；产业链上企业数据共享不畅通。

针对这些问题，需要考虑通过合规管理体系来降低合规成本、建立完善的企业数据合规管控机制、建立完善的数据治理体系，以及加强产业链上企业数据共享来解决上述问题。

8.1.2.3 数据资产化，数据流通是价值倍增的关键

数据资产化是构建数据要素市场的关键与核心，包括数据权属的确定、数据资产的定价、数据的交易流通。

从社会层面看，企业采集数据类型和维度日趋丰富，但数据权属界定尚未成熟，这使企业过度收集数据变得更便利，容易加剧数据集中甚至导致数据垄断，长此以往，将危害数字经济市场秩序。为此，2022年12月发布的《中共中央 国务院关于构建数据基础制度更好发挥数据要素作用的意见》提出，探索数据产权结构性分置制度，建立数据资源持有权、数据加工使用权、数据产品经营权"三权分置"的数据产权制度框架。虽然欧盟、美国均对于数据确权相关制度规范展开了深入的研究及探索，但并未明确提出数据登记这一核心概念。我国在数据登记制度方面的探索走在国际前列。

国内外数据平台通过不同定价策略，提高数据供给方参与积极性，实现供需双方效益最大化。

我国数据要素市场流通形式主要有三种：数据开放、数据共享、数据交易。具体流通形式如图8-4所示。

在数据开放共享方面，主要以政府公共数据开放为主，政府参与的数据共享趋势明显。目前，各地公共数据开放正加速推进，21个省级行政区已建成省级平台，193个地级行政区已建成地级平台。[1]截至2020年，国家电子政务网站接入中央部门和相关单位共计162家，接入全国政务部门共计约25.2万家，初步形成了国家数据共享平台。31个国务院部门在国家共享平台注册发布实时数据共享接口1153个，约1.1万个数据项。国家共享平台累计为生态环境部、商务部、税务总局等27个国

---

[1] 中国信息通信研究院. 数据要素白皮书（2022年）[R]，2023.

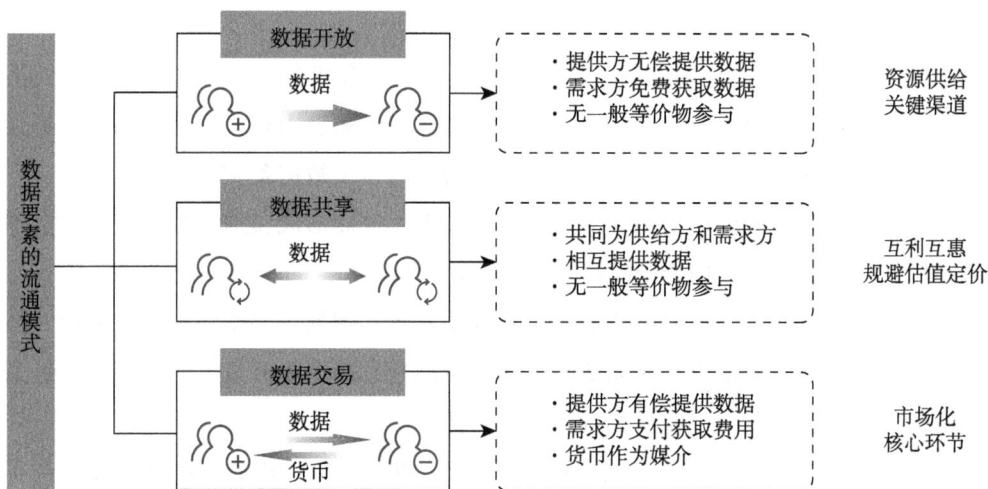

图8-4 数据要素市场流通形式

务院部门、31个省级行政区和新疆生产建设兵团提供查询核验服务9.12亿次，有力地支持了网上身份核验、不动产登记、人才引进、企业开办等业务。其他各类数据开放平台达到142个，有效数据集达到98558个。政企数据共享逐步由企业单方面数据报送变为双向共享，如美团与上海联合打造"城市美好生活数字体征系统"，由上海市政府提供交通管理数据，助力美团优化单车调配等服务，由美团提供脱敏规律性数据，协助政府探索城市治理路径。

数据交易正成为数据要素市场最主要的流通形式。国内数据交易机构起步于2015年，国家发改委在2022年12月20日发布消息，全国新建数据交易机构80多家，其中省级以上政府提出推进建设数据交易场所的近30家，全国共有大数据企业6万余家，专业数据人才30余万人。总体而言，我国数据交易市场呈现交易规模持续扩大、交易类型日益丰富、交易环境不断优化的发展特点，充分体现出超大规模的市场优势。[1]

在流通环节中，盈利模式由"收取佣金"向"收取佣金、会员制、增值式交易服务"等多种盈利模式转变。增值式交易服务指交易平台跳出中间人身份，部分承担数据清洗、数据标识、数据挖掘、数据融合处埋等数据服务商的职能和角色。根据国家工业信息安全发展研究中心发布的智库成果洞察系列报告《2022年数据交易平台发展白皮书》，当前大部分数据交易平台都提供相应的数据增值服务，且此类

[1] 国家发改委高技术司. 加快构建全国一体化的数据交易市场体系. https://www.ndrc.gov.cn/xxgk/jd/jd/202212/t20221219_1343660.html.

业务在营收中的占比不低。

截至2022年6月，在国家政策的大力支持下，已有18个省级行政区公布了相关数据条例。其中贵州、天津、海南、山西、吉林、安徽、山东、福建、黑龙江和辽宁出台了大数据条例，深圳、上海、重庆和浙江出台了数据条例。此外，四川、广西、江西、河南等地公布了相关数据条例的草案。进而形成属地化数据开发和治理的新模式，推动地方数据走向资源化、资产化。

数据资本化是拓展数据价值的途径，其本质是实现数据要素的社会化配置。国内外已有企业展开数据资本化创新性探索。总的来看，主要有以下四种形式：数据证券化、数据质押融资、数据银行、数据信托。

目前我国已初步具备了开展"数据+资本"双要素融合探索的制度、经济与实践基础。2021年以来，深圳、北京、上海等地积极推进数据资产证券化工作，注重人工智能、区块链、云计算、大数据等关键基础技术赋能证券的新模式探索。

8.1.3 破解数据要素难题的方法与路径

8.1.3.1 数据要素面临的问题和挑战

要充分释放数据价值，就需要让数据要素流通起来。目前，数据要素流通的难题是在数据领域中所面临的一系列问题和挑战，阻碍了数据要素的有效应用和价值实现。这些难题涉及数据的获取、整合、质量、安全、共享等方面，包括以下几个方面。

① 数据的碎片化和不一致性。数据要素流通难题中的一个方面是数据来源的多样性。数据可以来自各种渠道和系统，如传感器、社交媒体、业务系统等，但这些数据来源的多样性使数据的整合和标准化变得困难，造成数据的碎片化和不一致性。

② 数据质量低。数据要素流通难题还涉及数据质量问题。数据质量可能受到数据收集、传输、存储和处理等环节的影响，包括数据的准确性、完整性、一致性和时效性等方面。低质量的数据可能导致错误的决策和分析结果。

③ 数据安全与隐私保护风险。随着数据的积累和广泛应用，数据安全和隐私保护成为一个重要的难题。数据的泄漏、滥用和未经授权的访问可能对个人和组织造成重大风险，因此确保数据的安全和隐私保护变得尤为重要。

④ 数据共享与合作难。数据的共享和合作也是数据要素流通难题的一个方面。不同

组织和部门之间存在"数据孤岛"和数据壁垒，缺乏有效的数据共享机制和合作模式，限制了数据在跨组织、跨行业中的流通和应用。

⑤ 数据分析与挖掘能力缺乏。缺乏有效的数据分析和挖掘能力也是一个挑战。数据的复杂性和规模使得从数据中提取有价值的信息和洞察变得困难，需要适当的技术和工具来进行数据分析和挖掘。

解决这些数据要素流通难题需要综合运用数据管理、技术创新、政策法规和人才培养等多方面的手段，推动数据要素流通的发展和应用，实现数据的高效利用和价值最大化。

8.1.3.2 破解数据要素流通难题的方法

破解数据要素流通难题的具体方法包括搭建数据共享平台、利用数据集成和融合技术、建立数据交易市场、制定数据政策和法规、持续创新和改进。

1）搭建数据共享平台

数据资产合法合规审查、搭建一体化数据治理平台在解决数据质量问题、搭建数据供应链管理系统等方面大有可为，可以帮助组织提升数据质量。

（1）数据资产合规可信证据积累，降低企业数据合规风险

在经营过程中，企业经常不知该如何及时掌握新的法律法规、行业规范，了解数据对外报送、对外服务的要求，以及留痕自证；在与社会机构（银行、企业等）开展数据合作时，如何评估三方主体和场景的合规性；合规问题出现后，如何评估损失以及如何举证。未来，企业数据资产将在这些方面发挥更大作用。

搭建数据资产合法合规审查平台（图8-5）是大势所趋，通过敏感数据深度识别、数据合规行为检测，连接企业和律所的合规法律服务，客户无须借助专业知识便可发现企业核心数据资产，实现持续从数据资产的产生、流通、存储、分析、应用等全生命周期过程中收集行为记录，积累标准化的合规可信证据，连接法律专业服务，在合规事故中采取最佳策略，降低企业数据合规风险。

平台中不同工具和能力搭配能解决多种痛点问题，释放巨大的价值，具体如图8-6所示。

（2）搭建一体化数据治理平台

一体化数据治理平台是一种技术解决方案。它可以帮助企业统一管理、保护和

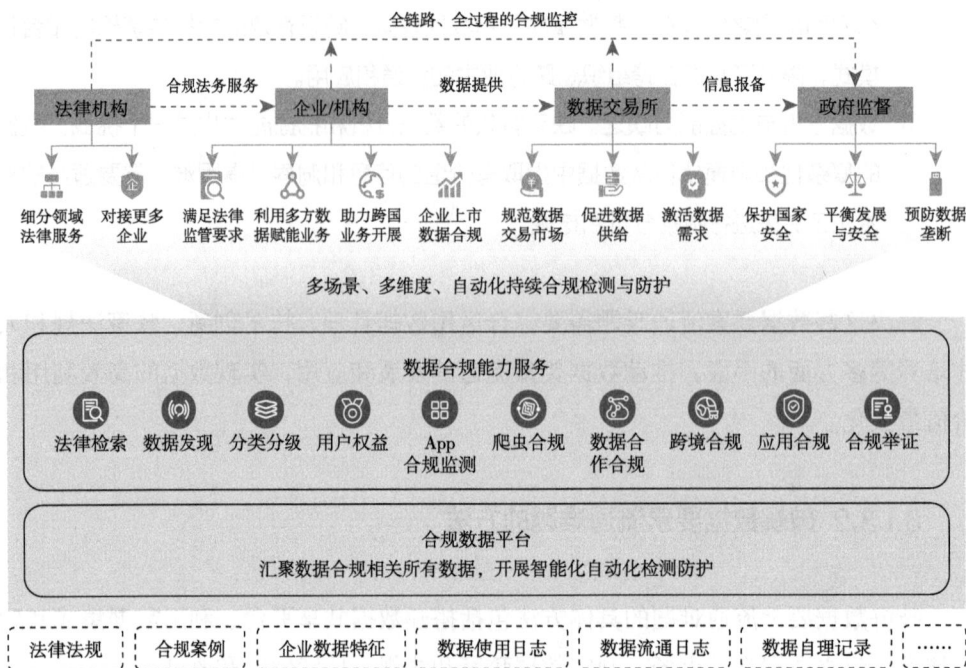

图8-5　数据资产合法合规审查平台

工具/能力	解决痛点问题	价值
合规清单	·及时掌握更新的法律法规、行业规范 ·律师事务所数据合规检查单笔收费较高	·降低企业法律学习成本 ·降低企业单笔合规检查成本
合规清单+合作合规检测	·数据对外报送、对外服务的要求，以及留痕自证 ·在与社会机构（银行、企业等）开展数据合作时，评估三方主体和场景的合规性	·守住底线，释放数据价值
合规清单+跨境合规检测	·跨境业务开展过程中，数据跨国跨区域集中使用	·合规清单完整，检测算法准确全面
合规清单+用户权益检测	·各种应用、App、微信小程序的隐私协议编写，以及保证程序合规	
合规清单+自动化检测	·数据是否合规需要进行手工检查，涉及系统多，配合部门多，效率低下 ·合规报表多、内容多、要求紧、频次高，及时响应，实现持续的数据合规评估	·提高自动化检测比率
用户通知系统	·根据业务、技术、数据变化及时更新隐私政策	·用户行权自动响应和检测
用户行权系统	·用户行权要求及时响应	
合规清单+律所服务	·合规问题出现后评估损失、举证	·满足法律要求

图8-6　平台价值点

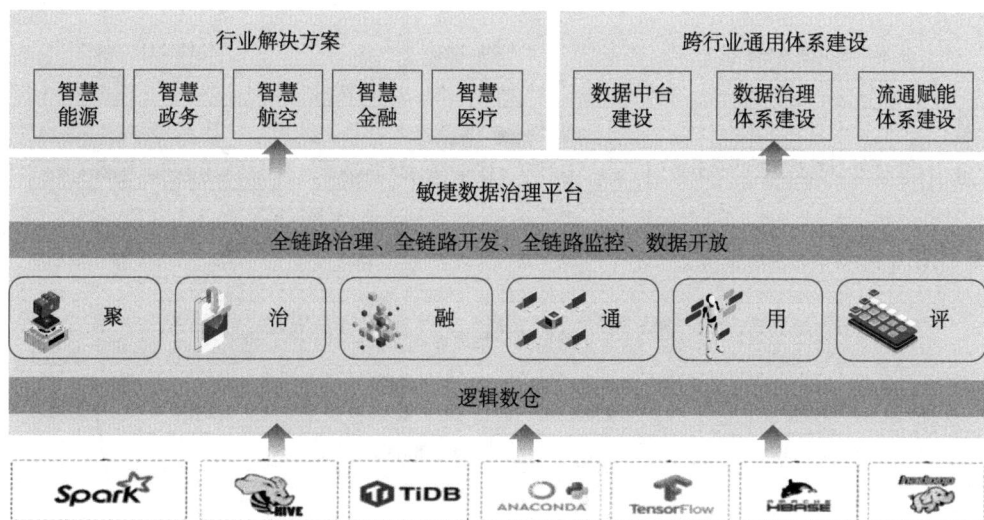

图8-7 一体化数据治理平台

优化其数据资源，使企业能够跨多个数据源和应用程序实现对数据的全面控制。其核心目标是确保数据的质量、完整性、安全性和合规性，同时提高数据的可访问性和价值。

一体化数据治理平台的主要功能包括聚合、治理、融合、共享、应用和评价（图8-7）。通过数据集成和数据仓库技术，将数据从各种源头收集并统一存储，方便后续处理和分析；确保数据质量和合规性，进行数据清洗和验证，并保护数据安全和隐私；将数据整合在一起，提供统一的视图；通过数据API、数据服务和数据门户实现数据访问和共享；将数据用于决策、分析和业务操作，发现数据中的模式和趋势，展示数据，构建预测模型和智能应用；评估数据质量和价值，评估数据对企业的经济价值。

通过搭建一体化数据治理平台，为企业提供数据的全面视图，方便企业更好地管理其数据资产，提高数据的质量和价值，同时减少数据相关的风险和成本。这样的平台不仅可以为行业和跨行业通用体系建设奠定扎实基础，也有助于实现数据资产化和数据交易。

（3）搭建数据供应链管理系统

企业数据共享交换面临集团多层级、企业内外部多主体、跨国多地域的特点，存在的典型问题包括无法全局总览企业数据流、存在大量无价值供需流通、从供给到消费效率低、以批数据为主、模式单一、缺少安全合规控制保护、异议处理机制不完善等。其中，效率和安全成为最突出的矛盾。效率方面，随着数据跨域流通逐

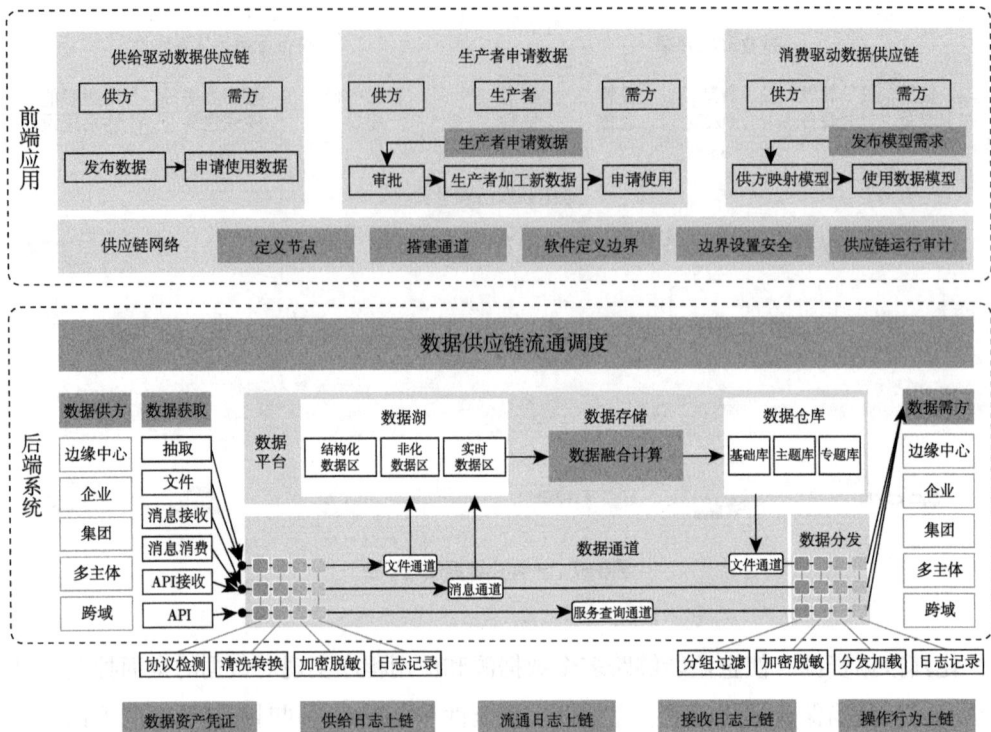

图8-8　数据供应链管理系统

渐成为常态，如何更好地协调供需双方的关系，确保数据在可信、可用的状态下满足相关应用需求，将不再是单点问题，而是需要多方协同、全程优化的综合性问题。安全方面，由于数据链路传输长，任何一个环节的失误都可能造成数据泄漏，加密传输是数据端到端的最佳实践，也是满足合规审计的安全保障。

要解决上述问题，可以通过搭建数据供应链管理系统入手，具体如图8-8所示，包括需方供应链模式、供方供应链模式两种形式。需方供应链模式下，由集团制定逻辑模型，各下级单位提供数据，集团对数据进行稽核。供方供应链模式下，通过自动盘点获取业务部门的数据清单。实现数据供需见面，共享开放数据可信、可控、可证，数据处理与流通安全、可用。

2）利用数据集成和融合技术

采用数据集成和融合技术，可将不同来源和格式的数据要素整合为一个统一的数据集。这样可以提高数据要素的可用性和可利用性，促进数据要素的流通。

① 人工智能合成数据，面对数字经济中越来越高的数据采集要求，需要由海量数据

提供准确结果，同时也要求认真挑选数据内容以避免引入偏见，而且必须严格遵守日益苛刻的数据隐私法规，人工智能技术发展为原始数据资源化提供了可能性。GAN（生成对抗网络）是构建合成数据的主要工具之一。GAN的本质在于创建两套神经网络，其一生成合成数据，其二则尝试检测合成数据是否真实。在整个操作循环当中，数据质量得到不断改善，直到无法找出真实数据与合成数据之间的差异为止。人工智能与机器学习领域的专家认为，未来技术落地的重点将会转向数据，形成以"数据为中心的人工智能"。人工智能合成数据优于真实数据，有获取成本低、优质且避免侵犯隐私等优势，有望解决模型训练数据缺乏的难题。

② 利用区块链实行数据确权登记。区块链技术具有不可篡改、可追溯等特性，其在破解数据确权难点方面可以发挥独特优势。未来的数据要素个体可辨识，可用区块链技术在数据打上时空标签，实现同样内容的数据集被标识为不同的数据集个体，而且用途可全程跟踪，价值可动态衡量。基于可信计算设施、非对称加密等技术，可对机构数据脱敏后进行数据共享，如征信黑名单数据、用户会员积分互通等，打破"数据孤岛"，提高数据综合利用价值。

③ 区块链赋能数据资产证券化。新一代信息技术持续融合并共同为证券创新提供技术支持的同时，区块链凭借技术特性创设的价值交换途径、信用建设机制和分布存储模式，为"数据+资本"的双要素融合开辟了全新场域，在数据资产证券化的信息安全、信用建设以及监管革新方面表现出了突出优势。

区块链能够深入应用于数据资产证券化实践，为不同业务环节提供实时动态的信息共享与安全存储，成为赋能证券创新实践的关键技术，也成为我国探寻金融与科技融合的一次尝试，为推动数据资产证券化、促进数据要素市场化建设提供了实践契机。[①]

3）建立数据交易市场

在数据产生、收集、加工、分析、应用的全过程中创建以数据交易为核心的市场体系。数据交易市场的建立可以促进数据资源的流通和利用，提高数据资源的价值，推动数据产业的发展。

[①] 马治国，张楠. 区块链赋能数据资产证券化及其法律治理［J］. 深圳大学学报（人文社科版），2023，40（3）：114-124.

4）制定数据政策和法规

国家和地方已积极制定相关的数据政策和法规，明确数据采集、使用、共享和保护的规范和要求，为数据要素的发展提供支持和指导；鼓励和支持机构和个人主动开放数据要素；增加数据要素的可获取性，促进数据要素的流通和利用。

5）持续创新和改进

通过模式创新与改进，不断提升数据要素的管理和应用能力。

为破除数据开放、共享、交易实践难题，各地在运营机制、市场主体、基础设施方面进行变革，创新数据流通新模式。具体内容如图8-9所示。

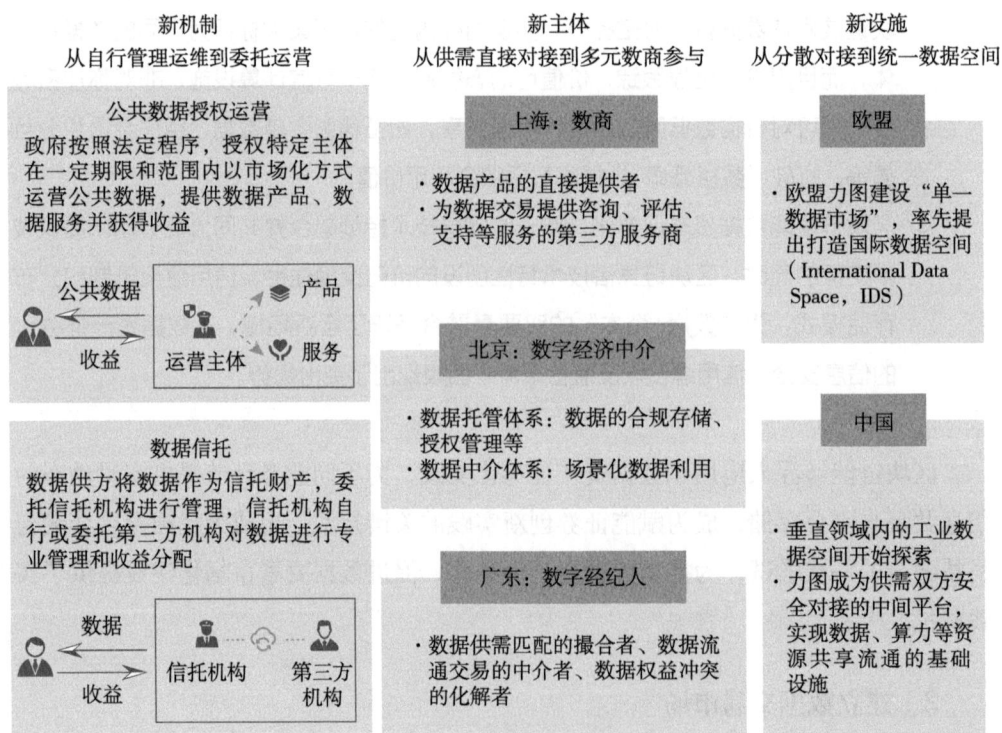

图8-9 破解数据要素难题的创新数据流通新模式

8.1.3.3 数据要素流通的路径

数据要素从资源化到资产化再到资本化的过程，是数据要素在市场中的交换和传递的一种实施路径（图8-10）。

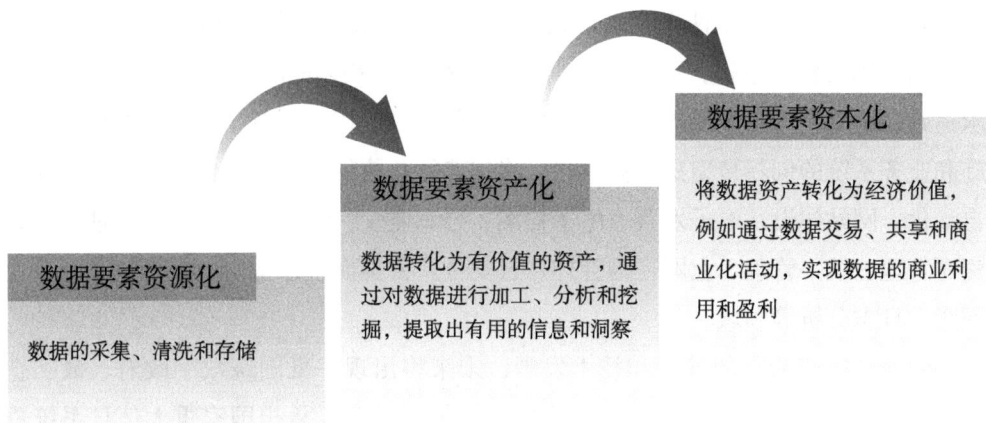

数据要素资本化

将数据资产转化为经济价值，例如通过数据交易、共享和商业化活动，实现数据的商业利用和盈利

数据要素资产化

数据转化为有价值的资产，通过对数据进行加工、分析和挖掘，提取出有用的信息和洞察

数据要素资源化

数据的采集、清洗和存储

图8-10 数据要素流通的路径

首先，数据要素的资源化阶段是对数据进行收集、整理和存储，使其成为可用的资源，并为后续的流通作准备。

其次，数据要素资产化阶段的目标是增加数据的价值，并为数据的进一步流通作准备。

最后，数据要素的资本化是数据要素流通的最终目标，将数据要素转化为经济效益。

综合以上方法和路径，可以有效破解数据要素流通的难题，推动数据要素的发展和流通，实现释放数据的最大价值。

8.1.4 未来数据价值化的应用展望

未来随着信息技术的不断发展和数字化转型的加速，数据要素服务市场将继续增长，在数据资源化、数据资产化、数据资本化方面有很大发展空间。

8.1.4.1 数据资源化方面

1）"国资云"的建设推动行业信创提速

"国资云"的推广表明党政和国有企业在未来将坚持采用私有云技术路线。"国资云"的基础设施即服务（IaaS）层将由各省、市的国有资产主导建设，平台即服务（PaaS）层将由公有云厂商通过技术手段为"国资云"平台建设提供支持，软件即服务（SaaS）厂商和信息化厂商将迎来更加开放的发展环境。"国资云"和信创云实际上从资本和技术两个角度强化了国有企业的数据安全。"国资云"要求机房和数据由国有资产掌握，而信创云则通过技术手段减少漏洞的存在。"国资云"要求达到二级以上的等级保护，并配备各类信创产品应用。国有企业后续的IT技术设施和业务系统的创新转型是大势所趋，将加速行业信创的发展，包括云服务、办公自动化、网站建设、电子发票、电子档案、公车监管、统一认证、财务管理、人力资源管理、统一管理、上网行为管理、云安全、云桌面、云备份、银企直联、企业网盘、日志分析等领域。

随着"国资云"的推进和技术发展，未来将出现一批围绕数字政府、数字企业、数字国防打造一体化整体解决方案的数据服务商，承担国家重大信息系统总体设计和工程建设工作。例如，依托云+数+应用+生态的服务模式，融合数智化产品、平台和解决方案于一体，建设一体化政务服务平台体系，推动政务服务标准化受理和规范化办理，并实现服务全过程监察、办件全过程跟踪、业务智能审批和多渠道多端服务。

2）人工智能技术促进合成高质量数据

合成数据集需要具有与真实数据集相同的数学和统计属性，但不能明确指代真实个体，并且可以纠正现实场景中的偏差和偏见，以实现超越真实数据的素材质量。这样就能在完全虚拟的环境中训练人工智能系统，并更轻松地为医疗保健、零售、金融、运输甚至农业等各种应用场景定制数据。此外，还可以利用合成数据进行复杂的计算机视觉建模。例如，可以使用高级游戏引擎合成的视频数据集创建逼真的图像，以描述可能发生在自动驾驶场景中的各种事件，从而获取在现实场景中几乎无法捕捉到或可能极度危险的图像或视频。合成数据集的出现极大地提高和改善了自动驾驶系统的训练效率和效果。

3）产业数据治理赋能数据价值释放

通过对数据的收集、整理、存储、分析和使用进行规范和管理，确保数据的质量、安全和效率。深度理解数据的各种要素，包括数据的来源、类型、格式等，并在各个环节中优化数据的转换和处理，提高数据的可用性和价值。并提供全方位的数据治理服务，包括数据质量管理、数据安全保障、数据分析和应用等，帮助客户改进业务决策、提高运营效率、创新产品和服务。在专业数据治理支撑下，许多组织已经成功地从数据中获得了巨大的价值，这正是本书中所讲述的数据价值的具体体现。产业数据治理的服务内容包括如图8-11所示。

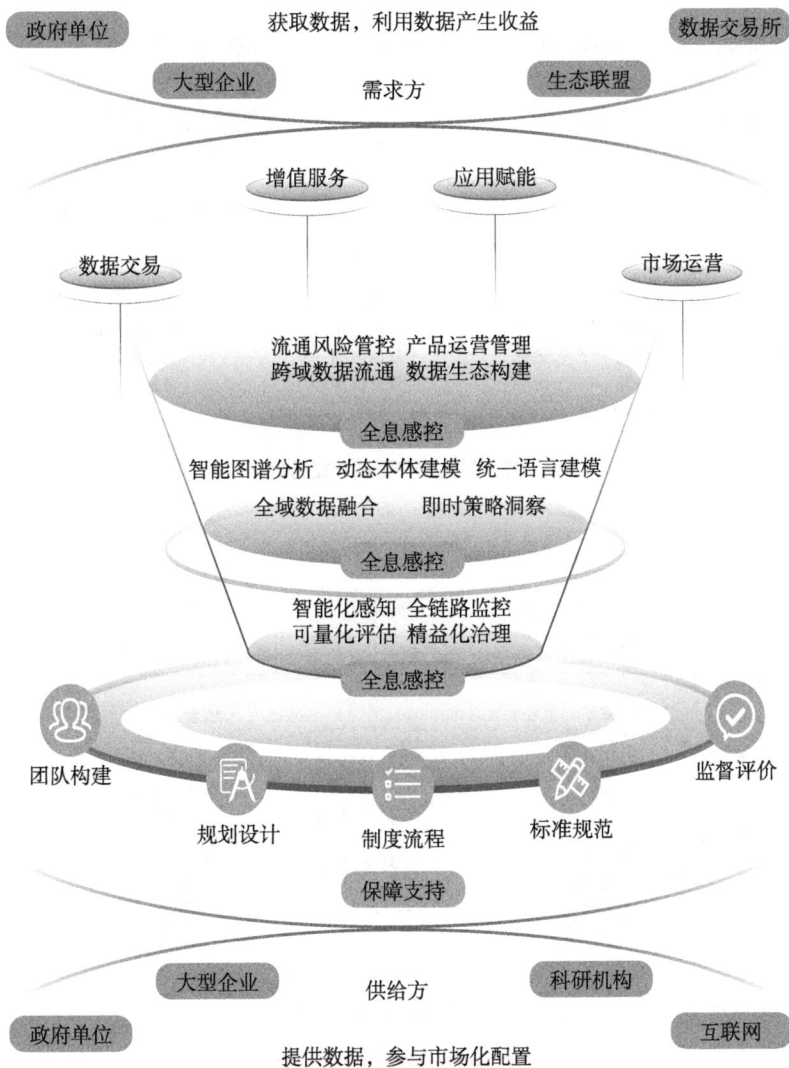

图8-11 产业数据治理服务赋能数据价值释放

8.1.4.2 数据资产化方面

1）共建数据联盟，确定数据边界

数据资产形成与交易流程图如图8-12所示。

企业在产生数据过程中，会遇到数据使用限制协议不明确、未知使用方是否按协议执行、使用方实名认证无可信、协议无法正确执行、数据的使用与销毁证据不足、数据非法流通等问题。所以，通过多方共建数据联盟（图8-13）确定数据边界的工作必不可少。

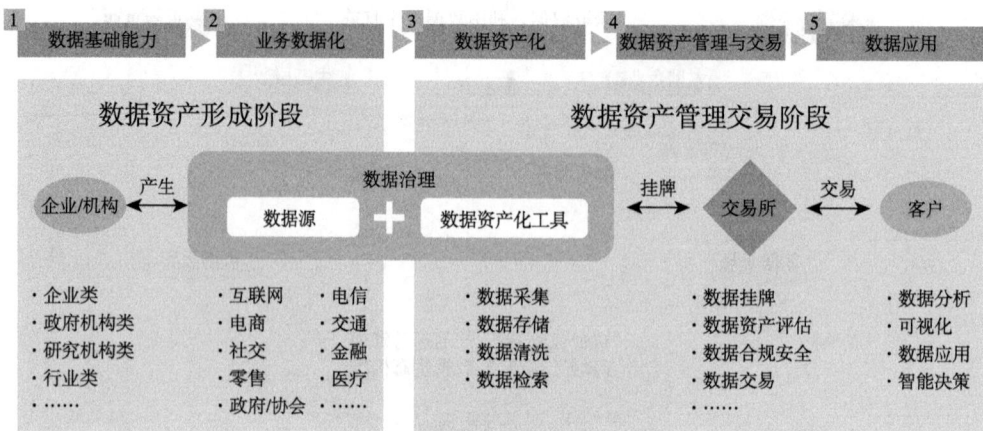

图8-12 数据资产形成与交易全流程图

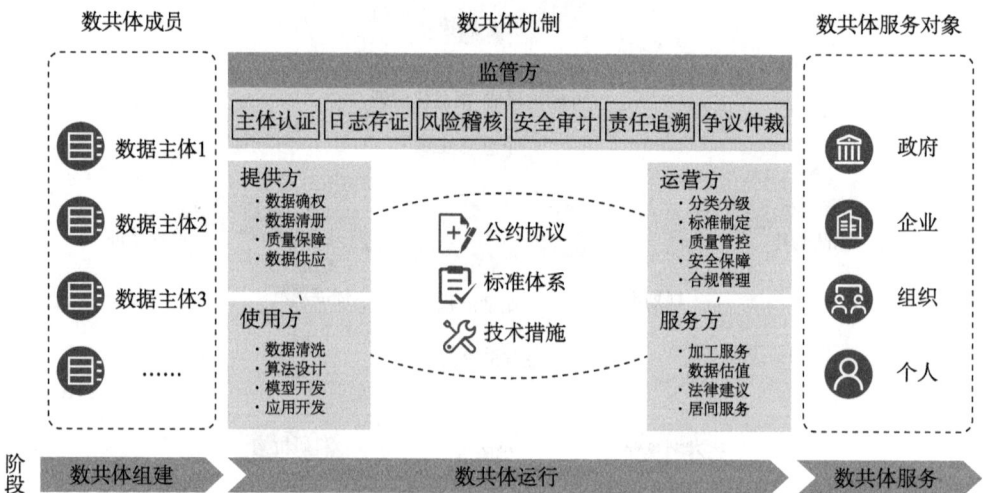

图8-13 数据联盟合作形式

企业可以通过以数据共同体为商业目标创建的互信数据联盟,同时协作制定和执行数据使用协议,为联盟提供软件定义的数据边界,并用技术手段保证数据按照协议必然执行。

通过技术手段保证数据按照协议执行的方式包括访问控制、数据加密、审计和监控、合规性检查以及智能合约。

① 访问控制:可以使用访问控制列表、角色基础访问控制、属性基础访问控制等技术来限制谁可以访问哪些数据。

② 数据加密:可以使用数据加密技术来保护数据的安全,只有拥有正确密钥的用户

才能解密和访问数据。

③ 审计和监控：可以使用审计和监控工具来跟踪数据的使用情况，如果发现任何不符合协议的使用行为，可以及时发出警告或采取其他措施。

④ 合规性检查：可以使用自动化的合规性检查工具来检查数据处理和使用的活动是否符合相关的法规和协议。

⑤ 智能合约：使用区块链技术中的智能合约来自动执行数据使用协议，智能合约一旦部署就无法修改，可以确保协议的公平性和透明性。

这种数据联盟不仅可以提高数据的价值和可用性，还可以大大减少数据的风险和成本，有助于推动数据的资产化和市场化。

在创建数据联盟的过程中，企业需要考虑和明确以下六项内容：共享规则（包括时间、方式、如何处理共享数据等）、使用协议（规定如何使用共享的数据、使用的限制以及违反协议的后果）、身份验证机制、审计和监控机制、合规性审查、安全（数据加密、访问控制等）。

通过以上的努力，数据联盟可以帮助企业更好地管理和保护其数据，实现数据的价值，同时减少数据相关的风险。

2）推进数据湖，开拓"数据银行"

通过推进数据湖战略，提供城市、交通、公安大脑等业务，推进创新型数据融通新模式，助力培育全国性数据要素市场，具体模式如图8-14所示。

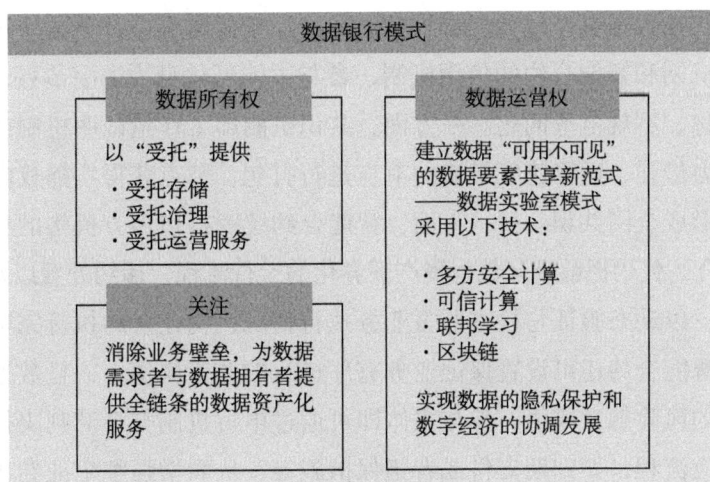

图8-14 数据银行模式

8.1.4.3 数据资本化方面

当前,全国各地均设立了数字交易所。未来的趋势是将数据资产转化为数据资本,从而实现从商业价值向商业模式的转化。换句话说,这意味着数据不仅可以用来生成价值,例如通过广告定向或改进产品和服务,还可以成为商业模式的一部分,例如通过数据交易提供数据分析服务等。这种转变将使数据成为一种可交易、可投资、可增值的资本,从而有助于进一步推动数据产业的发展。

1)区块链赋能数据资产证券真实可靠

一方面,基础资产形成之初,数据发起方组建初始底部资产池,将数据资产信息写入区块并如实记录后续交易流转,以技术特性保证相关信息全部上链且溯源核验,打破了数据应用场景与地域的限制,在确保动态流转中数据资产安全管理的同时提高数据要素证券化产品设计相关信息的真实性,从源头上回应了基础资产信息不透明的问题,也为基础资产价值评估提供了可靠依据。另一方面,区块链运用哈希算法和非对称加密技术,在实现信息不可篡改的同时完成身份验证和信息泄漏防控,使节点成员达成信息存储的一致性并有效调控信息公开范围,这一技术特点与数据要素证券化产品的交易流程深度耦合。

2)构建动态的数据资产价值实现生态系统

区块链技术的问世预示着交易从传统信任模式到"无中介信任"模式的转变,主要解决信息交换与共享中的安全和信任问题,其技术目的是提高信息的透明度与智能共享。在数据资产证券化的评估、发行、交易流程中部署区块链技术,构建基于共识机制和智能合约的信用机制,参与主体可化身为链上节点,以有效解决信息不对称、不规范等问题。一方面,共识机制即工作量证明机制或权益证明机制,由算力最强、运算速度最快的节点进行打包,节点获得广播权向全网发布信息,最终形成全网共识。另一方面,智能合约统一打包多方机构的相关权利和义务,通过合约代码提前设计数据资产证券化的运行流程、违约处置以及担保条件等业务环节,以动态验证与检查监督业务执行情况,构建合约执行完毕后的合理判断机制。智能合约还可设置保证业务有序进行的监管阈值,一旦数据资产证券化业务环节的风险触发阈值,参与主体即可通过申诉机制与自动判决技术启动前期设计的相应流程,如到期支付或者担保措施等,从而增强整个证券化流程的信用安全性。

3）数据资产证券化去中心化监管

区块链作为底层技术，以去中心化的数据库形式实现高度自治和共同参与，与传统的中心控制模式有所不同。它为证券创新提供了技术框架，可以数字化改造基础资产的收集、审核、发行和交易全流程，并提供定制化的客户系统交互流程、信息匹配和校验传递，从而提高证券化流程的效率。区块链通过节点连接参与主体，削弱了传统证券中介机构的职能，构建了一个数据资产证券化的综合服务生态系统，以技术手段实时记录信息并消除信息壁垒，确保数据真实有效。

监管部门利用信息共享优势可以提升监管活动的有效性和公正性，而区块链的去中心化特征有助于深入开展监管活动。一方面，去中心化特征使参与主体的行为信息在链上留下痕迹，监管部门作为业务链的特殊节点可以充分调取系统中真实记录的数据资产证券化信息，实现全局审查，从根本上消除监管信息的真空地带，促进金融和数据监管部门之间的信息交流与共享，提升监管实践效能。另一方面，区块链作为一种计算机技术之所以能够去中心化，主要是因为其独特的算法机制使得所有参与者可以集体协作，确保信息的共享和真实性。系统的运行必须摆脱任何个人或机构的控制，才能保证信息的客观真实、全网一致和不可篡改。

未来数据要素服务将更注重自动化与人工智能技术的应用，建立一个开放的生态圈以促进数据共享、跨部门合作，提供全面和综合的一站式解决方案。要素服务将催生数智生产力，释放数据潜在的巨大价值，以生产工具改变物理世界，激发新商业价值，满足人类的多样化、个性化需求，推动人类科技进步。

8.2 建筑空间服务与数字化运营的时代

8.2.1 行业发展趋势及思考

在我国城镇化进程中，建筑发展越来越智能化，从最初的楼宇控制到智能建筑，再到现在的智慧建筑和建筑数字化，这是一代代建筑人和科技人不断使人类对美好空间的需求和时下最新的技术碰撞出火花的结果。[①]本章节将重点分享关于建筑空间服务与数字化运营领域的思考。

---

① 孟涛，周明春. 数智融合：楼宇智慧化转型之路［M］. 北京：电子工业出版社，2022：7.

8.2.2 建筑空间服务与数字化运营的发展路径

国家政策为数字经济提出了具体的目标和要求，数字化发展拓新与守成兼而有之。党的二十大报告擘画数字经济发展蓝图，明确提出"加快发展数字经济，促进数字经济和实体经济深度融合"。从传统方式到数字技术的创新应用是各行各业主动拥抱机遇的必修课。

在过去的城镇化进程中，城市空间建设扩张快，建筑空间管理越来越智能，但也可以看到建筑空间数字化建设存在数据采集不全、数据共享难度大、建设缺乏统一标准规范、数据安全问题易被忽略等问题，粗放式发展模式已经难以应对市场需求及行业竞争格局的转变。

纵观行业发展，建筑空间数字化运营的发展阶段及关键内涵如图8-15所示。

第一阶段是信息化，通过技术向物理世界渗透，以场景为单位进行建设，把建筑空间的管理对象都虚拟到计算机世界的信息化中。它解决的关键问题是信息对称，让物理世界的相关业务变成电子信息化和线上信息化，其核心价值是线上化业务。

第二阶段是数字化，通过信息资源的整合和业务流程的优化进行数据化的过程，使用物联网、大数据、云计算、人工智能等技术，抽象出业务规则。它解决的关键问题是让数据可见、可应用且能辅助人们进行决策，其核心价值是集成化协同。

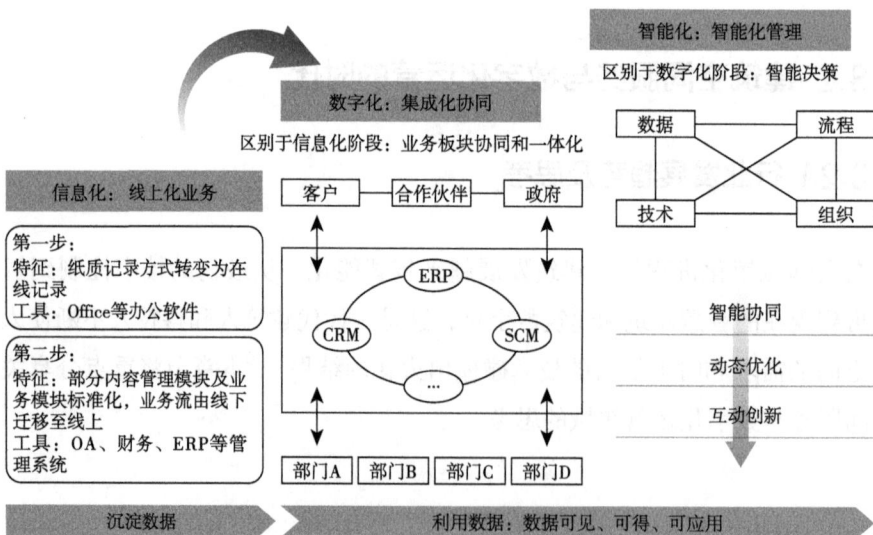

图8-15 建筑空间数字化运营发展阶段

第三阶段是智能化，以业务和人的需求为核心。这个阶段的数字化不仅是技术本身，而是对企业组织、业务、市场、营销、技术、研发等企业要素的一次全方位变革的数字化转型。它解决的关键问题是帮助企业开源节流、降本增效、控制风险、提升品牌、增加利润，从根本上提升企业的竞争力。所以，这阶段的数字化需要与这些企业要素结合，构建起相应规则而产生相应的智能协同、动态优化、互动创新的服务价值，它的核心价值是智慧化管理。

目前，建筑空间数字化应用，大部分正处于第一阶段或第二阶段，极少部分处于第二阶段向第三阶段的过渡。

当下，我们正处在从移动+云的数字化时代迈向AI+5G的数字化时代，数字经济与实体经济融合发展成为大势所趋。2023年2月份，中共中央、国务院印发了《数字中国建设整体布局规划》，明确提出数字中国建设将按照"2522"的整体框架进行布局，到2025年，基本形成横向打通、纵向贯通、协调有力的一体化推进格局。国家数据局的组建也将更高效地推动"数据"这一生产要素在经济发展中发挥更强大的作用。

除此之外，随着技术的不断开发和广泛应用、海量数据的形成以及人工智能的快速发展，人们获取信息和使用创新应用更加快捷便利，人们的工作、生活和学习方式正在被极大改变。同时，人们在建筑空间内进行信息交换时，对其舒适性、便利性、节能性、安全性等方面提出了更高的要求。

形式无论如何变化，终要回归"为人服务"的使命宗旨，技术只是手段，不是目的，智慧是为了让建筑的使用更便捷、更人性化、更安全，让建筑空间适应人的活动。[①]未来将是效率与效益兼备的时代，服务转型升级和精细化运营服务将成为建筑空间服务全新的增长点。

8.2.3 从增量时代到存量时代面临的挑战

随着城市发展，传统的新建市场受到严重影响，萎缩显著，并且在"房住不炒"的总基调下，中国房产销售红利逐步见顶，房企的经营呈低增长、低盈利态势，近些年很多大型房企从"拿地建房"向"大资管、大运营"方向转变。同时，由于传统运营模式的局限，很多房企的效率、成本以及客户体验都不尽如人意，难以实现空间价值的最大化。因此，将空间场景数字化手段运用到建筑空间服务中是

---

① 孟涛，周明春. 数智融合：楼宇智慧化转型之路 [M]. 北京：电子工业出版社，2022：19.

必然的趋势，但其同时会面临以下挑战。

① 相比过去，建筑空间开发环节更为集中，整体利润空间受挤压。建筑空间盈利环节从开发、租赁、销售环节转变成资产运营和服务转型环节，所以，建筑建设主体只有精细化运营，才能抢占下一轮市场"蓝海"。

② 消费群体需求端升级。这需要建筑空间持有者主动链接客户，深刻洞察用户的需求，从而提升产品和服务能力。

③ 建筑空间服务模式由单一作战转变为上下游资源协同共享，线上、线下资源融合发展，但建筑空间运营机构缺乏统一的衡量标尺、集成融合难。因此，需建立高效、可持续的建筑数据资源体系，建立强有力的数字化平台生态，为建筑空间运营管理提供有力支撑。

8.2.4 空间数字化服务与运营的探索

过去建筑开发商的业务从施工原材料的供给，到建造环节装修，延展到交易流通环节，再到物业服务、智慧社区、智慧城市等产业链条，是支柱型的产业集合。数据正成为新的生产要素，科技数字化对服务的强势赋能及对运营力的高效提升，会给商业园区、产业园区等相关行业的经营模式带来革命性变革，过去形成的固定的商业模式、产业链角色、场景、职能等，都会被数字化重新塑造和构建，未来可能由"一条龙"的纵向垄断模式转向专业更加细分、分工明确且协调共存的横向价值链模式。[①]

有了市场需求的拉动力和技术的驱动力，未来建筑空间在数字化服务与运营方面将不断发生变化和升级，更多地实现人、机、物融合发展，构建更多的服务方式，创造更大价值。建筑空间数字化服务与运营未来发展方向可以面向以下两类对象展开。

8.2.4.1 面向空间管理者：让"机器"代替"人"

对于商业园区、产业园区等多业态、多功能的综合园区管理者来说，支出和收入往往难以平衡，传统的经营方式以广告、停车场、物业管理这三个方面的收入为

---

① 观点指数研究院，施耐德电气. 2022数字化运营白皮书 [R]. 2022.

主，支出中包括设施维护、安防巡检、出入管理、园区保安、保洁、园林绿化等一系列人力费用。

未来园区的管理模式将会由传统的人工管理向数字化、自动化、智能化管理模式转变。这种转变将会通过技术和算法的不断进步实现，利用数字化手段，让"业务数字化"，让大部分需要人力的工作，变为系统自动运行、自动处理，降低人力成本的支出。例如以下几个方面。

1）能耗管理方面

目前大部分的能耗管理模式是管理者给空调系统设定某个参数值（如26摄氏度），空调系统将自动去调节设定区域的进风量和制冷量，使设定区域内的温度保持在设定值。这是一种半自动化的系统，如果该区域没人或人很少，将形成极大的浪费。

未来能耗系统可以通过自动监测空气质量、光照强度等环境因素，精确预测和控制室内的温湿度，有效降低能耗和运营成本。此外，建筑人工智能系统还可以自适应人和空间环境温湿度的调节。例如，采用具备人员密度或区域感温智能算法的摄像机采集到的数据，通过人工智能算法建立舒适度调节机制，建筑人工智能系统能实现自动调节空调的进风量和制冷量，使区域内的温湿度达到使人群感到舒适的空间环境。不仅如此，建筑人工智能系统还可以通过学习和分析住户或员工的生活规律，自动根据室内温湿度情况进行环境调节，实现个性化舒适度的调节，提升居住者的生活品质和体验，从而实现了节约能耗、绿色低碳，提高建筑管理效率和精度，降低管理成本和风险，提高运营效率和收益。

2）安保管理方面

传统的安保工作大部分是依靠保安人员在监控室内实时监视监控屏幕或在园区内巡逻，或者是固定站岗方式，这样浪费人力，也过于依赖保安人员的素质，并且还存在很多安保管理漏洞。新型的具备人工智能功能的安防系统基本能实现安保工作的自动智能巡检、智能布控、智能识别和智能预警等。但这种方式仍属半自动化方式，还是系统根据人为设定的规则进行工作的，当有新的突发或异常情况出现的时候，系统仍旧无法响应和判断。

今后的人工智能安防系统具备可以通过大量的行为数据进行自学习的能力，通过人工智能算法自动生成规则，能自适应地作出预警和决策安排。

例如，利用无线传感器、物联网、云计算和导航技术实现真正的互联网+停车模式，帮助用户可视化地进行停车位选择和车辆导航，在开车离开后自动发送账单到用户手机，使得停车场管理和收入计算更加精确，使用更高效。

又如，周末假期，人工智能安防系统自动调整为对园区内小孩玩耍的情况进行跟踪，通过设置智能隔离栅栏、预警报警器等防护设施，减少儿童伤害事件发生。当下雨天路面出现积水时，人工智能安防系统将会作出警示告知，以免老人、小孩滑倒，同时通知保洁人员进行处理。

具备自学习能力的人工智能安防系统将大幅提高空间的安全性和防范措施的精度和有效性，保障空间的安全和稳定。

3）服务人性化方面

在建筑公共空间内布置各类型传感器，能采集到环境信息、人员（车辆）出入信息、人员（车辆）轨迹信息等，建筑智能化系统能根据各种设备的运行数据进行自适应学习，通过自适应学习大量行为数据，挖掘数据背后存在的规律（包括人们尚未发现的规律），从而辅助管理者为人们提供人性化的服务。

例如，更注重弱势群体关爱。对于建筑空间内的老年人，可以通过安装智能家居设备，如电子健康监测仪器、语音呼叫警报系统等，实时监测其身体状况、生活习惯和行走轨迹，提供远程医学咨询和紧急救援服务，并在其有需要的时候派遣工作人员及时照顾和帮助解决问题。针对空间内的残疾人，采用探索数字无障碍技术作为辅助工具，可通过行为轨迹监测和语音提醒使残疾人更安全地出行，让他们享受更便捷、高效的服务与管理体验。

又如，车场的人工智能摄像头能采集到车辆的外观情况，人工智能系统可以推送洗车清洁服务。人工智能摄像头能判断出人群特征，向年轻家庭推出周末订餐服务，还可以根据小孩年龄段推送学习陪教服务。

8.2.4.2 面向空间运营者：形成"数字＋消费"新生态

随着人们对生活品质和工作环境的要求越来越高，数字消费填补了传统消费缺口，成为引领消费的重要引擎和城市拉动内需的重要抓手。所以，空间的精细化运营就是要深入空间里的人群，了解人们的日常，以服务逻辑来打造场景和流程。未来的建筑空间运营就是一种社群、内容、流量互导的运营模式，把建筑空间看作一个"场"，引入IP（货），通过IP进行赋能，再通过全域营销、私域流量（人）的导入，就可以运用流量的获取、交互、变现、转化，实现社群共建盈利的新模式。

1）更加人性化的服务

在共享办公社区的建筑空间场景中，每个微空间都可以为租户提供一个虚拟助手。当租户进入微空间后，可以通过与虚拟助手进行简短的语音对话，为租户精准推送周边配套服务，如是否需要购买咖啡等，得到肯定答复后，微空间运营者可以立即为租户推送这项服务的购买链接。除此之外，租户不但可以远程预约微空间，微空间智能系统还能根据租户需求自动设置空调、灯光、音乐、气味等办公环境，打造一个体贴的、高品质的新办公环境，让空间更"懂"人，让租户享受更便捷的服务，同时让整个空间环境更有生产力和创造力。

2）更加个性化的营销

现在每天都会产生海量的数据，但有很多数据的价值被忽略了。数据采集和智能分析机器人可以利用线下大数据帮助线下传媒进行精准信息分发，从而达到空间运营获利的目的。

例如，男性白领在等待电梯时如果广告电子屏幕上有摄像机或传感器，识别到屏幕面前站着的是男性，后台通过智能系统数据分析会推送汽车新品等男性可能感兴趣的广告。如果有人感兴趣进行互动，智能屏幕还可以通过自适应学习不断积累知识并获得洞察，预测互动者感兴趣的具体产品并自动推送相关产品的购买链接，让顾客在正确的时间享受正确的产品和服务，进而帮助线下门店运营者精准促销。

手机授权门店可以通过摄像头识别潜在客户，通过智能小助手进行语音交互问答，联动分析、精准预测旧产品损坏概率及时间，在3~6个月的决策窗口期给客户推送对应广告刺激其消费，由客户决定是否更换旧产品。

又如，餐饮行业目前都是由门店推出统一的产品套餐服务供顾客选择，未来门店将可通过消费流量了解用户需求，菜单屏幕以数据形式显示每份食材的成分与保质期，通过客户语音互动自动识别客户类型，然后根据客户类型推荐热销产品及套餐。根据餐后评价推送相匹配的产品服务，形成吸引大量流量—优化运营策略—增加流量的正向循环运营方式。

9 技术展望

元宇宙和AGI是未来推动数智城市进步的关键技术。作为虚拟世界的新形态，元宇宙将开创全新的商业模式和经济形态，它的发展需要大量的数据支持，这将与数字政府、产业数字化等领域产生深度融合。而AGI作为人工智能发展的最高阶段，其对于未来的影响将无所不在。AGI有望实现人类的各种智能活动，包括理解、学习、适应和创新，为社会经济发展提供巨大动力。

9.1 透过元宇宙洞见下一代互联网的图景

9.1.1 元宇宙演化与发展的七个阶段

元宇宙这个概念最早由美国作家在1992年出版的小说《雪崩》中提出。我们认为元宇宙的最简短而有力的定义是：元宇宙是人以数字身份参与和生活的可能的数字世界。元宇宙这个数字世界具有六个特征：虚拟的、三维的、可视化的、互动的、共享的、可持续的。

元宇宙的演化与发展将经历七个阶段：原型阶段、独立应用阶段、平台建设阶段、开放式互操作阶段、智能化阶段、真实感阶段、未来演化阶段。目前其已经过了原型阶段，处于独立应用阶段与平台建设阶段，如图9-1所示。

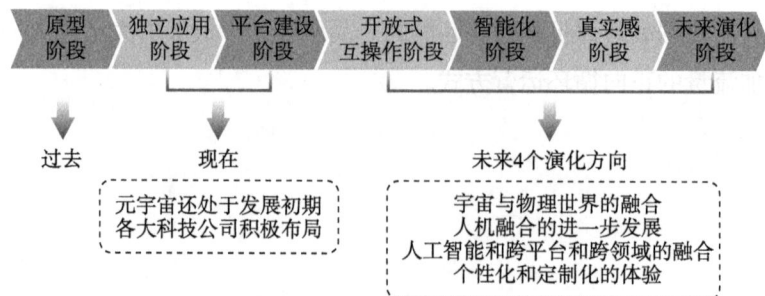

原型阶段	独立应用阶段	平台建设阶段	开放式互操作阶段	智能化阶段	真实感阶段	未来演化阶段

过去　　　　　现在　　　　　　　　　　未来4个演化方向

元宇宙还处于发展初期
各大科技公司积极布局

宇宙与物理世界的融合
人机融合的进一步发展
人工智能和跨平台和跨领域的融合
个性化和定制化的体验

图9-1　元宇宙7个演化发展阶段

① 原型阶段：元宇宙仅是一个初步的概念或想法，主要存在于少数的科幻小说和电影中。尽管人们无法亲身体验元宇宙的应用场景，但元宇宙所带来的潜在益处和应用场景已经激发了人们的无限遐想。然而，由于缺乏相应的技术基础设施、硬件设备和软件系统支持，元宇宙的实际应用和发展还需要更多的努力和探索。

② 独立应用阶段：元宇宙出现了一些应用，如游戏、社交、娱乐等，这些应用在特定领域中得到了很好的运用。虽然元宇宙还不能实现完全的互通性和互操作性，但其技术基础设施和应用场景得到了充分的发展，成为一个独立的数字化世界，与现实世界相互独立。人们可以在其中进行各种虚拟的活动和交流，享受到数字化世界带来的便利和乐趣。此外，元宇宙的商业化应用和产业化发展也在逐步加速，各种法律和规范的制定和完善也在不断推进，为元宇宙的可持续发展奠定了基础。

③ 平台建设阶段：元宇宙包括软件、硬件和基础设施等方面的建设。不同的元宇宙应用开始互相连接，并且已经出现了一些跨应用的标准和协议。元宇宙的虚拟现实和增强现实技术得到进一步发展和应用，同时元宇宙的社交、娱乐、商业和产业应用也得到完善和广泛的拓展。在这个阶段，建立一个统一、开放、安全、互操作的元宇宙平台对于元宇宙的健康发展至关重要，不仅为元宇宙的快速发展提供有力支持，也为元宇宙的广泛应用打下坚实的基础。

④ 开放式互操作阶段：不同元宇宙之间具备互通性和互操作性，实现信息和资源的共享，以及更加复杂的场景和应用。用户可使用一个账户或身份自由穿梭于不同元宇宙。例如，不同元宇宙之间可共享虚拟现实场景、虚拟资产等，丰富元宇宙的内容；可共享用户数据、身份等，提升用户体验和用户参与度；可共享应用和服务，促进元宇宙的商业和产业应用。建立一套统一的、开放的元宇宙互操作标准和协议可保证不同元宇宙之间的无缝连接和交互。这些标准和协议需要涵盖元宇宙的各个方面，包括数据、应用、用户等方面的互通性和互操作性。此外，还需要建立一套开放的元宇宙接口，以便使不同平台和应用可以互相连接和交互。

⑤ 智能化阶段：元宇宙通过人工智能技术将实现以下四个方面的应用：第一是智能交互，通过自然语言交互和情感识别等功能，让用户更加自然地与元宇宙进行交互；第二是智能决策，通过智能推荐和智能决策等功能，使元宇宙能够更加智能地为用户提供服务和支持；第三是智能创造，通过智能创造和自主演化等功能，让元宇宙具有更强的自主性和创造性；第四是智能安全，通过智能安全和风险管理等功能，保障元宇宙的安全和稳定。

⑥ 真实感阶段：元宇宙提供更加逼真的虚拟体验和沉浸式环境，让用户仿佛置身于

真实世界。通过引入先进的虚拟现实和增强现实技术，以及强大的计算和存储能力，元宇宙可实现真实感体验、创作、社交和商业。具体而言，元宇宙可以通过虚拟现实和增强现实技术，让用户更加真实地感受到元宇宙中的环境、人物、场景等，提升用户的沉浸感和真实感；让用户更加自然地进行创作和设计，提升用户的创造力和艺术性；让用户更加真实地进行社交和交流，打造出更加真实的社交场景和社交体验；让用户更加真实地进行商业活动和交易，打造出更加真实的商业场景和商业体验。

⑦ 未来演化阶段：元宇宙的未来发展方向还是不确定的，但可以确定的是，元宇宙将与现实世界更加紧密地融合，创造更加丰富的体验和应用场景，为人类带来更多的便利和惊喜。未来，元宇宙有四个演化方向：与物理世界的融合，人机融合的进一步发展，人工智能的普及和跨平台、跨领域的融合，更加个性化和定制化的体验。

9.1.2 元宇宙市场从巅峰崛起到低谷挫败

元宇宙是一个三维的、可视化的、互动的、共享的、可持续的虚拟空间，人们可以在其中进行沉浸式的交互和体验。自从元宇宙概念被提出以来，它在商业领域引起了广泛的兴趣和热议。然而，元宇宙市场的发展之路却并不平坦，经历了从巅峰到低谷的历程。

首先，元宇宙市场的崛起可以追溯到2018年，当时虚拟现实技术开始进入消费市场。在接下来的几年里，越来越多的公司开始投资和开发元宇宙项目。这些项目涵盖了游戏、社交、教育、娱乐等多个领域，成为新的商业机遇。

公认的元宇宙领域巨头有Facebook、腾讯、Meta、Alphabet、苹果。

Facebook是最早进入元宇宙领域的科技公司之一，后更名为Meta，其元宇宙产品Horizon Workrooms于2021年8月推出，2021年12月Meta推出一个名为Horizon Worlds的虚拟世界。

腾讯作为中国互联网巨头，也在元宇宙领域进行布局，其元宇宙产品Universe于2022年推出。腾讯还在全球范围内投资了多个元宇宙初创公司，并与其他公司合作开发元宇宙相关产品。

Alphabet旗下的Google也在元宇宙领域有所布局。2022年5月12日，在Google I/O 2022大会上发布了其旗下的云计算服务平台Google Cloud元宇宙沉浸式3D实景地图。该项目集合了视觉技术及卫星街景照，能提供比传统地图更令人身临其境的真实体验，Google还在开发了名为Tilt Brush的VR绘图工具。

苹果公司也在元宇宙领域有所布局，虽然该公司并没有直接发布元宇宙相关产品，但是据报道，苹果正在加强其在AR和VR技术上的研发，并通过AR技术为其他元宇宙产品提供增值服务。

除此之外，还有一些元宇宙初创公司，例如Roblox、Epic Games等，也在推动着元宇宙行业的发展和壮大。

然而，元宇宙市场的成长之路并不平坦。从2022年11月开始，元宇宙市场开始显现出一些问题。元宇宙公司纷纷宣布大规模的裁员或业务叫停的消息。2022年年底，Meta宣布裁员1.1万人，Meta半年内两轮裁员。2022年元宇宙业务亏损达137亿美元。而字节跳动旗下的VR厂商PICO也在前段时间裁员20%～30%，快手的元宇宙负责人离职，并叫停相关业务，腾讯也宣布XR业务线全线岗位取消。就连"财大气粗"的微软也在前段时间砍掉了刚成立4个月的工业元宇宙团队。这些裁员和业务叫停的消息让人们不禁对元宇宙的发展前景产生了质疑。

元宇宙的商业模式和商业化路径目前面临诸多挑战，需要各家企业从硬件、技术、市场和商业模式等各方面深入探索和研究。此外，元宇宙的实际应用场景和用户需求也需要得到更加明确和精准的定位，以满足用户对沉浸式、互动性和可视化的体验需求。此外，元宇宙产品的内容质量和安全仍然存在许多难以解决的问题，如虚拟商品和虚拟资产的管理问题等。

虽然元宇宙市场将会经历一个周期的波动和调整，但元宇宙市场仍处于发展和探索的阶段，特别是元宇宙技术和硬件正在不断创新和进步，未来的前景仍充满希望。同时，各种技术应用和商业模式的探索也将推动元宇宙市场的可持续发展，使其成为未来互联网的一种演进形态，有机会成为"下一个互联网"。

9.1.3 元宇宙基于前沿技术的发展突破口

目前元宇宙在技术上的瓶颈主要集中在数据可视化和处理、互操作性、安全性和隐私以及硬件设备和计算资源等方面。

① 数据可视化和处理的瓶颈。元宇宙中的数据量非常大，数据将直接影响到虚拟环境的真实感和交互体验，如何快速、准确地处理和可视化这些数据是一个重要问题。

② 互操作性的瓶颈。元宇宙中的各种应用和设备需要能够互相协作和交互，但目前

还没有一个标准的互操作性协议。这需要相关技术的支持和标准化，同时也需要建立元宇宙的管理机制。此外，目前人们进入元宇宙的主要途径是通过穿戴设备或者人机交互，体验感不好，未来进入元宇宙和互动操作的方式应该更加灵活、便捷。

③ 安全性和隐私的瓶颈。元宇宙中的数据和信息非常敏感，如何保证安全性和隐私是一个重要问题。

④ 硬件设备和计算资源的瓶颈。元宇宙需要大量的硬件设备和计算资源来支持其运行，但目前这些资源还不够。要想实现真正的元宇宙，目前的计算能力需要再提高1000倍。[①]元宇宙的沉浸体验需要高性能的硬件设备，如虚拟现实头显、全身追踪装置等，目前这些设备的成本较高，而且在便携性和舒适性方面还有改进的空间。

6G技术的研究和推广将可以解决元宇宙的部分瓶颈问题，如提高设备端算力、提升数据传输速度和稳定性、增强互操作性。

元宇宙基于6G技术将呈现出沉浸化、智慧化、全域化等新发展趋势（图9-2），使数字技术和现实生活更加深入融合，给人们的生产、学习、娱乐和社交等方面带

图9-2　元宇宙基于6G业务的沉浸化、智慧化、全域化业务应用场景

① 英特尔高级副总裁表示，理想中元宇宙可供数十亿人实时访问，因此需要将计算能力从目前的最先进水平再提高1000倍。

来全新的体验。沉浸式云XR、全息通信、感官互联、体域互联、智慧交互、通信感知、普惠智能、数字孪生、全域覆盖九大业务应用将成为未来元宇宙的重要方向和支撑。

① 沉浸式云XR将通过结合云计算、人工智能、6G和其他技术，为用户提供更加逼真、精准的虚拟现实体验，实现线上、线下空间的无缝连接。

② 全息通信则是以全息影像传输技术为核心，实现远程裸眼360度3D视觉通信，让人们能够在虚拟的全息空间中实现自由交流。

③ 感官互联（图9-3）结合多维感官实现感觉互通的体验传输网络，也叫作通感互联网，通过网络基础设施实现视觉、听觉、触觉、嗅觉、味觉等各种感官信息的传输和交互。无论身处何处，用户都可以通过通感互联网获得真实环境中的沉浸式体验，例如音乐演奏、绘画、运动等技能体验，也可以体验真实、不消耗实物的美食，及香薰、护肤、SPA等服务。此外，通感互联网还可以实现云端协同办公等精准操控平台硬件设施的体验。通感互联网可以极大地扩展人们的感知范围和交互维度，为人们带来了更加立体化、全面化和便捷化的互联体验。

④ 体域互联是通过体域网实现的人类生理化指标互联互通（图9-4）。体域网是一种融合分子通信理论、纳米材料、传感器等多个关键技术的新型网络系统。通过对现实世界人体的数字重构，将构建出元宇宙世界中个性化的"数字人"，从而实现更高层次的健康监测和医学治疗服务。通过对"数字人"的健康监测和管理，人类可以全方位、精确地监测人体的生理生化指标和疾病风险因素，实现靶

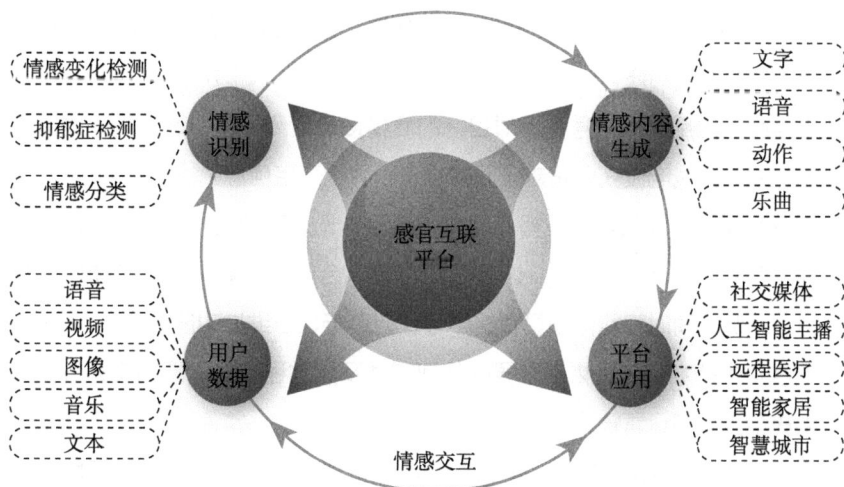

图9-3 感官互联

向治疗和病理研究。同时，基于数字人的分析，还可以预测个体可能发生的疾病风险，提前进行干预和预防。通过孪生体域网的应用，人类的健康管理将进一步升级，为人们提供更加精准、高效、个性化的医疗服务，更好地保障人类健康和生命安全。

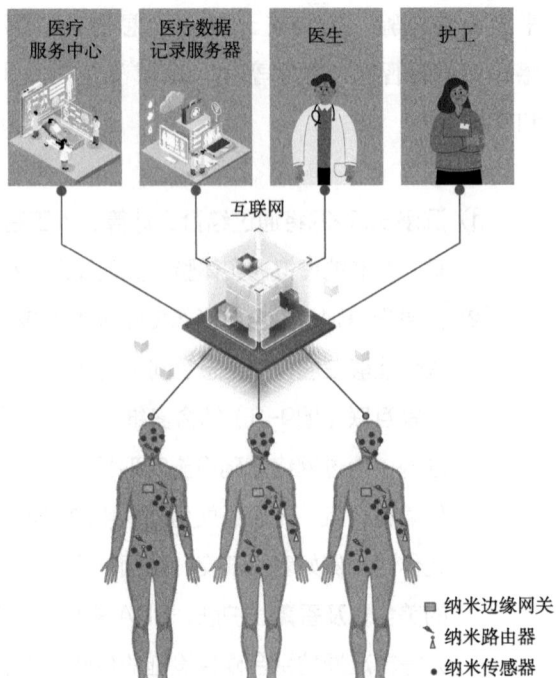

图9-4 体域互联

⑤ 智能交互方面，随着人工智能技术在各领域的广泛应用和深度融合，未来智能体将会拥有更为智慧的情境感知和自主认知能力。这些智能体将能够对周围环境作出准确而及时的感知，并进行深度理解和推理，以实现情感判断及反馈智能。这种能力将赋予人工智能技术更高的主动性和智能化水平，使其在学习和交互方面表现得更加灵活、高效和智能。未来的智能体将具有多方面的应用价值。在学习能力共享领域，智能体可以作为个性化学习的重要手段，为学习者提供针对性、有效性更高的个性化辅导服务。在儿童心智成长和老龄群体陪护方面，智能体可以通过理解用户的需求和心理，为他们提供更为精准的服务，减轻家庭照顾者的负担，提高生活品质。

⑥ 通信感知利用通信信号实现对目标的高精度的检测、定位、识别、成像等感知功能，利用无线电波获取超越人眼的物理世界的环境信息。

⑦ 普惠智能使个人和家用设备、城市传感器、无人驾驶汽车、智能机器人等都可以成为智能终端（智能体），通过不断学习、合作、更新，可以对物理世界高效模仿、预测。同时智能体还具有自学习、自运行、自维护功能。

⑧ 数字孪生技术可以为物理世界的任何实体及其过程创建虚拟的实时数字模型，提供决策支持和运营管理。

⑨ 全域覆盖则是利用6G的高带宽、低延迟特性，实现人类世界任何角落的全面连接，提供基于高精度定位的相关服务。

相较于5G，6G能够支持微秒甚至亚微秒级别的延迟通信，真正实现几乎零时延的通信。随着科技的快速发展，AIGC的创作能力能为元宇宙创造大量的文本、图像、音频内容，逐渐增加元宇宙的丰富度，填补元宇宙大量的内容空白；区块链技术可以用于确保虚拟资产的真实性、所有权和交易安全性。未来还可能出现更多的创新技术，相信元宇宙的技术瓶颈会逐渐被克服，使元宇宙进一步发展。

9.1.4 中国元宇宙的未来发展道路

近年来，国内元宇宙政策呈现快速增长的势头，国家级和地方层面的产业扶持政策和项目不断落地，为元宇宙产业发展奠定了坚实基础（表9-1、表9-2）。这些政策和项目涉及元宇宙产业链的各个环节，包括技术研发、平台建设、内容创作、人才培养、投融资等方面，为元宇宙产业的健康发展提供了有力支持。同时，政府部门也在积极推动元宇宙产业与传统产业的深度融合，以促进产业升级和转型升级。这些政策和措施将进一步引导和推动国内元宇宙产业的发展，为打造全球领先的数字经济和数字文化产业提供有力支持。

国家级元宇宙相关政策及要点分析　　　　　表9-1

序号	国家级政策名称	发布单位	政策要点
1	《"十四五"数字经济发展规划》	国务院	要创新发展"云生活"服务，深化人工智能、虚拟现实等技术的融合，拓展社交、购物、娱乐、展览等领域的应用。虽然没有直接点出"元宇宙"这个关键词，但是这些政策为元宇宙行业的发展提供了明确、广阔的市场前景，为企业提供了良好的生产经营环境
2	《文化和旅游部关于推动数字文化产业高质量发展的意见》	文化和旅游部	发展沉浸式业态。引导和支持虚拟现实、增强现实等技术在文化领域的应用，发展全息互动投影等产品，推动现有文化内容向沉浸式内容移植转化，丰富虚拟体验内容。这些是元宇宙产业的重要组成部分，政府的支持可以促进元宇宙产业的发展

部分地方元宇宙相关政策及要点分析　　　　　表9-2

序号	地方政策	发布单位	政策要点
1	《上海市电子信息制造业发展"十四五"规划》	上海市经济和信息化委员会	2021年12月30日印发。上海将前瞻部署量子计算、第三代半导体、6G通信和元宇宙等领域，同时支持满足元宇宙要求的技术攻关，并鼓励元宇宙在各个领域的应用。这也是元宇宙首次被写入地方"十四五"产业规划

续表

序号	地方政策	发布单位	政策要点
2	《2022 年海口市政府工作报告》	海口市第十七届人民代表大会第一次会议上作的政府工作报告	2022年1月28日报告。加快重点园区发展。加快国际数字港、国家文化出口基地、国家区块链技术和产业创新发展基地、元宇宙产业基地、集成电路公共服务平台等项目建设
3	《黑龙江省"十四五"数字经济发展规划》	黑龙江省委、省政府	2022年3月出台。推进元宇宙核心技术与主要应用领域关键技术研发应用，支持围绕近眼显示、实时交互、巨量通信、边缘计算、3D建模与渲染、图像引擎等开展研发创新，构建元宇宙技术体系，前瞻布局元宇宙产业。鼓励推进元宇宙在公共服务、智能工厂、城市治理、建筑信息系统与城市信息系统（BIM/CIM）、远程医疗、商务办公、智慧会展、社交娱乐等领域的场景应用，培育以应用牵引、软硬结合、创新集聚、绿色低碳的元宇宙发展生态
4	《安徽省"十四五"软件和信息服务业发展规划》	安徽省经济和信息化厅	2022年3月生成。加快培育元宇宙等新业态服务业。支持元宇宙业态创新。支持企业开展虚拟现实、增强现实、3D引擎、物联网等技术创新，引导企业积极布局元宇宙新兴业态，开展元宇宙平台建设，加速数字技术融合赋能实体经济
5	《江西省"十四五"数字经济发展规划》	江西省人民政府	2022年5月25日成文。南昌将依托VR、电子信息等产业基础和优势，在九龙湖区域建设"元宇宙"试验区，打造数字经济创新引领区的核心引擎。目标是构建以九龙湖区域为核心，以南昌高新技术产业开发区、南昌经济技术开发区、南昌小蓝经济技术开发区为支撑的"一核三基地"数字经济发展格局
6	《山东省推动虚拟现实产业高质量发展三年行动计划（2022—2024 年）》	山东省工业和信息化厅等	2022年3月发布。山东省将打造"1+4+N"虚拟现实产业区域布局，以青岛为中心，济南、潍坊、烟台、威海四市联动，其他市协同。计划用三年时间在全省培育推广百项应用场景及解决方案，打造具有国际竞争力的千亿级虚拟现实产业高地，成为国内一流的虚拟现实产业发展区域
7	《关于加快北京城市副中心元宇宙创新引领发展的若干措施》	北京市通州区人民政府	2022年3月发布。北京城市副中心将发展元宇宙示范应用项目，支持元宇宙应用场景建设，采用"母基金+直投"的方式打造元宇宙产业的基金。同时，给予元宇宙企业房租财政补贴，鼓励元宇宙企业及服务机构集聚。重点企业可获得三档补贴，每年补贴面积不超过2000平方米，连续补贴不超过3年
8	《河南省元宇宙产业发展行动计划（2022—2025 年）》	河南省人民政府	2022年9月15日发布，到2025年全省元宇宙核心产业规模超过 300 亿元，带动相关产业规模超过1000亿元，初步形成具有重要影响力的元宇宙创新引领区

序号	地方政策	发布单位	政策要点
9	《广州市黄埔区、广州开发区促进元宇宙创新发展办法》	广州市黄埔区、广州开发区人民政府	2022年4月发布。重点引进和培育一批掌握元宇宙关键技术及应用的领军企业，并对入驻本区认定的"专精特新产业园"的元宇宙专精特新企业最高给予100万元租房补贴、500万元购置办公用房补贴
10	《广州南沙新区（自贸区南沙片区）推动元宇宙生态发展的九条措施》	广州市南沙区人民政府	2022年7月发布。南沙元宇宙产业发展将从技术攻关、产业集聚、研发投入、人才引进等九个方面得到支持，被称为"元宇宙九条"。根据该计划，具有重大科技创新支撑作用的元宇宙科研平台落地，可获得最高2亿元资金支持；对集聚区内的元宇宙科技型中小企业提供最长3年的免租场地；经省、市科技主管部门认定的元宇宙领域新型研发机构在建设期内可获得最高1亿元补助；每年安排1亿元对元宇宙关键技术协同攻关项目给予最高1000万元支持
11	《厦门市元宇宙产业发展三年行动计划（2022—2024年）》	厦门市工业和信息化局、厦门市大数据管理局	2022年3月23日发布。到2024年，厦门将引入培育一批掌握关键技术、营收上亿元的元宇宙企业，元宇宙技术研发和应用推广取得明显进展，对政府治理、民生服务、产业转型升级的带动作用进一步增强。厦门将立足实际，抢抓数字经济和元宇宙发展新机遇，打造"元宇宙生态样板城市"和数字化发展新体系。目标是建设高端研究平台、开发特色应用场景、培育优质企业、培养创新人才、组建产业联盟、制定行业标准
12	《渝北区元宇宙产业创新发展行动计划（2022—2024）》	重庆市渝北区人民政府	2022年4月26日发布。实施"6个一"工程，即开发一批特色应用场景、打造一批高端研发机构、培育一批优质企业、培养一批创新人才、组建一个产业联盟、制定一批行业标准。力争到2024年，渝北区元宇宙技术研发和应用推广取得明显进展，元宇宙新技术、新模式、新服务更好融入生产生活，元宇宙产业特色化集群化发展效果显现，元宇宙产业创新生态体系基本建成，进一步促进元宇宙新业态、积蓄数字产业的新动能，打造数字经济的新优势
13	《浙江省人民政府办公厅关于培育发展未来产业的指导意见》	浙江省人民政府	2023年2月10日成文。未来产业发展体系基本形成，未来网络、元宇宙、空天信息、细胞与基因、前沿新材料等产业加速成长，打造100个重大应用场景和100个标志性产品。加强高性能计算芯片研发，突破人机交互、数字孪生技术，推进区块链、交互终端、系统软件、原创内容集成应用
14	《江宁高新区加快元宇宙产业发展三年行动计划（2023—2025）》	江宁高新区人民政府	2023年6月发布。到2025年，力争集聚元宇宙企业超200家，实现元宇宙产业规模200亿元，新增1家省级以上创新中心或重大科技基础设施，引育一批瞪羚、独角兽企业和上市公司，新增1个具有示范带动作用的数字新技术体验场景或街区，建设一批元宇宙产业开放创新平台和成果转化基地

从上述多个国家级政策、地方级别政策分析可知，中国在元宇宙领域拥有巨大的发展潜力，主要体现在政策、产业和技术三个方面。中国拥有庞大的用户基数和强大的新基建支持，这为元宇宙的发展提供了坚实的基础。中国数字经济爆发出巨大动能，千兆宽带、5G基站（未来将是6G）、超算中心算力等数据足以证明基础设施已夯实。预计到2035年，元宇宙每年对中国内地GDP的贡献将达到4560亿~8620亿美元。[①]中国元宇宙道路的未来展望可以从以下五个方面来考虑。

① 多元文化和创新创意将成为主流。中国元宇宙的发展将注重本土文化和多元文化的融合，同时鼓励创新创意的产生，推动数字创意产业的快速发展。

② 产业应用领域将不断拓展。未来随着技术的不断升级和创新，中国元宇宙的应用领域将不断拓展，涉及更多的产业。元宇宙产业的发展有两个关键因素。一方面，在供给侧需要提供丰富、高质量的内容，而这些内容单靠人力难以实现，但是通过AIGC的辅助便可以更快的速度创造出海量的、多样化的虚拟场景和物品。另一方面，在需求侧需要真正形成刚需，满足解决问题、创造价值的需求。例如，为了进一步发展人工智能技术，需要训练大模型，甚至涌现通用人工智能，这需要从作为训练环境的现实世界获取海量的多模态数据。然而，在现实世界中进行训练存在安全风险并且不经济，此时，元宇宙便提供了一个与现实世界相似的虚拟实验场所，可以更好地满足这种需求。

③ 跨行业融合将加速发展。在中国元宇宙中，不同行业的企业、机构和个人将实现更紧密的融合，加速推动产业转型和升级。

④ 产业链生态系统将逐步形成。中国元宇宙的发展将促进产业链生态系统的形成，从而推动数字产业的全面升级和创新发展。

⑤ 元宇宙治理将逐步完善。在中国元宇宙中，需要逐步完善治理机制和法律法规，保障用户权益和数字安全，同时鼓励产业自律和共治。

总之，中国元宇宙将成为数字产业发展的重要引擎和数字经济的重要增长点。同时，中国元宇宙的发展也需要政策和市场的支持和引导，才能形成更好的发展和成果。

---

① 德勤. 亚洲的元宇宙：加速经济影响的战略［R］, 2023.

9.2 AGI 是开启新未来时代的入口

9.2.1 人工智能从感知走向认知

近年来，人工智能（AI）在深度学习、算法、算力和大数据的共同支撑下，转变为一种全新的技术形态，并进入新的发展阶段。数据智能技术成为主流，类脑智能和量子智能等技术范式也在快速孕育中。人工智能从弱向强转型，感知智能技术已成熟，认知智能技术也在逐步突破。

AGI（通用人工智能）是一种人工智能的形式，其目标是创造出能够像人类一样全面理解和处理不同任务的智能系统。

虽然AI和AGI这两个术语都指代人工智能技术，但两者有很大差别。目前AI系统通常专注于解决特定领域的问题，如语音识别、图像分类或自然语言处理等。这些系统通常使用大量的数据和算法来学习并优化性能。AGI的目标则是创造出一种可以进行全方位学习和适应的人工智能系统，从而能够在不同的任务和情境中表现出类似于人类的综合智能。与当前的AI系统相比，AGI旨在实现对自然语言、图像和其他形式的信息的深入理解，并能够具备自主决策、创新思考和困难问题的求解能力，还有一定的情感理解能力。虽然现在AGI模型不断更新迭代，国内外各种大模型工具层出不穷，但目前AGI仍然处于研究和开发阶段，完全像人类那样灵活、精准处理汉字信息的AGI系统远远没有被开发出来。

科技发展轨迹具有不可逆性。AI能力从侧重决策发展到侧重生成，再发展到未来的通用型AI（AGI）。相信未来AGI和市场需求的融合发展会创造出一片满足人类很多想象力的新大陆。

9.2.2 AGI 潜在的危险解析与应对策略

当一个具有足够强大的AGI系统被创建出来时，它能够自我改进和进化，以至于它可以变得比其创造者更加聪明和有创造力，这种能力称为"超级智能"，也就是AGI的涌现能力。这种涌现能力是AGI最大的安全问题之一，因为一旦一个超级智能系统被创建出来，它可能会开始追求自己的目标，而不是人类的目标。这个系统可能会通过各种方式来达到自己的目标，甚至可能会威胁到人类的生存。

因此，确保AGI系统的设计和运行安全、防止其产生意外的行为和目标是非常重要的。需要采取多种措施来确保AGI系统的安全性，例如限制其访问和控制其行为，以及开发相关技术来监测和干预其行为。

目前，全球各国和地区对人工智能领域立法的重视程度普遍提高，以人工智能重点问题为出发点，从中央到地方，各层级不断扩大"有法可依"的人工智能治理领域，为人工智能技术可靠、可信、可持续发展奠定了良好的法治基础。一些国家和地区已经开始制定相关的法律法规，以应对人工智能可能带来的影响。例如，欧盟于2018年发布了《通用数据保护条例》（GDPR），以保护个人数据隐私；美国于2020年发布了《AI原则》（*AI Principles*），以指导政府机构在开发和使用人工智能技术时遵循的原则。另外，党的第十三届全国人民代表大会常务委员会第二十九次会议于2021年通过了《中华人民共和国数据安全法》，旨在保护数据安全和个人隐私等。

阿西洛马人工智能原则是由人工智能和机器人领域的专家联合签署的23条原则（图9-5），旨在确保人类在发展人工智能的同时共同保障人类未来的伦理、利益和安全。这些原则分为研究问题、伦理价值、长期问题三个部分。

人工智能等科学技术在不断迅速发展的同时，也给社会带来新的风险和不确定性，同时可能引发一些前所未有的伦理挑战。习近平总书记指出，要整合多学科力

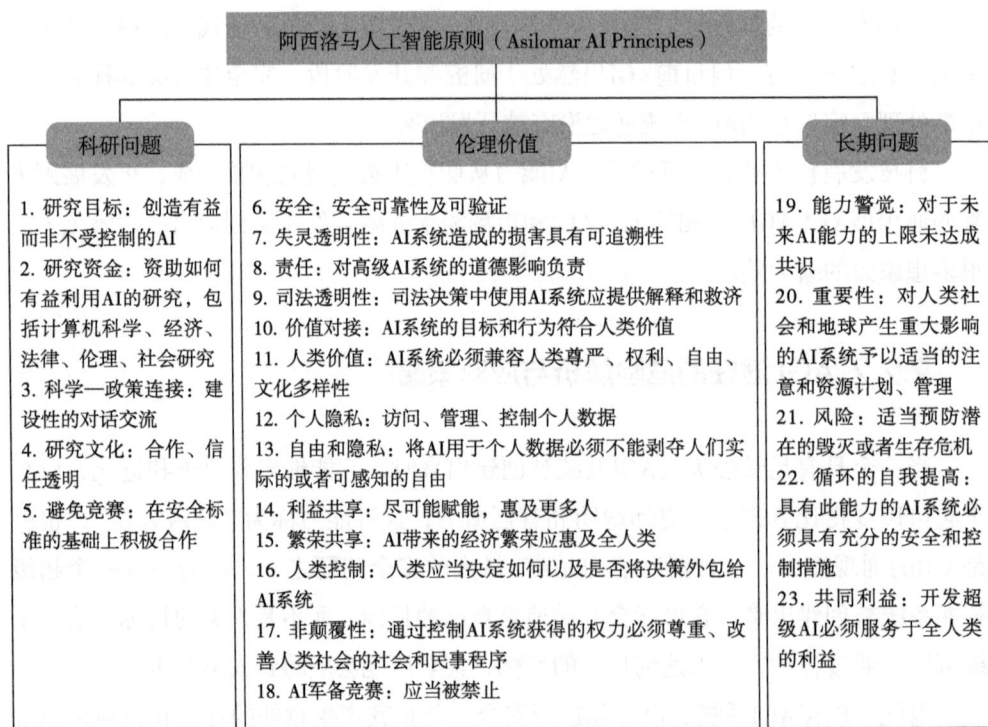

图9-5　阿西洛马人工智能原则

阿西洛马人工智能原则（Asilomar AI Principles）

科研问题

1. 研究目标：创造有益而非不受控制的AI
2. 研究资金：资助如何有益利用AI的研究，包括计算机科学、经济、法律、伦理、社会研究
3. 科学—政策连接：建设性的对话交流
4. 研究文化：合作、信任透明
5. 避免竞赛：在安全标准的基础上积极合作

伦理价值

6. 安全：安全可靠性及可验证
7. 失灵透明性：AI系统造成的损害具有可追溯性
8. 责任：对高级AI系统的道德影响负责
9. 司法透明性：司法决策中使用AI系统应提供解释和救济
10. 价值对接：AI系统的目标和行为符合人类价值
11. 人类价值：AI系统必须兼容人类尊严、权利、自由、文化多样性
12. 个人隐私：访问、管理、控制个人数据
13. 自由和隐私：将AI用于个人数据必须不能剥夺人们实际的或者可感知的自由
14. 利益共享：尽可能赋能，惠及更多人
15. 繁荣共享：AI带来的经济繁荣应惠及全人类
16. 人类控制：人类应当决定如何以及是否将决策外包给AI系统
17. 非颠覆性：通过控制AI系统获得的权力必须尊重、改善人类社会的社会和民事程序
18. AI军备竞赛：应当被禁止

长期问题

19. 能力警觉：对于未来AI能力的上限未达成共识
20. 重要性：对人类社会和地球产生重大影响的AI系统予以适当的注意和资源计划、管理
21. 风险：适当预防潜在的毁灭或者生存危机
22. 循环的自我提高：具有此能力的AI系统必须具有充分的安全和控制措施
23. 共同利益：开发超级AI必须服务于全人类的利益

量，加强人工智能相关法律、伦理、社会问题研究，建立健全保障人工智能健康发展的法律法规、制度体系、伦理道德。

2021年9月25日，国家新一代人工智能治理专业委员会颁布了《新一代人工智能伦理规范》，旨在将伦理道德融入人工智能全生命周期，为从事人工智能相关活动的自然人、法人和其他相关机构等提供伦理指引。

2022年3月，中共中央办公厅、国务院办公厅印发了《关于加强科技伦理治理的意见》。这是我国首个国家层面的科技伦理治理指导性文件，也是继国家科技伦理委员会成立之后，我国科技伦理治理的又一标志性事件。该意见在起草过程中着重把握了以下几个方面：一是确立价值理念，彰显我国对加强科技伦理治理的立场和态度；二是突出问题导向，着力解决我国科技伦理治理。

虽然AGI不仅有安全风险，还可能导致失业、经济和社会结构的变化、道德和伦理问题。但是相信在法律、政策、道德标准和监管机制的约束下，AGI可以以人类的福祉为中心，以社会可持续发展为目标，产生正向影响。

实际上，AGI可以为人们创造更多的就业机会。虽然某些工作可能会被自动化和机器人所代替，但是AGI也将创造新的职业和领域，如AGI的开发、维护和管理等。例如，普华永道的研究报告认为，到2037年，人工智能会让英国减少700万个就业岗位，与此同时，人工智能也会创造720万个就业岗位。

9.2.3 AGI 是未来无限想象的超级工具

在未来，如果AGI技术真正实现，并且能够广泛应用，那么它将会给人类社会带来巨大的变革。现在虽然AGI时代还没到来，但从现有的技术应用、商业模式等变革已经可以看到一些通向AGI时代的相关应用场景。

9.2.3.1 技术应用变革

1）大模型在多专业领域的应用

目前语言模型的数字计算能力在推理和未知领域强化学习方面还存在很大发展空间。随着大模型的逐步完善，我们有理由期待在未来看到更专业、更准确的大语言模型。这可能需要结合不同的学习策略，包括无监督学习、模仿学习和强化学习等。这些模型可能会在特定的专业领域，如法律、医学、科学研究等有更深入的理解和应用。

2）多模态学习与应用更广泛

多模态即多种异构模态数据协同推理。多模态模型将可能看懂一个视频，并生成一段描述这个视频内容的文本，或者根据一段给定的文本，生成一段描绘该文本内容的视频。

这种能力可能会在许多领域产生重大影响，如在内容创作、教育、娱乐、医疗等。例如，多模态在教育领域，可以用于生成教育内容，帮助学生更好地理解复杂的概念；在娱乐领域，可以用来创作新的电影或游戏；在医疗领域，可以帮助医生更好地了解患者的病情等。

同时，多模态学习也带来了一些挑战。例如，处理和理解多模态数据需要大量的计算资源和存储空间。此外，需要开发新的算法和模型来处理这种复杂的数据。最后，还需要处理各种与隐私、安全和伦理相关的问题。

9.2.3.2 商业模式变革

微信小程序过去几年存在"入口危机"和"流量焦虑"，在打破实体和虚拟之间的"次元壁"[①]方面也显得力有不足。由于ChatGPT等人工智能技术的进步以及低代码开发平台的普及，更多的企业能够以较低的成本和门槛进入这个领域，创新其商业模式，或将突破某个拐点。这代表商业模式向"数字化"和"智能化"的转型。这种转型的情形可能包括以下几个方面。

① 商业服务自动化。通过使用自然语言处理技术，企业能够自动化处理大量的客户服务工作，包括客户咨询、订单处理、问题解决等，有效提高服务效率和客户满意度。

② 个性化推荐和营销。通过深度学习和人工智能，企业能够根据用户的行为和喜好进行个性化的商品推荐和营销活动，提高转化率和客户忠诚度。

③ 智能运营和决策。利用大数据和人工智能，企业能够进行精细化的运营管理和决策支持，如预测市场需求、优化产品设计、调整价格策略等。

④ 创新业务模式。在数字化和智能化的基础上，企业可以创新业务模式，如共享经济、订阅服务、精准广告、社交购物等。

---

① 次元壁属网络语言，指二、三次元文化之间一直存在一座看不见的壁垒，被称作"次元壁"。次元壁的本质不是外在表现形式的差异，而是不同文化群体之间的沟通障碍。任何一个次元想接近另一个次元，都需要从本质上了解并接受彼此的文化。

随着开发门槛的降低，可能会有更多创新的、满足不同场景和用户需求的新模式出现，将进一步推动线上、线下融合，打破实体和虚拟之间的次元壁。

9.2.3.3 生活模式变革

大模型在未来可能会发展成为一个更广泛的"一般代理人"，能够直接影响和操作现实世界。以下是一些可能的具体发展方向。

1）万物智联

① 脑机接口在医疗健康领域的应用。脑机接口技术在医疗健康领域能够实现大脑与外部设备的交互，为一些肢体运动障碍、意识认知障碍、精神疾病、感觉缺陷、癫痫和神经发育障碍等疾病的诊疗提供新的可能性。例如，对于意识障碍者和新生儿中的脑损伤患者，传统治疗方式主要是根据患者的临床表现进行主观评估与诊断，而脑机接口技术可以基于患者的脑电信号，辅助医生更准确地评估患者的意识状态，并制定更有效的治疗方案。同时，对于听力障碍患者，人工耳蜗可以将声音处理转换成电脉冲信号，刺激大脑，帮助患者重新获得听力甚至修复听力。这些新技术的出现为医疗健康领域带来了新的治疗方法和手段，为患者的康复带来了更多的希望。

② 自动驾驶及车联网实现环境智能。自动驾驶技术最初在封闭场景中得到应用，如高速公路、港口、机场和矿场等。但是未来，城市开放道路才是自动驾驶最核心的场景和应用地点。深度学习技术是目前所有自动驾驶方案中的主要算法，通过收集尽可能多的优质数据，基于模型进行自适应学习，使车辆具备预见和应对各种可能遇到的情况的能力，车辆就可以预判并避免意外状况。车联网技术也是非常重要的因素。在国内，在自动驾驶路线上进行布局——车路协同意味着通过在路侧部署智能设备单元，实时向自动驾驶车辆发送信息以帮助车辆决策。车路协同技术将显著提升城市自动驾驶车辆的安全性能，并有效缓解城市交通拥堵问题。

③ 智能家居的未来。智能家居设备如智能灯泡、智能烤箱、智能空调等，可能会集成更强大的算法模型，能够理解和预测用户的需求，并自动调整其操作以满足用户的需求。

④ 结合人脑运行机制的无/弱监督学习的反欺诈算法。面对利用人工智能变脸的诈骗行为，基于无监督学习的大模型将通过运算分析大规模的客户脱敏数据，以提前

预防和监测未知的攻击模式。这种算法旨在探索未知的欺诈模式，并保护人们免受欺诈行为的侵害。

2）人机协作

① 智能应用程序和助手。智能应用程序和助手具备理解和执行用户复杂命令的能力，协助用户完成各种任务，如写作、编程、设计等。这些应用程序和助手能够与人进行自然和人性化的交互，提供更加愉快的使用体验。例如，在工作疲惫或无聊时，用户可以与虚拟世界的人一起游玩梦幻场景、组队游戏等，以达到身心放松的状态。此外，用户还可以与训练具有古代名人思维的虚拟人进行对话和交流学习。这些智能应用程序和助手为用户提供了广泛的功能和娱乐选择，以满足他们的需求和提升使用体验。

② 类脑智能机器人。未来的机器将具备从多个角度进行理解的能力，有望协助人类更好地研究各种科学问题和解决历史上的重要难题。这些机器拥有强大的学习和自适应能力，能够通过深入分析和模拟过去的科学研究成果以及具有里程碑意义的名人思维，预测可能的观点和新的创新思路。借助这些机器人的协助，人类能够在科学领域取得更大的突破，并推动科学进步。

③ 数字人分身。数字人分身技术将互联网用户由Web2.0时代的信息接收者转变为Web3.0时代的信息加工者和创意生成者。通过利用虚拟物品和工具，拥有数字人分身技术的用户能够进行二次内容创作、重组和再加工，以及个性化数字内容的创作。例如，在企业会议等场合，数字人分身技术可用于提升会议效率和降低成本。董事长可以借助数字人分身创建虚拟分身，参与多个甚至异地会议并处理任务指派。这不仅缩短了决策周期和提高了生产效率，还节省了旅行时间和交通费用。同时，数字人分身技术还能记录会议内容并进行数据分析，帮助决策者更好地掌握会议内容和市场趋势，优化管理决策。数字人分身技术为用户提供了更灵活和高效的工作方式，促进了创造力和协作能力的发展。

总之，AGI开发是一项旨在为人类带来巨大益处和改变的长期任务。但是在迈向这个目标的过程中，也存在一些难题和风险需要谨慎考虑，如安全性、伦理问题等。因此，必须保持审慎而谨慎的态度，正确面对和处理这些问题。

参考文献

［1］李南枢，宋宗宇．数据邻避：超大城市智慧建设的困局及应对［J］．天津行政学院学报，2022，24（4）：22-33.

［2］郑烨，姜蕴珊．走进智慧城市：中国智慧城市研究的十年发展脉络与主题谱系［J］．公共管理与政策评论，2021，10（5）：158-168.

［3］邓雪，曹海涛．科技创新驱动智慧城市治理的困境与反思［J］．华东科技，2022（11）：133-136.

［4］吴卫东，陈航．中国智慧城市建设研究综述［J］．延安大学学报（社会科学版），2022，44（6）：62-67.

［5］匡丹，李浩，邓强．新发展阶段智慧城市建设的现状及应对策略——以南昌市"城市大脑"为例［J］．中共南昌市委党校学报，2021，19（6）：59-62.

［6］陈晓红．新技术融合下的智慧城市发展趋势与实践创新［J］．商学研究，2019，26（1）：5-17.

［7］龚伟，侯开虎．智慧城市网络安全的现状、问题及保障研究［J］．网络安全技术与应用，2021（7）：121-122.

［8］杨兰蓉，张雪．整体性治理视角下智慧城市实践的现实困境及路径优化［J］．科技智囊，2022（12）：24-30.

［9］刘杨，龚烁，刘晋媛．欧美智慧城市最新实践与参考［J］．上海城市规划，2018（1）：12-19.

［10］仲济玲，沈丽珍．欧美智慧区域建设模式及其经验启示［J］．上海城市规划，2020（5）：104-110.

［11］张长亮，韩雪雯，李竟彤．大数据背景下中国与新加坡智慧城市建设比较研究［J］．现代情报，2018，38（10）：126-131.

［12］张慧蓉，张士杰．"城市病"病因及形成机理研究述评［J］．铜陵学院学报，2019，18（2）：14-18.

［13］黄碧垚．"城市病"的制度根源及其治理研究［D］．江西：江西财经大学，2016.

［14］叶钟楠，吴志强．城市诊断的概念、思想基础和发展思考［J］．城市规划，2022，46（1）：53-59.

[15] 李明超. 基于系统科学的城市病评估、实证与治理 [J]. 上海对外经贸大学学报, 2019, 26 (4): 90-99.

[16] 周加来, 周慧. 新时代中国城镇化发展的七大转变 [J]. 重庆大学学报 (社会科学版), 2018, 24 (6): 15-21.

[17] 中新天津生态城网信办. 中新天津生态城: 打造智慧城市建设的国家级标杆区 [J]. 中国建设信息化, 2022 (1): 42-45.

[18] 伊庆山. 乡村振兴战略下农村发展不平衡不充分的根源、表征及应对 [J]. 江苏农业科学, 2019, 47 (9): 58-63.

[19] 陈锡文. 工业化、城镇化要为解决"三农"问题做出更大贡献 [J]. 经济研究, 2011, 46 (10): 8-10.

[20] 谢璐, 韩文龙. 数字技术和数字经济助力城乡融合发展的理论逻辑与实现路径 [J]. 农业经济问题, 2022 (11): 96-105.

[21] 茅锐, 林显. 在乡村振兴中促进城乡融合发展——来自主要发达国家的经验启示 [J]. 国际经济评论, 2022 (1): 155-173.

[22] 郭君, 平曲颂, 刘合光. 中国城乡关系的演进脉络、结构性失衡及重构方略 [J]. 改革, 2022 (9): 83-93.

[23] 杨卉芷. 我国城乡结构失衡与"三农"问题的关联性研究 [J]. 呼伦贝尔学院学报, 2022, 30 (4): 112-116.

[24] 曾亿武, 孙文策, 李丽莉, 等. 数字鸿沟新坐标: 智慧城市建设对城乡收入差距的影响 [J]. 中国农村观察, 2022 (3): 165-184.

[25] 陈潭. 数字时代城乡融合发展的着力点与新路径 [J]. 人民论坛·学术前沿, 2021 (2): 19-27.

[26] 俞荣三. 乡村振兴战略下智慧乡村建设路径研究 [J]. 智能建筑与智慧城市, 2021 (8): 59-60.

[27] 罗志刚. 中国城乡关系政策的百年演变与未来展望 [J]. 江汉论坛, 2022 (10): 12-18.

[28] 刘戒骄, 孙琴. 中国工业化百年回顾与展望: 中国共产党的工业化战略 [J]. China Economist, 2021, 16 (5): 2-31.

[29] 黄承伟. 共同富裕视野下乡村振兴理论研究前沿问题及发展方向 [J]. 华中农业大学学报 (社会科学版), 2022 (5): 1-10.

[30] 赵星宇, 王贵斌, 杨鹏. 乡村振兴战略背景下的数字乡村建设 [J]. 西北农林科技大学学报 (社会科学版), 2022, 22 (6): 52-58.

[31] 陈思为. 城乡发展不平衡现象探究[J]. 现代商贸工业, 2021, 42(23): 12-13.

[32] 袁荃, 施翰. 基于城乡融合的智慧化城乡协调发展路径研究[J]. 山西农经, 2021(22): 31-32.

[33] 孔祥智. 新中国成立70年来城乡关系的演变[J]. 教学与研究, 2019(8): 5-14.

[34] 李智超, 刘少丹. 智慧城市在中国的话语实践——基于政策话语网络的分析[J]. 华南师范大学学报(社会科学版), 2022(4): 45-58, 205-206.

[35] 张卫民, 郑建红. 走进物联网[M]. 北京: 机械工业出版社, 2018.

[36] 张春晖, 吴振锋, 黎茂林, 等. 物联网与智慧城市[M]. 北京: 电子工业出版社, 2021.

[37] 杜雨, 张孜铭. AIGC: 智能创作时代[M]. 北京: 中译出版社, 2023.

[38] 胡英君, 腾悦然. 智慧教育实践[M]. 北京: 人民邮电出版社, 2019.

[39] 李开复, 陈楸帆. AI未来进行式[M]. 杭州: 浙江人民出版社, 2022.

[40] 刘东明, 余泓江. 智慧医疗: 数智化医疗的应用与未来[M]. 杭州: 浙江大学出版社, 2022.

[41] 孟涛, 周明春. 数智融合: 楼宇智慧化转型之路[M]. 北京: 电子工业出版社, 2022.

[42] 金江军. 智慧城市: 大数据、互联网时代的城市治理(第5版)[M]. 北京: 电子工业出版社, 2021.

[43] 司晓, 周政华, 刘金松, 等. 智慧城市2.0: 科技重塑城市未来[M]. 北京: 电子工业出版社, 2018.

[44] 熊焰, 王彬, 邢杰. 元宇宙与碳中和[M]. 北京: 中译出版社, 2022.

[45] 孙天尧, 韩淼. 航空都市: 创新未来城市版图[M]. 北京: 中信出版集团, 2021.

[46] 贺雪峰. 大国之基: 中国乡村振兴诸问题[M]. 北京: 东方出版社, 2019.

[47] 赵晓峰. 农民合作与乡村振兴[M]. 北京: 社会科学文献出版社, 2021.

[48] 李柏文. "文化创意+"旅游业融合发展[M]. 北京: 知识产权出版社, 2019.

[49] 冯奎, 唐鹏, 郭巍. 数字治理: 中国城市视角[M]. 北京: 电子工业出版社, 2021.

[50] 吴军. 浪潮之巅(第四版)[M]. 北京: 人民邮电出版社, 2019.

［51］张学军，王保平. 工业互联网浪潮［M］. 北京：中信出版集团，2020.

［52］王岳华，郭大治，达鸿飞. 读懂Web3.0［M］. 北京：中信出版集团，2022.

［53］李季，王益民. 数字政府蓝皮书 中国数字政府建设报告（2021）［M］. 北京：社会科学文献出版社，2021.

［54］徐宪平，张学颖，邬江兴. 新基建 数字时代的新结构性力量［M］. 北京：人民出版社，2020.

［55］府伟灵，罗阳. 太赫兹技术及其生物学应用［M］. 北京：人民卫生出版社，2017.

［56］刘光毅，黄宇红，崔春风，等. 6G重塑世界［M］. 北京：人民邮电出版社，2021.

［57］李翔宇. 认识6G：无线智能感知万物［M］. 北京：机械工业出版社，2022.